江苏省集成电路产业发展研究报告

（2017年度）

Research Report for Development of Integrated Circuit Industry of Jiangsu Province 2017

江苏省半导体行业协会 编

電子工業出版社
Publishing House of Electronics Industry
北京·BEIJING

内 容 简 介

本书以 2017 年江苏省集成电路产业发展为主线，以产业分类营运为板块，辅以世界和中国半导体产业市场、集成电路产业发展等内容，对集成电路产业发展规模、市场、产品、技术、产品结构、投资兼并、产业政策环境等方面进行研究、探讨和分析；对江苏省集成电路设计业、晶圆制造业、封装测试业、支撑业、分立器件业，以及与半导体相关的专用设备业和材料业进行研究、探讨和分析，并对江苏省内各地集成电路产业发展、主要企业经营状况进行研究、探讨和分析。

本书可供各级政府部门、企事业单位作为参考资料使用，也可供集成电路相关领域的管理者、科技工作者阅读和参考。

图书在版编目（CIP）数据

江苏省集成电路产业发展研究报告. 2017 年度 / 江苏省半导体行业协会编. —北京：电子工业出版社，2018.11
ISBN 978-7-121-35214-0

Ⅰ. ①江…　Ⅱ. ①江…　Ⅲ. ①集成电路－电子工业－产业发展－研究报告－江苏－2017
Ⅳ. ①F426.63

中国版本图书馆 CIP 数据核字（2018）第 236957 号

策划编辑：徐蔷薇
责任编辑：赵　娜
印　　刷：涿州市京南印刷厂
装　　订：涿州市京南印刷厂
出版发行：电子工业出版社
　　　　　北京市海淀区万寿路 173 信箱　邮编　100036
开　　本：787×1092　1/16　印张：26.5　字数：595 千字
版　　次：2018 年 11 月第 1 版
印　　次：2018 年 11 月第 1 次印刷
定　　价：198.00 元

凡所购买电子工业出版社图书有缺损问题，请向购买书店调换。若书店售缺，请与本社发行部联系，联系及邮购电话：（010）88254888，88258888。

质量投诉请发邮件至 zlts@phei.com.cn，盗版侵权举报请发邮件至 dbqq@phei.com.cn。

本书咨询联系方式：xuqw@phei.com.cn。

江苏省集成电路产业发展研究报告（2017 年度）

编辑委员会

主　　任：王新潮

副 主 任：许居衍　于燮康　陈南翔

委　　员：王国平　滕敬信　李　珂　于宗光

　　　　　秦　舒　张国铭

编辑人员

主　　编：于燮康

副 主 编：秦　舒　阮舒拉　陈震华

成　　员：马　岳　孙　亮　何敏娴　沈　阳　陆生礼

　　　　　郭继华　韩江龙　谢正中　虞国良　吴　健

　　　　　胡　建　赵元闯　张　翼　翁明明　陈浩鹏

　　　　　朱剑芬　张琼月

前　言

在国家一系列政策引导和市场需求的拉动下，2017年，我国集成电路行业迎来了前所未有的发展时机，产业经济指标强劲提升，产业得到了快速发展。2017年，江苏省集成电路产业销售收入为1687.68亿元，同比增长17.82%。其中，集成电路产业主业销售收入为1318.73亿元，同比增长20.42%；集成电路支撑业销售收入为368.95亿元，同比增长9.36%。江苏省集成电路产业取得了可喜的成绩。江苏省作为中国最早发展集成电路产业的地区之一，2017年又有一系列重大项目签约和开工建设，引起全国产业界的极大关注。

为认真总结江苏省集成电路产业在2017年取得的业绩，寻找与国内外同业先进水平的差距，剖析不足与薄弱环节，更好地贯彻落实《省政府关于加快全省集成电路产业发展的意见》的各项目标任务，进一步促进江苏省集成电路产业快速发展，在江苏省发改委、经信委、科技厅、商务厅等政府各部门的指导下，江苏省半导体行业协会组织业内专家开展调研分析，编写了《江苏省集成电路产业发展研究报告（2017年度）》（以下简称《研究报告》），呈予各级领导和业界人士作产业分析、决策参考之用。

《研究报告》共分6章62节。通过收集整理大量的数据资料，运用统计分析工具，对2017年世界半导体产业市场和中国、江苏省集成电路产业发展情况进行了研究分析。《研究报告》侧重在集成电路产业发展规模、市场行情、技术进步、产品结构、投资兼并、产业政策、产业环境、城市区域等层面，较详细地分析了江苏省集成电路设计业、晶圆制造业（以下简称晶圆业）、封装测试业（以下简称封测业）、支撑业、分立器件业的发展状况。《研究报告》以江苏省集成电路产业和市场发展为主线，以产业分类营运为板块，自成一体，便于研读。《研究报告》对江苏省集成电路产业链各重点企业的情况在相应章节中予以表述，力求做到较为系统、全面、真实地反映江苏省集成电路产业的现状，以及业界人士顽强拼搏的艰辛历程、勇于创新的企业精神风貌和取得的丰硕成果。

《研究报告》的统计口径为：依据国家《统计法》及相关规定，以《2017年江苏省半导体产业发展运行分析报告》统计报表中各企事业单位上报的数据为依据。统计范围包括：集成电路产业（含分立器件产业）和支撑业，集成电路产业为集成电路设计、晶圆业和封测业数据之和。中国半导体产业和集成电路产业销售收入均为中国大陆地区之销售收入，未包括港、澳、台地区同业销售收入。《研究报告》引用了中国半导体行业协会、CCID、《中国电子报》、《经济参考报》及上海市集成电路行业协会等有关省市兄弟协会、专业协会和相关咨询公司、报纸杂志等发布的数据和分析资料，以及协会会员单位报送的资料，在此，一并对相关人员表示感谢。

由于收集的资料有限、编写水平不高，《研究报告》中不当或错误之处，诚望各位领导、业界专家和同仁批评指正，并致谢意。

编委会

2018 年 6 月

目　录

第一章

2017 年世界半导体产业发展情况

Report

第一节　2017 年世界半导体产业发展面临的经济形势

2017 年，世界经济发展出现超预期增长的情况，在美国的“制造回归”、德国的“工业 4.0”，以及中国的“中国制造 2025”“一带一路”等多国提出的明确目标牵引和推动下，发达经济体和新兴经济体都呈现不同程度的增长，出现稳定向好的形势。国际货币基金组织（IMF）评估报道：2017 年世界经济总量同比增长 3.6%。世界经济形势大环境的好转，带动了世界半导体产业的快速发展。

一、2017 年世界经济总量发展情况

国际货币基金组织（IMF）预估：2017 年世界经济总量同比增长 3.6%（总值约为 76.67 万亿美元），较 2016 年的 3.1%，提升 0.5 个百分点。2009—2018 年世界经济总量增长情况见表 1.1.1。

表1.1.1　2009—2018年世界经济总量增长情况

年度	2009	2010	2011	2012	2013	2014	2015	2016	2017（E）	2018（E）
增长率（%）	−0.4	5.2	3.9	3.2	2.9	3.3	2.9	3.1	3.6	3.7

二、2016—2018 年世界经济总量发展预估

2016—2018 年世界经济总量发展预估、2017 年亚洲地区经济总量发展情况和 2017 年世界经济前十强生产总值情况分别见表 1.1.2～表 1.1.4。

表1.1.2　2016—2018年世界经济总量发展情况

国别/地区	2016 年	2017 年（E）	同比	2018 年（E）
世界	3.1%	3.6%	0.5%	3.7%
美国	1.5%	2.5%	1.0%	2.1%（2.5%）
中国	6.7%	6.8%～6.9%	0.2%	6.5%
欧盟	1.8%	2.1%	0.3%	平
英国	1.8%	1.7%	−0.1%	1.6%
德国	1.9%	1.9%	平	2.0%
日本	1.0%	1.5%	0.5%	0.6%
俄罗斯	−0.7%	1.8%～1.9%	2.5%	平
欧元区	1.1%	2.2%	1.1%	1.7
发达经济体	1.4%	2.2%	0.8%	2.0%
新兴经济体	4.2%	4.6%	0.4%	4.9%

资料来源：IMF/Jssia 整理（2017.10.31）

表1.1.3　2017年亚洲地区经济总量发展情况

国别/地区	2017 年（E）	2018 年（E）
亚洲	5.9%	5.8%
中国	6.7%	6.4%
东亚	6.0%	5.7%
南亚	7.0%	7.2%
印度	7.4%	7.6%
东南亚	4.8%	5.0%

资料来源：亚洲开发银行/Jssia 整理（2017.10.10）

表1.1.4　2017年世界经济前十强生产总值

序号	国家名称	国内生产总值（亿美元）	占比（%）
1	美国	195558.74	35.9
2	中国	131735.85	24.2
3	日本	43421.60	8.0
4	德国	35954.06	6.6
5	英国	32322.81	5.9
6	印度	26074.09	4.8
7	法国	25865.68	4.7
8	意大利	19329.38	3.5
9	巴西	17592.67	3.2
10	加拿大	16823.68	3.1
	合计	544678.53	100.0

注：2017 年世界经济前十强国家生产总值约占全球总值的 71.0%。

三、2017 年世界制造业采购经理人指数（PMI）

2017 年世界制造业 PMI 和 2017 年 12 月世界主要国家（经济体）PMI 指数情况分别见表 1.1.5 和表 1.1.6。

表1.1.5　2017年世界制造业PMI

月度	1 月	2 月	3 月	4 月	5 月	6 月	7 月	8 月	9 月	10 月	11 月	12 月
指数	52.7	52.9	53.0	52.8	52.6	52.6	52.7	53.1	53.2	53.5	54.1	54.5

资料来源：摩根 Markit 市场调查公司

表1.1.6　2017年12月世界主要国家（经济体）PMI指数

国家/地区	PMI 指数	国家/地区	PMI 指数	国家/地区	PMI 指数
美国	55.1	巴西	52.4	英国	56.3
欧元区	60.6	印度	54.7	意大利	57.4
日本	54.0	德国	63.3	韩国	52.0
中国	51.5	法国	58.8	俄罗斯	49.9

资料来源：摩根 Markit 市场调查公司

四、2017 年世界大宗商品期货价格情况

2017 年世界大宗商品期货价格情况见表 1.1.7。

表1.1.7　2017年世界大宗商品期货价格情况

产品名称	单位	2016 年 12 月 23 日	2017 年 2 月 3 日	2017 年 3 月 31 日	2017 年 6 月 30 日	2017 年 9 月 22 日	2017 年 12 月 22 日	2017：2016
北海布伦特原油	美元/桶	55.16	56.81	52.83	47.92	56.86	65.25	18.29
纽约轻质原油	美元/桶	53.02	53.83	50.60	46.04	50.66	58.47	10.28
伦敦黄金	美元/盎司	1133.15	1220.15	1246.87	1242.30	1297.15	1274.01	12.43
伦敦白银	美元/盎司	15.74	17.50	18.19	16.63	16.99	16.32	3.68
伦敦铂钯	美元/盎司	891.01	1004.03	947.31	926.40	932.60	916.30	2.94
铜价	美元/吨	5469.50	5765.50	5861.00	5936.00	6476.50	7065.00	29.17
铝价	美元/吨	1715.00	1840.00	1960.50	1919.00	2160.00	2151.00	25.42
镍价	美元/吨	10430.00	10280.00	10020.00	8955.00	10635.00	12025.00	15.29
铅价	美元/吨	2067.00	2322.00	2333.00	2292.00	2488.50	2496.00	20.75
锌价	美元/吨	2577.00	2785.00	2769.00	2705.00	3061.00	3244.00	25.88
锡价	美元/吨	21025.00	19650.00	20005.00	20000.00	20595.00	19425	−7.61

五、2018 年世界经济发展展望

2018 年世界经济发展将总体向好发展，中美两大经济体的情况可见一斑。中国经济持续稳健地发展，“中国制造 2025”和“一带一路”起到压舱石和推进器的作用。2018 年中国经济仍将保持 6.8%左右的增长速度。特朗普上台执政后对美国经济进行改革，2017 年

经济增速达 2.3%～2.5%，出现了“四高二低”的局面。2018 年美国经济仍然向好发展，经济增速将保持 2.1%～2.5%的水平。

但是更应看到，美国实行“贸易单边主义”“逆全球化”色彩严重，干扰了世界经济的正常运行。同时，由于局部地区政局动荡，对世界经济的影响因素也有所增加。

世界贸易货币经济组织（IMF）预估：2018 年世界经济仍将保持 3.7%左右的增长速度，较 2017 年提升 0.1 个百分点。

第二节　2017 年世界半导体产业发展概况

一、2017 年世界半导体产业发展简况

2017 年世界半导体产业受惠于世界经济由复苏到发展的变化带动，呈现出自 2011 年以来的又一次爆发式增长期。由于自 2016 年下半年以来，传统 IT 市场复苏和新兴产品市场（物联网、互联网、大数据、云计算、人工智能（AI）、智能手机、智慧城市、智慧家居、智能医疗、汽车电子、无人机、安防等）规模持续增长，使得 2017 年存储器（DRAM、NAND Flash）产品紧俏、价格上扬，带动了相关集成电路和分立器件产品的销量持续上涨，世界半导体市场出现产销两旺的好年景。

据美国半导体产业协会（SIA）和世界半导体贸易统计组织（WSTS）统计：2017 年世界半导体产业营收额为 4122 亿美元，首破 4000 亿美元大关，同比增长 21.6%，成为进入 21 世纪以来的第二高增长点（2010 年同比增长 32.9%）。

1．世界半导体产业相关市场调研机构对 2017 年营收额的评估

相关机构报道的 2017 年世界半导体产业营收额预计值见表 1.2.1。

表1.2.1　相关机构报道的2017年世界半导体产业营收额预计值

序号	机构名称	营收额（亿美元）	同比（%）
1	世界半导体贸易统计组织（WSTS）	4086	20.6
2	美国半导体产业协会（SIA）	4122	21.6
3	高德纳（Gartner）	4197	23.8
4	IC Insight	4385	22.8
5	HIS	4291	21.7
6	中国半导体行业协会（CSIA）	4122	21.6

资料来源：Jssia 整理（2018.3）

2．2017 年世界半导体产业营收额情况

2017 年世界半导体产业营收额为 4122 亿美元，同比增长 21.6%。2010—2017 年世界半导体产业营收额规模及增长情况如图 1.2.1 所示。

3．2015—2017 年世界半导体产业分季销售收入情况

2015—2017 年世界半导体产业分季销售收入情况见表 1.2.2。

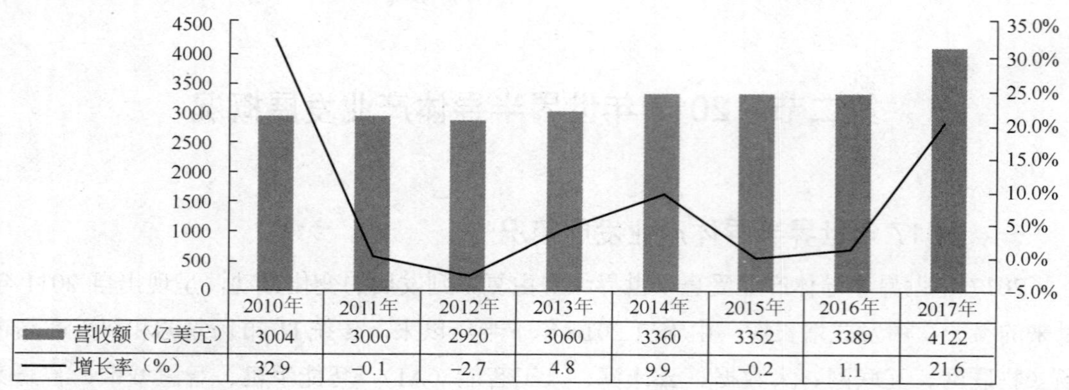

CAGR= 4.59%（2010—2017年）
资料来源：SIA/WSTS/Jssia整理（2018.4）

图 1.2.1　2010—2017 年世界半导体产业营收额规模及增长情况

表1.2.2　2015—2017年世界半导体产业分季销售收入情况

指标名称	单位	2015年				2016年				2017年				
		Q1	Q2	Q3	Q4	Q1	Q2	Q3	Q4	Q1	Q2	Q3	Q4	全年
营收额	亿美元	831	840	852	829	783	791	883	932	926	979	1079	1138	4122
同比	%	5.9	2.2	−2.9	−5.2	−5.8	−5.8	3.6	12.5	18.1	23.8	22.2	22.1	21.6
环比	%	−5.0	1.1	1.4	−2.7	−5.5	1.0	11.6	5.5	−0.6	5.7	10.2	5.5	21.6

资料来源：SIA/WSTS/Jssia 整理（2018.5）

4．2016—2017 年世界半导体产业销售收入规模发展走势

2016—2017 年世界半导体产业销售收入规模发展走势如图 1.2.2 所示。

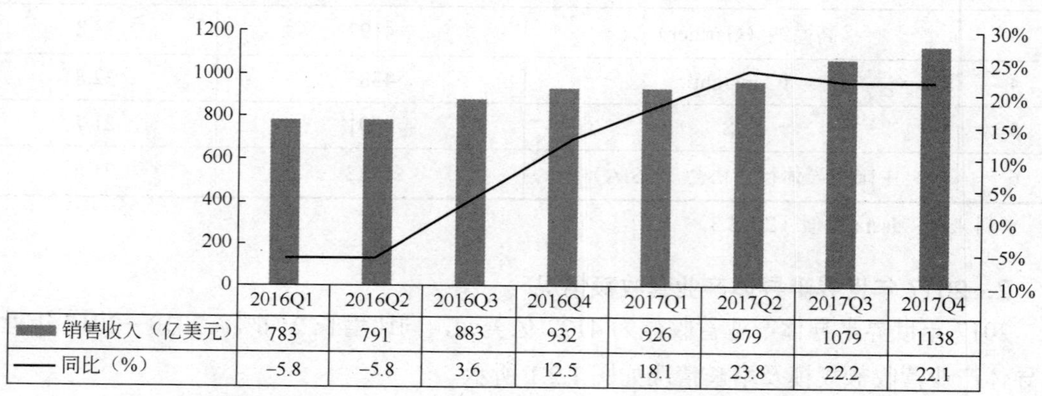

图 1.2.2　2016—2017 年世界半导体产业销售收入规模发展走势

5．2017 年世界半导体产业销售收入分月发展情况

2017 年世界半导体产业销售收入分月发展情况如表 1.2.3 和图 1.2.3 所示。

表1.2.3　2017年世界半导体产业销售收入分月发展情况

指标名称	2017 年											
	1 月	2 月	3 月	4 月	5 月	6 月	7 月	8 月	9 月	10 月	11 月	12 月
营收额（亿美元）	306.4	303.9	315.7	313.5	319.3	346.2	336.3	349.6	393.1	381	343	414
同比（%）	17.9	22.0	15.1	14.2	24.9	21.7	22.6	23.9	22.7	25.0	24.0	18.6
环比（%）	−12.1	−0.8	3.9	−0.7	1.9	8.4	−2.9	4.0	12.4	−3.1	−10.0	20.7

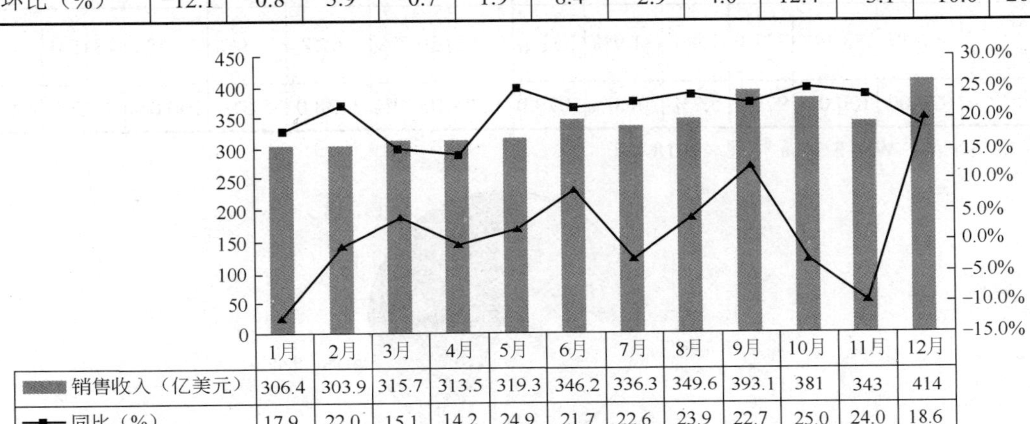

图 1.2.3　2017 年世界半导体产业销售收入分月增长示意图

二、2017 年世界半导体销售市场情况

据 WSTS 与 SIA 统计分析：2017 年世界半导体销售市场为 4122 亿美元，同比增长 21.6%，属于高速增长的年份。

1．2017 年世界半导体销售市场地区分季情况

2017 年世界半导体销售市场地区分季情况、2017 年四季度世界半导体产业销售市场占比情况和 2017 年四季度世界半导体产业销售市场占比情况分别如表 1.2.4、图 1.2.4 和图 1.2.5 所示。

表1.2.4　2017年世界半导体销售市场地区分季情况　（单位：亿美元）

年度 / 指标	2017 年											
	一季度		二季度			三季度			四季度			合计	
地区	实绩	占比	实绩	环比	占比	实绩	环比	占比	实绩	环比	占比	实绩	占比
北美	183.91	19.9%	198.0	7.7%	20.2%	224.4	13.3%	20.8%	279.0	24.3%	24.5%	885.0	21.5%
欧洲	85.84	9.3%	95.0	10.7%	9.7%	95.3	0.3%	8.8%	107.0	12.3%	9.4%	383.0	9.3%

续表

年度/指标	2017 年										
	一季度		二季度			三季度			四季度			合计	
日本	83.53	9.0%	89.0	6.5%	9.1%	93.1	4.6%	8.6%	100.4	7.8%	8.8%	366.0	8.9%
亚太/其他地区	572.72	61.8%	597.0	4.2%	61.0%	666.2	11.6%	61.8%	651.6	-2.2%	57.3%	2488.0	60.4%
其中：中国大陆	306.17	33.1%	312.0	1.9%	31.9%	331.1	6.1%	30.7%	365.7	11.0%	32.1%	1315.0	31.9%
合计	926.00	100.0%	979.0	5.7%	100.0%	1079.0	10.2%	100.0%	1138.0	5.5%	100.0%	4122.0	100.0%

资料来源：WSTS/Jssia 整理（2018.4）

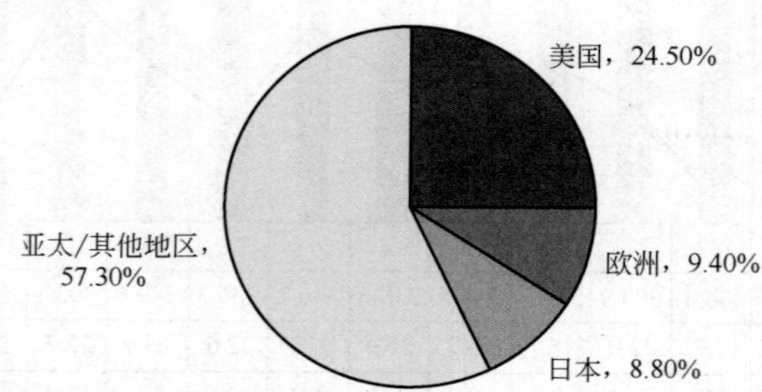

图 1.2.4　2017 年四季度世界半导体产业销售市场占比情况

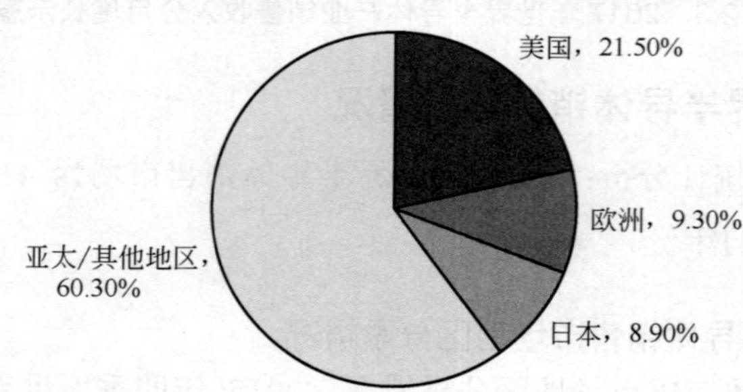

图 1.2.5　2017 年世界半导体产业销售市场占比情况

2．2017 年世界半导体产业产品结构

2017 年世界半导体产业产品营收额 4122.0 亿美元，其中，集成电路（IC）产品营收额 3432.0 亿美元，同比增长 24.1%，占比 83.3%；分立器件（D-O-S）产品营收额为 690.0 亿美元，同比增长 10.8%，占比为 16.7%。2010—2017 年世界半导体产业营收额分类情况见表 1.2.5。

表1.2.5　2010—2017年世界半导体产业营收额分类情况

指标名称	单位	2010 年	2011 年	2012 年	2013 年	2014 年	2015 年	2016 年	2017 年
半导体产业营收额合计	亿美元	3004.0	3000.0	2920.0	3060.0	3360.0	3352.0	3389.0	4122.0

续表

指标名称		单位	2010 年	2011 年	2012 年	2013 年	2014 年	2015 年	2016 年	2017 年
其中	集成电路	亿美元	2446.2	2468.0	2383.7	2517.8	2773.0	2744.8	2767.0	3432.0
	占比	%	81.4	82.3	81.6	82.3	82.5	81.9	81.6	83.3
	分立器件	亿美元	558.0	532.0	536.0	542.0	585.0	606.8	622.3	690.0
	占比	%	18.6	17.7	18.4	17.7	17.5	18.1	18.4	16.7

3. 2017 年世界集成电路产业营收额规模及增长情况

2017 年世界集成电路产业营收额为 3432.0 亿美元，同比增长 24.1%，增幅同比提升 23.3 个百分点。

2010—2017 年世界集成电路产业营收额规模及增长情况、2010—2017 年世界集成电路营收额占半导体产业营收额的比重分别如图 1.2.6 和表 1.2.6 所示。

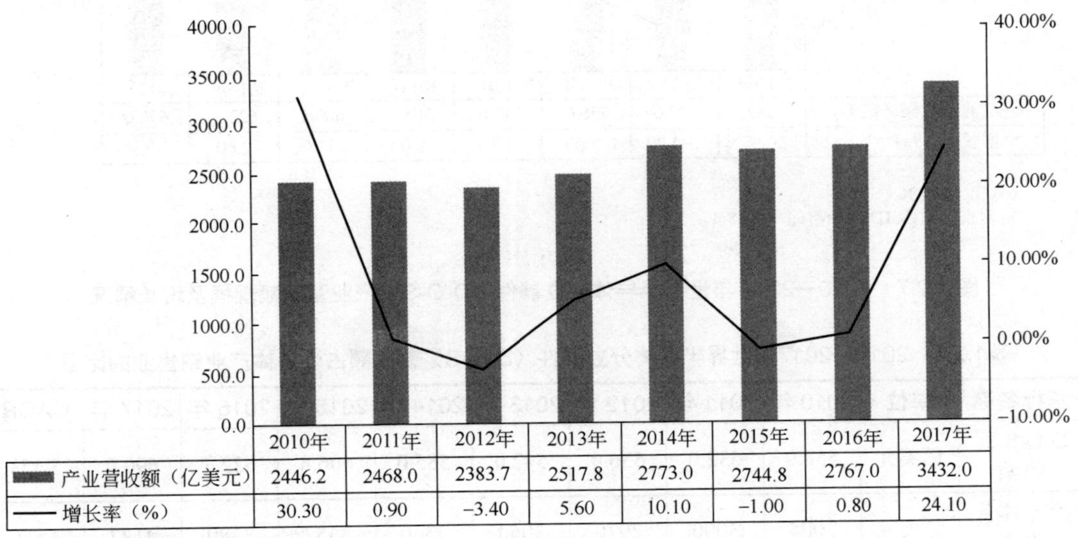

图 1.2.6　2010—2017 年世界集成电路产业营收额规模及增长情况

表1.2.6　2010—2017年世界集成电路营收额占半导体产业营收额的比重

指标名称	单位	2010 年	2011 年	2012 年	2013 年	2014 年	2015 年	2016 年	2017 年	CAGR
集成电路营收额	亿美元	2446.2	2468.0	2383.7	2517.8	2773.0	2744.8	2767.0	3432.0	5.0%
半导体营收额	亿美元	3004.0	3000.0	2920.0	3060.0	3360.0	3352.0	3389.0	4122.0	4.6%
占比	%	81.4	82.3	81.6	82.3	82.5	81.9	81.6	83.30	—

2017 年世界集成电路产品营收额占到全球总值的 83.3%，较 2016 年提升 1.7 个百分点，是 2010 年以来的新高点。

4．2017年世界半导体分立器件（D-O-S）产业营收额规模及增长情况

2017年世界半导体分立器件（D-O-S）产业营收额约为690亿美元，同比增长10.8%，增速提升8.6个百分点。2010—2017年世界半导体分立器件（D-O-S）产业营收额规模及增长情况、2010—2017年世界半导体分立器件（D-O-S）营收额占半导体产业销售业的比重分别如图1.2.7和表1.2.7所示。

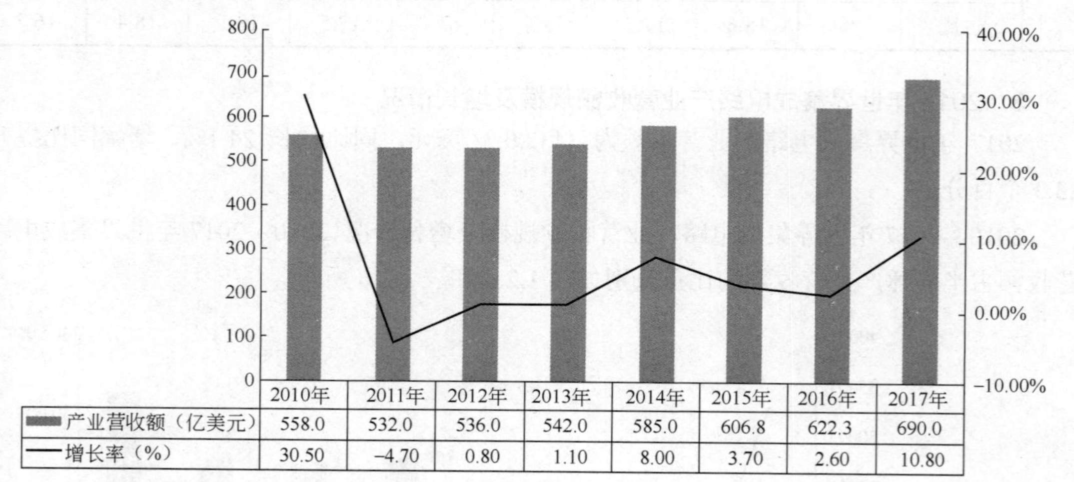

	2010年	2011年	2012年	2013年	2014年	2015年	2016年	2017年
产业营收额（亿美元）	558.0	532.0	536.0	542.0	585.0	606.8	622.3	690.0
增长率（%）	30.50	−4.70	0.80	1.10	8.00	3.70	2.60	10.80

CAGR=3.08%
资料来源：CCID/Jssia整理（2018.4）

图1.2.7　2010—2017年世界半导体分立器件（D-O-S）产业营收额规模及增长情况

表1.2.7　2010—2017年世界半导体分立器件（D-O-S）营收额占半导体产业销售业的比重

指标名称	单位	2010年	2011年	2012年	2013年	2014年	2015年	2016年	2017年	CAGR
D-O-S营收额	亿美元	558.0	532.0	536.0	542.0	585.0	606.8	622.3	690.0	3.1%
半导体营收额	亿美元	3004	3000	2920	3060	3360	3352	3389	4122	4.6%
占比	%	18.6	17.7	18.4	17.7	17.5	18.1	18.4	16.7	—

2017年世界半导体分立器件营收额占到全球总值的16.7%，较2016年占比下降1.7个百分点，为2010年以来的新低。

三、2017年世界集成电路产业三业发展情况

2017年世界集成电路产业营收额为3432.0亿美元，同比增长24.1%。其中，集成电路设计业营收额约为1006.1亿美元，同比增长11.3%；集成电路晶圆业营收额约为1908.6亿美元，同比增长28.8%；集成电路封测业营收额约为517.3亿美元，同比增长约2.2%(1.5%)。2010—2017年世界集成电路营业收入三业分布及占比情况如表1.2.8和图1.2.8所示。

表1.2.8 2010—2017年世界集成电路营业收入三业分布及占比情况 （单位：亿美元）

指标名称	IC 合计			IC 设计		
	实绩	同比	占比	实绩	同比	占比
2010 年	2446.2	31.3%	100.0%	635.0	15.6%	26.0%
2011 年	2468.0	0.9%	100.0%	685.0	7.9%	27.8%
2012 年	2383.7	−3.4%	100.0%	721.1	5.3%	30.2%
2013 年	2517.8	5.6%	100.0%	779.1	8.0%	30.9%
2014 年	2773.0	10.1%	100.0%	899.5	15.5%	32.4%
2015 年	2744.8	−1.0%	100.0%	802.8	−10.8%	29.2%
2016 年	2767.0	0.8%	100.0%	904.3	12.6%	28.0%
2017 年	3432.0	24.1	100.0%	1006.1	11.30%	29.3%
指标名称	IC 晶圆			IC 封测		
	实绩	同比	占比	实绩	同比	占比
2010 年	1326.3	41.9%	54.2%	484.9	27.8%	19.8%
2011 年	1302.8	−1.8%	52.8%	480.2	−1.0%	19.4%
2012 年	1172.2	−10.0%	49.2%	490.4	2.1%	20.6%
2013 年	1230.7	5.0%	48.9%	508.0	3.6%	20.2%
2014 年	1334.5	8.4%	48.2%	539.0	6.1%	19.4%
2015 年	1433.2	7.4%	52.3%	508.8	−5.6%	18.5%
2016 年	1482.4	3.4%	53.6%	509.7	0.2%	18.4%
2017 年	1908.6	28.8%	55.6%	517.3	2.2% （1.5%）	15.1%

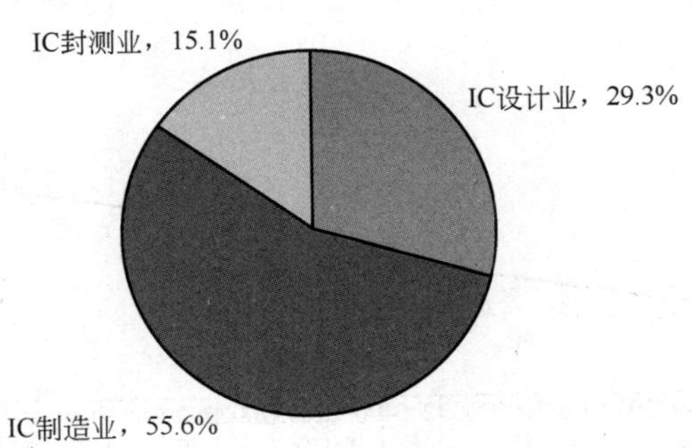

图 1.2.8 2017 年世界集成电路产业三业分布占比情况

与 2016 年相比较：2017 年集成电路设计业占比提升 1.3 个百分点；2017 年集成电路晶圆制造业占比提升 2.0 个百分点；2017 年集成电路封测业占比下降 3.3 个百分点。

第三节　2017 年世界半导体产品产量和价格情况

一、2017 年世界半导体产品产量

据 IC Insights 统计报道：2017 年世界半导体出货总量为 9862 亿颗（块/只），同比增长 10.6%（14.0%）。其中，集成电路产品产销量约为 3038 亿块，同比增长 22.5%；分立器件（D-O-S）产品产销量约为 6824 亿只，同比增长 6.1%。

2005—2017 年世界半导体产品产量发展规模及增长情况、1995—2018 年世界半导体产品产量发展趋势、1980—2018 年世界半导体产品产量（IC、D-O-S）时间节点发展情况、2010—2017 年世界半导体产品产量大类分布情况、2015—2018 年世界半导体产品产量（大类）发展规模及增长占比情况分别如表 1.3.1～表 1.3.4 和图 1.3.1 所示。

表1.3.1　2005—2017年世界半导体产品产量发展规模及增长情况

年度	单位	2005 年	2006 年	2007 年	2008 年	2009 年	2010 年	2011 年	2012 年	2013 年	2014 年	2015 年	2016 年	2017 年	2018 年（E）	CAGR
产品产量	亿颗	4900	5562	6237	6000	5645	6615	6608	6726	7055	7664	7872	8914	9862	10751	6.19%
同比	%	—	13.5	12.1	−3.8	−5.0	17.2	−0.1	1.8	4.9	8.6	2.7	（4.7）	10.6	8.5	—

资料来源：IC Insights/SIA/Jssia 整理（2018.2）

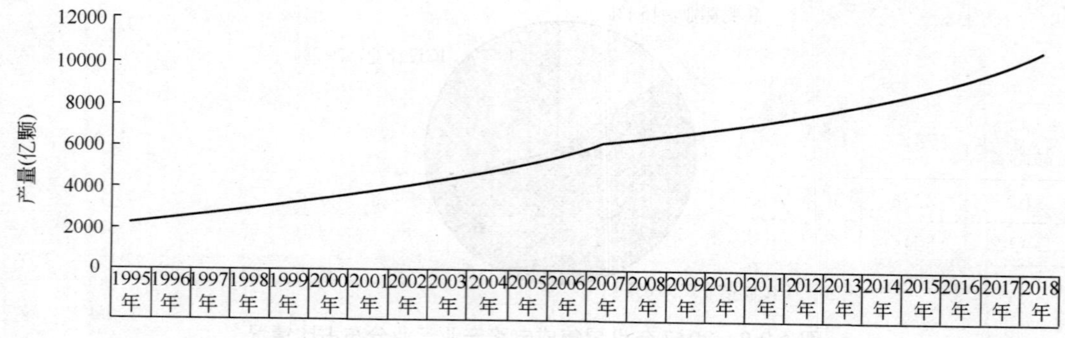

图 1.3.1　1995—2018 年世界半导体产品产量发展趋势

表1.3.2　1980—2018年世界半导体产品产量（IC、D-O-S）时间节点发展情况

指标名称	单位	1980年		1990年		2000年		2010年		2018年	
		产量	占比（%）	产量	占比（%）	产量	占比（%）	产量	占比（%）	产量	占比（%）
产量总计	亿颗	441	100	1433	100.0	3974	100.0	7056（6615）	100.0	10751	100.0
IC产量	亿颗	98	22.2	330	23.0	891	22.4	1898	26.9	3196	29.1
O-S-D产量	亿颗	343	77.8	1103	77.0	3083	77.6	5158	73.1	7555	70.3

资料来源：IC Insights（2018.1）

表1.3.3　2010—2017年世界半导体产品产量大类分布情况

年度		单位	2010年	2011年	2012年	2013年	2014年	2015年	2016年	2017年	CAGR
总产量	产量	亿颗	7056（6615）	6608	6726	7055	7664	7872	8914	9862	4.90%
合计	同比	%	17.2	-6.3（-0.1）	1.8	4.9	8.6	2.7	13.2（4.7）	10.6	—
IC	产量	亿块	1898	1942	1972	2060	2307	2356	2481	3038	6.95%
	同比	%	—	2.3	1.5	4.5	12.0	2.1	5.3	22.5	—
D-O-S	产量	亿只	5158（4717）	4666	4754	4995	5357	5516	6433	6824	4.08%
	同比	%	—	-9.5（-1.1）	1.9	5.1	7.2	3.0	16.6	6.1	—

表1.3.4　2015—2018年世界半导体产品产量（大类）发展规模及增长占比情况

	2015年		2016年			2017年			2018年（E）		
	规模（亿颗）	占比（%）	规模（亿颗）	同比（%）	占比（%）	规模（亿颗）	同比（%）	占比（%）	规模（亿颗）	同比（%）	占比（%）
半导体产品产量	7872	100.0	8914	13.2	100.0	9862	10.6	100.0	10751	9.0	100.0
IC	2356	30.0	2481	5.3	27.8	3038	22.5	30.8	3196	5.2	29.7
D-O-S	5516	70.0	6433	16.6	72.2	6824	6.1	69.2	7555	10.7	70.3

资料来源：IC Insights/Jssia 整理（2018.1）

1995—2018年世界半导体产品产量破关情况如下：

- 1995年，破2000亿颗大关，达2337亿颗规模；
- 1999年，破3000亿颗大关，达3189亿颗规模；
- 2004年，破4000亿颗大关，达4671亿颗规模；

- 2006 年，破 5000 亿颗大关，达 5562 亿颗规模；
- 2007 年，破 6000 亿颗大关，达 6237 亿颗规模；
- 2010 年，破 7000 亿颗大关，达 7056 亿颗规模；
- 2014 年，破 8000 亿颗大关，达 8153 亿颗规模；
- 2017 年，破 90000 亿颗大关，达 9862 亿颗规模；
- 2018 年，预计破 10000 亿颗大关，达 10751 亿颗规模。

二、2017 年世界半导体产品销售价格情况

1．2017 年世界半导体产品销售均价

2017 年世界半导体总销售量为 9862 亿颗（块/只），总营收额为 4122.0 亿元，2017 年世界半导体产品销售均价约为 0.418 美元/颗，同比增长 1.7%。如按 IC Insights 的报道：2017 年世界半导体产业营收额为 4385 亿美元计算，则 2017 年世界半导体产品销售均价为 0.4446 美元/颗，同比增长 6.3%左右。2008—2017 年世界半导体产品销售均价见表 1.3.5。

表1.3.5　2008—2017年世界半导体产品销售均价

年度	单位	2008 年	2009 年	2010 年	2011 年	2012 年	2013 年	2014 年	2015 年	2016 年	2017 年	CAGR
平均价格	美元/颗	0.435	0.428	0.451	0.453	0.433	0.433	0.438	0.426	0.411	0.418	-0.44%
均价同比	%	—	-1.6	5.4	0.4	-4.4	平	1.2	-2.8	-3.52	+1.7	—

资料来源：IC Insights /SIA/Jssia 整理（2018.2）

2．2017 年世界集成电路产品产量及均价

2017 年世界集成电路产品产量约为 3038 亿块，同比增长 22.4%。根据 2017 年世界集成电路产品销售收入为 3432.0 亿元，可测算销售均价约为 1.1297 美元/块。2010—2017 年世界集成电路产品产量规模及增长情况、2010—2017 年世界集成电路产品销售均价分别见表 1.3.6 和表 1.3.7。

表1.3.6　2010—2017年世界集成电路产品产量规模及增长情况

指标名称	2010 年	2011 年	2012 年	2013 年	2014 年	2015 年	2016 年	2017 年	CAGR
产品产量	1898	1942	1972	2060	2307	2356	2481	3038	7.16%
同比	35.1%	2.3%	1.5%	4.5%	12.0%	2.1%	5.3%	22.5	—

表1.3.7　2010—2017年世界集成电路产品销售均价

指标名称	单位	2010 年	2011 年	2012 年	2013 年	2014 年	2015 年	2016 年	2017 年
销售收入	亿美元	2446.2	2468.0	2383.7	2517.8	2773.0	2744.8	2767.0	3432.0

续表

指标名称	单位	2010 年	2011 年	2012 年	2013 年	2014 年	2015 年	2016 年	2017 年
销售量（产量）	亿块	1898	1942	1972	2060	2307	2356	2481	3038.0
平均价格	美元/块	1.2888	1.2709	1.2087	1.2221	1.2020	1.1650	1.1153	1.1297
均价同比	%	5.7	−1.4	−4.9	1.1	−1.6	−3.1	−4.3	1.3

从表 1.3.7 可以看出，2016 年世界集成电路产品产量同比增长 5.3%，但平均售价仍同比下降 4.3%。2016 年下半年到 2017 年，由于世界半导体市场产品产销两旺，存储器产品缺货，首先由存储器市场引发普遍涨价（DRAM 和 NAND Flash，涨价在 70%和 40%左右），同时也导致分立器件和被动元件的涨价。为此，2017 年世界集成电路产品平均价格为 1.1297 美元/块，价格平均普涨 1.3%，与 2016 年相比较涨幅为 5.6 个百分点，一改自 2011 年以来价格低迷的状况。

三、2017 年世界半导体分立器件产品产量及均价

2017 年世界半导体分立器件（D-O-S）产品产量约为 6824 亿只，同比增长 6.1%。根据 2017 年世界半导体（D-O-S）销售收入 690.0 亿元，测算均价约为 0.1011 美元/只，同比增长 4.5%，一改自 2011 年以来均价低迷的窘况，尤其是 2017 年增幅更上涨 16.6 个百分点。2010—2016 年世界（D-O-S）产品产量规模及增长情况和 2010—2016 年世界（D-S-O）产品销售均价分别见表 1.3.8 和表 1.3.9。

表1.3.8　2010—2016年世界（D-O-S）产品产量规模及增长情况

（单位：亿只）

指标名称	2010 年	2011 年	2012 年	2013 年	2014 年	2015 年	2016 年	2017 年	CAGR
产品产量	4717	4666	4754	4995	5357	5516	6433	6824	5.42%
同比	21.7%	-1.1%	1.9%	5.1%	7.2%	3.0%	4.4%	6.1%	—

表1.3.9　2010—2016年世界（D-S-O）产品销售均价

指标名称	单位	2010 年	2011 年	2012 年	2013 年	2014 年	2015 年	2016 年	2017 年
销售收入	亿美元	558	532	536	542	585.4	606.8	622.3	690.0
销售量	亿只	4717	4666	4754	4995	5357	5516	6433.0	6824.0
平均价格	美元/只	0.1183	0.1140	0.1127	0.1085	0.1093	0.1100	0.0967	0.1011
均价同比	—	14.70%	-3.6%	-1.1%	-3.7%	0.7%	0.6%	-12.1%	4.5%

第四节　2017 年世界半导体产业主要企业发展情况

一、2017 年世界半导体产业前二十大企业情况

2017 年世界半导体产业前二十大企业销售收入约为 3556.68 亿美元，同比增长 23.5%，占世界半导体产业总营收额 4122 亿美元的 86.3%，占比率同比提升 1.3 个百分点。

1. 2017 年世界半导体产业前二十大企业营收额排名情况

2017 年世界半导体产业前二十大企业营收额情况见表 1.4.1。

表1.4.1　2017年世界半导体产业前二十大企业营收额

排序		公司名称	型别	国家/地区	2017 年营收（百万美元）	2016 年营收（百万美元）	同比（%）
2017	2016						
1	2	三星	IDM	韩国	68825	45020	52.9
2	1	英特尔	IDM	美国	62833	59381	5.8
3	3	台积电	Foundry	中国台湾	32040	29437	8.8
4	6	SK 海力士	IDM	韩国	26309	14700	79.0
5	7	美光	IDM	美国	23062	13950	65.3
6	4	高通	Fabless	美国	17063	15415	10.7
7	5	博通	Fabless	新加坡	15490	13846	11.9
8	8	德州仪器	IDM	美国	13806	11901	16.0
9	9	东芝	IDM	日本	12813	9918	29.2
10	16	英伟达	Fabless	美国	9228	9504	−2.9
11	—	西部数据	IDM	美国	9181	4170	120.2
12	10	恩智浦	IDM	欧洲	8651	9305	−7.0
13	13	意法半导体	IDM	欧洲	8347	6944	20.2
14	12	英飞凌	IDM	欧洲	7979	7343	8.7
15	11	联发科	Fabless	中国台湾	7875	8610	−8.5
16	15	索尼	IDM	日本	7589	6466	17.4
17	17	瑞萨	IDM	日本	6967	5751	21.1
18	14	苹果	Fabless	美国	6660	6493	2.6
19	19	安森美	IDM	美国	5543	4858	14.1
20	18	格罗方德	Foundry	美国	5407	5085	6.3
前二十大企业合计					355668	288097	23.5
总计					412200	338931	21.6

2. 2017 年世界半导体产业前二十大企业分布情况

（1）前二十大企业类型分布

在前二十大企业中：IDM（垂直型）企业有 13 家，占 65%；Fabless（无晶圆设计公司）有 5 家，占 25%；Foundry 晶圆代工企业有 2 家，占 10%。

（2）前二十大企业地区分布

在前二十大企业中，亚洲有 8 家，占 40%，分别是韩国 2 家（三星、SK 海力士）；日本 3 家（东芝、索尼、瑞萨）；中国台湾 2 家（台积电、联发科）和新加坡的博通公司（博通公司已于 2018 年 4 月将总部迁到美国，在 2018 年将计入美国企业）。欧洲有 3 家企业，占到 15%，分别是恩智浦、意法半导体、英飞凌科技。美国拥有 9 家企业，占 45%，分别是英特尔、美光、高通、德仪、英伟达、西数、苹果、安森美、格芯。这说明美国在集成电路产业中占据指导性地位。

（3）前二十大企业门槛提高

2017 年世界集成电路前二十大企业入门营收额为 54.07 亿美元，比 2016 年入围的 48.58 亿美元提高 5.5 亿美元。

（4）前二十大企业成长率情况

2017 年世界集成电路前二十大企业较 2016 年营收同比增长的企业有 17 家，占 85%，同比下降的企业有 3 家，占到 15%。由于存储器在 2016 年下半年到 2017 年市场缺货，引发了供不应求的情况，导致价格不断上涨。特别是存储器三巨头：三星同比增长 52.9%，SK 海力士同比增长 79.0%，美光同比增长 65.3%，以及东芝同比增长 29.2%，西部数据则实现翻倍，达到成长 120.20%。

在 2017 年成长率同比上升两位数的企业有西部数据、SK 海力士、美光、三星、东芝、瑞萨、意法、索尼、德仪、安森美、博通、高通 12 家企业。

呈个位数增长的企业为台积电、英飞凌、格芯、英特尔、苹果等公司。

（5）前二十大企业成绩简析

- 三星实现夙愿，将英特尔挤下台，第一次登顶。其 14/10 纳米已经大量生产，7 纳米出样品，尤其在 3D NAND Flash 上独树一帜，起到领头羊的作用，并在 2017 年将代工事业部单列，意在向晶圆代工业发展。
- SK 海力士在 DRAM、NAND 等产品方面着力发展，跻身前三名。3D NAND 实现 48 层大生产后，跨越 64 层直达 72 层。
- 英特尔曾在移动处理器上落后，但在传统 PC 等方面仍引领世界潮流，在 10 纳米晶圆工艺上占据统治地位，并已开发出 7 纳米（较同行更先进）。
- 台积电实现 14/10 纳米大生产，7 纳米已进入量产，正向 5 纳米及以下进军，其晶圆代工规模占到全球代工的 58%～60%。
- 苹果已由整机向自制芯片进发，一举成名，进入前二十大企业中。

- 高通、博通虽在 2017 年设计业龙头企业排序中稍有后退，但因其体量大，技术内涵丰富，规模仍然居前。
- 东芝公司因其核电业务亏损向贝恩资本出售其半导体业务，但在 2017 年仍有不俗表现。

二、2017 年世界半导体产业前十大产品企业情况

2017 年世界半导体产业营收规模前十大产品企业排名见表 1.4.2。

表1.4.2 2017年世界半导体产业营收规模前十大产品企业排名

排名		厂商名称	国别	2017 营收（百万美元）	2017 年占比（%）	2016 营收（百万美元）	同比（%）
2017	2016						
1	2	三星（Samsung）	韩国	68825	16.4	45020	52.9
2	1	英特尔（Intel）	美国	62833	15.0	59381	5.8
3	4	SK 海力士（SK Hynix）	韩国	26309	6.3	14700	79.0
4	6	美光（Micron）	美国	23062	5.5	13950	65.3
5	3	高通（Qualcomm）	美国	17063	4.1	15415	10.7
6	5	博通（Arago/Broadcom）	新加坡	15490	3.7	13223	17.1
7	7	德州仪器（TI）	美国	13806	3.3	11901	16.0
8	8	东芝（Toshiba）	日本	12813	3.1	9918	29.2
9	10	西部数据（WD）	美国	9181	2.2	4170	120.2
10	9	恩智浦（NXP）	荷兰	8651	2.1	9305	−7.0
前十名企业合计				258033	61.5	196983	31.0
其他				161687	38.5	146331	10.5
全球合计				419720	100.0	343314	22.3

资料来源：Gartner（2018.4）/Jssia 整理

Gartner 统计数据显示。

2017 年世界半导体产业营收为 4197.2 亿美元，同比增长 22.3%。

2017 年世界半导体产业前十大产品企业营收为 2580.33 亿美元，同比增长 31.0%，占到总值的 61.5%，占比率较 2016 年提升 4.1 个百分点。

在 2017 年世界半导体前十大产品企业中，美国有 5 家，韩国有 2 家，新加坡、日本、荷兰各 1 家。

在 2017 年世界半导体前十大产品企业中，成长的有 9 家，负增长有 1 家。

在 2017 年世界半导体前十大产品企业中，IDM 型企业占到 8 家，Fabless 企业占到 2 家（高通和博通）。

2017年由于存储器（DRAM、NAND Flash）市场紧缺的带动（DRAM芯片降价44%，NAND Flash涨价17%），2017年世界半导体产业营收同比增长22.3%，前十大产品企业营收同比增长32%，其中存储器三大领军企业之一的SK海力士同比增长79.0%，美光公司同比增长65.3%，三星公司同比增长52.9%。而美国西部数据实现翻番有余，同比增长120.2%，营收达到近92亿美元；东芝公司同比增长29.2%。

由于数据中心处理器产品只增长6%，PC处理器产品只增长1.9%，故使英特尔公司只增长5.8%，远落后于三星公司52.9%的增长率。

两家Fabless企业（高通和博通）相互竞争激烈，博通要1000亿～1300亿美元收购高通（现被叫停）。在2017年分别增长10.7%和17.1%，都取得较好的业绩。

2017年由于存储器的发力，三星终于将霸占全球第一位达25年之久的英特尔拉下头把交椅，首登全球第一的宝座。其他企业：美光上升两位居第四位；SK海力士上升一位居第三位；高通后退两位居第五位。

第五节　2017 年世界集成电路设计业发展情况

一、2017 年世界集成电路设计业销售收入情况

据 IC Insights 2018 年 3 月 23 日报道：2017 年世界半导体设计公司（Fabless）营收额为 1006.1 亿美元，同比增长 11.3%，创历史新高，首次突破千亿美元大关。2010—2017 年世界集成电路设计业发展规模及增长趋势如图 1.5.1 所示。

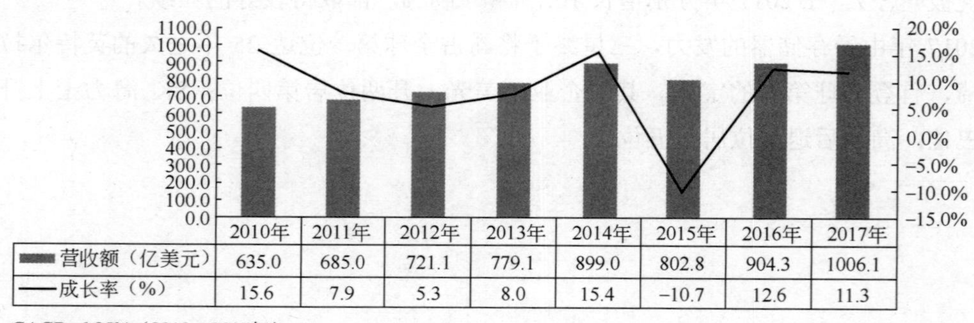

图 1.5.1　2010—2017 年世界集成电路设计业发展规模及增长趋势

2010—2017 年世界集成电路设计业在 IC 产业中的占比情况见表 1.5.1。

表1.5.1　2010—2017年世界集成电路设计业在IC产业中的占比情况

年度	2010 年	2011 年	2012 年	2013 年	2014 年	2015 年	2016 年	2017 年
占比（%）	26.0	27.8	30.2	30.9	32.4	29.2	28.0	29.3

二、2017 年世界集成电路设计业前十大企业营收情况

2017 年世界集成电路设计业前十大企业营收额为 737.85 亿美元，同比增长 12.3%，占到 IC 设计业总值的 73.3%，占比率同比提升 0.6 个百分点。入围门槛提高到 20.5 亿美元，增长 1.7 亿美元。

1. 2017 年世界集成电路设计（Fabless）前十大企业排名情况

2017 年世界集成电路设计前十大企业见表 1.5.2。

表1.5.2　2017年世界集成电路设计（Fabless）前十大企业排名

序号	公司名称	2017 年收入（百万美元）	2016 年收入（百万美元）	同比（%）	占前 10 名（%）	占全部（%）	国别/地区
1	高通（Qualcomm）	17078	15414	10.8	23.1	17.0	美国

续表

序号	公司名称	2017 年收入（百万美元）	2016 年收入（百万美元）	同比（%）	占前 10 名（%）	占全部（%）	国别/地区
2	博通（Broadcom）	16065	13846	16.0	21.8	16.0	新加坡
3	英伟达（Nvidia）	9228	6389	44.4	12.5	9.2	美国
4	联发科（Media Tek）	7875	8809	−10.6	10.7	7.8	中国台湾
5	苹果（Apple）	6660	6493	2.6	9.0	6.6	美国
6	超微（AMD）	5249	4272	22.9	7.4	5.2	美国
7	海思（Hisilicon）	4715	3910	20.6	6.4	4.7	中国
8	赛灵思（Xilinx）	2475	2311	7.1	3.4	2.5	美国
9	迈威尔（Marvell）	2390	2407	−0.7	3.3	2.4	美国
10	紫光展锐（Unigroup）	2050	1880	9.0	2.8	2.0	中国
前十名合计		73785	65731	12.3	100.0	73.3	—
其他		26825	24694	8.6	—	26.7	—
合计		100610（101000）	90425（79530）	11.3（27.0）	—	100.0	—

资料来源：IC Insights/Jssia 整理（2018.3.23）

2. 2017 年世界集成电路设计业十大企业排名分析

- 2017 年博通公司在第三季度超过高通公司位居第一名，但从全年来看仍不敌高通公司，高通公司位居第一，博通屈居第二，与 2016 年相比，差距正在明显缩小。
- 英伟达由 2016 年的第五名上升到 2017 年的第三名，其主因在于其人工智能芯片设计取得的业绩骄人；紫光展锐在移动和通信上取得较好业绩，挤掉中国台湾的联咏进入前十名。
- 联发科因在高端芯片和英特尔、三星、海思等竞争乏力，而在中低端芯片领域又受到紫光展锐的挤压，在专业芯片领域与赛灵思、迈威尔等相比缺少竞争性产品，因此，2017 年营收额下降 10.6%。

3. 2017 年世界集成电路设计业前十大企业增幅情况

- 2017 年世界集成电路设计业前十大企业与 2016 年相较增长的企业有 8 家，同比下降的企业有 2 家。
- 2017 年世界集成电路设计业前十大企业增长最快的是英伟达（44.4%）、超微（22.9%）和海思（20.6%）。
- 博通公司以增长 16.0%奋力逼近高通公司（增长 10.8%），两者差距缩小 10.3 亿美元，与 2016 年的差距相比，缩小了 35.4%，但在第四季度及全年还是功亏一篑，最终未超越高通公司。

- 值得一提的是，苹果和紫光展锐已呈两匹黑马之势进入前十强企业，分居第五和第十位，同比分别增长 2.6%和 9.0%。

4．2017 年世界集成电路设计业前十大企业占比情况

- 2017 年世界集成电路设计业前十大企业营收额为 737.85 亿美元，同比增长 12.3%，占到 2017 年集成电路设计业总值 1006.10 亿美元的 73.3%，较 2016 年前十大企业占比提升 0.6 个百分点。
- 2017 年世界集成电路设计业前十大企业前三名高通、博通和英伟达分别占前十大企业总值的 23.1%、21.8%和 12.5%，三家企业合计占到 57.4%；同时也占到全球集成电路设计业总值的 42.2%。中国大陆的海思、展锐占到全球 IC 设计业总值的 6.7%，差距十分明显。

5．2017 年世界集成电路设计业区域分布情况

（1）2017 年世界集成电路设计业前十大企业区域分布

2017 年世界集成电路设计业前十大企业区域分布：美国占到 58.4%，新加坡占 21.8%，中国台湾占到 10.7%，中国大陆占到 9.2%，如图 1.5.2 所示。

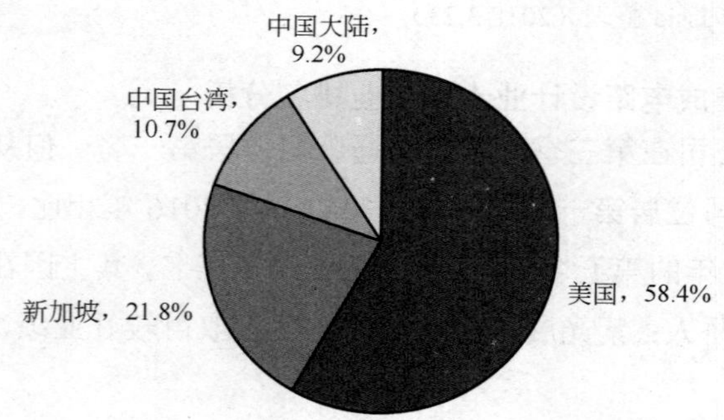

图 1.5.2　2017 年世界集成电路设计业前十大企业区域分布

（2）2017 年世界集成电路设计业营收额区域分布占比情况

据拓墣产研院报道：2017 年美国集成电路设计业营收额占到全球集成电路设计业的 53%（约 535.3 亿美元），居全球第一位；中国大陆位居第二，占到 21%（约 212.1 亿美元）；中国台湾地区占到 16%（约 161.6 亿美元），欧洲地区占到 2%（约 20.2 亿美元），日本占到 1%（约 10.1 亿美元），其他地区占到 7%左右。

（3）中国集成电路设计业企业进入世界同业前五十大企业情况

2017 年中国集成电路设计业企业进入世界同业前五十大企业有 10 家，依次为深圳海思、紫光展锐、中兴微电子、华大半导体、南瑞智芯、芯成半导体、大唐半导体、北京兆易创新、澜起科技、瑞芯微电子。

中国台湾的联咏、瑞昱进入全球前二十名。

三、2017 年世界集成电路主流设计成本

集成电路主流设计成本如表 1.5.3 和图 1.5.3 所示。

表1.5.3　集成电路主流设计成本　（单位：百万美元）

支出领域	65 纳米	45/40 纳米	28 纳米	20 纳米	16/14 纳米	10 纳米	7 纳米	5 纳米
验证域	2	4	6	8	15	20	22	25
原型域	1	1	1.9	3	6	10	11	20
软件域	5	9	14	25	45	70	82	110
物理域	2	4	8	14.2	20	35	40	55
核对域	12	17	26	42	72.5	112.3	139.2	186
结构域	1	1	1	2	5	10	15	30
系统域	1	3	6	10	15	25	40	50
合计	24	39	62.9	104.2	178.5	282.3	349.2	476

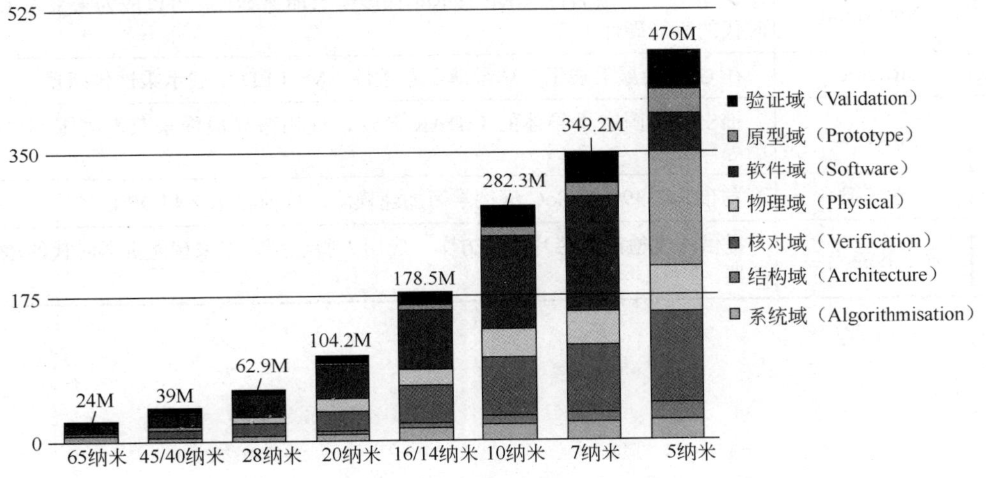

图 1.5.3　集成电路主流设计成本

四、2017 年最具成长性的中小半导体设计公司

2017 年最具成长性的中小半导体设计公司见表 1.5.4（排名不分先后）。

表1.5.4　2017年最具成长性的中小半导体设计公司

序号	公司名称	专注研发产品
1	Achronix	● 高性能 FPGA； ● eFPGA（嵌入式 FPGA）； ● 嵌入式 MCU

续表

序号	公司名称	专注研发产品
2	Barefook Networks	● 开发出全球第一个可编程芯片 Tofino，能以 6.5Tbps 的速度处理网络数据包； ● Tofino 使用台积电 16 纳米工艺制造； ● SDN 新的网络架构
3	Efinix	● 设计一种全新的现场可编程门阵列（FPGA）芯片，为现有尺寸的四分之一，功耗为传统芯片的一半，结构简单； ● 可运用于人工智能和深度学习；中央计算机和服务器、大数据； ● 实现 FPGA 异构计算方案的普及
4	Crossbar	● ReRAM 是独特的存储技术，既可以集成于 SoC 中，也可独立在存储芯片生产； ● 基于忆阻器原理，可将 DRAM 的读写速度与 SSD 的非易失性结合在一起； ● 借助低温 BEOL 工艺，可将多层 ReRAM 数组整合在 CMOS 晶圆上，拥有 3D 单片内嵌式 RRAM 储存芯片产品等
5	ASR（翱捷科技（上海））	● 继续深耕传统手机 Modem 外，正在谋划 NB-IoT（窄带物联网）芯片市场； ● 在获取 CEVA 技术授权许可，将在无线产品中融入系列 CEVA IP，以供蜂窝、蓝牙和 WiFi 连接支持，实现在计算机视觉、语音和音频领域的新兴应用
6	Novumind	● 开发出一款名位 Novu Tensor 深度学习加速芯片，可以成为未来人工智能时代的赋能硬件
7	Royole	在 CES 会展上展示全球最薄全彩柔性 AMOLED 中展示柔性传感器
8	Tetravue	推出基于固态半导体的 LiDAR 芯片，使用激光成像来获得周围环境深度图等
9	瑞芯微	发布 RK3399Pro SoC 深度学习加速模块，峰值可达 2.4TOPS
10	舜宇智能光学	提供深度检测的芯片解决方案，应用人脸识别，未来智能机器时代的重要传感器

第六节 2017年世界集成电路晶圆业发展情况

一、2017年世界集成电路晶圆业简况

1. 2017年世界集成电路晶圆业营收额情况

2017年世界集成电路晶圆业营收额为1908.6亿美元，同比增长28.8%。2010—2017年世界集成电路晶圆业发展规模及增长情况如图1.6.1所示。

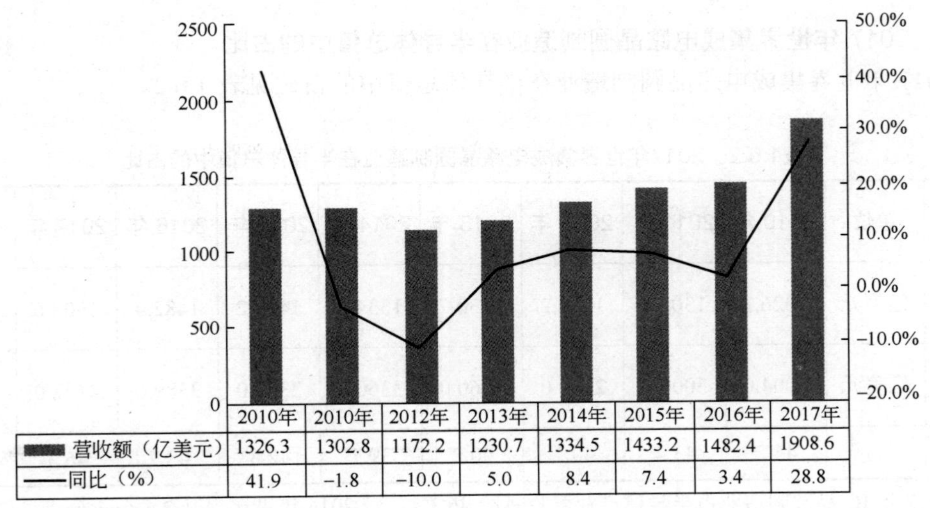

	2010年	2010年	2012年	2013年	2014年	2015年	2016年	2017年
营收额（亿美元）	1326.3	1302.8	1172.2	1230.7	1334.5	1433.2	1482.4	1908.6
同比（%）	41.9	-1.8	-10.0	5.0	8.4	7.4	3.4	28.8

CAGR= 5.34%（2010—2017年）
资料来源：SIA/WSTS/Jssia整理（2018.4）

图1.6.1 2010—2017年世界集成电路晶圆业发展规模及增长情况

2017年世界集成电路晶圆业取得了骄人的成绩，同比增长28.8%，营收额接近2000亿美元（占到全球半导体产业总值4122亿美元的46.3%；占到集成电路产业营收额3432亿美元的55.6%），创出了自2011年以来的新高（2010年同比增长41.9%）。其主要因素为自2016年下半年起存储器市场紧俏，供不应求，市场价格坚挺，一路上扬，NAND Flash和DRAM涨幅达40%～70%，同时也引发元器件的涨价，销售收入一路上扬。如三星营收额同比增长52.9%，SK海力士同比增长79.0%，美光同比增长65%，西部数据同比增长120.2%，东芝增长29.2%等，业绩一路飘红。

2. 2017年世界集成电路晶圆制造业在IC总值中的占比

2017年世界集成电路晶圆制造业在IC总值中的占比见表1.6.1。

表1.6.1 2017年世界集成电路晶圆制造业在IC总值中的占比

指标名称	单位	2010年	2011年	2012年	2013年	2014年	2015年	2016年	2017年	CAGR
晶圆业营收额	亿美元	1326.3	1302.8	1172.2	1230.7	1334.5	1433.2	1482.4	1908.6	5.34%
集成电路营收额	亿美元	2446.2	2468.0	2383.7	2517.8	2773.0	2744.8	2767.0	3432.0	4.96%
占比	%	54.2	52.8	49.2	48.9	48.1	52.2	53.6	55.6	—

*2017年IC晶圆制造业占IC产业营收额的55.6%，较2016年占比提升2个百分点。

3．2017年世界集成电路晶圆制造业在半导体总值中的占比

2017年世界集成电路晶圆制造业在半导体总值中的占比见表1.6.2。

表1.6.2 2017年世界集成电路晶圆制造业在半导体总值中的占比

指标名称	单位	2010年	2011年	2012年	2013年	2014年	2015年	2016年	2017年	CAGR
晶圆业营收额	亿美元	1326.3	1302.8	1172.2	1230.7	1334.5	1433.2	1482.4	1908.6	5.34%
半导体营收额	亿美元	3004.0	3000.0	2920.0	3060.0	3360.0	3352.0	3389.0	4122.0	4.62%
占比	%	44.2	43.4	40.1	40.2	39.7	42.8	43.7	46.3	—

*2017年IC晶圆制造业占半导体产业营收额的46.3%，较2016年占比提升2.6个百分点。

二、2017年世界集成电路晶圆生产线情况

1．2017年世界集成电路晶圆生产线拥有量

2017年世界集成电路晶圆生产线拥有量（预测）见表1.6.3。

表1.6.3 2017年世界集成电路晶圆生产线拥有量（预测）

晶圆尺寸	4英寸（100mm）	5英寸（125mm）	6英寸（150mm）	8英寸（200mm）	12英寸（300mm）
数量（条）	75	55	164	188	107

资料来源：Jssia整理（2018.4）

2．2017年世界集成电路12英寸晶圆线拥有量

2017年世界集成电路12英寸晶圆线拥有量见表1.6.4。

表1.6.4　2002—2017年世界集成电路12英寸晶圆生产线拥有数量

年度	数量（条）	同比（%）
2002	8	—
2003	13	62.5
2004	18	38.4
2005	26	44.4
2006	43	65.4
2007	57	32.6
2008	63	10.5
2009	66	4.8
2010	73	10.6
2011	78	6.8
2012	82	5.1
2013	84	2.4
2014	87	3.6
2015	95	9.2
2016	100	5.3
2017	107	7.0
2018（E）	113	5.6
2019（E）	120	6.2

资料来源：芯思想/Jssia 整理

自从 1999 年世界半导体产业界开始建设 12 英寸晶圆生产线以来，到 2008 年 12 英寸晶圆生产线生产效能超过 8 英寸晶圆生产线效能，成为集成电路晶圆制造的主流。

2017 年，全球拥有 107 条 12 英寸晶圆制造生产线。

3．2017 年全球 IC 晶圆制造 12 英寸线分布

2017 年全球 IC 晶圆制造 12 英寸线分布见表 1.6.5。

表1.6.5　2017年全球IC晶圆制造12英寸线分布

国别/地区	数量（条）	占比（%）
中国台湾	35	32.7
美国	15	14
韩国	14	13.1
日本	13	12.1

续表

国别/地区	数量（条）	占比（%）
中国大陆	13	12.1
新加坡	7	6.5
德国	3	2.8
爱尔兰	3	2.8
法国	1	0.9
奥地利	1	0.9
以色列	1	0.9
俄国	1	0.9
合计	107	100

资料来源：芯思想/Jssia 整理

*在2017年12英寸晶圆生产线统计数据中，可能少数公司在华建设的晶圆线有重复计算。

*根据预测：2018年全球将拥有113条12英寸晶圆生产线，2019年将拥有120条12英寸晶圆生产线，到2020年将有128～130条12英寸晶圆生产线。

4．2016—2017年全球集成电路晶圆业12英寸晶圆生产线十大厂家产能占比

2016—2017年全球集成电路晶圆业12英寸晶圆生产线十大厂家产能占比见表1.6.6。

表1.6.6　2016—2017年世界集成电路晶圆业12英寸生产线十大厂家产能占比

厂家名称	三星	美光	台积电	SK海力士	东芝西数	英特尔	格罗方德	联电	力晶	中芯国际	其他	合计
产能占比（%）	22	14	13	13	11	7	6	3	2	2	7	100

资料来源：IC Insights（2017.1.12）

三、2017年世界集成电路晶圆代工（Foundry）市场情况

1．2017年世界IC晶圆代工（Foundry）市场情况

据市调机构IC Insights资料显示：2017年全球整体晶圆代工业者合计营收额为623.1亿美元，较2016年的577.1亿美元，同比增长8.0%。2010—2017年世界IC晶圆代工市场规模及增长情况如图1.6.2所示。

2．2017年世界集成电路晶圆代工晶圆制造业的比重

2017年世界集成电路晶圆代工晶圆制造业的比重见表1.6.7。

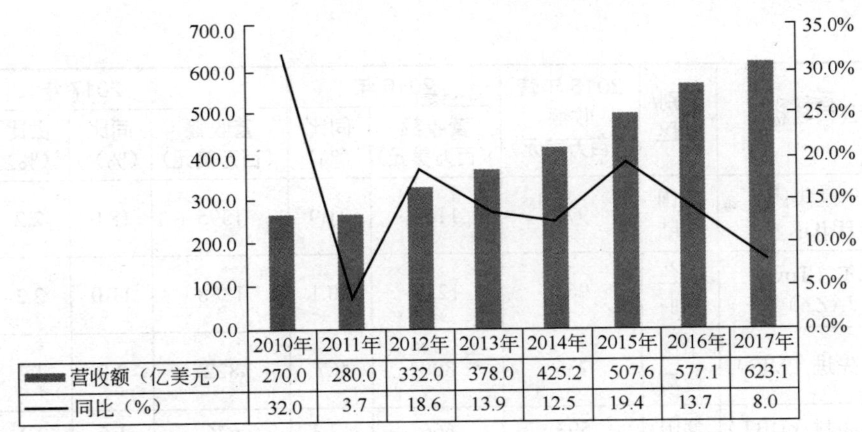

CAGR= 12.69%（2010—2017年）
资料来源：IC Insights（2018.5）/Jssia整理

图 1.6.2 2010—2017 年世界 IC 晶圆代工市场规模及增长情况

表1.6.7 2017年世界集成电路晶圆代工晶圆制造业的比重

指标名称	单位	2010 年	2011 年	2012 年	2013 年	2014 年	2015 年	2016 年	2017 年
晶圆代工营收额	亿美元	270.0	280.0	332.0	378.0	425.2	507.6	577.1	623.1
晶圆营收额	亿美元	1326.3	1302.8	1172.2	1230.7	1334.5	1433.2	1482.4	1908.6
占比	%	20.4	21.5	28.3	30.7	31.9	35.4	38.9	32.5

3．2017 年世界集成电路晶圆代工主要企业

2015—2017 年世界集成电路晶圆代工（Foundry）主要企业情况见表 1.6.8。

表1.6.8 2015—2017年世界集成电路晶圆代工（Foundry）市场情况

序号	公司名称	国别/地区	2015 年营收额（百万美元）	2016 年		2017 年			
				营收额（百万美元）	同比（%）	营收额（百万美元）	同比（%）	占比（%）	前 10 名占比（%）
1	台积电（TSMC）	中国台湾	26574	29488	11.0	32163	9.0	51.6	56.8
2	格芯（GF）	美国	5019	5495	9.5	6060	10.0	9.7	10.7
3	联电（UMC）	中国台湾	4464	4582	2.6	4898	7.0	7.9	8.7
4	三星（Samsung）	韩国	2670	4410	65.2	4600	4.0	7.4	8.1
5	中芯国际（SMIC）	中国大陆	2236	2914	30.3	3101	6.0	5.0	5.5
6	力晶（PSC）	中国台湾	1268	1275	0.6	1498	17.0	2.4	2.6

续表

序号	公司名称	国别/地区	2015 年营收额（百万美元）	2016 年		2017 年			
				营收额（百万美元）	同比（%）	营收额（百万美元）	同比（%）	占比（%）	前 10 名占比（%）
7	华虹集团（HHGR）	中国大陆	971	1184	21.9	1395	18.0	2.2	2.5
8	塔尔（Tower JAZZ）	以色列	961	1250	30.1	1388	11.0	2.2	2.5
9	世界先进（VIS）	中国台湾	736	800	8.7	822	2.8	1.3	1.5
10	东部高科（DBT）	韩国	593	666	12.3	676	1.5	1.1	1.2
9	前十名企业合计		45492	52064	14.4	56601	8.7	90.8	100.0
10	其他企业		5268	5648	7.2	5709	1.1	9.2	—
11	晶圆代工产业合计		50760	57712	13.7	62310	8.0	100.0	—

资料来源：IC Insights/Jssia 整理（2018.5）

从表 1.6.8 可以看出，2017 年全球集成电路晶圆代工主要企业经营情况良好，前 10 名企业平均增长 8.7%，高于其他企业 7.6 个百分点；占到全球 IC 晶圆代工总值的 90.8%。前八大代工厂占总值的 88%，其中，台积电一路绝尘，占到全球晶圆代工业务的 51.6%，占到前十大企业总值的 56.8%。三星公司近两年加入代工行列，以其晶圆技术优势跃居第 4 位。

从产业地区来看，集成电路晶圆代工主要集中在亚洲地区，占到前十大企业的 89.3%，美国占到 10.7%（格芯）。在亚洲地区，中国台湾地区占到 69.6%、韩国（三星）占到 9.3%、中国大陆（中芯国际、华虹）占到 8.0%。韩国三星公司已把晶圆代工单列事业部制，加大投入，通过几年努力争取成为世界晶圆代工第二位。

从晶圆代工技术上来看：2017 年全球集成电路晶圆代工前十大企业中：台积电继续拉大与其他厂商的距离，其 10 纳米工艺已大规模生产（与苹果代工为主力），占到前十大代工业的 56.8%，占到全球代工总值的 51.6%。联电在 2017 年 14 纳米工艺才刚刚量产，只占本公司营收额的 1%，但同比仍增长 7.0%；三星半导体 10 纳米只有高通（Gualcomm）代工订单，致使成长受限，仅增长 4.0%，三星代工刚开步就位居全球第四。中芯国际虽有大量资本投入，但仍受限于产能和 28 纳米良率等瓶颈制约，后期可待。2017 年，华虹宏力和塔尔半导体 8 英寸晶圆代工持续旺盛，成长率都超过 10%，取得较好的业绩。台湾力晶因调升晶圆代工业务比重，成长率达 19%，位居增长率第一的好业绩。

展望 2018 年全球集成电路晶圆代工，除 10 纳米工艺的发力外，7 纳米工艺节点已启动将带来晶圆代工产值的增长。其次是在 5G 和电动车市场需求的驱动下，第三代半导体材料（SiC 及 GaN）产品的开发（如台积电）GaN 的代工服务和 X-Fab 的 SiC 晶圆代工将在 2018 年第一季度有所贡献。世界半导体市场在 2018 年仍有一定幅度的增长，再加上中芯国际在 28 纳米工艺良品率和高阶金属闸上的突破定有较大的收获（主要客户源在中国大陆）等，将会比 2017 年有更理想的增长。

四、2017 年世界集成电路晶圆制造业主要厂商产能占比情况

2017 年世界集成电路晶圆制造生产年景火爆。其主要是市场热销，存储器市场紧俏、短缺，出现抢货现象。为应对市场的爆棚，各厂商扩大产能和提高产能利用率，近年来晶圆 12 英寸产线利用率达到历史最好水平，平均在 92%左右，8 英寸生产线和代工产能持续满载，设计厂商均需排队等候产能，晶圆代工交货期维持在 3 个月以上，这是近几年来所未遇到的。同样，6 英寸晶圆制造业在特种工艺器件、MEMS、功率器件等方面也是产能满载。

2017 年，全球晶圆制造业前十大企业产能情况。

12 英寸晶圆制造生产线中，前十大企业占到全球总产能的 94%，其中前三大企业（三星、美光和海力士）占到总产能的 50%以上。

8 英寸晶圆制造生产线中，前十大企业占到全球总产能的 54%以上，其占比率略有些分散，其他一些厂商占到 46%。

6 英寸晶圆制造生产线中，前十大企业仍占到 57%。

2016—2017 年世界集成电路晶圆制造（12～8～6 英寸）主要厂商产能占比见表 1.6.9。

表1.6.9　2016—2017年世界集成电路晶圆制造（12～8～6英寸）主要厂商产能占比

序号	12 英寸产能占比		8 英寸产能占比		6 英寸产能占比	
	企业名称	占比（%）	企业名称	占比（%）	企业名称	占比（%）
1	三星	22	台积电	11	意法	12
2	美光	14	德仪	7	安森美	11
3	SK 海力士	14	意法	6	松下	7
4	台积电	13	联电	6	华润微	6
5	东芝	11	英飞凌	5	士兰微	5
6	英特尔	7	恩智浦	4	瑞萨	4
7	格罗方德	6	东芝	4	德仪	3
8	联电	3	中芯国际	4	台积电	3
9	力晶	2	三星	4	罗姆	3
10	中芯国际	2	华虹宏力	3	东芝	3
	其他厂商	6	其他厂商	46	其他厂商	43
	合计	100	合计	100	合计	100

资料来源：IC Insights/Jssia 整理（2016.12.20）

五、2017 年世界集成电路晶圆业技术发展情况

1．2017 年世界集成电路晶圆制造技术特征尺寸演进情况

2017 年世界集成电路晶圆制造技术特征尺寸演进情况见表 1.6.10。

表1.6.10　2017年世界集成电路晶圆制造技术特征尺寸演进情况

年度	2005 年	2006 年	2007 年	2008 年	2009 年	2010 年	2011 年	2012 年	2013 年	2014 年	2015 年	2016 年	2017 年
特征尺寸（纳米）	130	110	90	65～60	55～50	45～40	32～28	22	20～16	14/10	14/10	10/7	10/7

*台积电、三星正在预研 5 纳米，部署 3 纳米，进程在 2020 年之后。

资料来源：Jssia 整理（2018.3）

2. 2017 年世界半导体六大晶圆企业芯片工艺发展进程

2017 年世界半导体六大晶圆企业芯片工艺发展进程见表 1.6.11。

表1.6.11　2017年世界半导体六大晶圆企业芯片工艺发展进程

企业名称	2013 年		2014 年		2015 年		2016 年		2017 年		2018 年		2019 年	
	H1	H2	H1	H2	H1	H2	H1	H2	H1	H2	H1	H2	H1	H2
英特尔					14 纳米 FinFET		14 纳米+		14 纳米++		10 纳米		10 纳米+	
格罗方德	28 纳米					14 纳米		22 纳米 FDSOI				7 纳米 12 纳米		12 纳米 FDSOI
三星		28 纳米	20 纳米		14 纳米 FinFET	28 纳米 FDSOI		10 纳米			8 纳米	7 纳米 EUV		18 纳米 FDSOI
中芯国际					28 纳米							14 纳米		
台积电		20 纳米			16 纳米 FinFET			10 纳米		12 纳米	7 纳米		7 纳米+ EUV	
联电		28 纳米							14 纳米				10 纳米	

3. 3D NAND Flash 堆叠主要厂商推进情况

3D NAND Flash 堆叠主要厂商推进情况见表 1.6.12。

表1.6.12　3D NAND Flash堆叠主要厂商推进情况

公司名称	2016 年				2017 年				2018 年				2019 年				2020 年			
	Q1	Q2	Q3	Q4	Q1	Q2	Q3	Q4	Q1	Q2	Q3	Q4	Q1	Q2	Q3	Q4	Q1	Q2	Q3	Q4
三星			48L					64L						96L					128L	
SK 海力士						48L				72L（36+36）						96L				
东芝/西部数据				48L				64L						96L					>128L	
美光/英特尔			32L							64L							96L			

从表 1.16.12 可以看出：三星在提高 64 层产能和技术的基点上，跳过 72 层，直奔 92/96 层；SK 海力士将跳过 64 层，直达 72 层，东芝/西部数据和美光/英特尔均跳过 72 层，直奔 92/96 层（美光和英特尔将在此分手）。目前，3D NAND Flash 以 64 层为主流产品技术，到 2020 年，3D 存储堆叠可达到 120 层，到 2021 年可达到 140 层以上。

在堆叠层数增加时，存储堆栈的高度也在增大，然而每层的厚度都要缩小（工艺越先进，氧化越薄，其可靠性越差），以提高制造工艺水平达到堆叠更多层数，做到兼顾容量、性能和可靠性，3D NAND 的未来可谓一片光明。

3D NAND Flash 堆叠层数演变见表 1.6.13。

表1.6.13　3D NAND Flash堆叠层数演变

年度	层数	堆栈厚度（微米）	层厚（纳米）	2017/2018 年进展情况
2015 年	32/36 层	2.5	70	—
2016 年	48 层	3.5	62	—
2017 年	64/72 层	4.5	60	2017 年，SK 海力士量产 72 层
2018 年	＞90 层	5.5	55	东芝/西部数据 2018 年量产 96 层
2020 年	＞120 层	7	50	—
2021 年	＞140 层	8	45～50	—

4．2017 年全球 28 纳米晶圆工艺情况

拓璞产研院报道：2017 年全球 28 纳米产值达 110 亿美元，占全球先进晶圆代工（含 28 纳米及以下）约 4 成。即 2017 年全球先进晶圆制造（代工）产值为 275 亿美元。

现中低阶智能型手机性能也越来越强，其芯片所需工艺也渐向 16/14 纳米迈进，客户若无新产品填补 28 纳米产能的空缺，则可能造成 28 纳米工艺节点业绩的下滑。

2017 年，台积电 28 纳米工艺营收额占到该公司代工总值的 23%，较 2016 年同比占比率下降 3 个百分点；在 16/20 纳米工艺营收额占到总值的 25%，较 2016 年同比占比下降 3 个百分点。但在 10 纳米工艺上，2017 年营收额占到总值的 10%（2016 年为零），确实是一个很大的进步。

2017 年，台积电 28 纳米工艺产值已占到全球 28 纳米工艺总值的 7 成。

2018 年一季度联电 14 纳米占其营收额的 2%，28 纳米工艺业绩占比则从 2017 年 Q4 的 15%降至 12%。联电 28 纳米 Poly-Sion 工艺表现还可以，但 HKMG 工艺依然备受挑战。

六、2017 年世界集成电路晶圆制造成本情况

1．2017 年国内外集成电路晶圆制造成本结构情况

2017 年国内外集成电路晶圆制造成本结构情况如图 1.6.3 所示。

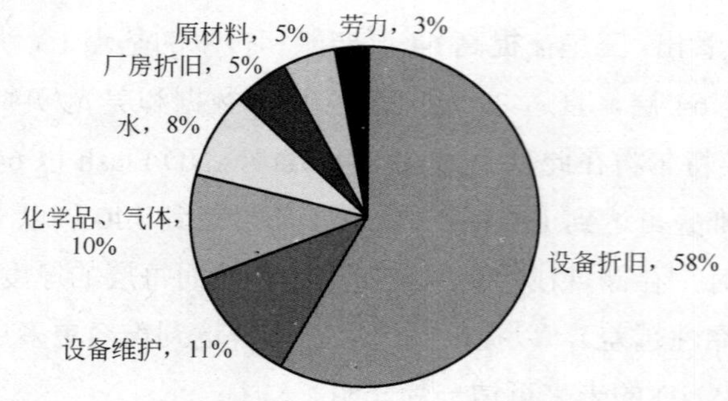

图 1.6.3　2017 年国内外集成电路晶圆制造成本结构情况

资料来源：SEMI（2017.6）

2. 一、二线晶圆厂营业成本与新晶圆厂营业成本比较

一、二线晶圆厂营业成本与新晶圆厂营业成本比较见表 1.6.14。

表1.6.14　一、二线晶圆厂营业成本与新晶圆厂营业成本比较

指标名称	一线晶圆厂	二线晶圆厂	新建晶圆厂	备　注
折旧成本	23.6%	25.0%	49.0%	● 折旧成本+间接人员成本+材料、直接人员成本之和即为营业成本 ● 新厂成本及营收以月产能 1 万片的 28 纳米晶圆片，良率在 60%为基础条件予以估算
间接人员成本	10.2%	17.5%	34.0%	
材料、直接人员成本	23.6%	45.8%	49.0%	

资料来源：集微网微信 jiweinet（2017.8）

3. 12 英寸晶圆产线成本结构

12 英寸晶圆产线成本结构如图 1.6.14 所示。

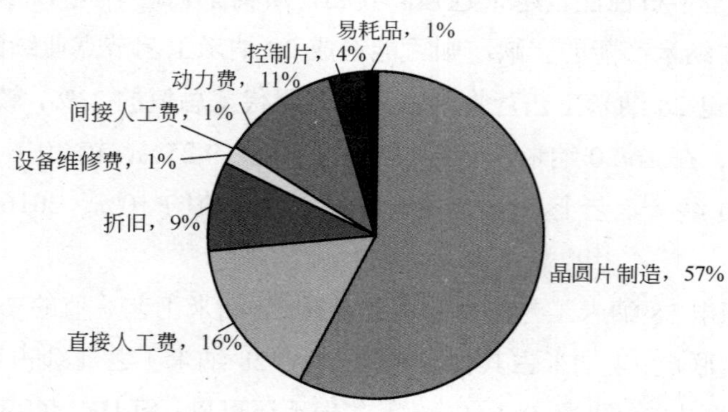

资料来源：TSMC（2018.5）/Jssia整理

图 1.6.4　12 英寸晶圆产线成本结构

2018 年一季度中芯国际 28 纳米良率取得进展。

台积电 28 纳米工艺量产已有 7 年，积累了丰富的工艺经验，拥有大量的客户，再加

上设备折旧临近完毕，台积电将推出更多的实惠给28纳米代工客户，对后进入28纳米的厂商是巨大的挑战。2017年全球28纳米工艺产值企业占比如图1.6.5所示。2018年第一季度台积电22纳米工艺产品已量产。

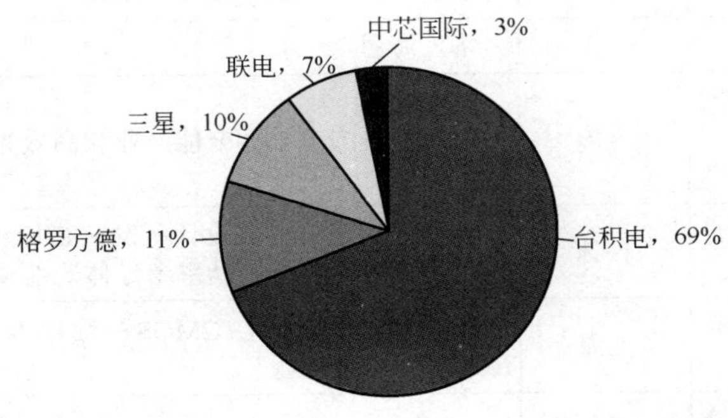

图1.6.5 2017年全球28纳米工艺产值企业占比

七、2017年世界部分集成电路晶圆制造厂商简介

2017年世界部分集成电路晶圆制造厂商简介见表1.6.15。

表1.6.15 2017年世界部分集成电路晶圆制造厂商简介

序号	厂商名称	总部所在地	主 营
1	台积电	中国台湾	各种晶圆代工
2	格罗方德	美国	为ARM、博通、英伟达、高通、意法、德仪等公司代工
3	三星	韩国	主要是自营IDM，并为苹果、高通、赛灵思等公司代工
4	中芯国际集成电路制造有限公司（SMIC）	上海	非易失性存储器，模拟技术/电源管理，LCD驱动IC，CMOS微电子机械系统
5	台湾联华电子（UMC）	中国台湾	各种晶圆代工
6	力晶半导体（PSC）	中国台湾	DRAM、C-RAM、M-RAM、Flash、CMOS影像传感器等多元化晶圆代工
7	TowerJazz	美国	CMOS影像传感器、非挥发性内存、射频CMOS、混合信号电路、电源管理和射频等特种晶圆代工
8	世界先进集成电路股份有限公司（VIS）	中国台湾	逻辑、混合信号、模拟、高电压、嵌入式存储器和其他工艺
9	Dongbu	韩国	非存储半导体纯晶圆代工厂
10	美格纳（MagnaChip）	韩国	显示驱动集成电路、CMOS影像传感器与应用解决方案处理器、晶圆代工
11	上海华虹宏力半导体制造有限公司（HHNEC）	上海	标准逻辑、嵌入式非易失性存储器、电源管理、功率器件、射频、模拟和混合信号等领域

续表

序号	厂商名称	总部所在地	主　营
12	华润上华科技有限公司（CSMC）	江苏无锡	CMOS/ANALOG，BICMOS，RF/Mixed-SignalCMOS，BCD，功率器件和 Memory 及分立器件
13	IBM	美国	华为海思
14	天津中环半导体股份有限公司（TJSemi）	天津	研发、生产半导体节能产业和高效光伏电站
15	吉林华微电子股份有限公司	吉林	集功率半导体器件设计研发、芯片加工、封装测试及产品营销为一体，主要生产功率半导体器件及 IC
16	上海华力微电子有限公司（HLMC）	上海	逻辑和闪存芯片、CMOS、数模混合 CMOS、RFCMOS、NORFlash
17	武汉新芯集成电路制造有限公司（XMC）	武汉	闪存存储器（NOR Flashmemory），2.5D 及 3D 集成和影像传感器等
18	SK 海力士半导体有限公司	韩国	存储器、消费类产品、移动、SOC 及系统 IC
19	英特尔半导体（大连）有限公司	美国	计算机芯片组产品
20	上海先进制造股份有限公司（ASMC）	上海	模拟半导体的双极型、BiCMOS 及 HVMOS 加工、未来智能身份证的非挥发性存储内存技术
21	和舰科技（苏州）有限公司（HJTC）	苏州	多项目晶圆（MPW）服务，IP 服务，BOAC，Mini-library 等
22	天水天光半导体有限责任公司	甘肃	生产双极型数字集成电路和肖特基二极管，提供半导体产品设计、生产、封装、测试等
23	深圳方正微电子有限公司	深圳	功率分立器件（如 DMOS、IGBT、SBD 和 FRD）和功率集成电路（如 BiCMOS、BCD 和 HVCMOS）
24	杭州士兰（Silan）	杭州	BIPOLAR、CMOS、BICMOS、VDMOS、BCD 等工艺技术的集成电路产品和开关管、稳压管、肖特基二极管等特种分立器件
25	中国南科集团	珠海	集团主要从事高新技术集成电路生产，包括单晶硅晶圆制造、晶圆加工、集成电路设计及集成电路测试与封装
26	茂德科技 ProMOS	中国台湾	存储器 SDR、DDR、DDR2、DDR3、MoblieDRAM 等系列研发生产
27	上海力芯集成电路制造有限公司	上海	是由外资 BCD 半导体控股公司。主要产品：线性电源管理；开关电源管理；标准线性电路；电动机驱动；音频和功率放大器。2012 年 BCD 被 Diodes 收购
28	上海新进半导体制造有限公司	上海	由 BCD 半导体（百慕大）控股公司和上海微系统和信息技术研究所合作经营的公司。2012 年 BCD 被 Diodes 收购
29	上海贝岭股份有限公司	上海	专注于集成电路（IC）设计和应用方案开发，智能电表芯片、电源管理、通用模拟产品
30	杭州立昂微电子股份有限公司（Lion）	杭州	硅基太阳能专用肖特基芯片

第七节　2017 年世界集成电路封测业发展情况

一、2017 年世界集成电路封测业发展概况

据拓墣产研院报道：2017 年全球集成电路封测业摆脱了 2016 年微幅下滑（负增长 0.8%）的状况，随着世界集成电路产业快速发展的势头，集成电路封测业营收额稍有增长，增长率为 2.5%，营收额达 517.3 亿美元。其中，集成电路封测业代工（OSAT）占比为 52.50%，营收额达 271.6 亿美元；IDM 型封测业营收额为 245.7 亿美元，占到封测业总营收额的 47.5%。

1．2017 年世界集成电路封测业营收额情况

2017 年世界集成电路封测业营收额为 517.3 亿美元，同比增长 2.5%。2010—2017 年世界集成电路封测业营收额规模及增长情况如图 1.7.1 所示。

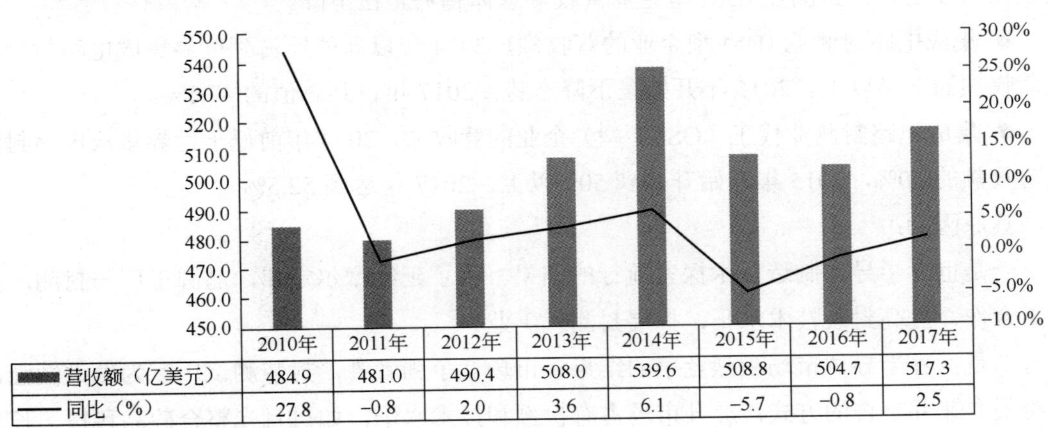

	2010年	2011年	2012年	2013年	2014年	2015年	2016年	2017年
营收额（亿美元）	484.9	481.0	490.4	508.0	539.6	508.8	504.7	517.3
同比（%）	27.8	−0.8	2.0	3.6	6.1	−5.7	−0.8	2.5

CAGR=0.9%（2010—2017年）
资料来源：拓璞产研院/Jssia整理（2018.4）

图 1.7.1　2010—2017 年世界集成电路封测业营收额规模及增长情况

2．2017 年世界集成电路封测业（IDM 型）企业营收额情况

2017 年世界集成电路封测业（IDM 型）企业营收额为 245.7 亿美元，同比增长 14.6%，占集成电路封测业总营收额的 47.5%，占比率同比提高 5.0 个百分点。2010—2017 年世界集成电路封测业（IDM 型）企业营收情况见表 1.7.1。

表1.7.1　2010—2017年世界集成电路封测业（IDM型）企业营收情况

指标名称	单位	2010 年	2011 年	2012 年	2013 年	2014 年	2015 年	2016 年	2017 年	CAGR
营收额	亿美元	249	240.8	245.1	257.2	272.8	225.7	214.4	245.7	−0.19%
同比	%	—	−3.3	1.8	4.9	6.1	−17.3	−5.0	14.6	—
占比	%	51.4	50.1	50.0	50.6	50.6	44.4	42.5	47.5	—

3. 2017 年世界集成电路封测业代工（OSAT 型）企业营收额情况

2017 年世界集成电路封测业代工（OSAT 型）企业营收额为 271.3 亿美元，同比下滑 6.5%，占集成电路封测业总值的 52.5%，占比率同比下降 5.0 个百分点。2010—2017 年世界集成电路封测业（OSAT 型）企业营收情况见表 1.7.2。

表1.7.2　2010—2017年世界集成电路封测业（OSAT型）企业营收情况

指标名称	单位	2010 年	2011 年	2012 年	2013 年	2014 年	2015 年	2016 年	2017 年	CAGR
营收额	亿美元	235.9	240.2	245.3	250.8	266.8	283.1	290.3	271.6	2.03%
同比	%	—	1.8	2.1	2.2	6.3	6.1	2.5	-6.4	—
占比	%	48.6	49.9	50.0	49.4	49.4	55.6	57.5	52.5	—

从表 1.7.1 和表 1.7.2 可以看出：

● 世界集成电路封测业态在悄然变化之中，虽然中间有反复，但封测业代工营收额占比正在稳步上升，封测业 IDM 型企业营收额总体趋势正在下降。

● 集成电路封测业 IDM 型企业的营收额，2014 年以前能够占到世界集成电路封测企业营收额的一半以上，2015 年开始呈下降态势，2017 年占到总值的 47.5%。

● 集成电路封测业代工（OSAT 型）企业的营收额，2014 年前低于世界集成电路封测业营收额的 50%，2015 年开始升高到 50%以上，2017 年达到 52.5%。

其原因为：

一是世界半导体制造技术探索前行的结果。为了延续摩尔定律，晶圆工厂与封测厂商分工合作，提高封装技术水平，扩展封测代工业。

二是世界半导体市场激烈竞争的结果。市场竞争强者胜，封装测试厂家为做大做强，纷纷采取兼并整合的方式，提升市场占有份额和技术水平，如日月光整合矽品科技、长电科技并购星科金朋、通富微电并购入股 AMD 槟城和苏州工厂、华天科技收购西钛，封测代工能力迅速得到扩大。安靠 2016 年收购 J-Device，2017 年收购 Nanium；力成 2017 年收购美光持有日本上市公司 Teraprobe 的 39.6%股权，收购日本秋田封测厂 MicronAkita（美光秋田）100%股权；台湾欣铨收购金智科技 75%的股权，等等，力争使本公司业务做大做强和利益更大化。

三是近年来封测业 IDM 型企业新增不多，但由于封测业原有的 IDM 型企业为扩大市场占有率，把产能规模扩大，2017 年 IDM 型封测企业快速回升（同比增长 14.6%，增幅同比增加 5.4 个百分点）。但世界封测业 IDM 型企业的营销总额下降仍是必然。

二、2017 年世界集成电路封测业前十大代工企业情况

据拓璞产研院报道：2017 年世界集成电路封测业前十大代工企业营收额为 209.91 亿美元，同比增长 9.4%，占到集成电路封测业整体总值 517.3 亿美元的 40.6%，占到集成电

路封测代工总值 271.6 亿美元的 77.3%。2017 年世界集成电路封测业前十大代工企业情况见表 1.7.3。

表1.7.3　2017年世界集成电路封测业前十大代工企业情况

序号	公司名称	2017 年		2016 年		同比（%）
		营收额（百万美元）	占比（%）	营收额（百万美元）	占比（%）	
1	日月光	5207	10.1	4896	9.7	6.4
2	安靠	4063	7.9	3894	7.7	4.2
3	江苏长电	3233	6.2	2874	5.7	12.5
4	矽品	2684	5.2	2626	5.2	2.2
5	力成	1893	3.7	1499	3.0	26.3
6	天水华天	1056	2.0	823	1.6	28.3
7	通富微电	910	1.8	689	1.4	32.0
8	京元电	675	1.3	623	1.2	8.3
9	联测	674	1.3	689	1.4	−2.2
10	南茂	596	1.2	568	1.1	4.9
前十名企业合计		20991	40.6	19181	38.0	9.4
其他企业		30739	59.4	31290	62.0	−1.8
总值		51730	100.0	50471	100.0	2.5

从表 1.7.3 可以看出：

● 2017 年世界集成电路封测业前十大代工企业主要集中在中国台湾地区、中国大陆和美国。

● 2017 年世界集成电路封测业代工企业前三位为日月光、安靠、长电科技。其中，日月光的年收入 52.07 亿美元，多年来居龙头地位，占到前十大企业的 24.8%，占到全球 IC 封测业总值的 10.1%；长电科技以 32.33 亿美元居第三位，占到前十大企业总值的 15.4%，占到 IC 封测业总值的 6.2%，同比增长 12.5%，取得了较好的业绩。

● 2017 年世界集成电路封测业前十大代工企业中，同比增长的有 9 家，同比下降的 1 家，其中，通富微电、天水华天、力成的增长率分别为 32.0%、28.3%、26.3%居前三位。

三、2017 年世界集成电路封装业技术进步情况

1. 2017 年世界集成电路封装技术有较大的进步

世界集成电路封装业技术主要聚焦于先进的覆晶封装（FC）、金属凸点封装（Bumping）、晶圆级封装（WLP）、扇出型封装（Fan-out）、扇入型封装（Fan-in）、系统级封装（SiP）、

2.5/3D TSV 等，以适应市场的需求。

- 3D NAND Flash 采用主体硅穿孔封装（TSV）技术打造内存芯片，容量翻一倍。
- 在移动终端芯片的推动下，轻、薄、小的系统级封装（SiP）已蔚然成主流。
- 受到移动智能终端基带芯片、应用处理器、无线通信芯片、高端视频芯片市场的推动，扇出型晶圆级先进封装（Fan-out WLP）近年备受青睐。从 2013 年的 3 亿颗到 2018 年预计达 19 亿颗，5 年内增长 6 倍。
- 2.5D/3D 硅穿孔（TSV）封装技术仍属于具有挑战的高阶封装领域，在今后的市场中有广泛的应用。

2. 集成电路封装中道时代来临

- 由于先进封装要求在晶圆划片前就融入封装工艺步骤，包括晶圆研磨薄化、重布线（RDL）、凸点制作及 3D TSV 等工艺，晶圆制造与封测前后道工艺出现中道交叉区域，使得晶圆厂的技术布局逐渐向封测技术延伸，如中芯国际与长电科技结合，形成中道加工（BumPing）的专业化封装工厂。
- 应用于苹果 A10 芯片上的 InFo WLP 技术由台积电独立研发生产。台积电的 InFo 技术在 16 纳米 FinFET 上可以实现 RF 与 WiFi、AP 与 BB、GPU 与网络芯片的三种组合。

3. 2017 年世界主要制造厂商的先进封装晶圆市场占比情况

先进封装晶圆指 2.5D/3D 晶圆凸点（BumPing）、晶圆硅通孔（3D TVS）、系统级封装（SiP）、覆晶封装（FC）、晶圆级封装（WLP）、扇出型封装（Fan-out）、扇出型晶圆级先进封装（Fan-out WLP）等。2017 年全球主要制造商的先进封装晶圆市场占比如图 1.7.2 所示。

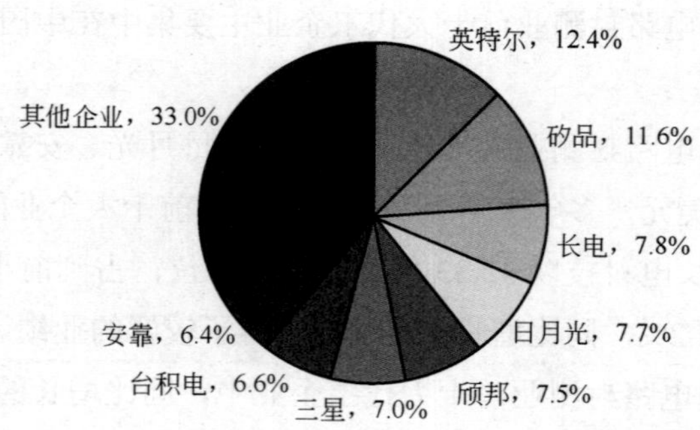

图 1.7.2 2017 年全球主要制造商的先进封装晶圆市场占比

第八节　2017 年世界半导体市场情况

一、2017 年世界半导体市场概况

世界半导体贸易统计组织（WSTS）和美国半导体产业协会（SIA）统计数字公布显示：2017 年世界半导体市场营收额为 4122 亿美元，同比增长 21.6%，首破 4000 亿美元大关。增长率创 7 年来新高。其中，集成电路产品市场为 3432 亿美元，同比增长 24.1%，占到全年总值的 83.3%；分立器件（D-O-S）产品市场为 690 亿美元，同比增长 10.8%，占到全年总值的 16.7%。

预计 2018 年市场增速有所回落，市场规模为 4411 亿元，同比增长 7.0%。世界半导体市场规模及增长情况如图 1.8.1 和表 1.8.1 所示。

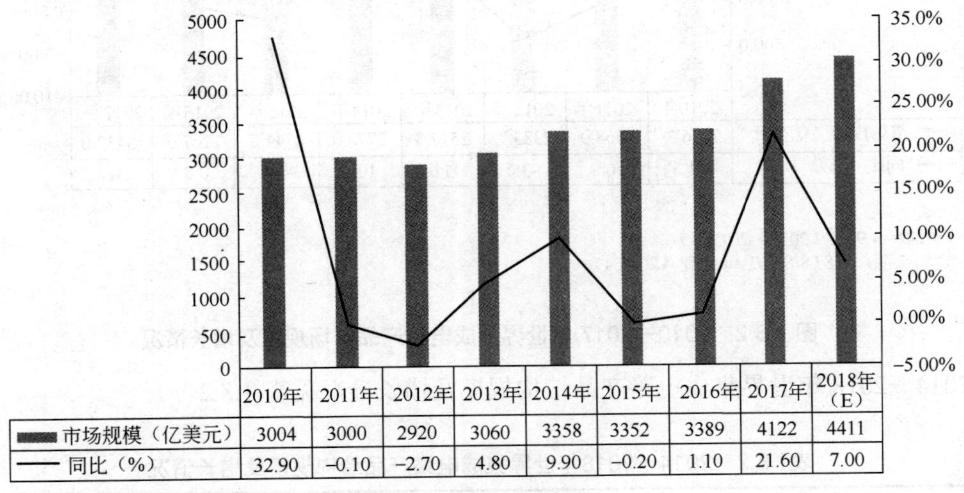

	2010年	2011年	2012年	2013年	2014年	2015年	2016年	2017年	2018年(E)
市场规模（亿美元）	3004	3000	2920	3060	3358	3352	3389	4122	4411
同比（%）	32.90	−0.10	−2.70	4.80	9.90	−0.20	1.10	21.60	7.00

CAGR=4.92%
资料来源：WSTS/SIA/Jssia（2018.4）

图 1.8.1　2010—2018 年世界半导体市场规模及增长情况

表1.8.1　2014—2018年世界半导体市场市场规模及增长情况

指标名称	市场规模（百万美元）					同比增长率（%）				
	2014 年	2015 年	2016 年	2017 年	2018 年(E)	2014 年	2015 年	2016 年	2017 年	2018 年(E)
半导体市场总值	335843	335168	338931	412200	441054	9.9	−0.2	1.1	21.6	7.0
其中：IC 市值	277302	274484	276698	343200	367291	10.1	−1.0	0.8	24.1	7.0
D-O-S 市值	58540	60684	62233	69000	73761	8.8	3.7	2.6	10.8	6.9

二、2017 年世界半导体产品市场结构情况

1. 2017 年世界集成电路（IC）产品市场及结构情况

2017 年世界集成电路产品市场规模为 3432.0 亿美元，同比增长 24.1%，占到全球半导体市场总值的 83.3%。2010—2017 年世界集成电路产品市场规模及增长情况如图 1.8.2 所示。

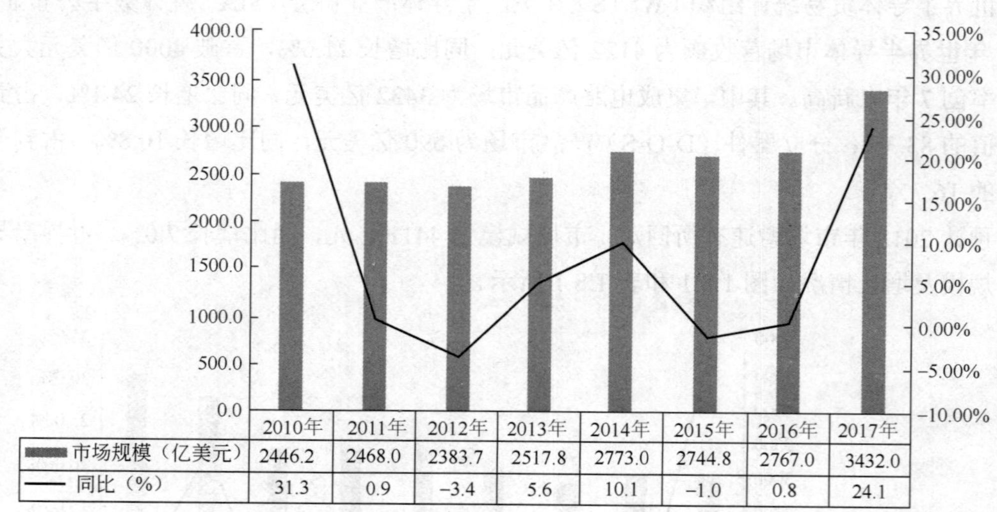

CAGR= 4.96%（2010—2017年）
资料来源：WSTS/SIA/Jssia整理（2018.4）

图 1.8.2　2010—2017 年世界集成电路产品市场规模及增长情况

2014—2018 年世界集成电路产品结构规模及增长情况见表 1.8.2。

表1.8.2　2014—2018年世界集成电路产品结构规模及增长情况

产品类别	产品结构规模（百万美元）					同比增长率（%）					2017 年占比（%）
	2014 年	2015 年	2016 年	2017 年	2018 年（E）	2014 年	2015 年	2016 年	2017 年	2018 年（E）	
集成电路合计	277302	274484	276698	343200	367291	10.1	−1.0	0.8	24.1	7.0	83.3
其中：模拟电路（Analog IC）	44365	45228	47848	53100	56268	10.6	1.9	5.8	11.0	6.0	12.9
微处理器（MPU）	62072	61298	60585	63900	66137	5.8	−1.2	−1.2	5.5	3.5	15.5
逻辑电路（Logic IC）	91633	90753	91498	102200	109354	6.6	−1.0	0.8	11.7	7.0	24.8
存储器（Memory IC）	79232	77205	76767	124000	135532	18.2	−2.6	−0.6	61.5	9.3	30.1

资料来源：SIA/WSTS/Jssia 整理（2018.4.14）

（1）2017 年世界集成电路产品分类市场情况

- 在 2017 年世界集成电路产品中，MOS 数字电路营收额为 2901 亿美元，占到 IC 产品营收额总值的 84.5%，占到半导体营收额总值的 70.4%。
- 模拟电路（Analog IC）产品营收额为 531.0 亿美元，同比增长 11.0%，占到全球半导体营收额总值的 12.9%，其中，通用处理器市场为 218 亿美元，占到 41%；专用处理器市场为 313 亿美元，占到 59%。
- 微处理器（MPU）产品营收额为 639.0 亿美元，同比增长 5.5%，占到全球半导体营收额总值的 15.5%，其中，MPU 营收额为 443 亿美元，占到 69.3%；MCU 营收额为 163 亿美元，占到 25.5%；DSP 营收额为 33 亿美元，占到 5.2%。
- 逻辑电路（Logic IC）产品市场营收额为 1022.0 亿美元，同比增长 11.7%，占到全球半导体营收额总值的 24.8%。其中，专用逻辑电路营收额为 805 亿美元，占到 78.8%；标准逻辑电路营收额为 217 亿美元，占到 21.2%。
- 存储器（Memory IC）产品市场营收额为 1240.0 亿美元，同比增长 61.5%，占到全球半导体营收额总值的 30.1%，首次超越逻辑电路，居第一位。其主要原因是 DRAM 和 NAND Flash 从 2016 年下半年起缺货，自 2016 年第四季度起至 2017 年引发 DRAM 和 NAND Flash 涨价。

2017 年 DRAM 营收额达 728 亿美元，同比增长 73.5%。

2017 年 NAND Flash 营收额达 492 亿美元，同比增长 33.7%。

2017 年 SRAM 营收额达 3.6 亿美元，EEPROM、CPROM、MeROM 等营收额为 16.4 亿美元，合计 20 亿美元。

- 据 IC Insights 统计报道：2017 年 DRAM 平均售价（ASP）同比上涨 77%；NAND Flash 平均售价（ASP）同比上涨 38%，导致全球存储器总体市场增长 58%。如若扣除存储器售价上扬的 13%，则 2017 年全球半导体市场同比增长率仅为 9%。

IC Insights 预测：2017 年世界集成电路存储器市场达到 1260 亿美元，与 SIA/WSTS 的统计值相差无几。同时还预测，到 2018 年存储器市场规模将维持在 1320 亿美元，同比仅增长 4.8%；到 2019 年将回落到 1150 亿美元，同比下降 13.0%，这要引起业界的关注。

- SIA 预测存储器市场规模在 2018 年将达到 1355 亿美元，同比增长 9.3%，仍起到市场的带领作用。

（2）2017 年世界集成电路产品市场结构

2017 年世界集成电路产品市场结构、2017 年世界集成电路产品营收额占半导体总值比重、2017 年世界集成电路产品营收额占比 IC 总值的比重如表 1.8.3、图 1.8.3 和图 1.8.4 所示。

表1.8.3　2017年世界集成电路产品市场结构

序号	产品型别	营收额（亿美元）	占半导体（%）	占 IC（%）	序号	产品型别	营收额（亿美元）	占半导体（%）	占 IC（%）
1	世界半导体	4122	100	—	4	微处理器	639	15.5	18.6
2	世界 IC	3432	83.3	100	5	逻辑电路	1022	24.8	29.8
3	模拟电路	531	12.9	15.5	6	存储器	1240	30.1	36.1

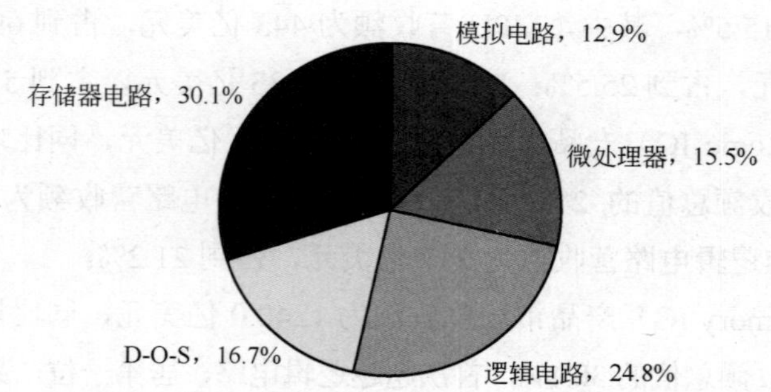

图 1.8.3　2017 年世界集成电路产品营收额占半导体总值比重

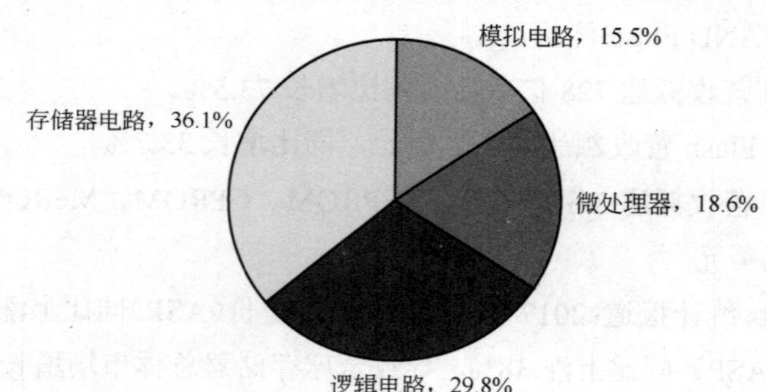

图 1.8.4　2017 年世界集成电路产品营收额占比 IC 总值比重

其中，在 2017 年，因存储器市场缺货，价格逐月攀升，所以存储器首次成为集成电路产品中的第一大品种，逻辑电路屈居产品大类第二位。

2．2017 年世界半导体分立器件（D-O-S）产品市场结构情况

据 SIA 报道：2017 年世界半导体分立器件（D-O-S）行业产品市场总体规模为 690.0 亿美元，同比增长 10.8%，占到 2017 年世界半导体产业总值 4122 亿美元的 16.7%。其中，分立器件市场营收额为 217 亿美元，同比增长 11.8%，占到分立器件行业总值的 31.4%；光电器件市场营收额为 348 亿美元，同比增长 8.8%，占到分立器件行业总值的 50.4%；传感器市场营收额为 125 亿美元，同比增长 15.5%，占到分立器件行业总值的 18.2%。

2017 年世界半导体分立器件产品市场发展情况如图 1.8.5 所示。

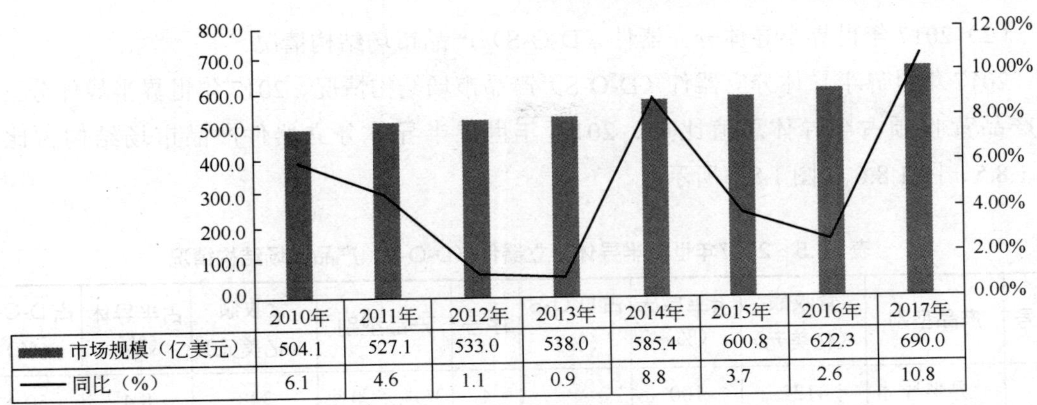

CAGR= 4.59%（2010—2017年）
资料来源：SIA/WSTS/Jssia整理（2018.4）

图 1.8.5　2010—2017 年世界半导体分立器件（D-O-S）产品市场规模及增长情况

2014—2018 年世界半导体分立器件（D-O-S）产品结构规模及增长情况见表 1.8.4。

表1.8.4　2014—2018年世界半导体分立器件（D-O-S）产品结构规模及增长情况

产品类别	产品结构规模（百万美元）					同比增长率（%）					2017 年占比（%）
	2014 年	2015 年	2016 年	2017 年	2018 年（E）	2014 年	2015 年	2016 年	2017 年	2018 年（E）	
D-O-S 合计	58540	60684	62233	69000	73761	8.8	3.7	2.6	10.8	6.9	16.7
其中：分立器件	20170	18612	19418	21700	22698	10.8	−7.7	4.3	11.8	4.6	5.1
光电子器件	29868	33256	31994	34800	37654	8.3	11.3	−3.8	8.8	8.2	8.5
传感器	8502	8816	10821	12500	13409	5.8	3.7	22.7	15.5	7.3	3.0

资料来源：SIA/WSTS/Jssia 整理（2018.4）

（1）2017 年世界半导体分立器件分类市场情况

- 分立器件（DS）市场营收额为 217.0 亿美元，同比增长 11.8%，占到全球半导体市场总值的 5.3%，占到分立器件行业总值的 31.4%，其中，功率器件等起到较大的推动作用。
- 光电子器件（OT）市场营收额为 348.0 亿美元，同比增长 8.8%，占到全球半导体市场总值的 8.4%，占到分立器件行业总值的 50.4%。
- 传感器市场（Sensors）营收额为 125.0 亿美元，同比增长 15.5%，占到全球半导体市场总值的 3.0%，占到分立器件行业总值的 18.2%；其中，MEMS、射频器件、汽车电子、AI 等起到决定性作用。

（2）2017 年世界半导体分立器件（D-O-S）产品市场结构情况

2017 年世界半导体分立器件（D-O-S）产品市场结构情况、2017 年世界半导体分立器件产品营收额占半导体总值比重、2017 年世界半导体分立器件产品市场结构占比如表 1.8.5、图 1.8.6 和图 1.8.7 所示。

表1.8.5　2017年世界半导体分立器件（D-O-S）产品市场结构情况

序号	产品型别	营收额（亿美元）	占半导体（%）	占D-O-S（%）	序号	产品型别	营收额（亿美元）	占半导体（%）	占D-O-S（%）
1	世界半导体	4122	100	—	4	光电子器件	348	8.4	50.4
2	分立器件（D-O-S）	690	16.7	100.0	5	传感器	125	3.0	18.2
3	分立器件（D-S）	217	5.3	31.4					

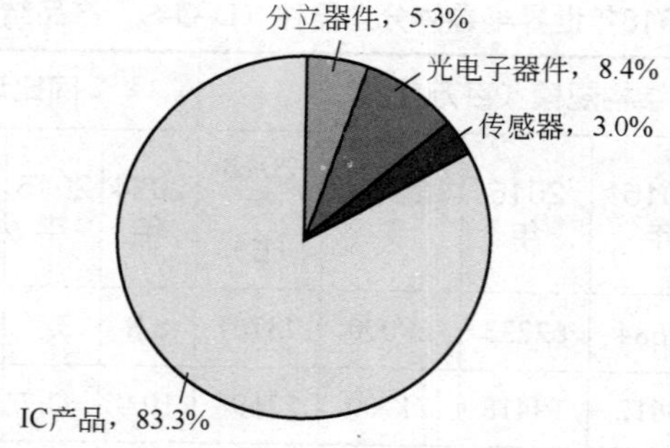

图 1.8.6　2017 年世界半导体分立器件产品营收额占半导体总值比重

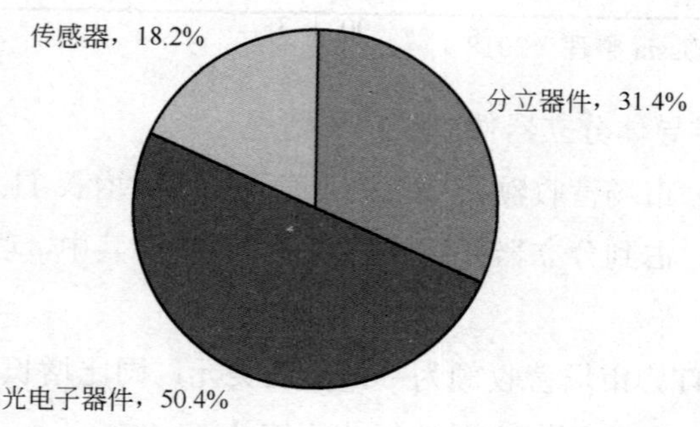

图 1.8.7　2017 年世界半导体分立器件产品市场结构占比

3．2017 年世界半导体产品市场应用结构占比

2017 年世界半导体产品市场应用结构占比如图 1.8.8 所示。

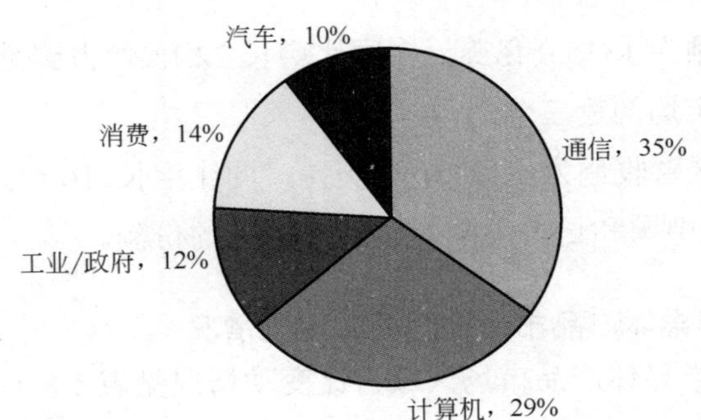

图 1.8.8　2017 年世界半导体产品市场应用结构占比

三、2017 年世界半导体产品市场区域分布情况

1. 2014—2018 年世界半导体市场产品区域分布及增长情况

2014—2018 年世界半导体市场产品区域分布及增长情况见表 1.8.6。

表1.8.6　2014—2018年世界半导体市场产品区域结构规模及增长情况

产品类别	产品结构规模（百万美元）					同比增长率（%）					2017 年占比（%）
	2014 年	2015 年	2016 年	2017 年	2018 年（E）	2014 年	2015 年	2016 年	2017 年	2018 年（E）	
地区合计（Total）	335843	335168	338931	412200	441054	9.9	−0.2	1.1	21.6	7.0	100.0
北美（North America）	69324	68738	65537	88500	97527	12.7	−0.8	−4.7	35.1	10.2	21.5
欧洲（Europe）	37459	34258	32707	38300	39947	7.4	−8.5	−4.5	17.1	4.3	9.3
日本（Japan）	34830	31102	32292	36600	38247	0.1	−10.7	3.8	13.3	4.5	8.9
中国（China）	91600	98600	107700	131500	140291	13.2	7.6	9.2	22.1	6.7	31.9
亚太及其他地区（Asia/Pacific）	102700	102500	100800	117300	125042	7.8	−0.2	−1.7	16.4	6.6	28.4

2. 2017 年世界半导体市场区域分布情况

- 在美国“回归制造”中，北美（美国）地区市场营收额为 885.0 亿美元，同比增长 35.1%，增幅提升 39.8 个百分点，居全球首位，占到全球市场的 21.5%，起到较大的推动作用。
- 欧洲地区营收额为 383.0 亿美元，同比增长 17.1%，占到全球市场总值的 9.3%。
- 日本市场营收额为 366.0 亿美元，同比增长 13.3%，占到全球市场总值的 8.9%。

- 中国市场营收额为 1315.0 亿美元，同比增长 22.1%，占到全球市场的 31.9%，已占到全球半导体市场的近三分之一。
- 亚太及其他地区营收额为 1173.0 亿美元，同比增长 16.4%，占到全球市场总值的 28.4%；如加上中国和日本，则要达到近 70%的份额。

3．2017 年世界半导体产品市场地区分布占比情况

2017/2016 年世界半导体产品市场区域占比变动情况见表 1.8.7。

表1.8.7　2017/2016年世界半导体产品市场区域占比变动情况

序号	地区名称	2017 年占比（%）	2016 年占比（%）	增减情况	序号	地区名称	2017 年占比（%）	2016 年占比（%）	增减情况
1	北美	21.5	19.3	增长 2.2%	4	中国	31.9	31.8	增长 0.1%
2	欧洲	9.3	9.7	下降 0.4%	5	亚太及其他	28.4	29.7	下降 1.3%
3	日本	8.9	9.5	下降 0.6%		合计	100.0	100.0	—

*从表 1.8.7 可以看出，在 2017 年美国半导体市场需求旺盛，起到推动作用。

2017 年世界半导体产品市场区域销售占比如图 1.8.9 所示。

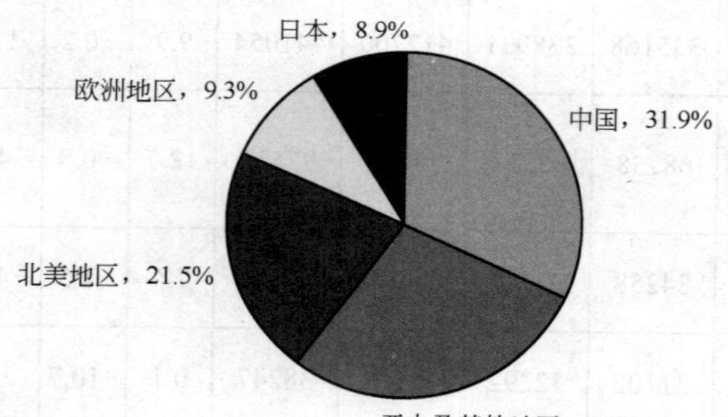

图 1.8.9　2017 年世界半导体产品市场区域销售占比

4．2017 年世界半导体产品市场发展浅析

在 2017 年世界半导体产品市场地区分布中：中国和亚太及其他地区半导体产品市场占比为 60.3%，占比同比下降 1.2 个百分点；北美（美国）地区半导体产品市场占比为 21.5%，占比同比上升 2.2 个百分点；欧洲地区半导体产品市场占比为 9.3%，占比同比下降 0.4 个百分点；日本半导体产品市场占比为 8.9%，占比同比下降 0.6 个百分点。这说明 2017 年北美（美国）半导体市场在“制造业回归”中上升较快。

2017 年世界半导体市场产品占比情况、2017/2016 年世界半导体产品占比变动情况如图 1.8.10 和表 1.8.8 所示。

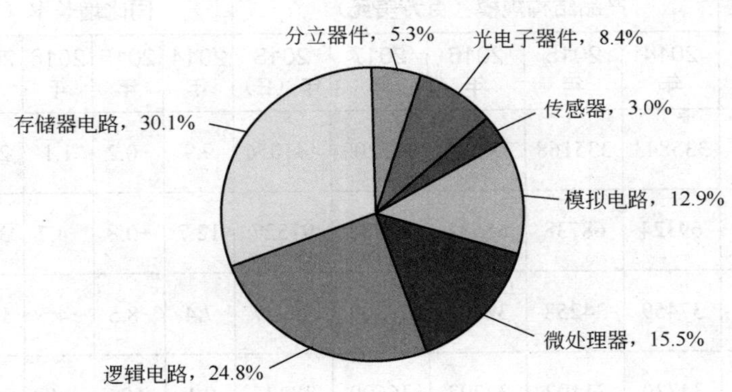

图 1.8.10　2017 年世界半导体市场产品占比情况

表1.8.8　2017/2016年世界半导体产品占比变动情况

序号	产品型别	2017 占比（%）	2016 占比（%）	增减 情况	序号	地区名称	2017 占比（%）	2016 占比（%）	增减 情况
1	模拟电路	12.9	14.2	-1.3%	5	分立器件	5.3	5.7	-0.4%
2	微处理器	15.5	17.9	-2.4%	6	光电子器件	8.4	9.4	-1.0%
3	逻辑电路	24.8	27.0	-2.2%	7	传感器	3.0	3.2	-0.2%
4	存储器电路	30.1	22.6	7.4%		合计	100.0	100.0	

- 从表 1.8.8 可以看出：2017 年因存储器产品市场紧缺而热销及价格坚挺上扬，存储器产品市场营收额占比同比提升 7.4 个百分点，其他产品市场占比相应下降。

在半导体市场产品占比中：

- 分立器件市场占比同比下降 0.4 个百分点，光电子器件市场占比同比下降 1.0 个百分点，传感器市场占比同比下降 0.2 个百分点；
- 模拟电路市场占比同比下降 1.3 个百分点，微处理器市场占比同比下降 2.4 个百分点，逻辑电路市场占比同比下降 2.2 个百分点，存储器市场占比同比提升 7.4 个百分点；
- 因存储器市场短缺紧俏，使存储器营收额达 1240 亿美元，首次超越历年占比最大的逻辑电路（1022 亿美元），拔得头筹。同时也印证了业界所称存储器是集成电路产业的温度计和风向标。

2017 年世界半导体市场产品规模及增长综合情况见表 1.8.9。

表1.8.9　2014—2018年世界半导体市场产品结构规模及增长情况

产品类别	产品结构规模（百万美元）					同比增长率（%）					2017年占比（%）
	2014年	2015年	2016年	2017年	2018年（E）	2014年	2015年	2016年	2017年	2018年（E）	
地区合计（Total）	335843	335168	338931	412200	441054	9.9	−0.2	1.1	21.6	7.0	100.0
北美（North America）	69324	68738	65537	88500	97527	12.7	−0.8	−4.7	35.1	10.2	21.5
欧洲（Europe）	37459	34258	32707	38300	39947	7.4	−8.5	−4.5	17.1	4.3	9.3
日本（Japan）	34830	31102	32292	36600	38247	0.1	−10.7	3.8	13.3	4.5	8.9
中国（China）	91600	98600	107700	131500	140291	13.2	7.6	9.2	22.1	6.7	31.9
亚太及其他地区（Asia/Pacific）	102700	102500	100800	117300	125042	7.8	−0.2	−1.7	16.4	6.6	28.4
D-O-S 合计（D-O-S/Total）	58540	60684	62233	69000	73761	8.8	3.7	2.6	10.8	6.9	16.7
其中：分立器件（DS）	20170	18612	19418	21700	22698	10.8	−7.7	4.3	11.8	4.6	5.3
光电子器件（Optoelec-tromics）	29868	33256	31994	34800	37654	8.3	11.3	−3.8	8.8	8.2	8.5
传感器（Sensors）	8502	8816	10821	12500	13409	6.3	3.7	22.7	15.5	7.3	3.0
集成电路合计（IC/Total）	277302	274484	276698	343200	367291	10.1	−1.0	0.8	24.1	7.0	83.3
其中：模拟电路（Analog IC）	44365	45228	47848	53100	56268	10.6	1.9	5.8	11.0	6.0	12.9
微处理器（MPU）	62072	61298	60585	63900	66137	5.8	−1.2	−1.2	5.5	3.5	15.5
逻辑电路（Logic IC）	91633	90753	91498	102200	109354	6.6	−1.0	0.8	11.7	7.0	24.8
存储器电路（Memory IC）	79232	77205	76767	124000	135532	18.2	−2.6	−0.6	61.5	9.3	30.1
总计（Total）	335843	335168	338931	412200	441054	9.9	−0.2	1.1	21.6	7.0	100.0

资料来源：SIA/WSTS/Jssia 整理（2018.4.14）

四、2010—2017 年世界半导体产品市场区域发展规模及增长情况

北美（美国）半导体市场发展规模及增长见表 1.8.10。

表1.8.10　北美（美国）半导体市场发展规模及增长

指标名称	2010 年	2011 年	2012 年	2013 年	2014 年	2015 年	2016 年	2017 年	CAGR
市场规模（亿美元）	536.8	552.0	544.0	615.0	693.2	687.4	655.4	885.0	7.4%
同比（%）	39.4	2.8	−1.5	13.1	12.7	−0.8	−4.7	35.1	—

欧洲地区半导体市场发展规模及增长见表 1.8.11。

表1.8.11　欧洲地区半导体市场发展规模及增长

指标名称	2010 年	2011 年	2012 年	2013 年	2014 年	2015 年	2016 年	2017 年	CAGR
市场规模（亿美元）	380.5	373.9	331.6	349	374.6	342.6	327.1	383.0	0.09%
同比（%）	27.4	−1.7	−11.3	5.2	7.4	−8.5	−4.5	17.1	—

日本半导体市场发展规模及增长见表 1.8.12。

表1.8.12　日本半导体市场发展规模及增长

指标名称	2010 年	2011 年	2012 年	2013 年	2014 年	2015 年	2016 年	2017 年	CAGR
市场规模（亿美元）	465.6	429.0	410.0	348.0	348.3	311.0	322.9	366.0	−3.38%
同比（%）	21.6	−7.9	−4.3	−15.2	0.1	−10.7	3.8	13.3	—

亚太地区半导体市场发展规模及增长见表 1.8.13。

表1.8.13　亚太地区半导体市场发展规模及增长

指标名称	2010 年	2011 年	2012 年	2013 年	2014 年	2015 年	2016 年	2017 年	CAGR
市场规模（亿美元）	873.9	895.7	890.4	952.7	1027.0	1025.0	1008.0	1173.0	4.29%
同比（%）	33.8	2.5	−0.6	7.0	7.8	−0.2	−1.7	16.4	—

中国半导体市场发展规模及增长见表 1.8.14。

表1.8.14　中国半导体市场发展规模及增长

指标名称	2010 年	2011 年	2012 年	2013 年	2014 年	2015 年	2016 年	2017 年	CAGR
市场规模（亿美元）	596.6	686.1	745.1	809.2	916.0	986.0	1077.0	1315.0	11.95%
同比（%）	31.8	15.0	8.6	8.6	13.2	7.6	9.2	22.1	—

五、2010—2017 年世界半导体产品市场规模及增长情况

模拟电路（Analog）产品市场规模及增长见表 1.8.15。

表1.8.15 模拟电路（Analog）产品市场规模及增长

指标名称	2010 年	2011 年	2012 年	2013 年	2014 年	2015 年	2016 年	2017 年	CAGR
市场规模（亿美元）	426.6	429	393	401	443.7	452.3	478.5	531.0	3.18%
同比（%）	16.9	0.6	−8.4	2.0	10.6	1.9	5.8	11.0	—

微处理器（MPU）产品市场规模及增长见表 1.8.16。

表1.8.16 微处理器（MPU）产品市场规模及增长

指标名称	2010 年	2011 年	2012 年	2013 年	2014 年	2015 年	2016 年	2017 年	CAGR
市场规模（亿美元）	572.7	655	602	587	620.7	613.0	605.9	639.0	1.58%
同比（%）	13.1	14.4	−8.1	−2.5	5.7	−1.2	−1.20	5.5	—

逻辑电路（Logic IC）产品市场规模及增长见表 1.8.17。

表1.8.17 逻辑电路（Logic IC）产品市场规模及增长

指标名称	2010 年	2011 年	2012 年	2013 年	2014 年	2015 年	2016 年	2017 年	CAGR
市场规模（亿美元）	850.2	802	817	859	916.3	907.5	915.0	1022.0	2.66%
同比（%）	13.5	−5.7	1.9	5.1	6.6	−1.0	0.8	11.7	—

存储器电路（Memory IC）产品市场规模及增长见表 1.8.18。

表1.8.18 存储器电路（Memory IC）产品市场规模及增长

指标名称	2010 年	2011 年	2012 年	2013 年	2014 年	2015 年	2016 年	2017 年	CAGR
市场规模（亿美元）	560.8	606	570	670	792.3	772.1	767.7	1240.0	12.00%
同比（%）	15	8.1	−5.9	17.5	18.3	−2.6	−0.6	61.5	—

分立器件（DS）产品市场规模及增长见表 1.8.19。

表1.8.19 分立器件（DS）产品市场规模及增长

指标名称	2010 年	2011 年	2012 年	2013 年	2014 年	2015 年	2016 年	2017 年	CAGR
市场规模（亿美元）	202.8	218	191	182	201.7	186.1	194.2	217.0	0.97%
同比（%）	5	7.5	−12.4	−4.7	10.8	−7.7	4.3	11.8	—

光电子器件（OT）产品市场规模及增长见表 1.8.20。

表1.8.20　光电子器件（OT）产品市场规模及增长

指标名称	2010 年	2011 年	2012 年	2013 年	2014 年	2015 年	2016 年	2017 年	CAGR
市场规模（亿美元）	232.7	227	262	276	298.7	332.6	319.9	348.0	5.92%
同比（%）	4.9	−2.4	15.4	5.3	8.3	11.3	3.8	8.8	—

传感器（Sensors）产品市场规模及增长见表 1.8.21。

表1.8.21　传感器（Sensors）产品市场规模及增长

指标名称	2010 年	2011 年	2012 年	2013 年	2014 年	2015 年	2016 年	2017 年	CAGR
市场规模（亿美元）	68.6	80.9	80.0	80.0	85.0	88.2	108.2	125.0	8.95%
同比（%）	8	17.9	−1.1	平	6.3	3.7	22.7	15.5	—

2017 年世界集成电路 33 个产品分类增长情况见表 1.8.22。

表1.8.22　2017年世界集成电路33个产品分类增长情况

序号	产品名称	2016 年增长率（%）	2017 年预计增长率（%）	序号	产品名称	2016 年增长率(%)	2017 年预计增长率（%）
1	动态随机存储器芯片	−8	60	14	有线通信模拟芯片	−10	8
2	专用逻辑电路芯片	4	48	15	消费型逻辑芯片	−3	7
3	闪存芯片	17	40	16	NOR 存储芯片	10	7
4	工业/其他专用逻辑芯片	7	32	17	可编程逻辑开发芯片	3	7
5	车用模拟芯片	17	18	18	无线通信模拟芯片	2	6
6	信号转换芯片	14	13	19	数字信号处理芯片	12	5
7	32 位 MCU 芯片	−10	12	20	手机应用程序处理器	6	4
8	计算机外围芯片	9	11	21	消费型模拟芯片	19	4
9	电源管理电路芯片	2	11	22	有线通信逻辑芯片	−6	4
10	16 位 MCU 芯片	5	10	23	计算机模拟芯片	−10	3
11	功放/测量芯片	3	9	24	PC、服务器等 MCU	11	3
12	通用 IC 芯片	−10	9	25	标准单元	2	2
13	工业/其他专用模拟芯片	15	9	26	无线通信逻辑芯片	8	2

续表

序号	产品名称	2016年增长率（%）	2017年预计增长率（%）	序号	产品名称	2016年增长率（%）	2017年预计增长率（%）
27	接口芯片	5	1	31	静态随机存储器芯片	−9	−6
28	平板MCU	−2	1	32	门阵列IC芯片	−13	−8
29	显示驱动芯片	−11	−2	33	其他IC芯片	3	5
30	4/8位MCU	−7	−4		合计	4	16

资料来源：WSTS/Jssia整理/（2017.10.19）

从世界半导体贸易统计组织（WSTS）对2017年世界半导体33种产品分类成长预测可以看出，DRAM产品增速最快，同比增长60%（其中包括产品涨价飙升）；其次是专用逻辑芯片，同比增长48%；闪存记忆体增长40%；工业其他专用逻辑电路芯片增长32%；车用模拟电路芯片同比增长18%居第五位。产品同比增长达到二位数（大于10%）的还有信号转换芯片、32位MCU芯片、计算机外围芯片、电源管理电路芯片和16位MCU芯片等。共有29个产品品种实现正增长，占87.9%，为近几年来不多见的好年景。

2017年世界半导体产品市场预测有可能下降的产品有显示驱动电路芯片、4/8位MCU芯片、静态随机存储器、门阵列IC芯片4个品种，占12.10%。

六、2017年世界半导体市场产品采购商前十名排行

据Gartner统计报道：2017年世界半导体产品市场规模为4197.2亿美元，同比增长22.2%。世界电子信息产品整机厂商前十名采购商对半导体产品采购额达1685.1亿美元，同比增长29.0%，占世界半导体产业总值的40.3%，较2016年占比提升2.3个百分点。

1．2017年世界半导体采购商前十名排行情况

2017年世界半导体采购商前十名排行情况见表1.8.23。

表1.8.23　2017年世界半导体采购商前十名排行

排序		公司名称	国别	2017年采购金额（百万美元）	2016年采购金额（百万美元）	同比（%）	占比（%）
2017	2016						
1	1	三星电子（Samsung）	韩国	43108	31426	37.2	10.3
2	2	苹果（Apple）	美国	38754	30390	27.5	9.2
3	3	戴尔（Dell）	美国	15702	13544	15.9	3.7
4	4	联想（Lenovo）	中国	14671	13384	9.6	3.5
5	5	华为（Huawei）	中国	14259	10792	32.1	3.4

续表

排序		公司名称	国别	2017 年采购金额（百万美元）	2016 年采购金额（百万美元）	同比（%）	占比（%）
2017	2016						
6	7	步步高（BBK）	中国	12103	6411	88.8	2.9
7	6	惠普公司（HP Inc）	美国	9971	8906	12.0	2.4
8	8	惠普企业（HP Eterprises）	美国	7199	6124	17.5	1.7
9	11	LG	韩国	6537	5162	26.6	1.6
10	13	西部数据（WD）	美国	6210	4470	38.9	1.5
前十大采购商合计				168514	130608	29.0	40.3
其他采购商合计				251206	212906	18.0	59.7
总计				419720	343514	22.2	100.0

资料来源：Gartner/Jssia 整理（2018.1.26）

2. 2017 年世界半导体产品采购市场情况分析

2017 年是世界半导体市场自 2010 年以来最活跃的一年，由于智能手机、汽车电子、物联网（IoT）、人工智能（AI）、机器人、自动驾驶等新兴产业领域的兴起，以及高速计算（含 PC、笔记本电脑）和智能电视（音视频产品）等家居产品日益普及，使 2017 年世界电子信息产品整机厂商业绩大放异彩，对半导体器件产品采购极度旺盛，市场出现产销两旺。

（1）2017 年世界电子信息产品整机厂商对半导体器件采购情况

2017 年世界电子信息产品整机前十大厂商对半导体器件采购合计为 1685.14 亿美元，占到 2017 年全世界半导体产业营收总值 4197.2 亿美元的 40.3%（有报道称为占 40.1%）。其中，三星电子在智能手机、智能彩电等方面居世界第一，其采购占比以 10.3%位居第一，占比同比提升 0.8 个百分点；苹果公司以占比 9.2%连续位居第二位，占比同比提升 0.4%个百分点；戴尔公司以占比 3.7%位居第三位，占比同比下降 0.2 个百分点。

（2）2017 年世界电子信息整机厂商对半导体器件采购增长情况

2017 年世界电子信息整机前十大厂商对半导体器件采购企业总值同比增长 29%，较 2016 年同比增长 379 亿美元，发展速度可谓历史最好水平。其中，同比增长达两位数以上的企业有 9 家，占 90%。按增长率大小排序，分别是步步高、西部数据、三星、华为、苹果、LG、惠普企业、戴尔、惠普公司，联想以增长9.6%的增长率位居第十位。其中，步步高同比大增 88.8%，居前十大企业增长率之首；美国西部数据以同比增长 38.9%，三星电子以同比增长 37.2%，分居第二、第三位；紧随其后的是华为，同比增长 32.1%，居第四位；苹果以同比增长 27.5%居第五位。

2017 年全世界前十大采购商中全部实现正增长，相较 2016 年仅有 4 家企业为正增长，其正增长增幅达 2.5 倍。

（3）2017 年世界电子信息整机厂商对半导体器件采购前十大企业排序变化情况

三星电子、苹果、戴尔、联想、华为在 2017 年仍位居前五位，排序不变；步步高与 2016 年相比前进 1 位，居第六位；惠普公司后退 1 位居第七位；惠普企业居第八位，排序不变。

排序变化最大的是：LG 由 2016 年的第十一位重返第九位，西部数据由 2016 年的第十三位上升 3 位居第十位，进入前十名。在 2016 年位居前十位的索尼（Sony）、东芝（Toshiba）两家日本公司分别从 2016 年的前九、十位中被挤下台，电子信息制造业强国日本在前十大企业中首次全军覆没。

（4）2017 年世界电子信息整机厂商对半导体器件采购前十大企业区域分布情况

2017 年世界电子信息整机厂商对半导体器件采购前十大企业中，美国独占 5 家，足见美国在全球电子信息整机厂商的地位稳固，占到前十大企业总值的 18.5%；中国以联想、华为、步步高 3 家企业入围，紧随美国之后，占到总值的 9.8%；韩国三星电子和 LG 两家企业入围，但占到总值的 11.9%，反超中国三家企业，主要是三星电子的采购金额达 431.08 亿美元，占到总值 10.3%，再次蝉联冠军宝座。

另有，惠普公司一拆为二，分别为惠普企业和惠普公司，如不分拆的话，两家企业合计占到总值的 4.1%，可位居第三位。

3．世界半导体产品市场采购前十大厂商发展预估

Gartner 预估，到 2021 年，全球电子信息整机前十大厂商采购半导体器件价值将占到全球半导体产业总值 45%左右的规模，较 2017 年前十大企业占比 40.3%提升 4.7 个百分点，可见整机厂商集中度更为提高，其中会有新的厂商成黑马跃居，也会有一些企业落马。

七、2018 年世界半导体产品市场发展预测

1．2018 年世界半导体产品市场发展初估

据 WSTS 和 SIA 评述，2018 年世界半导体市场将回归到理性发展状况，较 2017 年同比增长 21.6%相比，2018 年增长率约在 7.0%，市场规模为 4411 亿美元。

2018 年世界半导体产品市场预计为 4411 亿美元，同比增长 7.0%。

其中，北美（美国）市场规模预计为 975 亿美元，同比增长 10.2%，占全球总额的 22.1%；

欧洲地区市场规模预计为 399 亿美元，同比增长 4.3%，占全球总额的 9.1%；

日本地区市场规模预计为 382 亿美元，同比增长 4.5%，占全球总额的 8.7%；

中国（大陆）市场规模预计为 1403 亿美元，同比增长 6.7%，占全球总额的 31.8%；

亚太及其他地区市场规模预计为 1250 亿美元，同比增长 6.6%，占全球总额的 28.3%。

2018 年世界半导体产品市场预计为 4411 亿美元。

其中，集成电路产品市场约为 3673 亿美元，同比增长 7.0%，占比为 83.3%。
模拟电路产品市场约为 563 亿美元，同比增长 6.0%，占比为 12.8%。
微处理器产品市场约为 661 亿美元，同比增长 3.5%，占比为 15.0%。
逻辑电路产品市场约为 1094 亿美元，同比增长 7.0%，占比为 24.8%。
存储电路产品市场约为 1355 亿美元，同比增长 9.3%，占比为 30.7%，仍居首位。
其中，分立器件（D-O-S）产品市场约为 738 亿美元，同比增长 6.9%，占比为 16.7%；
分立器件产品市场约为 227 亿美元，同比增长 4.6%，占比为 5.1%；
光电子器件产品市场约为 377 亿美元，同比增长 8.2%。占比为 8.5%；
传感器产品市场约为 134 亿美元，同比增长 7.3%，占比为 3.1%。

2．2018 年世界在半导体产品市场区域分布（预测）

2018 年世界在半导体产品市场区域分布如图 1.8.11 所示。

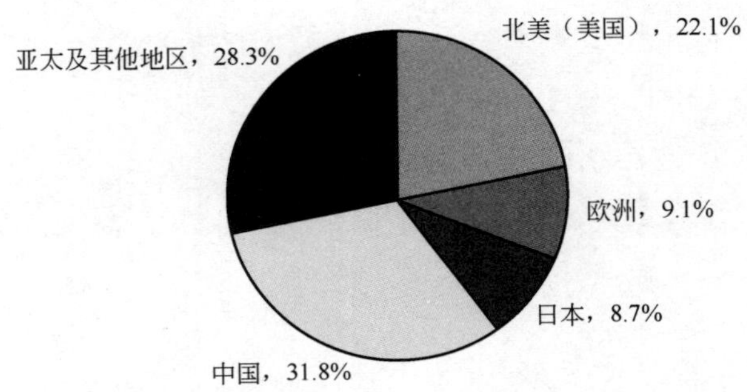

图 1.8.11　2018 年世界在半导体产品市场区域分布（预测）

3．2018 年世界半导体产品市场占比（预测）

2018 年世界半导体产品市场占比如图 1.8.12 所示。

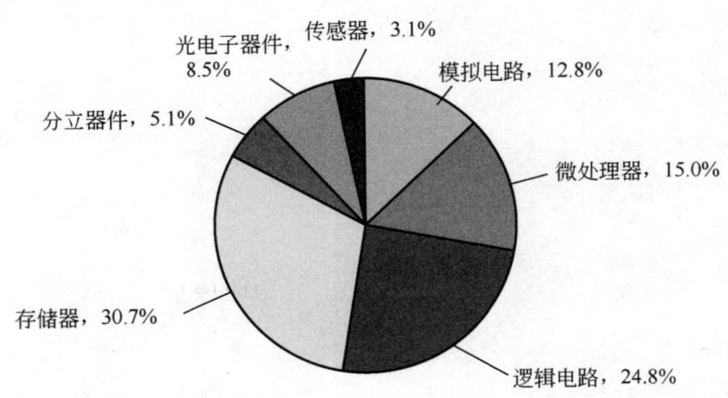

图 1.8.12　2018 年世界半导体产品市场占比（预测）

4．2018 年世界半导体产品应用市场情况预测

- 2018 年在智能手机、汽车电子系统及物联网发展的推动下，世界半导体产品出货

率增长情况仍保持高涨的态势。2018 年世界半导体产品应用市场增长情况预测见表 1.8.24。

表1.8.24　2018年世界半导体产品应用市场增长情况预测

序号	产品类别	增长率	序号	产品类别	增长率
1	工业/其他应用专用模拟器件	26.0%	4	32 位微控制器	21.0%
2	消费类专用逻辑器件	22.0%	5	无线通信专用模拟器件	18.0%
3	工业/其他专用逻辑器件	22.0%	6	汽车专用模拟器件	17.0%

- 2018 年 D-O-S 器件中，CCD 和 CMOS 图像传感器、激光发射器、各种传感器（磁加速度、偏航、压力和其他传感器）都有两位数的增长。

第九节 2017年世界集成电路厂商研发费支出情况

一、2017年世界研发费投入简况

据欧盟委员会（EU）公布的2017年工业研发投入（R&D）排行100强，是以2016/2017年会计年度投资额达2400万欧元以上的2500家企业为对象排列。这2500家企业研发投资总额达7416亿欧元，占营收额比重为4.1%。其中，投入比例最高的行业是电子信息与技术行业（11.7%）、健康行业（6.9%）、通信行业（6.8%）。在2500家企业中，美国有821家（占32.84%），欧盟有567家（占22.68%），中国有481家（含中国台湾企业105家）占19.24%，日本有365家（占14.60%），韩国有70家（占2.8%）。

前100强中，美国有34家，居首位，日本有14家，德国有13家、中国有10家（含中国台湾3家），韩国和荷兰各有4家，法国和瑞士各3家。

表1.9.1列出了2017年全球工业研发费投入前20强厂商名单。其中，美国有12家占60%，德国有3家占15%、瑞士有2家占10%，韩国、中国、日本各1家各占5%。

在前20大企业中，电子信息技术行业企业有9家占45%，汽车和零部件行业企业有6家占30%，制药和生物行业企业有5家占25%。

在前20大企业中，研发费投入达1757.45亿欧元，营收额达19717.03亿欧元，研发费投入比重为8.9%。

在前20大企业中，德国大众、美国Aiphabet、微软为前三名；三星、英特尔分居第4与第5位；中国华为位列第6位。2017年全球工业研发费投入前20大企业排序见表1.9.1。

表1.9.1 2017年全球工业研发费投入前20大企业排序

序号	公司名称	总部所在地	分业	研发费投资（亿欧元）	营收额（亿欧元）	研发占比（%）	备注
1	大众	德国	汽车和零部件	136.72	2172.67	6.3	
2	Aiphabet	美国	软件和计算机	128.64	856.39	15.0	谷歌的母公司
3	微软	美国	软件和计算机	123.68	853.34	14.5	
4	三星	韩国	电子和电气设备	121.55	1585.71	7.7	
5	英特尔	美国	科技硬件与设备	120.86	563.39	21.5	
6	华为	中国	硬件和设备	103.63	539.20	19.2	
7	苹果	美国	硬件和设备	95.30	2045.72	4.7	
8	罗氏	瑞士	制药和生物	92.42	471.41	19.6	
9	强生	美国	制药和生物	86.28	682.00	12.7	
10	诺华	瑞士	制药和生物	85.39	468.99	18.2	

续表

序号	公司名称	总部所在地	分业	研发费投资（亿欧元）	营收额（亿欧元）	研发占比（%）	备注
11	通用汽车	美国	汽车和零部件	76.84	1578.41	4.9	
12	戴姆勒	德国	汽车和零部件	75.36	1532.61	4.9	
13	丰田汽车	日本	汽车和零部件	75.00	2241.51	3.3	
14	辉瑞	美国	制药和生物	73.77	501.13	14.7	
15	福特汽车	美国	汽车和零部件	69.25	1440.09	4.8	
16	默沙东	美国	制药和生物	64.83	377.64	17.2	
17	甲骨文	美国	软件和计算机	58.43	357.92	16.3	
18	思科	美国	硬件和设备	57.48	455.41	12.6	
19	Facebook	美国	软件和计算机	56.15	262.20	21.4	
20	博世	德国	汽车和零部件	55.87	731.29	7.6	
前20大企业合计				1757.45	19717.03	8.9	

二、2017年世界集成电路产业研发费支出情况概述

据IC Insights统计报道：

● 2017年世界半导体产业研发费支出为589.0亿美元，与2016年支出553.9亿美元相比较，同比增长6.34%。

● 2017年世界半导体产业研发费前十大企业支出为359亿美元，与2016年支出340亿美元相比较，同比增长5.59%。

1．2017年世界半导体产业研发费支出规模

2014—2017年世界半导体产业研发费支出规模及增长情况如图1.9.1所示。

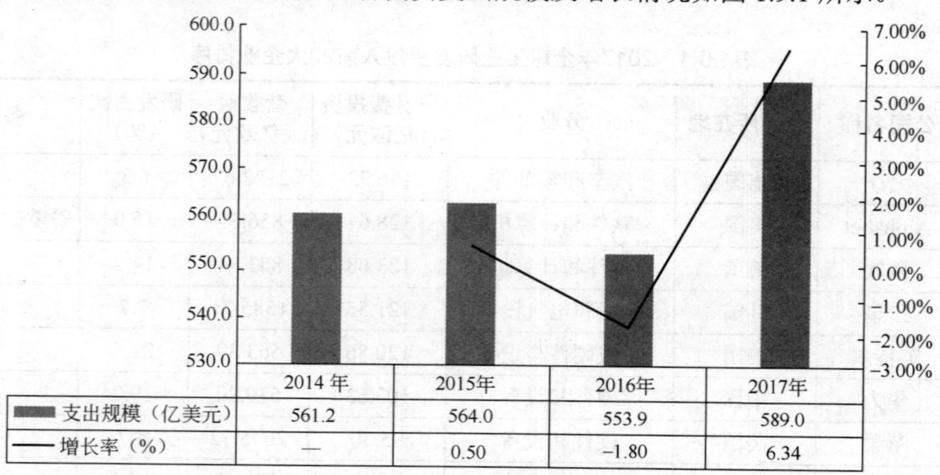

图1.9.1 2014—2017年世界半导体产业研发费支出规模及增长情况

2. 2017 年世界半导体研发费支出前十大企业规模

2017 年世界半导体研发费支出前十大企业情况见表 1.9.2。

表1.9.2　2017年世界半导体研发费支出前十大企业情况

排序		公司名称	国家/地区	2017 年投入			2016 年	2017 年	
2016 年	2017 年			金额（亿美元）	前十名占比（%）	占总值（%）	金额（亿美元）	同比（%）	研发费占营收额（%）
1	1	英特尔（Intel）	美国	131.0	36.47	22.24	127.40	3（2.8）	21.2（22.7）
2	2	高通（Qualcomm）	美国	34.50	9.60	5.85	51.10	−4.0（−32.5）	20.20
3	3	博通（Broadcom）	新加坡	34.23	9.53	5.81	31.90	4.0（7.3）	19.20（22.1）
4	4	三星（Samsung）	韩国	34.15	9.51	5.80	28.80	19.0（18.6）	5.2（5.6）
5	5	东芝（Toshiba）	日本	26.70	7.43	4.53	27.80	−7.0（−4.0）	20.0（20.8）
6	6	台积电（TSMC）	中国台湾	26.56	7.39	4.51	22.20	20.0（19.6）	8.3
7	7	联发科（Media Tek）	中国台湾	18.81	5.24	3.19	17.30	9.0（8.7）	24.0（23.9）
8	8	美光（Micron）	美国	18.02	5.02	3.06	16.80	8.0（7.3）	7.5（7.8）
11	9	英伟达（Nvidia）	美国	17.97	5.00	3.05	14.60	23.0（23.1）	19.1（19.5）
10	10	SK 海力士（SK Hynix）	韩国	17.29	4.81	2.94	15.10	14.0（14.5）	6.50（6.60）
前十名企业合计				359.23	100.0	61.00	353.0（340.0）	6.0（5.7）	13.67
其他企业合计				229.79		39.00	213.90	7.4	15.38
总计				589.00		100.0	553.9	6.0	14.29

资料来源：IC Insights/Jssia 整理（2018.2）

注：括号中数据为不同的数据来源，供参考。

三、2017 年世界半导体产业研发费支出简析

1. 2017 年世界半导体产业研发费支出前十名企业分布结构

2017 年世界半导体产业研发费支出前十名分布如下：美国 4 家（占 40%），即英特尔、高通、美光、英伟达；韩国 2 家（占 20%）：三星和海力士；中国台湾 2 家（占 20%）：台

积电、联发科；日本1家（占10%）：东芝半导体；新加坡1家（占10%）：新博通公司。

美国4家公司研发费支出201.49亿美元，占前十大企业总值的56.09%，占全球研发费589亿美元的34.21%；韩国2家公司研发费支出为51.44亿美元，占前十大企业总值的14.32%，占全球研发费的8.73%；中国台湾2家企业研发费支出为45.37亿美元，占前十大企业总值的12.63%，占全球研发费的7.70%；日本1家公司占前十大企业总值的7.43%，占全球研发费的4.53%；新加坡1家公司占前十大企业总值的9.53%，占全球研发费的5.81%。

2．2017年世界半导体产业研发费支出前十名企业排序变动

从2017年世界半导体产业研发费支出前十名企业排序的情况看，前八名企业与2016年相较没有什么变化；但英伟达由2016年的第十一名上升到2017年第九位，前进2位；SK海力士仍位居第十位；原2016年的第九名的恩智浦公司退出前十位，2017年位居第十一位。

2017年世界半导体产业研发费支出第十一名至第十八名企业排序分别为：NXP、TI、ST、AMD、瑞萨、索尼、ADI和GF，这些公司的半导体研发费支出均超过10亿美元以上。

3．2017年世界半导体产业研发费支出变动情况

2017年世界半导体产业研发费支出前十大企业研发费增长最快的英伟达（23.1%）、台积电（19.6%）、三星（18.6%～19.0%）、SK海力士（14%～14.5%）以及联发科（8.7%～9.0%）、美光（7.3%～8.0%）等。而与2016年相较增长下降的为高通和东芝公司，分别下降4.0%和7.0%。

2017年世界半导体产业研发费支出前十大企业可分为四个层次，第一层为英特尔，第二层为高通公司近年来业绩欠佳故投入较少，其投入已与博通、三星相差无几；第三层为东芝和台积电旗鼓相当；第四层为联发科、美光、英伟达、SK海力士不分伯仲。

4．2017年世界半导体产业研发费支出前三名企业情况

2017年英特尔公司研发费支出以131亿美元居全球之首。该公司研发费支出比高通、博通、三星、东芝等公司研发投入之和还多，虽然同比只增长2.8%～3.0%，但占到前十大企业投入的36.47%，占到全球研发费总支出的22.24%。

2017年高通公司研发费投入34.5亿美元，同比下降4.0%以上，占前十名公司投入的9.6%，占全球研发费投入的5.85%。

2017年博通公司（被安华高收购后）研发费投入34.23亿美元，同比增长7.3%，占到前十大企业投入的9.53%，占到全球研发费总投入的5.81%。

5．2017 年世界半导体产业前十大企业研发费占该公司营收额的比重情况

从 2017 年世界半导体产业前十大企业研发费占该公司营收额的比重来看，一是设计公司（Fabless）研发支出占该公司营收额之比略高于其他类型企业，如联发科占到近 24.00%，博通公司达 19.2%～22.1%，高通公司达 20.2%，英伟达为 19.1%～19.5%；IDM 型公司如英特尔公司占到营收额的 21.2%～22.7%；东芝公司为 20%～120.8%；而同是 IDM 公司的三星半导体、美光、SK 海力士因忙于扩大存储器的产量（DRAM 和 NAND Flash）在研发上投入明显少了许多，分别占到营收额的 5.2%～5.6%、7.5%～7.8%、6.5%～6.6%。晶圆代工（Foundry）企业台积电研发投入占到其营收额的 8.3%的水平。英特尔公司研发投入占其营收额的比重情况见表 1.9.3。

表1.9.3　英特尔公司研发投入占其营收额的比重情况

指标名称	1995 年	2000 年	2005 年	2010 年	2015 年	2016 年	2017 年
研发费占营收额	9.3%	16.0%	14.5%	16.4%	24.0%	22.6%	22.7%
环比	—	6.7%	-1.5%	1.9%	7.6%	-1.4%	0.1%

第十节　2017年世界半导体产业并购情况

2017年世界半导体产业并购行情显得格外冷清，主要是因为历经2015年、2016年两年的并购狂潮之后，该收购目标已被抢购完毕，正在收购的标的因面临监管审查日益严苛或买卖双方正在讨价还价等情况而延缓。

据市调机构IC Insights报道：2017年世界半导体产业并购交易总值为277亿美元（同比下降72.2%），远低于2015年的1073亿美元和2016年的998亿美元。尽管2017年并购交易总额大幅度下降，但与2010—2014年平均交易额约126亿美元相比，仍是其两倍有余。2010—2017年世界半导体产业并购规模及增长情况如图1.10.1所示。

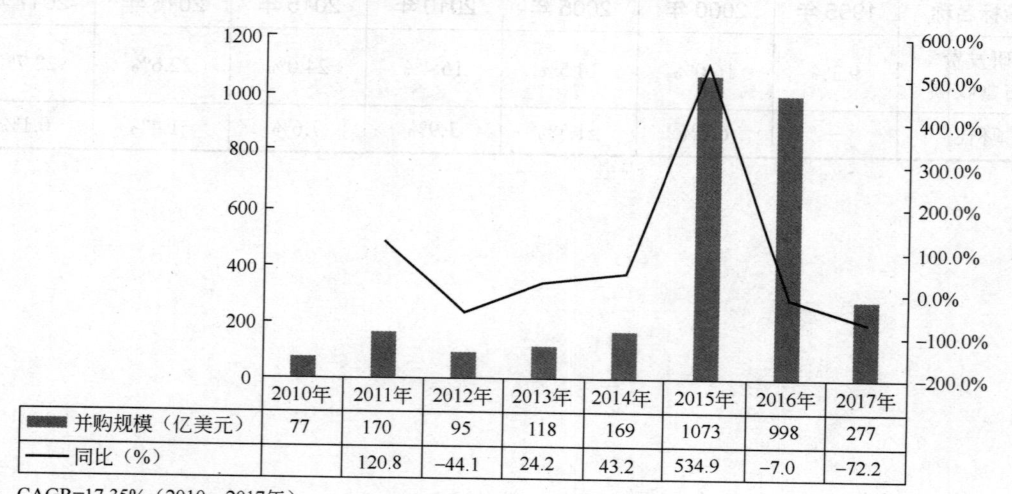

	2010年	2011年	2012年	2013年	2014年	2015年	2016年	2017年
并购规模（亿美元）	77	170	95	118	169	1073	998	277
同比（%）		120.8	−44.1	24.2	43.2	534.9	−7.0	−72.2

CAGR=17.35%（2010—2017年）
资料来源：IC Insights（2018.1）Jssia整理

图1.10.1　2010—2017年世界半导体产业并购规模及增长情况

2017年世界半导体产业主要并购案仅发生20多起交易。其中大于20亿美元的并购案为2起，即私募股权公司贝恩资本（Bain Capital）领衔的财团（含戴尔、希捷、金士顿、苹果、SK海力士等公司）以180亿美元收购日本东芝半导体（ToShiba）的存储芯片业务，占股49.00%。预计在2018年第二季度可获审核批准；第二起为迈威尔（Marvell）以60亿美元收购Cavium公司，以拓展网络通信设备业务，提升竞争力。这两起并购交易额达240亿美元，占到2017年全球半导体并购交易总额的86.6%。如若没有这两笔交易额，2017年世界半导体并购额将是2010年以来交易额的最低规模（约为37亿美元），平均每起交易价只有1.85亿美元，而2015年平均每起交易价49亿美元，2016年平均每起交易价34亿美元。2009—2017年世界半导体产业并购金额超20亿美元的案例数和2017年世界半导体产业兼并整合信息（5亿美元以上项目）见表1.10.1和表1.10.2。

表1.10.1　2009—2017年世界半导体产业并购金额超20亿美元的案例数

年 份	2009年	2010年	2011年	2012年	2013年	2014年	2015年	2016年	2017年	合计
件 数	1	3	3	2	1	3	7	5	2	27

资料来源：IC Insights / Jssia 整理（2018.1）

表1.10.2　2017年世界半导体产业兼并整合信息（5亿美元以上项目）

日期	兼并方名称	被兼并方名称	金额	要约
2017年1月23日	SK集团控股（SK Group）	LG电子（LG Siltron）	6200亿韩元（约5.7亿美元）	硅晶圆片，自己掌控
2017年2月1日	博通（Broadcom）	柯斯美光电（昆山公司）（Cosemi）	未披露	光电检测芯片业务
2017年2月13日	万威（IDT）	Gig Peak	未披露	毫米波RF技术、光通芯片
2017年2月10日	英飞凌（Infineon）	收购Cree旗下Wolfspeed	8.5亿美元	待美国外国投资审查委员会（CFIUS）审查
2017年2月24日	瑞萨（Renesas）	英特矽尔（Intersil）	32亿美元	模拟IC、汽车电子、已通过美国（CFIUS）审查
2017年2月24日	联发科	络达公司	10.1亿美元占股15.1%，全部为66.6亿美元	功率放大器（PA）、射频开关等
2017年3月10日	三星电子	哈曼国际	三星有史以来最大的并购案，金额还未公布	标志性音响、汽车、家居、移动
2017年3月13日	英特尔	以色列移动眼Mobileye公司	153亿美元，仅次于2015年以167亿美元收购Altera	汽车芯片、无人驾驶技术、驾驶辅助系统开发，公司仍放在以色列，开拓新市场、新增长点
2017年3月15日	村田制作（Murata）	北极砂（AST）	未披露	小功率半导体器件
2017年3月16日	奥地利微电子（AMS AG）	普林斯顿友达光电（Princeton）	未披露	VCSEL芯片
2017年3月23日	苹果公司	Workflow	未披露	IOS自动化应用
2017年3月27日	英特尔	Nervana Systems	未公布	人工智能初创公司
2017年3月28日	东电化（TDK）	特定应用（ICsense NV）	未披露	ASIC解决方案

续表

日期	兼并方名称	被兼并方名称	金额	要约
2017年3月29日	MaxLinear	Exar	6.87亿美元	MaxLinear表示，将以6.61亿美元现金收购IC设计公司Exar
2017年3月30日	美国，亚德诺（ADI）	One Tree Microdevices	未披露	GaAs和Gan放大器/宽带互联网
2017年4月5日（2016年10月）	高通（已获美国反垄断部门批准）收购完成日期可能会延迟到2018年，送有关国家审核	恩智浦	380亿美元（470亿美元）（440亿美元）	半导体历史上最大的收购案，意欲在移动、汽车、物联网、安全、网络等领域居于领先地位。2017年年底欧盟审查高通在专利上做出让步。中国商务部2018年5月重启审核
2017年4月6日	德州仪器（TI）（意向）	超微（AMD）	164亿美元	（GBP技术）DSP整合GPU×86处理器（TI与AMD双方均未发表意见）
2017年4月11日	超微（AMD）	Nitero	未披露	波束形成毫米波芯片技术
2017年4月17日	力成科技	美光Micron	未披露金额	在日本上市公司Tera Probe（封装厂）
			0.86亿美元	日本秋田Micron Akita封测厂占股51.20%，用于车用、物联网（IOT）
2017年4月14日	西门子	Mentor	未披露	完成收购
2017年5月4日	SK集团（韩国）	乐金（Siltron）	6200亿韩元（5.4亿美元）	收购余下的49%的股份，实现LG硅晶圆公司Siltron所有股权（2016年排名世界第4的晶圆片厂）
2017年5月5日		英国Imagination Technologles	未公布	拟出售旗下核心MIPS和Ensigma，其专注于GPU业务POWER VR（因与苹果谈判未果）
2017年5月27日	软银	英伟达（Nvida）	未公布	软银正在考虑收购英伟达（英伟达无回音）。软银拥有英伟达4.9%的股份（40亿美元）

续表

日期	兼并方名称	被兼并方名称	金额	要约
2017年6月13日	Synaptics（新思科）	Conexant（科胜讯） Marvell（迈威尔）	未披露	新思科欲收购科胜讯在DSP模拟和混合信号技术；欲收购迈威尔视频和音频处理的多媒体
2017年6月	安森美	富士通旗下会津若松8英寸工厂	收购30%股份	安森美收购日本富士通30%股份，达到40%，并进一步收购到60%(2018年)，到2020年100%收购
2017年7月8日	美国Rambus	—	约14亿美元	准备考虑出售（包括品牌芯片），但与美光有专利授权争端
2017年7月14日	德国贺利氏	瑞士Argor公司	100%股份	贺利氏为世界第一大贵金属公司
2017年7月31日	美国Littelfuse	U.S.Sensor	未披露	温度传感器、热敏电阻、探头组件等
2017年8月15日	Facebook	德国Fayteg	未披露	加入AR功能
2017年8月24日	高通	荷兰Scyfer	未披露	（AI）人工智能
2017年8月29日	美国Littelfuse	IXYS	7.5亿美元（100%）	大功率半导体产品，应用在汽车电子、电力电子、电力控制等领域，提高市占率
2017年8月31日	西部数据（WD）	闪存公司（Tegile）	未披露	Tegile主要提供数据中心应用Flash和持久性内存存储的解决方案
2017年9月4日	西门子	荷兰Tass	未披露	补齐自动驾驶汽车短板
2017年9月4日	SK海力士	LG Siltron	1兆韩元（8.8亿美元）	占股100%
2017年9月	Canyon Bridge	Inagination	7.3亿美元	收购该公司MIPS处理器和GPU IP
2017年9月28日	贝恩联盟：贝恩资本及SK海力士、希捷、戴尔、苹果及日本有关银行等	东芝半导体业务	178亿～180亿美元	东芝世界第二大闪存芯片厂，在美核电亏损63亿～80亿美元，东芝半导体业务出售给苹果公司，但不出售军用芯片，延期到2018年7月

续表

日期	兼并方名称	被兼并方名称	金额	要约
2017年11月1日	西门子	—	12亿欧元	宣布以12亿欧元出售其所持照明公司欧司朗 17.34%的股权，以专注于其核心业务（招标性）
2017年11月10日	矽立科技（mCube）	安森美旗下子公司 Xsens（飞兆）	—	快速发展IoMT中运动感知和追踪解决方案的新市场
2017年11月18日	高通公司	博科（Brocade）	55亿美元	网络通信系统公司
2017年11月20日	迈威尔（美满）（Marvell）	凯为半导体（Cavium）	60亿美元	迈威尔已同意收购Cavium，两者合并后，总资产达150亿美元，Cavium 主产 ARM 架构及MIPS架构的处理器及SoC，提供网络，影音及安全功能，生产处理器及开发板等
2017年11月	博通（Broadcom）	高通（Qualcomm）	1050亿美元（1300亿美元）	2018 年 3 月被美国总统特朗普叫停
2017年11月30日	西门子（Siemens）	加拿大 Solido	未披露	意欲基于机器学习，强化 IC 设计和模拟/混合信号验证技术等，可在 2017 年 12 月完成交易
2017年12月8日	芯科科技	Sigma Designs	—	物联网技术连网解决方案
2017年12月13日	新思科 Synopsys	BlackDuck Software（黑鸭子软件）	5.47亿美元	扩大产品阵容及客户覆盖面，加强软件安全市场实力
2017年12月18日	泰雷兹（Tholes）（法国）	金雅拓（荷兰）（Gemalto）	56亿美元	看重金雅拓安全产品、数据安全，泰雷兹为航空电子设备和空管系统厂商（最大的SIM卡厂商）
2017年12月19日	美国甲骨文	澳大利亚（AConex）	11.9亿美元	A Conex为云计算解决方案者
2017年	ADI（亚德诺）	Linear	148亿美元	收购后 ADI 可掌握一套多协议工业以太网解决方案和适用于工业自动化和工业物联网的智能自动化解决方案

续表

日期	兼并方名称	被兼并方名称	金额	要约
2017年	建广资本	恩智浦（NXP）之标准产品部门（Standard Products）	27.5亿美元	成立安世半导体（NexPeria）总部仍设立在荷兰
2016—2017年	安森美	Fairchild	24亿美元	—

据IC Insights报道：

● 2017年下半年有几桩大并购案，可把2017年全年推到1000亿美元，直逼2015年1073亿美元的最高峰（正在进行之中）。

● 存储器企业从数十年前的32家到目前仅存3家：三星、SK海力士（SK Hynix）和美光（Micron）DRAM。

● 闪存（NAND）企业目前仅存4家［美光+英特尔（Intel）、东芝/闪迪、三星、海力士］。

2016年超10亿美元并购案有7起，3起超百亿美元。高通并购恩智浦（9.22欧审）380亿美元（在2016年已统计，但未正式通过）；2015年超10亿美元并购案有10起，有4起超百亿美元。

历史数据显示：2015年全球半导体领域并购案值达1073亿美元，创历史新高；2016年全球半导体领域并购值达998亿美元，同比下降7.0%；2017年全球半导体领域并购值约277亿美元，同比下降72.2%。其主要原因一是全球并购案在2015年、2016年达到高潮，2017年处于休整期；二是产业发展有一个从不平衡到暂时平衡的过程，在情况不明时，切忌乱投资，以免不可挽回；三是高通收购恩智浦，贝恩收购东芝，博通收购高通等，因情况不定，而有失约定，不然2017年有可能超越前两年的并购案值。

第十一节　2017 年世界半导体产业资本支出情况

一、2017 年世界半导体产业资本支出概况

据 IC Insights 报道：2017 年世界半导体产业资本支出为 900 亿美元，同比增长 33.7%。其中，资本支出前 11 大企业共计 710.5 亿美元，同比增长 33.3%，创历史新高，占总资本支出的 78.9%，其中，三星、英特尔、台积电位居前三名。2018 年预计资本投入达 1026 亿美元，首破千亿美元大关，较 2017 年增长 14%，较 2016 年资本支出增长 53.0%。

据 Gartner 预估报道：2017 年世界半导体资本支出为 699 亿美元，到 2020 年将增至 758 亿美元，其中，台积电、联电、GF、中芯国际等为半导体设备的最大采购者；中国大陆新建 12 英寸生产线也将大量采购设备；三星、SK 海力士、美光、英特尔、德仪、意法也会增添新设备，从而增大投资；其中，应材、科林、ASML、东京威力科创、科磊等设备制造商将从中受益。

1．2017 年世界半导体产业资本支出规模

2000—2018 年世界半导体产业资本支出规模及增长情况如图 1.11.1 所示。

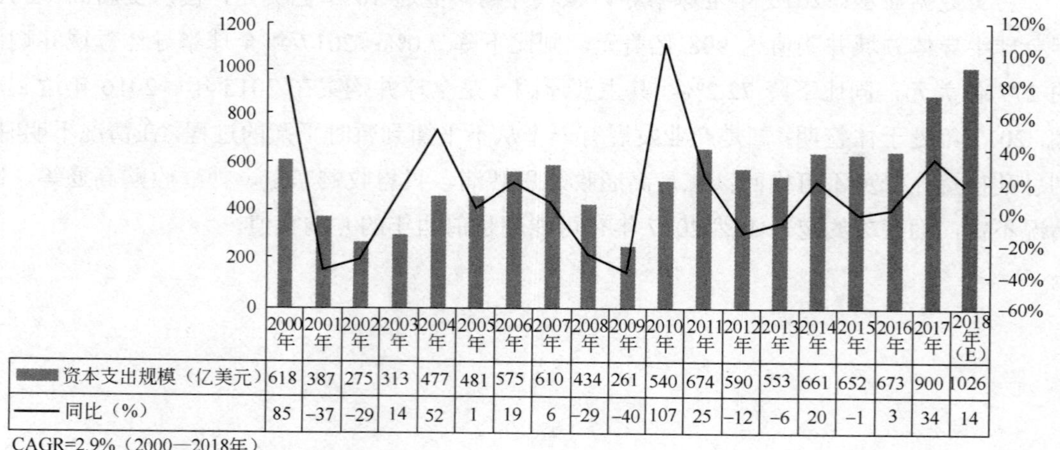

	2000年	2001年	2002年	2003年	2004年	2005年	2006年	2007年	2008年	2009年	2010年	2011年	2012年	2013年	2014年	2015年	2016年	2017年	2018年（E）
资本支出规模（亿美元）	618	387	275	313	477	481	575	610	434	261	540	674	590	553	661	652	673	900	1026
同比（%）	85	−37	−29	14	52	1	19	6	−29	−40	107	25	−12	−6	20	−1	3	34	14

CAGR=2.9%（2000—2018年）
资料来源：IC Insights（2018.5.24）/Jssia整理

图 1.11.1　2000—2018 年世界半导体产业资本支出规模及增长情况

2010—2018 年世界半导体产业资本支出规模及增长情况见表 1.11.1。

表1.11.1　2010—2018年世界半导体产业资本支出规模及增长情况

指标名称	单位	2010年	2011年	2012年	2013年	2014年	2015年	2016年	2017年	2018年（E）	CAGR
资本支出市场规模	亿美元	540	674	590	553	661	652	673	900	1026	8.35%
同比	%	107	25	−12	−6	20	−1	3	34	14	—

资料来源：IC Insights（2018.5）

据 Gartner 报道，2017 年世界半导体产业资本支出为 699 亿美元，同比增长 11.3%。2008—2017 年世界半导体资本支出规模及增长情况见表 1.11.2。

表1.11.2　2008—2017年世界半导体资本支出规模及增长情况

指标名称	单位	2008 年	2009 年	2010 年	2011 年	2012 年	2013 年	2014 年	2015 年	2016 年	2017 年	CAGR
资本支出市场规模	亿美元	445	255	560	615	585	570	622	640	628	699	5.15%
同比	%	−28.8	−42.7	119.6	9.8	−4.9	−2.6	9.1	2.9	−1.9	11.3	—

资料来源：Gartner（2017.11）

2．2017 年世界半导体资本支出分季情况

在 2017 年第四季度，因市场过热，投资厂商对 2018 年有观望，故此，投资稍有减缓。

3．2017 年世界半导体资本支出分布领域预估

2017 年世界半导体资本支出分布领域预估值见表 1.11.3。

表1.11.3　2017年世界半导体资本支出分布领域预估值

产品类别	2017 年资本支出（亿美元）	同比（%）	占比（%）
晶圆代工	228.0	4.0	28.2
Flash	190.0	33.0	23.5
DRAM/SRAM	130.0	53.0	16.1
MPU/MCU	116.0	16.0	14.3
逻辑电路	76.0	11.0	9.4
类比 IC 及其他	69.0	21.0	8.5
合计	809.0（900.0E）	20.0	100.0

资料来源：IC Insights/Jssia 整理（2017.10.10）

从表 1.11.3 可以看出，晶圆代工的企业资本支出最多，占到 28.2%，同比增长 4.0%，主要因为加快10纳米产能扩张，推进7纳米量产升级，加快5纳米的研发和3纳米布局等。由此可见，建线扩产费用很高。存储器（动态和静态）生产企业同比增长最快，增速达到 53.0%；闪存生产企业也当仁不让，达到 190 亿美元，超过动态存储器 60 亿美元，占到 23.5%的份额。闪存生产企业支出大幅增加的主因是三星半导体、SK 海力士、美光、英特尔、东芝等加快加大对 3D NAND Flash 工艺的研发投入和产能的扩张。

二、2017 年世界半导体设备市场发展情况

据 SEMI 报道：2017 年世界半导体设备市场规模预计达到 566.2 亿美元，比 2016 年 412.3 亿美元增长 37.3%，超越历史高点（2000 年为 477 亿美元），占 2017 年世界半导体

资本支出近70%（2000年为77%）。其中，集成电路晶圆制造设备市场为457亿美元，封装设备市场规模为37.5亿美元，测试设备市场规模为45.3亿美元，其他设备26亿美元。2010—2018年世界半导体设备投资规模及增长见表1.11.4。2018年世界半导体设备市场规模预计为630.0亿美元，同比增长11.3%，其中晶圆业投资将达到506.8亿美元，占比为80.5%，同比增长10.8%。

表1.11.4　2010—2018年世界半导体设备投资规模及增长

指标名称	单位	2010年	2011年	2012年	2013年	2014年	2015年	2016年	2017年	2018年（E）	2019年（E）	CAGR
设备投资规模	亿美元	399.3	435.3	369.3	320.0	374.9	365.3	412.3	566.2	630.0	680.0	6.09%
同比	%	131.0	9.0	−15.2	−13.8	17.8	−2.6	12.9	37.3	11.3	7.9	—

由于2016年下半年到2017年，世界半导体设备市场受DRAM和NAND Flash带动，出现供不应求的状况，存储器纷纷涨价40%～70%，从而使存储器工厂和晶圆代工企业纷纷投资扩大产能和提升技术水平抢占市场，其中韩国、中国台湾地区、中国大陆、美国进入投资的前4位。

韩国2017年半导体设备投资为186.0亿美元（晶圆设备支出160亿美元，占比为86%），同比增长133.4%，2018年预计达180.0亿美元，同比增长持平。

中国台湾地区2017年半导体设备投资为115.0亿美元，同比增长稍有回落，2018年预计达115亿美元，同比增长持平。

中国大陆2017年半导体设备投资为82.3亿美元，同比增长27.4%，2018年有14条新线进入安装和投产，故预计达130亿美元，同比增长58%以上，居世界第二位半导体设备市场。

美国2017年半导体设备投资为55.9亿美元，2018年预计达72.4亿美元，同比增长29.5%。

日本2017年半导体设备投资为65亿美元，2018年预计达62.4亿美元，同比回落3.9%。

其中，2017年全球半导体晶圆制造设备投资达到457亿美元，同比增长39.6%，占比达到80.7%；封测业设备投资约82.8亿美元，同比增长23.4%，占比为14.7%左右。

2017年世界半导体设备投资增长的主因：一是世界新建、扩建12英寸晶圆厂近26条，其中，中国占到14条，在2018年进入安装盛期。二是为抢占DRAM和Flash的销售旺季，各企业纷纷加大投资。三是三星、英特尔、台积电、SK海力士、格罗方德、联电等纷纷扩大10纳米产品产量，大力提升7纳米良品率和产能，形成新的拳头产品，加快5/3纳米的研发和布局；四是中国大陆8～12英寸的扩产，如中芯国际28纳米及16纳米工艺、华力二期、中国国际二期（上海、北京、深圳），外资企业在华的扩建（三星西安、台积电南京、英特尔大连、格罗方德成都、德科玛等）都引发了中国大陆的半导体投资热潮。

三、2017 年世界半导体产业主要企业资本支出规模

2017 年世界半导体产业主要企业资本支出规模见表 1.11.5。

表1.11.5 2017年世界半导体产业主要企业资本支出规模

序号	公司名称	2015 年（百万美元）	2016 年				2017 年（E）			
			资本支出（百万美元）	同比（%）	占比（%）	占总比（%）	资本支出（百万美元）	同比（%）	占比（%）	占总比（%）
1	三星（Samsung）	13010	11300	−13.1	21.2	16.8	26200	131.9	36.9	29.1
2	英特尔（Intel）	7326	9625	31.4	18.1	14.3	12000	24.7	16.9	13.3
3	台积电（TSMC）	8089	10249	26.7	19.2	15.2	10800	5.4	15.2	12.0
4	SK 海力士（SK Hynix）	6011	5188	−13.9	9.7	7.7	6000	15.7	8.4	6.7
5	美光（Micron）	4500	5760	28.0	10.8	8.6	5000	−13.2	7.0	5.6
6	中芯国际（SMIC）	1401	2626	87.4	4.9	3.9	2300	−12.4	3.2	2.6
7	联电（UMC）	1899	2842	49.7	5.3	4.2	2000	−29.6	2.8	2.2
8	格罗方德（GF）	3985	1500	−62.4	2.8	2.2	2000	33.3	2.8	2.2
9	东芝（Toshiba）	1745	1840	5.4	3.5	2.7	1900	3.3	2.7	2.1
10	闪迪（SanDisk/WD）	1460	1750	19.9	3.3	2.6	1800	2.9	2.5	2.0
11	意法半导体（ST）	467	607	30.0	1.1	0.9	1050	73.0	1.5	1.2
前 11 大企业合计		49893	53287	6.8	100.0	79.2	71050	33.3	100.0	78.9
其他企业		15339	14013	−8.6	—	20.8	18950	29.0	—	21.1
合计		65232	67300	3.2	—	100.0	90000	33.7	—	100.0

资料来源：IC Insights/半导体行业观察网/JSSIA 整理（2018.1）

- 三星半导体在 2017 年设备投资预案为 186 亿美元（后扩大到计划投资 262 亿美元，扩大近 41%），用于扩大内存芯片市场（r-NAND Flash、影像传感器、晶圆代工），并扩大平泽工厂产能，每月增加 4 万～5 万片；在中国西安二期投资 70 亿美元，计划月产达到 20 万片能力。

三星半导体在未来几年的投资，主要投入 V-NAND 型 Flash、影像传感器和晶圆代工，将华城 line17 厂部分 NAND Flash 迁到平泽工厂，扩大产能 4 万～5 万片，同时扩大和改造华城厂房，生产高档 Flash。

三星半导体单列晶圆代工事业部，开展晶圆代工，未来几年在全球代工占比达 25%，占第二位。

业界预估：三星在 2017 年投资框架有可能一举达到 220 亿美元的水平（2017 年上半年支出达 144 亿美元）三星半导体 2010—2017 年资本支出规模如图 1.11.2 所示。

- SK 海力士，2017 年计划投资 9.6 万亿韩元（约 85 亿美元），比原计划投资 60 亿美元，增加了 41.7%，以扩充 DRAM 和 NAND Flash 市场供应力；SK 海力士力争在 72 层 Flash 与三星竞争，跨越 64 层，直奔 96 层，超越三星；在无锡投资 86 亿美元，建第二座 DRAM 工厂，技术水平达 1Y 纳米。
- 美光公司，2017 年投资上升到 99 亿美元，比 2016 年增长 10 亿美元，改变了在存储器世界第三位的地位。
- 台积电，2017 年投资可能与往年一样均达到 108 亿美元以上（可能达 125 亿美元）。
- 英特尔，2017 年投资可能达到 120 亿美元。

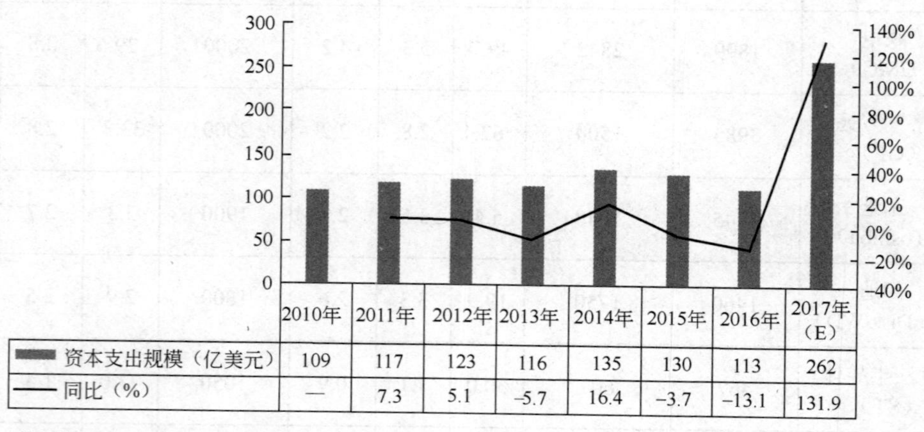

图 1.11.2 三星半导体 2010—2017 年资本支出规模

四、2017 年世界半导体晶圆代工主要厂商资本支出情况

2017 年世界半导体晶圆代工主要厂商资本支出情况见表 1.11.6。

表1.11.6　2017年世界半导体晶圆代工主要厂商资本支出情况

序号	厂商名称	2017 年			2016 年		2017：2016 占比
		资本支出（百万美元）	同比（%）	占比（%）	资本支出（百万美元）	占比（%）	
1	台积电（TSMC）	10800	5.4	48.9	10249	50.0	-1.1%
2	三星（Samsung）	5000	51.5	22.6	3300	16.1	6.5%
3	中芯国际（SMIC）	2300	-12.4	10.4	2626	12.8	-2.4%
4	格罗方德（GF）	2000	33.3	9.0	1500	7.3	1.7%
5	联电（UMC）	2000	-29.6	9.0	2842	13.9	4.9%
合计		22100	7.7	100.0	20517	100.0	—

资料来源：Gartner/Jssia 整理

从表 1.11.6 可以看出：台积电在晶圆代工中投资达 108 亿美元，同比增长 5.4%，占比达 48.9%，占到总值近一半，其主要用于 10 纳米的扩产和 7 纳米工艺的备产之中，以确保世界晶圆代工的龙头地位。三星半导体是晶圆代工中的新生主力军，投资达 50 亿美元，同比增长 51.5%，占到总值的 22.6%，超过联电和中芯国际投资之和，进入第二位。格罗方德在 2017 年加大投资力度，达 20 亿美元，同比增长 33.3%，其主要是满足 IBM 对高端芯片的要求，奋力进入和扩展 10 纳米工艺。中芯国际和联电在 2017 年减少了晶圆代工的投入，主要是其增加的投资（设备）以投入正在提升工艺技术良品率的事项为主。其中应指出的是：三星半导体晶圆代工都是先进工艺，小于 28 纳米。中芯国际代工主要在 90～65～40～32～28 纳米工艺程；其在 2017 年第三季度 28 纳米工艺的收入占到公司总收入的 8.8%，与上述 4 家晶圆代工企业仍有较大的差距。

五、2017 年世界半导体产业投资情况

2017 年世界半导体产业投资情况（投资 10 亿美元以上项目）见表 1.11.7。

表1.11.7　2017年世界半导体产业投资情况（投资10亿美元以上项目）

日期	投资方	相关方	投资金额	产业发展方向	地点
1 月 17 日	美光	—	1300 亿元新台币（合 50 亿美元）	扩建（原华亚科）建 3D 封装工艺线，2～3 年后量产	台湾中科园
2 月 10 日	英特尔	—	70 亿美元	建新厂（Fab 42）7 纳米工艺技术，2020 年完工生产	美国亚利桑那州钱德勒
3 月	三星	美国	未披露投资额	准备从墨西哥将部分产能迁到美国	美国

续表

日期	投资方	相关方	投资金额	产业发展方向	地点
3月16日	台积电		157亿～200亿美元	打造5～3纳米新建工艺生产线	中国台湾
4月29日	美光	新加坡	40亿美元	建NAND Flash芯片生产线	新加坡
5月4—30日	三星半导体	韩国	其中：华城DRAM 3.08兆韩元（约27亿美元）	扩大Line17工厂，加速10纳米级DRAM量产（2017年下半年）月投4万片能力	华城工厂
			晶圆代工8兆韩元（72亿美元）	筹建代工事业部，扩大晶圆代工产业，兴建华城Fab18号生产线，专注7纳米技术，应用EUV，2017年11月动工（生产DRAM），2019年下半年完工（代工产线）	华城园区
			NAND Flash 16.0兆韩元（约140.0亿美元）	投资平泽工厂，生产Flash月产20万片；筹建第二条生产线	平泽工厂
			NAND（70亿美元）	建第二条生产线，扩大NAND产能，月产达20万片	中国西安市
			OLED生产线 1兆韩元（约8.8亿美元）	扩建OLED	忠清南道牙山
5月10日	台积电	—	381亿元新台币（约12.6亿美元）	主要用于提升先进工艺产能，转换部分逻辑产能为特殊工艺产能/由小批量10～7纳米试产/量产，2017年占到1成比例	中国台湾
5月11日	英伟达	—	30亿美元 AI（人工智能）	AI芯片新处理器基于8块Tesla V100搭建的DGX-1有815mm^2，拥有210亿个晶体管，拥有5120个CUDA，双精度浮点运算达每秒7.5万亿次	美国加州
5月24日	软银	英伟达	40亿美元（2016年软银以234亿美元收购ARM）	日本软银以40亿美元入股英伟达占股4.90%，成为第四大股东	日本
5月27日	福特汽车	Argo AI	10亿美元	Argo AI是由谷歌和Uber无人驾驶汽车团队创建的公司，福特欲加入AI芯片业务	美国

续表

日期	投资方	相关方	投资金额	产业发展方向	地点
5月29日	高通	—	未披露	在PC芯片市场有重大进展，骁龙 800 系列处理器将用于PC应用，中央处理器CPU已准备与英特尔、AMD抢食PC市场	美国
5月29日	美光科技	—	20亿美元	计划用2～3年在日本广岛投资20亿美元。主要生产应用于智能手机、数据中心和自驾车的新世代DRAM。研究生产 13 纳米工艺（美光收购尔必达的厂）	日本广岛
7月4日	三菱电机	—	未披露	开始兴建 6 英寸 SiC 功率器件生产线（三菱为功率器件世界前三位），第三代器件预计在2018年量产	日本
7月5日	欧盟设立“大基金”	法国 CEA-Leti 德国FG	10亿美元	取得两国的研发基金，为两地微电子业界发展升格至“欧洲共同利益重要项目（IPCEI）”等级，争取欧盟（EU）认证	欧洲
7月17日	博世	德国政府支持	10亿美元	在德国东部德累斯顿建一座芯片厂。2020 年销售自动驾驶汽车用的 MEMC 摄像头、传感器等	德国
7月24日	SK海力士	—	62亿美元 2017年上半年签署5兆韩元（约合43.8亿美元）的投资实施	下半年提高10纳米DRAM比例，增加14纳米NAND Flash产量，提高竞争力，用于大数据、云端数据中心、服务器 DRAM、固态硬盘（SSD）、人工智能（AI）、DL。由于 DRAM 市场看好，第二季度设利率上升 46%，预计全年资本支出达62亿美元，主要用于青州M14厂3D NAND Flash投资	韩国
7月31日	LGD	—	900亿元（约合135亿美元）	计划投资用于 OLED，抢食苹果柔屏商机，到 2020 年 OLED 渗透率才 2%，商机无限	韩国
7月31日	苹果	LGD	180亿元（约合27亿美元）	投资于LGD，发展OLED面板	美国
8月3日	东芝	—	17.6亿～18.0亿美元	东芝自主投资建Fab6生产线，专注下一代3D技术的存储芯片	日本

续表

日期	投资方	相关方	投资金额	产业发展方向	地点
6 月	三星	—	10 亿美元	三星在美国德州奥斯汀工厂制造移动设备单芯片（SoC）等，扩大生产，供应苹果手机	韩国
8 月 21 日	美光	—	20 亿美元	在中国台湾原达鸿旧厂址改造，投资 10 亿美元，建 IC 封测线，提高自配能力，（美光与力成在西安投资 IC 封测线，专注 DRAM 生产），建 DRAM 研发制造中心，同时兴建 3D 封装测试厂	美国
10 月 12 日	东芝	—	3050 亿日元（约合 28 亿美元）	在四日市建 3D NAND Flash 工厂，目标为 96 层堆栈式 256Gb（32GB）、2017 年动工，2018 年完工。（同时宣称在岩手县建一座半导体工厂）	日本
10 月 17 日	意法	—	35 亿美元	建两座 12 英寸 Fab 谱历史新篇章	欧洲
10 月 17 日	贝恩资本	日本东芝	90 亿美元	贝恩资本以 180 亿美元收购东芝半导体后，将投入 90 亿美元，扩大东芝产能，促进业务增长（贝恩资本由苹果、SK 海力士、希捷、戴尔等公司组成），三年内重新上市	美国
10 月 29 日	SK 海力士	无锡市政府	82 亿美元	在无锡建第二座存储器工厂，10 纳米工艺技术，月产 20 万片	韩国
11 月 20 日	日月光	—	未披露	扩建新加坡厂，扩产达 42%～50%（晶圆及封装 WLCSP）7000 万增长到 10000 万（亿），马来西亚厂增长 10%	中国台湾
11 月 23 日	博世	—	10 亿欧元（折合 11.7 亿美元）	建 12 英寸晶圆厂，预计 2019 年落成，2021 年投产。主产汽车导入芯片（其 8 英寸/6 英寸线主产 MEMS 及 ASIC）	德国
11 月 24 日	欧司朗	—	一期 3.7 亿欧元 共 10 亿欧元	建成全球最大的 LED 芯片厂（启用），并扩大 LED 组装能力	马来西亚

续表

日期	投资方	相关方	投资金额	产业发展方向	地点
12月1日	日本胜高	—		增资12英寸硅晶圆片，提高月产能11万片	日本
12月21日	日本东芝	—	53亿美元	建闪存芯片工厂（Fa7）2018年年底竣工	日本 四日市
				在岩手市购置土地，准备建闪存工厂	日本 岩手市
12月26日	LGD	—	1200亿元 （三年）	三年中OLED为重心，投入1200亿元，到2020年年产600万片，包括在广州新建的大尺寸OLED生产线	中国广州

第十二节　2017 年世界半导体设备市场情况

据国际半导体产业协会（SEMI）年终数据公布：2017 年世界半导体制造设备营收额为 566.2 亿美元，同比增长 37.3%，这标志着 2017 年世界半导体设备市场首次超越 2000 年市场高点 477 亿美元，再创新高，占到全球半导体产业资本支出的 63%。

SEMI 预计：2018 年世界半导体设备市场营收额较 2017 年增长 11.3%，达到 630 亿美元，再次打破历史纪录；2019 年预计达到 680 亿美元，较 2018 年增长 7.9%。

1．2017—2018 年世界半导体设备市场规模及增长情况

2017—2018 年世界半导体设备市场规模及增长情况如图 1.12.1 所示。

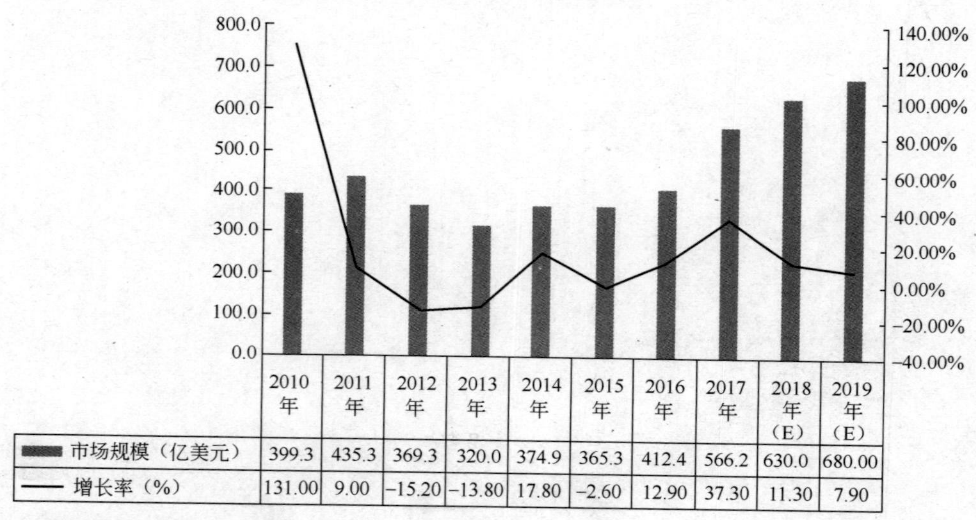

	2010年	2011年	2012年	2013年	2014年	2015年	2016年	2017年	2018年（E）	2019年（E）
市场规模（亿美元）	399.3	435.3	369.3	320.0	374.9	365.3	412.4	566.2	630.0	680.00
增长率（%）	131.00	9.00	−15.20	−13.80	17.80	−2.60	12.90	37.30	11.30	7.90

CAGR=6.09%（2010—2018年）
资料来源：SEMI/Jssia整理（2018.5）

图 1.12.1　2010—2018 年世界半导体设备市场规模及增长情况

2．2017 年世界半导体设备市场结构情况

2017 年世界半导体前端晶圆制造设备营收额达 457.2 亿美元，同比增长 39.7%。封装设备营收额为 38.0 亿美元，同比增长 25.8%；测试设备营收额为 45 亿美元，同比增长 22%。其他设备营收额（FAB 设备、掩模设备等）为 26.0 亿美元，同比增长 45.8%。2015—2018 年世界半导体设备市场结构情况、2017 年世界半导体设备市场结构占比如表 1.12.1 和图 1.12.2 所示。

表1.12.1　2015—2018年世界半导体设备市场结构情况

指标名称	2018（E）			2017 年			2016 年			2015 年		
	营收额（亿美元）	同比（%）	占比（%）	营收额（亿美元）	同比（%）	占比（%）	营收额（亿美元）	同比（%）	占比（%）	营收额（亿美元）	同比（%）	占比（%）
前端设备	506.8	10.8	80.5	457.2	39.7	80.7	327.3	12.5	79.4	291.0	1.2	79.7
封装设备	43.5	14.4	6.9	38.0	25.8	6.7	30.2	18.9	7.3	25.4	−17.3	7.0
测试设备	51.7	14.9	8.2	45.0	22.0	7.9	36.9	12.2	8.9	32.9	−6.5	9.0
其他设备	28.0	7.6	4.4	26.0	45.8	4.6	17.8	11.3	4.3	16.0	−5.3	4.3
合计	630.0	11.3	100.0	566.2	37.2	100.0	412.4	12.9	100.0	365.3	−2.6	100.0

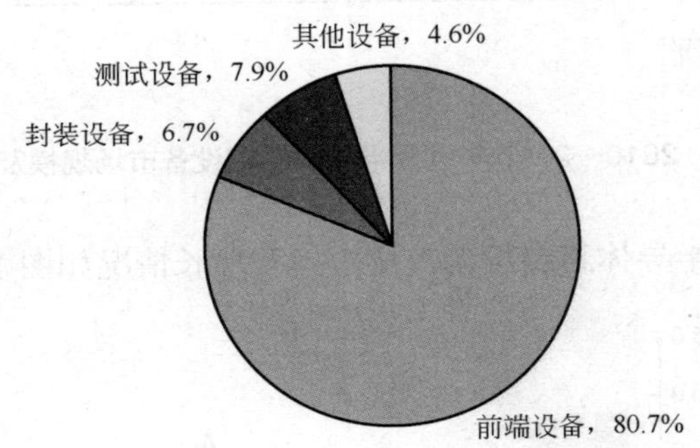

图 1.12.2　2017 年世界半导体设备市场结构占比

3．2010—2017 年世界半导体晶圆制造设备市场规模及增长情况

2010—2017 年世界半导体晶圆制造设备市场规模及增长情况如图 1.12.3 所示。

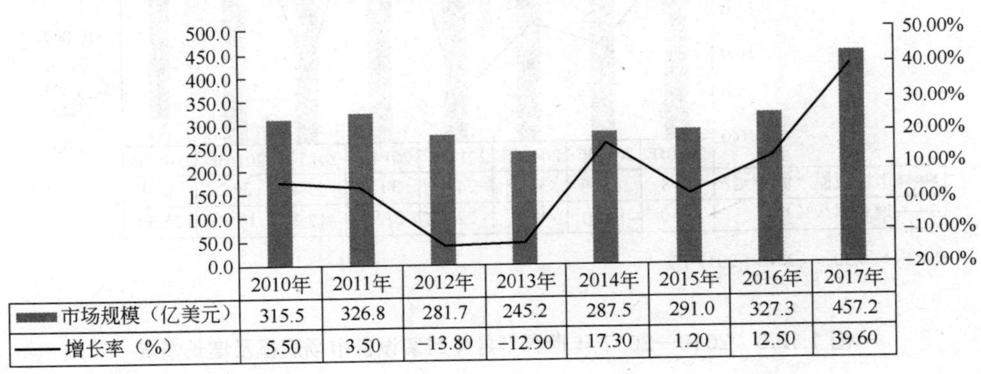

	2010年	2011年	2012年	2013年	2014年	2015年	2016年	2017年
市场规模（亿美元）	315.5	326.8	281.7	245.2	287.5	291.0	327.3	457.2
增长率（%）	5.50	3.50	−13.80	−12.90	17.30	1.20	12.50	39.60

CAGR=5.44%（2010—2017年）

图 1.12.3　2010—2017 年世界半导体晶圆制造设备市场规模及增长情况

4．2010—2017 年世界半导体封测设备市场规模及增长情况

2010—2017 年世界半导体封测设备市场规模及增长情况如图 1.12.4 所示。

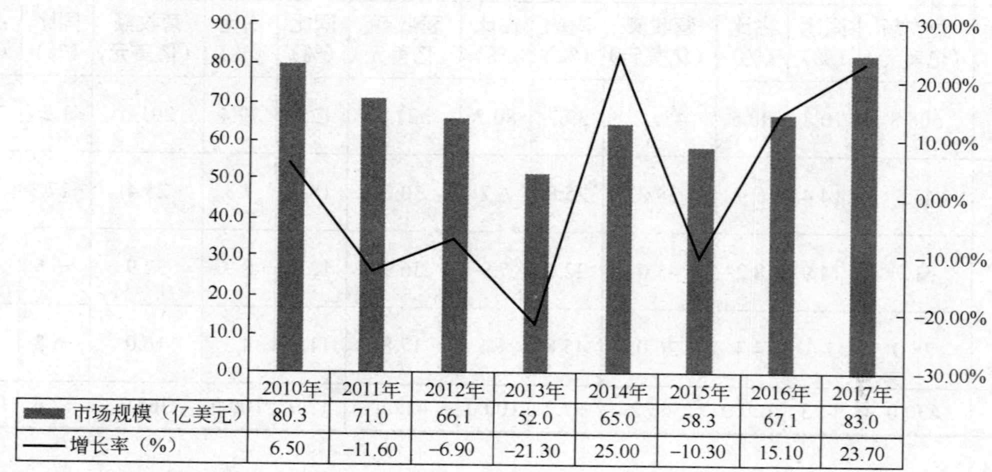

	2010年	2011年	2012年	2013年	2014年	2015年	2016年	2017年
市场规模（亿美元）	80.3	71.0	66.1	52.0	65.0	58.3	67.1	83.0
增长率（%）	6.50	−11.60	−6.90	−21.30	25.00	−10.30	15.10	23.70

CAGR=0.47%（2010—2017年）

图 1.12.4　2010—2017 年世界半导体封测设备市场规模及增长情况

2010—2017 年世界半导体封装设备市场规模及增长情况如图 1.12.5 所示。

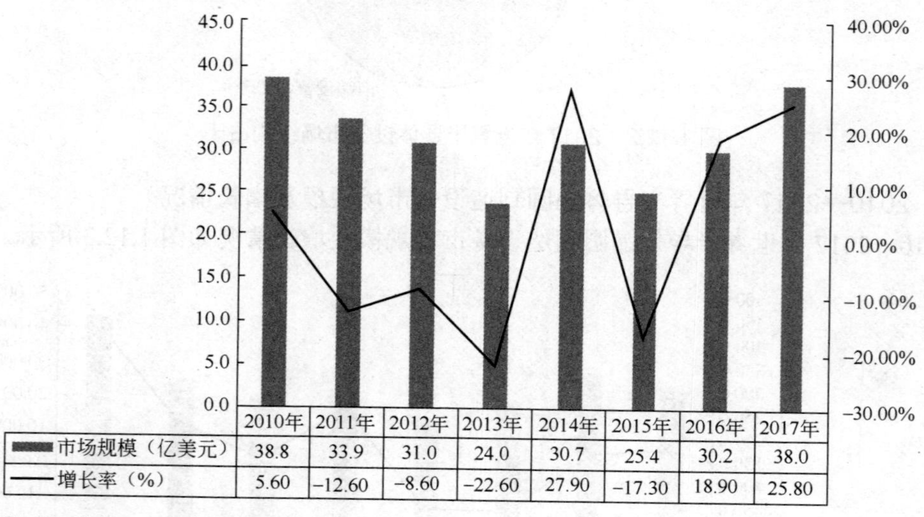

	2010年	2011年	2012年	2013年	2014年	2015年	2016年	2017年
市场规模（亿美元）	38.8	33.9	31.0	24.0	30.7	25.4	30.2	38.0
增长率（%）	5.60	−12.60	−8.60	−22.60	27.90	−17.30	18.90	25.80

CAGR=−0.30%（2010—2017年）

图 1.12.5　2010—2017 年世界半导体封装设备市场规模及增长情况

2010—2017 年世界半导体测试设备市场规模及增长情况如图 1.12.6 所示。

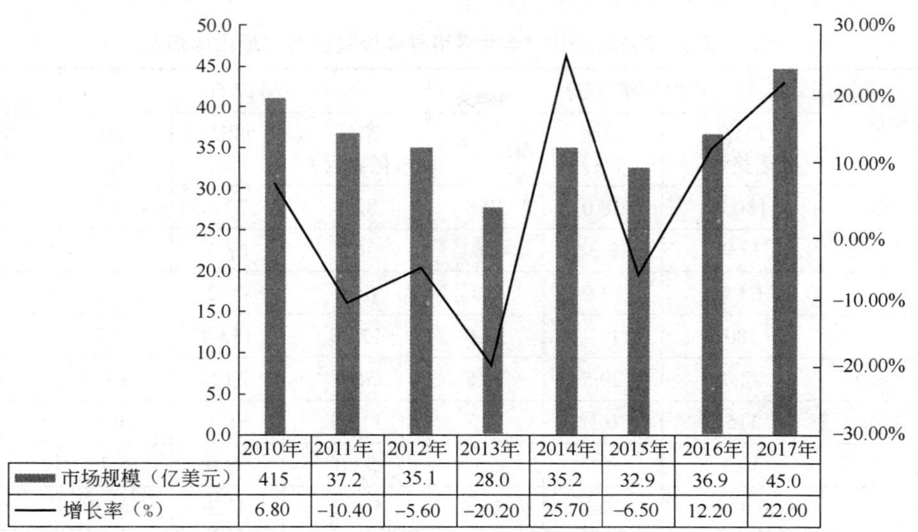

图 1.12.6　2010—2017 年世界半导体测试设备市场规模及增长情况

5. 2017 年世界半导体设备销售市场区域分布情况

2014—2018 年世界半导体设备销售市场区域分布见表 1.12.2。

表1.12.2　2014—2018年世界半导体设备销售市场区域分布

国家/地区	2014 年	2015 年	2016 年	2017 年	2018 年（E）
中国大陆	43.7	49.0	64.6	82.3	130.0
欧洲	23.8	19.4	21.8	36.7	37.9
日本	41.8	54.9	46.3	64.9	62.4
韩国	68.4	74.7	76.9	179.5	180.8
北美（美国）	81.6	51.2	44.9	55.9	73.8
中国台湾	94.1	96.4	122.3	114.9	112.5
其他地区	21.5	19.7	35.5	32.0	32.3
合计	374.9	365.3	412.4	566.2	630.0

2016—2018 年世界半导体设备区域市场占比情况、2017 年世界半导体设备支出区域分布结构分别如表 1.12.3 和图 1.12.7 所示。

表1.12.3　2016—2018年世界半导体设备区域市场占比情况

国家/地区	2018 年（E）			2017 年			2016 年市场（亿美元）
	市场（亿美元）	同比（%）	占比（%）	市场（亿美元）	同比（%）	占比（%）	
中国大陆	130.0	58.0	20.6	82.3	27.4	14.5	64.6
欧洲	37.9	3.3	6.0	36.7	68.3	6.5	21.8
日本	62.4	−3.9	9.9	64.9	40.2	11.5	46.3
韩国	180	0.3	28.6	179.5	133.4	31.7	76.9
北美（美国）	72.4	29.5	11.5	55.9	24.5	9.9	44.9
中国台湾	115	0.1	18.3	114.9	−6.1	20.3	122.3
其他地区	32.3	0.1	5.1	32.0	−9.9	5.7	35.5
合计	630.0	11.3	100.0	566.2	37.3	100.0	412.4

资料来源：SEMI/Jssia 整理（2017.12）

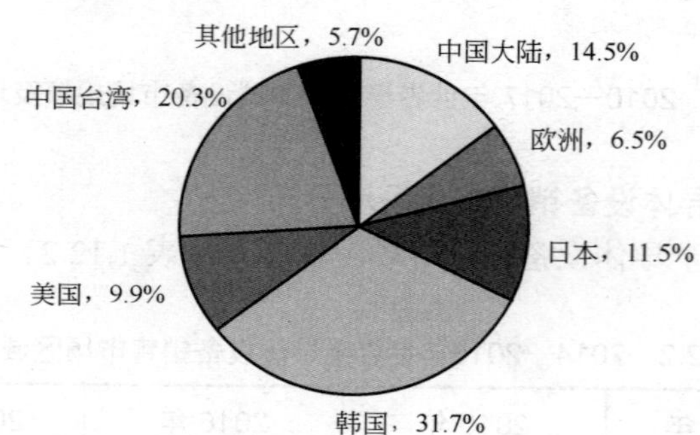

图 1.12.7　2017 年世界半导体设备支出区域分布结构

从表 1.12.3 和图 1.12.7 可以看出：

2017 年世界半导体设备支出的动能：一是扩大存储器产能（主力来自三星、海力士）；二是扩大晶圆代工业务（主力来自台积电、格芯、联电）；三是来自中国大陆的扩线建厂（中芯国际、长江存储、上海华力、合肥晶合、合肥长鑫等）。

2017 年韩国在半导体设备市场消费最大，为 179.5 亿美元，同比提升 133.4%，占市场总额的 31.7%。其主要是扩大提升 10 纳米工艺和大力发展 7 纳米工艺等，并提升 3DNAND Flash 和 DRAM（主要是三星半导体和 SK 海力士）。中国台湾地区以 114.9 亿美元居第二位，占到全球半导体设备总额的 20.3%；中国大陆地区以 82.3 亿美元居第三位，同比增长 27.4%，占到全球半导体设备总额的 14.5%，以适应中国快速发展的集成电路产业的需求。欧洲同比增长 68.3%，日本设备增长 40.2%，美国设备需求增长 24.5%都有较好的表现，为 2018 年产业发展做好准备。

预计 2018 年，世界半导体设备中，韩国以 180 亿美元继续居首位，中国大陆首次超越中国台湾地区，以 130.0 亿美元居第二位，中国台湾地区以 115.0 美元居第三位。从

图 1.12.7 可以看出：2018 年，韩国与中国台湾地区半导体设备支出基本持平，主要体现在他们处于消化和整合阶段；中国大陆地区集成电路晶圆制造有多条 12 英寸生产线处于设备安装的高潮阶段，因此 2018 年半导体设备需求值将达 130.0 亿美元，同比大增 58.0%，占到世界设备支出总值的 20.6%。

预计 2018 年，世界半导体制造设备营收额达 630 亿美元，同比增长 11.3%，基本回归合理增长区间。

6. 2017 年世界半导体设备主要厂商分布情况

2017 年全球半导体主要设备商有 58 家。其中，日本 21 家，占 36.2%；欧洲 13 家，占 22.4%；北美 10 家，占 17.2%；韩国 7 家，占 12.1%；中国大陆 4 家，占 6.9%；其他地区 3 家，占 5.2%。2017 年世界半导体主要设备厂商区域分布占比如图 1.12.8 所示。

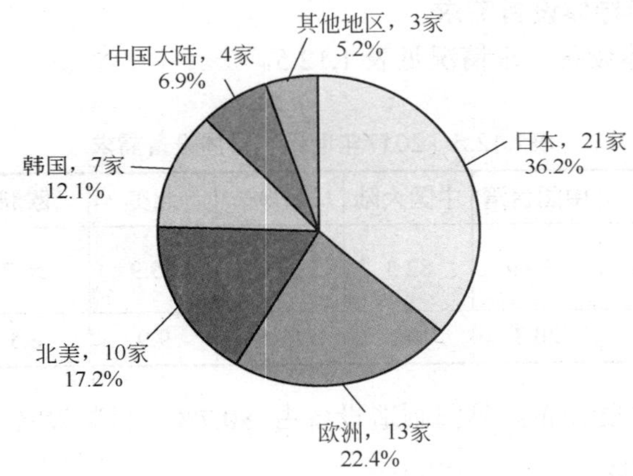

图 1.12.8　2017 年世界半导体主要设备厂商区域分布占比

7. 2017 年世界半导体制造前后端主要设备分布占比

2017 年世界半导体制造前后端主要设备分布占比如图 1.12.9 所示。

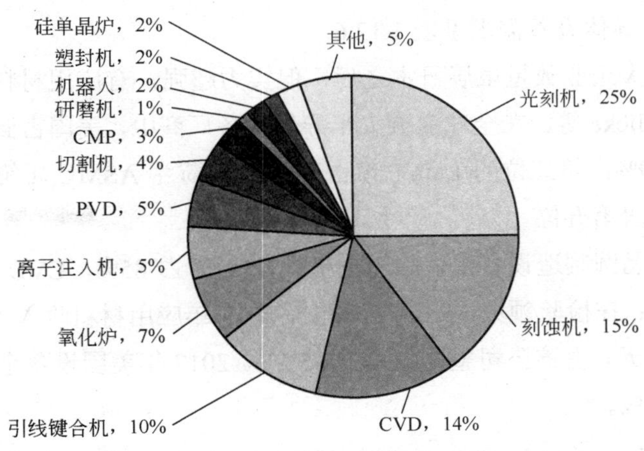

图 1.12.9　2017 年世界半导体制造前后端主要设备分布占比

8．2017—2019 年新投入存储器和代工的设备资金支出预计情况

2017—2019 年新投入存储器和代工的设备资金支出预计情况见表 1.12.4。

表1.12.4　2017—2019年新投入存储器和代工的设备资金支出预计情况

支出领域	2017 年	2018 年（E）		2019 年（E）	
	支出金额（亿美元）	支出金额（亿美元）	同比（%）	支出金额（亿美元）	同比（%）
3D NAND	155.0	160.0	3.0	170.0	6.0
DRAM	111.0	140.0	26.0	120.0	−14.0
Foundry	166.0	170.0	2.0	220.0	26.0

资源来源：SEMI（2018.3）

9．2017 年世界半导体设备需求

2017 年世界半导体设备需求情况见表 1.12.5。

表1.12.5　2017年世界半导体设备需求

指标名称	韩国	中国台湾	中国大陆	日本	北美	欧洲	其他地区	合计
设备市场（亿美元）	179.5	114.9	82.3	64.9	55.9	36.7	32.0	566.2
占比（%）	31.7	20.3	14.5	11.5	9.9	6.5	5.7	100.0

半导体制造设备主要分布：晶圆制造设备占 80.7%；封装设备占 6.7%；测试设备占 7.9%；其他设备占 4.6%。

晶圆制造主要设备包括光刻机、刻蚀机、薄膜沉积设备、氢化/扩散设备、磨抛设备等。

10．2017 年世界半导体主要设备厂商情况

2017 年世界半导体前十大主要设备厂商中，日本占到 5 家，美国占到 4 家、荷兰有 1 家。2017 年世界半导体设备需求见表 1.12.6。

美国厂商前十大企业数量虽居日本之后，但实力超强，有应用材料、Lam、KLA、泰瑞达、Axcelis、Kulicke 等。在全球前五大半导体设备厂商中，美国占到 2 席，应用材料居第一，市占率为 19%，第三位的 Lam，市占率 13%；荷兰 ASML 居第二位，日本东京电子居第四位，尼康居第五位。

应用材料：在晶圆制造设备中，除光刻机外，PVD 占 85%，CVD 占 30%；在刻蚀机方面，Lam 占 53%；在检验领域，KLA 占首位。2017 年应用材料收入 145.4 亿美元，半导体设备达 95.2 亿美元，占该公司整体收入的 65.5%。2017 年美国设备企业销售收入占全球设备销售总额的 70%。

表1.12.6　2017年世界半导体主要设备厂商排序

序号	公司名称	国别	2017 年营收（亿美元）	2016 年营收（亿美元）	同比（%）	主要产品领域
1	应用材料	美国	145.37（95.2）	77.37	87.9	沉积、电镀、侵蚀、离子注入、抛光、热处理设备等
2	阿斯麦	荷兰	108.10	50.91	112.3	高端光刻机
3	泛林	美国	95.58	52.13	83.3	薄膜、沉积、蚀刻、剥离、清洗等设备
4	东京电子	日本	71.59	48.61	47.3	成膜、刻蚀机等设备
5	尼康	日本	67.08	7.32	816.4	高端光刻机
6	科磊	美国	37.97	24.06	57.8	检测、刻蚀、测量、掩模板等设备
7	泰瑞达	美国	21.37	—	—	测试设备
8	迪恩士	日本	19.34	13.75	40.7	清洗、退火设备
9	爱德万	日本	13.96	—	—	测试设备
10	日立先端	日本	—	9.8	—	干法刻蚀、检测、计量、表面安装等设备

资料来源：国泰君安证券研究（2018.4）

其他一些主要半导体设备厂商还有 Axcelis、日立高新、东京威力科创、日立先域、日立国际等公司。

中国大陆主要设备厂商有 4 家企业分别是上海盛美、上海中微、Matton（被亦庄国投收购）和北方华创。

在半导体十大主要设备厂商中，应用材料、阿斯麦、泛林居前三位，且应用材料、阿斯麦营收额均超百亿美元。

2017 年，由于晶圆和封测厂扩大产能和新建生产线，加大设备投入，致使设备厂商产销两旺，营收额同比增长均超 40%以上。其中，尼康公司翻了四番多；阿斯麦高端光刻机供不应求，营收额倍增；应用材料和泛林增长超八成。

2017 年世界集成电路晶圆制造各类设备部分主要生产厂商见表 1.12.7。

表1.12.7　2017年世界集成电路晶圆制造各类设备部分主要生产厂商

设备名称	国外主要主厂商名称	国内主要厂商名称
氧化炉	英国：Themco，德国：Centrothem，Gmbh Co KG	中电科 48 所、45 所，青岛福润德，青岛旭光
PVD	AM 占 41%，AM 及 ToKyo Elctron、lam Research 合计占到 60%的份额，美国：Vaporlech，英国：Teer 等公司	北方微电子、北京仪器、沈阳中科、成都南光等公司
PECVD	美国：Proto Flex ；日本：TOkkl、岛津；美国：泛林；荷兰：ASM 等公司	北方微电子、沈阳荆拓、中电科 45 所、中微半导体、北京仪器厂

续表

设备名称	国外主要主厂商名称	国内主要厂商名称
光刻机	荷兰 ASML 垄断市场 70%以上份额；以及日本：尼康、佳能；德国：ABM；美国：Ultratech；奥地利：EVG 等	上海微电装备，中电科 48 所、45 所，成都光机所
涂胶显影机	日本京东电子 TLD 占市场的 90%，以及德国：Suss；奥地利：EVG 等公司	沈阳艺源
干法刻蚀机	美国 Lam Research 占市场的近 40%，以及美国应用材料；韩国：Jusung、TES 等公司	北方微电子、中微半导体、中电科 48 所
CMP（化学机械研磨机）	美国应用材料+日本茬原占市场 90%以上的份额，以及美国 Ebara 公司等	华海清科、盛美半导体、中电科 45 所
湿工艺设备（电镀、清洗、湿法刻蚀机）	日本：DNG；美国：应用材料、Mattson 等公司	盛美半导体、沈阳芯源、苏州伟仕泰克
离子注入机	Applied、Materils 公司占 70%以上的市场，以及 Axcelis、SMIT、Technologies 等公司	中电科 48 所、中科信等

资料来源：东方证券（2017.3）

第十三节 2017年世界半导体材料市场情况

一、2017年世界半导体材料市场概况

2017年世界半导体产业快速发展，全球半导体销售收入达4122亿美元，同比增长21.6%，其制造需要的原材料也相应增长。

据国际半导体产业协会（SEMI）报道：2017年世界半导体材料整体市场营收额为469.3亿美元，同比增长9.6%。其中，晶圆制造业材料市场营收额为278.0亿美元，同比增长12.5%，占到材料市场总值的59.2%；封装业材料市场营收额为191.3亿美元，同比增长5.6%，占到材料市场总值的40.8%。

1．2017年世界半导体材料市场发展情况

2017年世界半导体材料市场规模为469.3亿美元，同比增长9.6%。2011—2017年世界半导体材料市场规模及增长情况如图1.13.1所示。

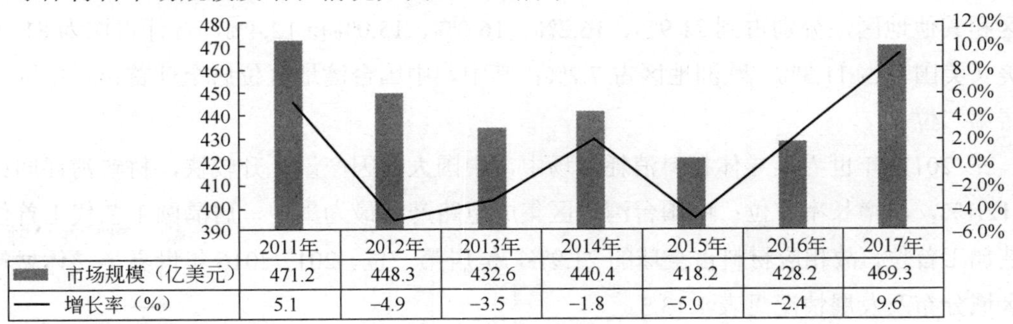

	2011年	2012年	2013年	2014年	2015年	2016年	2017年
市场规模（亿美元）	471.2	448.3	432.6	440.4	418.2	428.2	469.3
增长率（%）	5.1	−4.9	−3.5	−1.8	−5.0	−2.4	9.6

CAGR=–0.07%（2010—2017年）
资料来源：SEMI/Jssia整理（2018.5）

图1.13.1 2011—2017年世界半导体材料市场规模及增长情况

2．2011—2017年世界半导体材料两大类市场情况

2011—2017年世界半导体材料两大类市场情况见表1.13.1。

表1.13.1 2011—2017年世界半导体材料两大类市场情况

年份	2011年		2012年		2013年		2014年		2015年		2016年		2017年	
指标名称	市场	同比（%）	市场	同比（%）	市场	同比（%）	市场	同比（%）	市场	同比（%）	市场	同比（%）	市场	同比（%）
制造业	242.6	5.3	234.7	−3.3	229.7	−2.1	242.5	5.6	240.0	−1.0	247.1	3.0	278.0	12.5
封装业	228.6	4.8	213.6	−6.6	202.9	−5.0	197.9	−2.5	178.2	−10.0	181.1	1.6	191.3	5.6
合计	471.2	5.1	448.3	−4.9	432.6	−3.5	440.4	1.8	418.2	−5.0	428.2	2.4	469.3	9.6

资料来源：SEMI/Jssia 整理

3．2011—2017 年世界半导体材料两大类市场占比情况

2011—2017 年世界半导体材料两大类市场占比情况见表 1.13.2。

表1.13.2　2011—2017年世界半导体材料两大类市场占比情况

年份	2011 年		2012 年		2013 年		2014 年		2015 年		2016 年		2017 年	
指标名称	市场	占比（%）	市场	占比（%）	市场	占比（%）	市场	占比（%）	市场	占比（%）	市场	占比（%）	市场	占比（%）
制造业	242.6	51.5	234.7	52.4	229.7	53.1	242.5	55.1	240.0	57.4	247.1	57.8	278.0	59.2
封装业	228.6	48.5	213.6	47.6	202.9	46.9	197.9	44.9	178.2	42.6	181.1	42.2	191.3	40.8
合计	471.2	100.0	448.3	100.0	432.6	100.0	440.4	100.0	418.2	100.0	428.2	100.0	469.0	100.0

资料来源：SEMI/Jssia 整理（2018.5）

二、2017 年世界半导体材料消费区域分布情况

2017 年世界半导体材料消耗市场主要集中在中国台湾、中国大陆、韩国、日本及亚太地区和其他地区，分别占到 21.9%、16.2%、16.0%、15.0%和 12.4%，合计占比为 81.5%；北美（美国）占 11.3%、欧洲地区占 7.2%；其中，中国台湾地区位居全球首位，中国大陆位居第二位。

在 2017 年世界半导体材料消耗市场中，中国大陆因产量上升较快，材料消耗同比增长 12.1%，居增长率首位；中国台湾地区集成电路产业最为集中，居晶圆工艺代工首位和封装加工首位，故相应材料占全球的 21.9%，位居第一位。2017/2016 年世界半导体材料市场区域分布及发展情况见表 1.13.3。

表1.13.3　2017/2016年世界半导体材料市场区域分布及发展情况

序	地区名称	2017 年（亿美元）	2016 年（亿美元）	同比（%）	2017 年占比（%）	2016 年占比（%）	2017 年占比增减情况
1	中国台湾	102.9	92.0	11.8	21.9	21.5	+0.4%
2	中国大陆	76.2	68.0	12.1	16.2	15.9	+0.3%
3	韩国	75.1	67.7	10.9	16.0	15.8	+0.2%
4	日本	70.5	67.6	4.3	15.0	15.8	−0.8%
5	亚太及其他地区	58.1	53.9	7.8	12.4	12.6	−0.2%
6	北美	52.9	48.7	8.6	11.3	11.4	−0.1%
7	欧洲	33.6	30.3	10.9	7.2	7.1	+0.1%
合计		469.3	428.2	9.6	100.0	100.0	—

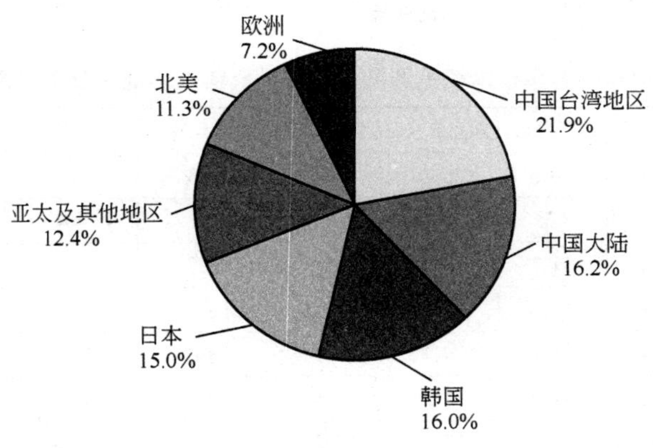

图 1.13.2 2017 年世界半导体材料市场区域占比情况

三、2017 年世界集成电路晶圆制造业材料市场情况

2017 年世界集成电路晶圆制造业材料市场营收额为 278.0 亿美元，同比增长 12.5%，占到 2017 年世界半导体产业材料市场销售总值的 59.2%。

1. 2017 年世界集成电路晶圆制造业材料市场发展情况

2017 年世界集成电路晶圆制造业材料市场发展情况如图 1.13.2 所示。

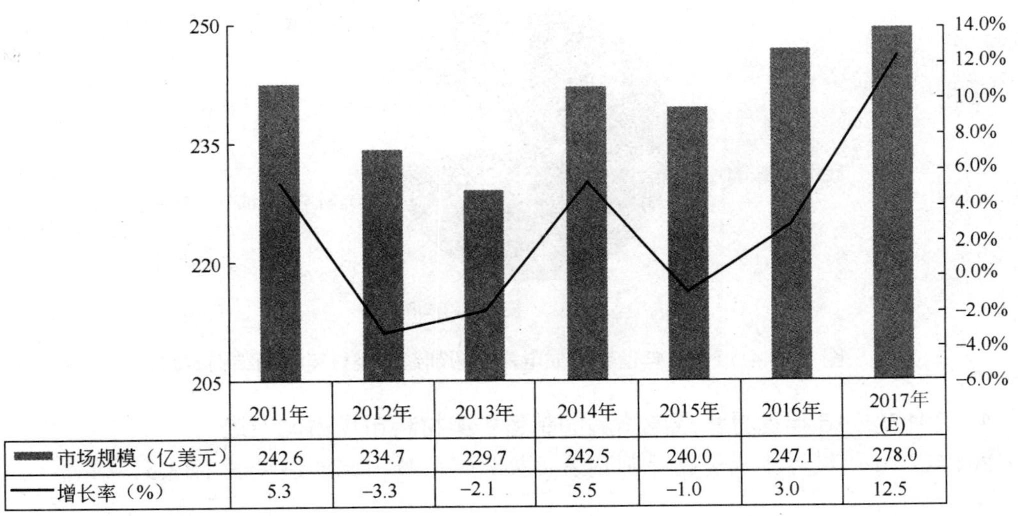

	2011年	2012年	2013年	2014年	2015年	2016年	2017年(E)
市场规模（亿美元）	242.6	234.7	229.7	242.5	240.0	247.1	278.0
增长率（%）	5.3	−3.3	−2.1	5.5	−1.0	3.0	12.5

CAGR=2.30%（2011—2017年）

图 1.13.3 2017 年世界集成电路晶圆制造业材料市场发展情况

2．2017年世界集成电路晶圆制造业各类材料市场情况

2017年世界集成电路晶圆制造业各类材料市场情况见表1.13.4。

表1.13.4　2011—2017年世界集成电路晶圆制造业各类材料市场规模及发展情况　（单位：亿美元）

材料品类	2011年	2012年	2013年	2014年	2015年	2016年	2017年	CAGR（%）
硅片	98.8	86.8	75.4	76.3	71.5	74.4	92.6	-1.07
SOI晶片	5.2	4.3	3.9	3.6	4.3	4.4	5.2	平
掩模板	32.0	31.1	31.4	32.2	32.7	33.4	35.5	1.74
光刻胶	12.8	13.5	12.2	13.7	13.3	13.4	15.5	3.24
光刻胶配套试剂	14.1	15.1	14.3	17.1	18.0	18.1	19.3	5.37
电子气体	31.1	31.2	33.2	34.8	35.0	34.0	35.9	2.42
工艺化学品	9.1	9.8	13.2	14.2	14.2	14.8	15.7	9.52
靶材	5.8	6.0	6.0	6.3	6.3	6.5	8.3	6.16
CMP材料	12.7	13.8	14.4	15.7	15.9	16.4	18.2	6.18
其他材料	20.6	23.2	25.9	28.6	30.2	31.8	32.8	8.06
合计	242.6	234.7	229.7	242.5	240.2	247.1	278.0	2.30

资料来源：SEMI/Jssia整理（2018.1）

3．2017年世界集成电路晶圆制造各类材料市场结构情况

2017年世界集成电路晶圆制造各类材料市场结构情况如图1.13.4所示。

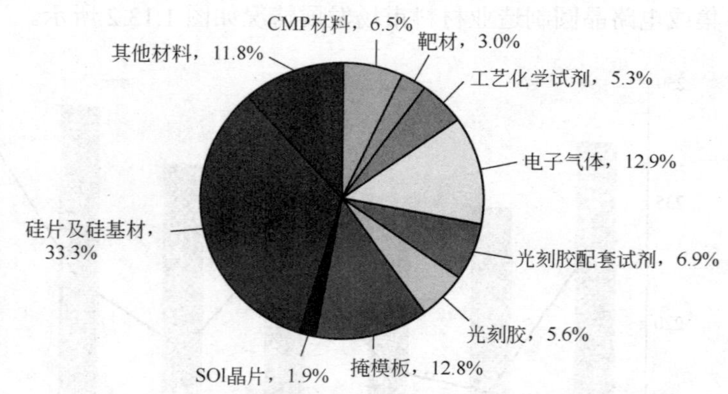

图1.13.4　2017年世界集成电路晶圆制造各类材料市场结构占比

4．2017/2016年世界集成电路晶圆制造各类材料市场占比演进

2017/2016年世界集成电路晶圆制造各类材料市场占比演进见表1.13.5。

表1.13.5　2017/2016年世界集成电路晶圆制造各类材料市场占比演进

材料品类	2017年（亿美元）			2016年（亿美元）		2017年占比率演进情况
	营收额	同比（%）	占比（%）	营收额	占比（%）	
硅片	92.6	24.5	33.3	74.4	30.1	+3.2%
SOI晶片	5.2	18.2	1.9	4.4	1.8	+0.1%

续表

材料品类	2017年（亿美元）			2016年（亿美元）		2017年占比率演进情况
	营收额	同比（%）	占比（%）	营收额	占比（%）	
掩模板	35.5	6.3	12.8	33.4	13.5	−0.7%
光刻胶	15.5	15.7	5.6	13.4	5.4	+0.2%
光刻胶配套试剂	19.3	6.7	6.9	18.1	7.3	−0.4%
电子气体	35.9	6.5	12.9	34.0	13.8	−0.9%
工艺化学品	14.7	6.1	5.3	14.8	6.0	−0.7%
靶材	8.3	27.7	3.0	6.5	2.7	+0.3%
CMP材料	18.2	11.0	6.5	16.4	6.6	−0.1%
其他材料	32.8	3.2	11.8	31.8	12.9	−0.9%
合计	278.0	12.5	100.0	247.2	100.0	—

5. 2017年世界硅晶圆片市场情况

自2016年下半年起，世界半导体产业由于市场需求急速增长，在存储器（DRAM、NAND）的带动下，对硅晶圆片需求量大幅度增长，尤其是12英寸晶圆片已是供不应求，客户带款排队等货，此种情况延续到2017年和2018年。据预测：世界半导体硅晶圆片缺货将延伸到2021年，同时也引起8英寸晶圆片的缺货。也推升了硅晶圆片企业快速提价，使得下游企业成本上升。

据SEMI报道：2017年全球硅晶圆片出货量为118.10亿平方英寸，较2016年的107.38亿平方英寸，同比增长10.0%。2007—2017年世界硅晶圆片出货量规模及增长如图1.13.5所示。

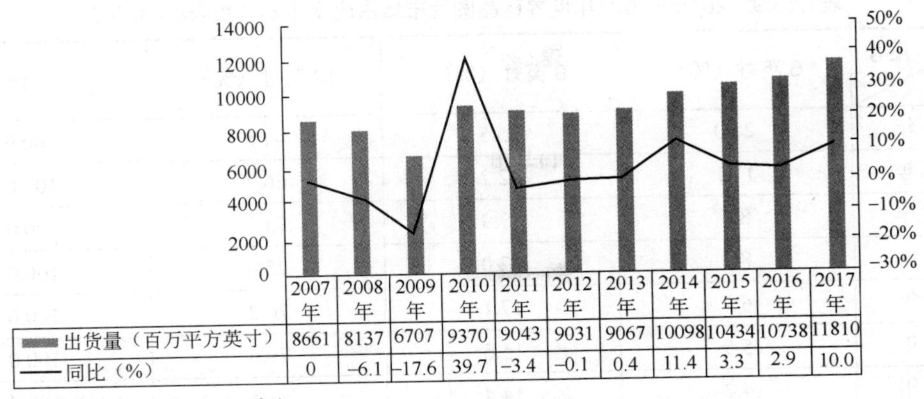

图1.13.5 2007—2017年世界硅晶圆片出货量规模及增长

2017/2016 年世界硅晶圆片分季出货情况见表 1.13.6。

表1.13.6　2017/2016年世界硅片分季出货量情况

指标名称	2017 年					2016 年				
	Q1	Q2	Q3	Q4	全年	Q1	Q2	Q3	Q4	全年
产量（百万平方英寸）	2858	2978	2997	2977	11810	2537	2706	2730	2764	10737
同比（%）	12.7	10.1	9.8	7.7	10.0	—	—	—	—	2.9
环比（%）	3.4	4.2	0.6	−0.7	10.0	—	6.7	0.9	1.2	2.9

资料来源：求是缘半导体（2017.11.17）/Jssia 整理

2017/2018 年世界 12 英寸硅片应用范围、2017/2018 年世界 12 英寸硅片在 NAND 应用范围分别见表 1.13.7 和表 1.13.8。

表1.13.7　2017/2018年世界12英寸硅片应用范围

应用领域	CIS	逻辑芯片	DRAM	2D NAND	3D NAND	合计
占比（%）	20.0	25.5	22.2	12.8	19.5	100.0

表1.13.8　2017/2018年世界12英寸硅片在NAND应用范围

应用领域	SMART PHONE	SSD	Memory Card	Tablel PCB	Con Sumear	其他	合计
占比（%）	36	24	16	15	5	4	100.0

2015—2021 年世界硅晶圆片市场占比率预测（折合 8 英寸片）见表 1.13.9。

表1.13.9　2015—2021年世界硅晶圆片市场占比率预测（折合8英寸片）

尺寸 年份	6 英寸（%）	8 英寸（%）	12 英寸（%）	合计
2010 年	20.0	35.5	44.5	100.0
2011 年	11.1	22.2	66.7	100.0
2012 年	8.4	17.9	73.7	100.0
2013 年	8.0	17.0	75.0	100.0
2014 年	6.7	17.1	76.2	100.0
2015 年	5.5	15.5	79.0	100.0
2016 年	4.2	14.4	81.4	100.0
2017 年	3.3	13.3	83.4	100.0
2018 年（E）	3.1	12.3	84.6	100.0
2019 年（E）	3.0	12.0	85.0	100.0

6．2017 年世界硅晶圆片营收收入情况

2017 年世界硅晶圆片营收收入为 92.6 亿美元，同比增长 24.5%，创历史新高。2017 年世界硅圆片营收收入如图 1.13.6 所示。

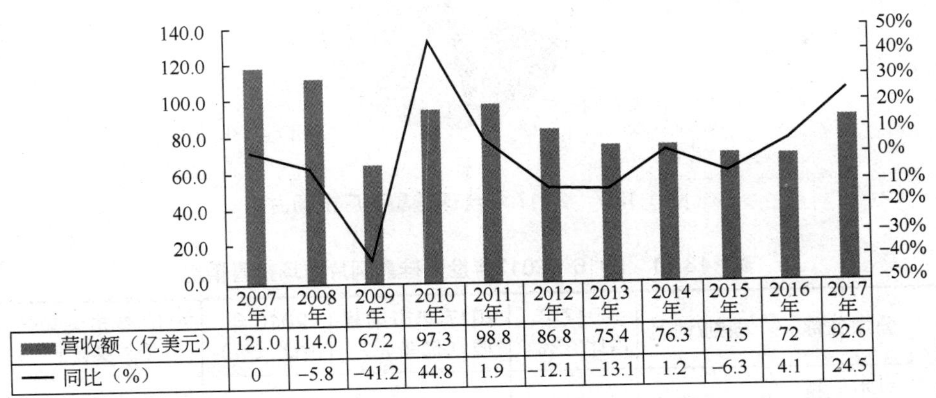

	2007年	2008年	2009年	2010年	2011年	2012年	2013年	2014年	2015年	2016年	2017年
营收额（亿美元）	121.0	114.0	67.2	97.3	98.8	86.8	75.4	76.3	71.5	72	92.6
同比（%）	0	-5.8	-41.2	44.8	1.9	-12.1	-13.1	1.2	-6.3	4.1	24.5

CAGR=-2.64%（2007—2017年）
资料来源：SEMI/Jssia整理（2018.5）

图 1.13.6　2007—2017 年世界硅晶圆片营收额及增长

2010—2017 年世界硅晶圆片单位平均价格及趋势见表 1.13.10。

表1.13.10　2010—2017年世界硅晶圆片单位平均价格及趋势

指标名称	单位	2010 年	2011 年	2012 年	2013 年	2014 年	2015 年	2016 年	2017 年	CAGR（%）
营收额	亿美元	97	98.8	86.8	75.4	76.3	71.5	74.4	92.6	-0.66
出货量	百万平方英寸	9370	9043	9031	9067	10098	10434	10737	11810	3.36
均价	美元/平方英寸	1.0352	1.0926	0.9611	0.8316	0.7556	0.6853	0.6929	0.7841	-3.89
同比	%	11.4	5.5	-12.0	-13.5	-9.1	-9.3	1.1	13.2	—

2017 年世界硅晶圆片前五大厂商市场营收额总值为 87 亿美元，较 2016 年的 64 亿美元，增长 36%。五大厂商占到全球 94%的份额（2017 年市场总值为 92.6 亿美元），较 2016 年占比增长 10 个百分点，市场集中度进一步提升。2017 年全球硅晶圆厂市场占比、2016—2017 年世界硅晶圆片市场销售情况分别如图 1.13.7 和表 1.13.11 所示。

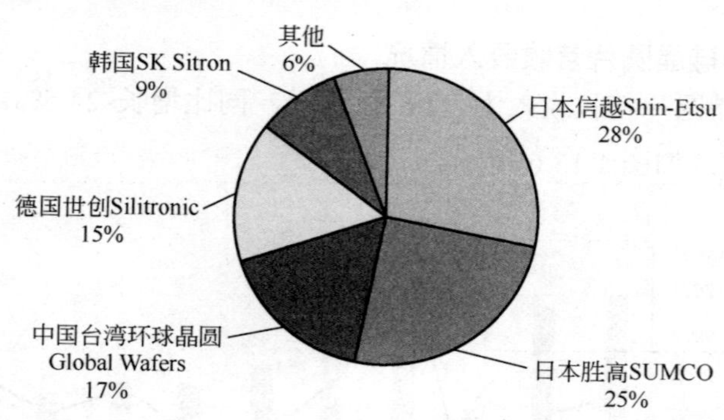

图 1.13.7　2017 年全球硅晶圆厂市场占比

表1.13.11　2016—2017年世界硅晶圆片市场销售情况

序号	公司名称	国别/地区	2017 年占比（%）	2017 年市场营收（亿美元）	2016 年占比（%）	2016 年市场营收（亿美元）	同比（%）
1	日本信越 Shin-Etsu	日本	28.0	25.9	27.0	20.6	25.7
2	日本胜高 SUMCO	日本	25.0	23.2	24.0	18.3	26.8
3	环球晶圆 Global Wafers	中国台湾	17.0	15.7	8.0	6.1	157.4
4	德国世创 Silitronic	德国	15.0	13.9	15.0	11.4	21.9
5	SK Siltron	韩国	9.0	8.3	10.0	7.6	9.2
6	前五名合计		94.0	87.0	84.0	64.0	35.9
7	其他		6.0	5.6	16.0	12.2	-54.1
8	合计		100.0	92.6	100.0	76.2	21.5

注：环球晶圆于 2016 年 7 月完成收购丹麦 TOPsil 公司、2016 年 12 月收购 SunEdison 公司，一跃成为全球第三大硅晶圆供货商。

除上述世界晶圆硅片前五大企业外，还有法国 Soitec、中国台湾合晶（Water Works）、芬兰 OKmetic、中国台湾嘉晶（Episil），以及中国大陆新建的硅晶圆厂，有上海新昇、重庆超硅、宁夏宁和、天津中环股份、无锡中环集成、成都超硅、浙江金瑞泓、北京奕斯伟、合晶郑州、江苏协鑫等。再经过 2～3 年，待中国大尺寸硅晶圆厂建成投产，世界大尺寸硅片的市场紧缺程度将得到缓解。

7．2017 年世界半导体硅晶圆片价格走向

自 2016 年下半年起，由于存储器（DRAM、NAND Flash）市场缺货，价格上扬，各大存储器厂商大量采购硅晶圆片以满足生产之需，致使全球硅晶圆缺货，各厂抬价，使硅片逐季逐月上涨不断，如 12 英寸硅片 2017 年四季度比 2016 年四季度上涨 73%。2016

年 Q4—2018 年 Q1 世界硅晶圆片涨价情况见表 1.13.2。

表1.13.12 2016年Q4—2018年Q1世界硅晶圆片涨价情况

指标名称	单位	2016Q4	2017Q1	2017Q2	2017Q3	2017Q4	2018Q1
12 英寸抛光片	美元/片	52	56	60	80	90	120
环比增长	%	—	7.7	7.1	33.3	12.5	33.3
定基增长	%	—	7.7	15.4	53.8	73.1	130.8
12 英寸外延片	美元/片	75	82	90	100	120	150
环比增长	%	—	9.3	9.8	11.1	20.0	25.0
定基增长	%	—	9.3	20.0	33.3	60.0	100.0
12 英寸 28 纳米及以下高阶硅晶圆片	美元/片	120	130	150	165	175	200
环比增长	%	—	8.3	15.4	10.0	6.1	14.3
定基增长	%	—	8.3	25.0	37.5	45.8	66.7

8．全球九大硅晶圆生产厂商现状

全球九大硅晶圆生产厂商现状见表 1.13.13。

表1.13.13 全球九大硅晶圆生产厂商现状

序号	公司名称	国家/地区	厂能状况
1	信越（Shin-Etsu）	日本	“信越有机硅”是全世界所开展的最高品质有机硅产品，目前市场占有率 28%
2	胜高（SUMCO）	日本	2017 年 8 月，胜高投资 3.97 亿美元增产伊万里工厂，预计于 2019 年上半年将 12 英寸硅晶圆的月产能提高 11 万片。目前市场占有率 25%
3	环球晶圆（Global Wafers）	中国台湾	环球晶圆在中国台湾、中国大陆、日本与欧美等地均有布局，公司已与日本半导体设备厂 Ferrotec 合作建置上海 8 英寸硅晶圆厂，初期月产能约达 10 万片。 正在洽商在杭州另行兴建 8 英寸厂，初步规划于 2019 年年底时开始生产。目前市场占有率 17%
4	世创（Silitronic）	德国	在德国拥有 150/200/300mm 的产线，在美国有一座 200mm 的晶圆厂，在新加坡则拥有 200 和 300mm 的产线。目前市场占有率 13%
5	SK Siltron（LG Siltron）	韩国	LG Siltron 是 LG 旗下制造半导体芯片基础材料半导体硅晶片的专门企业。2017 年 1 月 SK 集团收购了其 51%股份，进入半导体材料和零件领域。目前市场占有率 9%
6	Soitec	法国	全球最大的 SOI 晶圆提供商，包括 AMD 在内的大部分使用 SOI 工艺的厂商都会采购 Soitec 的晶圆
7	合晶（Wafer Works）	中国台湾	通过垂直整合的单晶锭，抛光和 Epi 晶圆生产线为客户提供各种晶圆解决方案。主要产品为半导体硅晶圆材料、太阳能电池用硅晶圆材料与 LED 产业用的蓝宝石基板

续表

序号	公司名称	国家/地区	厂能状况
8	Okmetic	芬兰	Okmetic 为 MEMS 和传感器以及分立半导体和模拟电路的制造提供量身定制的高附加值硅片
9	嘉晶（Episil）	中国台湾	2018 年年初扩增产能，新产能约第二季起陆续产出，产品专注于利基型产品

四、2017 年世界集成电路封装业材料市场情况

2017 年世界集成电路封装业材料市场营收额为 191.3 亿美元，同比增长 5.6%，占到 2017 年世界集成电路材料总值的 40.8%。

2010—2017 年世界集成电路封装材料市场增长情况、2017 年全球各类封装材料市场结构份额占比、2010—2017 年世界集成电路封装材料市场规模及发展情况如图 1.13.8、图 1.13.9 和表 1.13.4 所示。

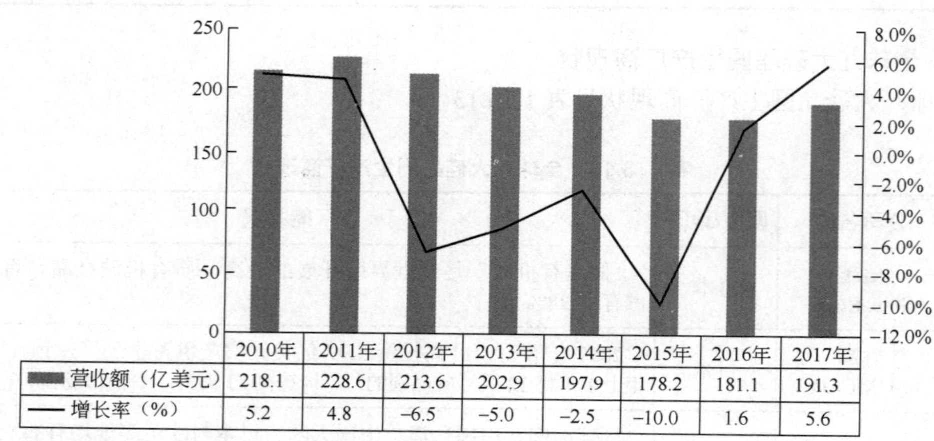

图 1.13.8　2010—2017 年世界集成电路封装材料市场增长情况

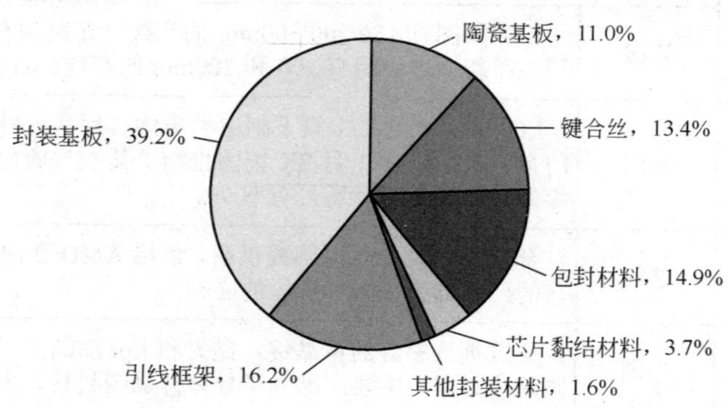

图 1.13.9　2017 年全球各类封装材料市场结构份额占比

表1.13.14 2010—2017年世界集成电路封装材料市场规模及发展情况 （单位：亿美元）

品种名称/年度	2010 年	2011 年	2012 年	2013 年	2014 年	2015 年	2016 年	2017 年
引线框架	33.9	34.6	32.8	33.9	32.1	27.6	29.2	31.0
封装基板	90.0	85.7	77.8	74.1	76.9	71.8	72.4	74.9
陶瓷材料	13.8	17.0	19.0	20.1	20.8	19.2	19.6	21.0
键合丝	49.7	57.3	50.4	40.7	33.6	27.0	25.2	25.7
包封材料	19.3	21.7	23.3	24.1	25.6	23.8	25.5	28.5
芯片黏结材料	6.6	6.7	6.8	6.6	6.6	6.3	6.5	7.0
其他封装材料	4.8	5.6	3.4	3.5	2.3	2.4	2.7	3.1
总计	218.1	228.6	213.6	202.9	197.9	178.2	181.1	191.3

资料来源：SEMI/Jssia/（2018.1）

五、2017 年世界集成电路制造材料生产厂商情况摘录

1．2017 年世界半导体硅晶圆厂简况

2017 年世界集成电路硅片主要厂商生产的各规格产品市场占比和主要应用情况见表 1.13.15。

全球硅晶圆前五大企业：日本信越公司和胜高公司两家产销的硅片约占到全球硅片市场的 53%。胜高公司（SUMCO）是由三菱硅材料和住友材料（Sitix 分部）合并而来的。

Silitronic 公司是德国瓦克（Waker）的子公司；MEMC 为美国公司，有 50 多年的硅晶制造历史；LG Siltron 是韩国 LG 的子公司（已被环球晶圆收购）；SAS（中美矽晶公司）为中国台湾硅晶厂，通过收购 Globitech 和 Govalent 而设立，已进入高端硅片市场。

表1.13.15 2017年世界集成电路硅片主要厂商生产的各规格产品市场占比和主要应用情况

厂商名称	12 英寸	8 英寸	6 英寸以下
信越、胜高、Silitronic、MEMC、LG、SAS	占 95%	占 86%	占 56%
其他厂商	占 5%	占 14%	占 44%
主要应用	DRAM、NAND、GPU、电源管理、逻辑电路、微处理器	MEMS、LCD 驱动 IC、MCU、模拟电路、专用存储器等	分立器件

据海通证券研究报道，2017 年世界集成电路 12 英寸硅晶圆片市场需求预计为每月 580 万片，而月产能大约为 555 万片，出现需求大于产出的情况，并将延续到 2018 年直至到 2021 年前后。

2．2017 年世界集成电路高纯电子气体市场情况

电子气体包括大宗气体和特种电子气体。大宗气体是集成电路生产工艺用氮气、氢气、

氩气、氦气、氧气等。气体公司通常在集成电路工厂建设时同步建设气站，有些是现场空分制气，有些则是罐车定期配气，主要供货商包括法国液化空气集团（法液空）、美国空气化工产品公司（AP）、德国林德公司（林德）、美国普莱克斯公司（普莱克斯）、德国梅塞尔集团（梅塞尔）等。在特种电子气体方面，除了个别蚀刻、清洗用气体之外，8～12 英寸集成电路生产用大部分气体品种也由以上5家大型气体公司占有并辅以其他6～8家公司提供特殊气体品种。近年来，5 大电子气体公司在全球电子气体市场中所占份额一直保持在 80%以上。

3．2017 年世界集成电路光刻胶市场情况

国际光刻胶供应商主要有 JSR、TOK、Dow Chemical（Rohm and Haas）、Shin-Etsu Chemical、Fujifilm Electronic Materials、Sumitomo、AZ、韩国东进、中国台湾永光。其中日本公司 5 家，美国、欧洲、韩国、中国台湾地区各 1 家。日本光刻胶企业在技术和生产规模上占据绝对优势，5 家日本光刻胶公司全球市场占有量超过 70%。韩国东进（Dongjin）凭借韩国政府和三星公司的扶植获得快速成长，已经打入一线光刻胶和 KrF 光刻胶领域。德国的安智（AZ）放弃高档光刻胶，转而专攻集成电路封装用厚膜胶、MEMS、TFT-LCD、LED 等领域用胶，并在该领域占有较大市场份额。

4．2017 年世界集成电路掩模材料市场

2017 年掩模材料市场规模为 35.5 亿美元，同比增长 8.6%；2018 年同比增长 4.5%，市场规模为 37.1 亿美元。

5．2017 年世界集成电路溅射靶材市场情况

国际生产半导体用靶材的一线公司有4家，分别是JX日矿日石金属、Honeywell、Tosoh、Praxair。二线公司主要有 Simitomo、ULVAC、Materion、Solar、Heraeus、Tanaka 等。其中前四大公司的技术具备领先地位，公司产品主要集中在高端靶材市场，约占全球靶材市场的 60%。

6．2017 年世界集成电路抛光材料市场情况

化学机械抛光材料主要由化学机械抛光液、抛光垫和金刚石修整盘 3 类构成。国际上，生产化学机械抛光液的主要有 Cabot、Air Product、Dow Chemical、Fujifilm、Fujimi、Hitachi 等几家企业。Cabot 拥有 40%左右的市场份额、Air Product、Dow Chemical，Fujifilm、Fujimi、Hitachi 的市场份额分别为 5%～12%不等。化学机械抛光垫的生产企业主要有 Dow Chemical、Cabot、Thomas West 等。其中，Dow Chemical 占 80%的市场份额，Cabot 约占 10%，其余的份额由十家左右的抛光垫公司共享；从事化学机械抛光金刚石修整盘业务的主要有美国 3M 公司，中国台湾 KINIK，韩国的 Saesol、EHWA、Shinhan 和日本的 Asahi、Mitsubishi、Noritake 等，其中，美国 3M 公司、中国台湾 KINIK、韩国 Saesol 三家产品占

全球近60%的份额。

7．2016年世界集成电路工艺化学品市场情况

当前全球工艺化学品的市场格局为欧美传统化学品公司占37%，日本公司占34%，中国台湾地区、韩国公司占17%。世界主要工艺化学品企业情况见表1.13.6。

表1.13.16　世界主要工艺化学品企业情况

地区	企业名称	工艺化学品业务概况
欧美	德国BASF	收购德国E.Merck公司而迅猛发展半导体和平面显示用工艺化学产品业务，并成为行业领先供应商，其通用电子化学品H_2SO_4、H_2O_2、NH_4OH等在中国市场占有50%以上的份额，特别是在8～12英寸高端IC制造上占据主导地位
	霍尼韦尔（Honeywell）	能够提供杂质在100ppt以下的高纯度工艺化学品，如氢氟酸、氢氧化铵、过氧化氢和盐酸等产品，目前主要供应欧美市场
	杜邦（Dupont）	收购EKC涉足电子化学品，主要生产光刻胶去除剂、化学研磨后清洗液等。在铝工艺中被广泛应用
	空气产品公司（Air Products）	其ACT系列光刻胶去除剂产品在铝工艺中被大量使用
	英特格（Entegris）	收购ATMI，主要提供铜工艺光刻胶去除剂
	德国汉高（Henkel）	它的工业清洗技术及产品在世界上处于领先地位。所开发、生产的LCD玻璃清洗液、薄膜的剥离液及显影液在液晶面板生产企业（如中国的京东方等）得到一定规模的使用
日本	关东化学（Kanto）	主要从事半导体用酸碱类超净高纯化学试剂的生产，产品种类齐全，主要有HF、HF/HNO_3、H_2O_2、HNO_3、EG、IPA、PEGMA、H_2SO_4、NH_4OH、BOE、H_3PO_4、HCI等。其产品品质高，但价格相对较贵，在日本国内市场份额已逐年减少
	三菱化学（Mitsubishi）	主要生产高纯工艺化学品（三菱化学称为“EL药品”）硫酸、硝酸、盐酸、草酸、双氧水、氨水，三菱化学的营收额在日本化学行业中居首位
	京都化工	光刻胶配套的工艺化学品，其生产与市场规模曾在21世纪初的一段时期居世界首位
	住友化学（Sumitomo）	半导体、平板显示灯用超净高纯化学试剂的生产，在日本及亚洲市场上此类产品占有一定高的份额，特别是在大尺寸晶圆制造中应用的工艺化学品更具有产品优势
	宇部兴产（UBE）	生产、提供半导体、平板显示等用多种工艺化学品
	森田化学工业株式会社（Morita）	主要生产氢氟酸及氟化合物，其HF和BOE被不少国内半导体制造大厂采用
	Stella Chemita公司	世界最大的高纯氢氟酸企业。在马来西亚建立了全资的高纯氢氟酸生产企业。其BOE在日本国内有不少应用

续表

地区	企业名称	工艺化学品业务概况
中国台湾	台湾东应化股份有限公司	主要生产半导体、TFT-LCD 用剥离液、显影液等工艺化学品产品
	台湾联仕电子（AUECC）	年生产工艺化学品能力 3 万～4 万吨，主要有 H_2SO_4、H_3PO_4、NH_4OH、H_2O_2 等
	鑫林科技股份有限公司	与日本关东化学技术合作，2016 年它在平板显示器的市场方面有更明显的发展和壮大
韩国	东友、东进	两厂家生产用于平板显示器加工的工艺化学品，在我国占有一定规模的市场份额

第十四节　2017 年世界集成电路产业专利态势情况

据联合国世界知识产权组织（WIPO）公布：2017 年英国公司和个人提交专利申请 56624 件，占全球总数的近 1/4，居第一位；中国公司和个人共提交专利申请 48882 件，超越日本，居第二位，且中国为 2017 年专利申请增长唯一跃上双位数的国家。

一、2017 年世界集成电路产业专利发展态势情况

据 IC Insights 统计分析， 2000—2017 年世界半导体专利申请数量趋于平稳（2002 年达到顶峰，保持在 2.5 万～3.0 万件）。1985—2017 年美国集成电路专利技术处于全球领先地位，其中，集成电路设计专利累计公开专利数达 495786 件，居第一位；集成电路制造业专利达 93644 件，居第二位；集成电路封测业专利达 44848 件，而先进封装技术专利占到一半，这显示出先进封装技术创新活跃的发展态势。全球主要集成电路企业专利数量及布局（1985—2017 年）见表 1.14.1。

表1.14.1　全球主要集成电路企业专利数量及布局（1985—2017年）

序号	专利权人	国家/地区	件数（件）	序号	专利权人	国家/地区	件数（件）
1	三星（Samsung）	韩国	26326	11	高通（Qualcomm）	美国	9609
2	IBM	美国	22876	12	台积电（TSMC）	中国台湾	8229
3	英特尔（Intel）	美国	18943	13	富士通（Fujitsu）	日本	7653
4	美光（Micron）	美国	12459	14	格罗方德（GF）	美国	7508
5	安华高（Avago）	新加坡	12387	15	NEC	日本	6714
6	东芝（Toshiba）	日本	11796	16	恩智浦（NXP）	荷兰	6352
7	德仪（TI）	美国	10283	17	三菱（Mitsubishi）	日本	5795
8	瑞萨（Renesas）	日本	10002	18	日立（Hitachi）	日本	5612
9	索尼（Sony）	日本	9976	19	佳能（Canon）	日本	5494
10	松下（Panasonic）	日本	9790	20	海力士（Hynix）	韩国	5421

从表 1.14.1 可以看出，在全球集成电路专利前二十大企业拥有量（1985—2017 年）中，日本有 9 家企业，占到 45%；美国有 6 家企业，占到 30%；韩国有 2 家企业，占到 10%；中国台湾、新加坡、荷兰各占 1 家，各占 5%。在集成电路专利拥有量中：美国企业拥有 81678 件，占总量的 38.3%，居第一位；日本企业拥有 72832 件，占总量的 34.2%；韩国企业拥有 31747 件，占总量的 14.9%。

二、2017 年世界科技公司专利情况

据新浪科技报道：2017 年美国专利与商标局（PTO）共授予 320003 项实用专利，较 2016 年增长 5.20%。其中，IBM 获得 9043 项专利，同比增长 12%，连续 25 年居首位；三星电子获 5837 项，同比增长 6%，居第二位；佳能获 3285 项，居第三位。

2017 年中国（大陆）华为公司获 1474 项，较 2016 年增长 22.6%，排名第 20 位，较 2016 年前进 5 位；京东方获 1413 项，较 2016 年增长 63%，排名第 21 位，较 2016 年前进 19 位；华星光电获 708 项专利，较 2016 年增长 44%，排名第 45 位。华为、京东方、华星光电均实现了我国专利的历史性突破。

2017 年世界科技公司专利前 25 名企业排名见表 1.14.2。

表1.14.2　2017年世界科技公司专利前25名企业排名

公司	2017 年	2016 年	2017 年排名	2016 年排名	变化	2017 年同比（%）
IBM	9043	8090	1	1	0	11.8
三星电子	5837	5521	2	2	0	5.7
佳能	3285	3665	3	3	0	−10.4
英特尔	3023	2793	4	6	2	8.2
LG 电子	2701	2430	5	7	2	11.1
高通	2628	2925	6	4	−2	−10.2
谷歌	2457	2842	7	5	−2	−13.5
微软	2441	2410	8	8	0	1.3
台积电	2425	2288	9	9	0	6.0
三星显示	2273	2025	10	12	2	12.2
苹果	2229	2103	11	11	0	6.0
索尼	2135	2184	12	10	−2	−2.2
亚马逊	1963	1672	13	14	1	17.4
丰田	1932	1430	14	20	6	35.1
福特	1868	1525	15	19	4	22.5

续表

公司	2017 年	2016 年	2017 年排名	2016 年排名	变化	2017 年同比（%）
通用电气	1577	1660	16	15	-1	-5.0
东芝	1555	1965	17	13	-4	-20.9
爱立信	1552	1552	18	18	0	0.0
富士通	1538	1568	19	17	-2	-1.9
华为*	1474	1202	20	25	5	22.6
京东方*	1413	870	21	40	19	62.4
精工爱普生	1406	1650	22	16	-6	-14.8
松下	1338	1400	23	23	0	-4.4
现代	1304	1036	24	31	7	25.9
博士	1234	1209	25	24	-1	2.1

*在 2017 年获美国专利商标局授予实用专利前 25 家企业中，有 16 家企业为同比增长，占 64%。其中，中国京东方的同比增长 62.4%，居增长率第一位。

三、2017 年集成电路产业专利态势

2017 年，集成电路领域全球公开专利申请 209.7 万件，授权 144.5 万件。中国申请 46.4 万件，占比 22.3%；授权 27.8 万件，占比 19.2%。其中，美国、日本、中国分居前三位。2017 年全球集成电路专利有关国家占比分布如图 1.14.1 所示。

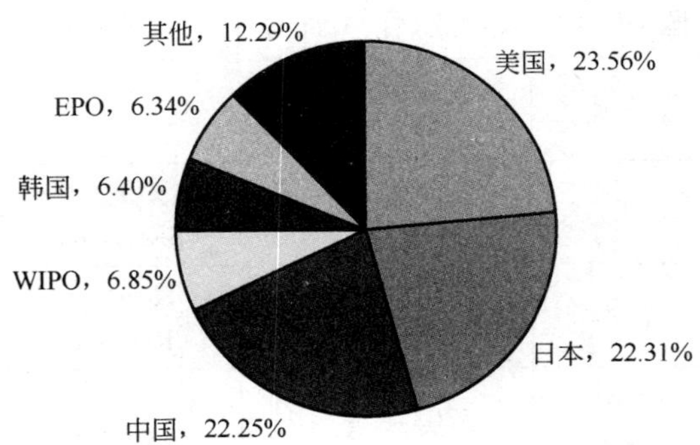

图 1.14.1　2017 年全球集成电路专利有关国家占比分布

四、2017 年世界半导体创新企业排名（2016 年度）

据科睿唯安（CIarivate　Analytics）报道：

- 2016 年，中国发明总量占全球 60%以上；
- 2016 年中国国内研发支出总量（GERO）增长率为 8.5%。其中，半导体产业增长率为 6.00%，居第四位。前三位的是生物制药（22%）、航空航天与国防（13%）、汽车为（7%）；

- 2016年，中国半导体产业创新活动量为121876件，较2015年114488增长6.5%，其中“存储器、薄膜及混合电路”增幅达19%、集成电路增幅达5%、分立器件增幅为2%、半导体材料增幅为1%；
- 2016年全球半导体领域前十位创新企业排名见表1.14.3；
- 2016年亚洲地区半导体材料及工艺子领域前十位创新企业排名见表1.14.4。

表1.14.3　2016年全球半导体领域前十位创新企业排名

序号	公司名称	国别/地区	发明量（件）	序号	公司名称	国别/地区	发明量（件）
1	三星（Samsung）	韩国	5115	6	IBM	美国	1716
2	LG	韩国	3071	7	东芝（Toshiba）	日本	1622
3	京东方（BOE）	中国大陆	2420	8	中芯国际（SMIC）	中国大陆	1198
4	华星光电（SOT）	中国大陆	1854	9	SK海力士（SK Hynix）	韩国	910
5	台积电（TSMC）	中国台湾	1726	10	格罗方德（GF）	美国	842

资料来源：天天IC（2018.1）

表1.14.4　2016年亚洲地区半导体材料及工艺子领域前十位创新企业排名

序号	公司名称	国别/地区	发明量（件）	序号	公司名称	国别/地区	发明量（件）
1	三星（Samsung）	韩国	9318	6	东京电子（Tokyo）	日本	3056
2	台积电（TSMC）	中国台湾	6867	7	SK海力士（SK Hynix）	韩国	3022
3	LG	日本	6031	8	瑞萨电子（Renesas）	日本	2814
4	中芯国际（SMIC）	中国大陆	5205	9	京东方（BOE）	中国大陆	2780
5	东芝（Toshiba）	日本	5102	10	松下（Panasonic）	日本	2575

资料来源：天天IC（2018.1）

第十五节　2018 年世界半导体产业发展前景

2017 年是硅周期的高峰值，2018 年将逐步回归，全球各大产业协会和咨询调研机构对此做出初步的发展评估，得出 2018 年世界半导体产业营收额平均增长 7.5%～8.3%，全球销售收入 4411 亿～4460 亿美元，是一个充满希望的好年景。

一、2018 年世界半导体产业营收额发展预测

2018 年世界半导体产业营收额预计为 4411 亿美元，同比增长 7.0%左右。2018 年世界半导体产业销售收入发展预估、2010—2018 年世界半导体产业营收额增长规模分别如表 1.15.1 和图 1.15.1 所示。

表1.15.1　2018年世界半导体产业营收额发展预估

序号	调研机构名称	2018 年增长率（%）	营收额（亿美元）	序号	调研机构名称	2018 年增长率（%）	营收额（亿美元）
1	WSTS	7.0/9.5	约 4373/4510	6	IHS	7.4	4609
2	SIA	7.0	约 4411	7	Semi	7.2	—
3	Gartner	7.5	约 4510	8	Cowam	5.9	—
4	IC Insights	8.0	约 4736	9	Future Horizons	16.0	—
5	VLSI	7.7	—	10	平均	7.5	约 4440

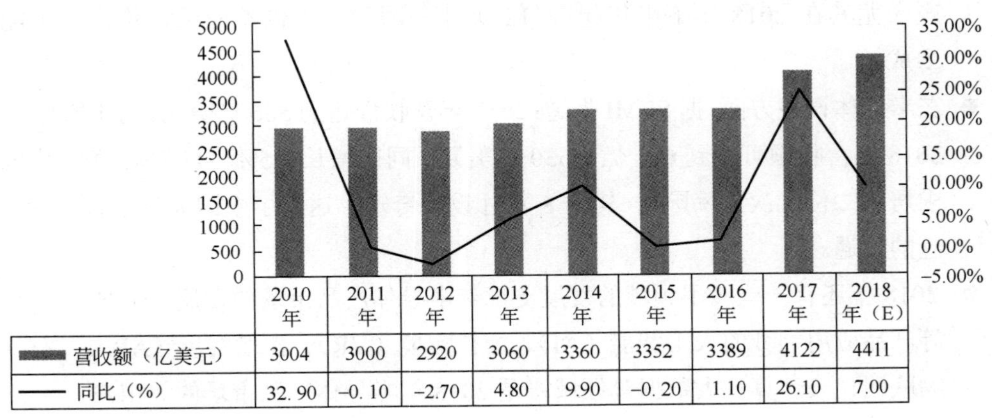

CAGR=4.92%（2010—2018年）

图 1.15.1　2010—2018 年世界半导体产业营收额增长规模

2018 年商机在何处？有调研咨询公司介绍，2018 年世界半导体产品发展较为强劲的产品及对产业起到较大推动作用如下。

- 动态随机存取内存（DRAM），2017年市场营收额在729亿～792亿美元，2018年因虚拟货币挖矿芯片的加入，再加上服务器需求强劲，中国台湾工研院认为，2018年DRAM是价量全扬，预计DRAM产值可增长二成，平均价格可再涨三成左右。同时因全球在3D NAND Flash上量开出，再增长的速度有所回落，也属正常的逐步回归。2018年存储器营收额预计可达1355亿美元，同比增长近10%。
- 金属氧化物半导体场效晶体管（MOSFET）在2018年供应同样紧张。其因上游材料供给不足，国际大厂竞相转入高毛利率的领域（汽车电子），对PC和3C类产品无暇顾及，造成市场供应短缺，让出一些空间给中国大陆8英寸、6英寸生产线的发展。但此类产品否会继续涨价，要视材料成本上升及自我消化能力情况而定。
- 微控制器（MCU）市场稍感紧张，因大厂转入车用电子和工控产品市场，给MCU生产厂商提供了增长机遇。
- 预计2018年全球主要半导体厂商10纳米已进入大生产，7纳米已批量生产，5纳米进入预研，可以支持物联网、云计算、大数据、5G等新品的需求。
- 2018年一些新建12英寸线将进入投产期，虽批量不大，但对产业持续上升起到推进作用。
- 被动元件组件市场在2017年历经缺货到涨价的过程，2018年该类产品市场仍将延续2017年的情况。
- PCB产业因上游原材料供应吃紧，尤其是铜箔基板出现一波涨价潮，2018年PCB业仍将持续增长。
- 2017年硅晶圆片涨价使半导体市场一片惊鸿。2018年中国大陆众多晶圆厂陆续投产（尤其在2018年下半年起），12英寸晶圆片更显供不应求，价格有可能再涨二成。
- 在半导体设备方面，据SEMI报道：2017年营收额达到566亿美元，同比增长37.3%。2018年营收额可达到601亿～630亿美元，同比增长7.5%～11.3%。中国大陆的需求居第二位（次于韩国）。其中8英寸设备奇缺，这给了中国大陆设备厂商一个追赶的机遇。
- 2018年还有一些应用领域的发展支撑着半导体产品市场的发展，如IGBT、传感器等产品应用领域的人工智能（AI）、虚拟实境（VR）、扩增实境（AR）、汽车电子、物联网、云计算、大数据等领域将是2018年半导体产品市场的大用户。

二、2018年世界半导体产品地区市场分布（预测）

2018年世界半导体产品市场区域分布，中国为第一大市场，市场总额预计达1403亿美元，同比增长6.7%，占到世界半导体产品市场总值的31.8%，近三分之一。美国为第二大市场，预计达975亿美元，同比增长10.5%，占到全球市场总值的22.1%，其同比增长位列第一。

2018/2017 年世界半导体产品地区市场分布规模情况见表 1.15.2。

表1.15.2 2018/2017年世界半导体产品地区市场分布规模情况

序号	地区名称	2018 年（E）			2017 年		2018/2017 占比（%）
		营收额（百万美元）	同比（%）	占比（%）	营收额（百万美元）	占比（%）	
1	北美（美国）	97527	10.2	22.1	88500	21.5	0.6
2	欧洲	39947	4.3	9.1	38300	9.3	−0.2
3	日本	38247	4.5	8.7	36600	8.9	−0.2
4	中国（大陆）	140297	6.7	31.8	131500	31.9	平
5	亚太及其他地区	125042	6.6	28.3	117300	28.5	−0.3
合计		441052	7.0	100.0	412200	100.0	—

三、2018 年世界集成电路产品市场发展情况（预测）

2018 年世界集成电路产品市场营收额预计为 3673 亿美元，同比增长 7.0%。2018/2017 年世界集成电路产品地区市场发展规模情况见表 1.15.3。

表1.15.3 2018/2017年世界集成电路产品地区市场发展规模情况

序号	产品大类名称	2018 年（E）			2017 年		2018/2017 占比（%）
		营收额（百万美元）	同比（%）	占比（%）	营收额（百万美元）	占比（%）	
1	模拟电路	56268	6.0	15.3	53100	15.5	−0.2
2	微处理器	66137	3.5	18.0	63900	18.6	−0.6
3	逻辑电路	109354	7.0	29.8	102200	29.8	平
4	存储器电路	135532	9.3	36.9	124000	36.1	0.8
合计		367291	7.0	100.0	343200	100.0	—

四、2018 年世界半导体分立器件（D-O-S）市场发展情况（预测）

2018 年世界半导体分立器件(D-O-S)市场营收额预计为 737.6 亿美元，同比增长 6.9%，较 2017 年增长 10.8%有所回落，但仍属平稳较快增长。2018/2017 年世界半导体分立器件（D-O-S）产品市场发展规模情况见表 1.15.4。

表1.15.4 2018/2017年世界半导体分立器件（D-O-S）产品市场发展规模情况

序号	产品大类	2018 年（E）			2017 年		2018/2017 占比（%）
		营收额（百万美元）	同比（%）	占比（%）	营收额（百万美元）	占比（%）	
1	分立器件	22698	4.6	30.8	21700	31.4	−0.6
2	光电子器件	37654	8.2	51.0	34800	50.4	0.6

续表

序号	产品大类	2018 年（E）			2017 年		2018/2017 占比（%）
		营收额（百万美元）	同比（%）	占比（%）	营收额（百万美元）	占比（%）	
3	传感器	13409	7.3	18.2	12500	18.2	平
4	D-O-S 合计	73761	6.9	100.0	69000	100.0	—

资料来源：SIA/Jssia 整理（2018.5）

5．Gartner 预测世界半导体产业发展规模及增长

Gartner 预测世界半导体产业发展规模及增长见表 1.15.6。

表1.15.5 Gartner预测世界半导体产业发展规模及增长

年度	2014	2015	2016	2017	2018（E）	2019（E）	2020（E）	2021（E）
营收额（亿美元）	3424	3349	3435	4197	4510	4440	4489	4777
同比（%）	—	−2.2	2.6	22.2	7.5	−1.6	1.1	6.4

资料来源：集微网（2018.1.18）

第二章

2017 年中国集成电路产业发展情况

第一节 2017年中国经济形势发展简况

2017年，我国宏观经济环境持续好转，内需企稳回暖、外需逐步复苏，结构调整、转型升级步伐加快，企业生产经营环境得到明显改善。我国制造业和电子信息制造业实现较快增长，生产与投资增速在各行业保持领先水平，出口形势明显好转，质量效益持续提升。

1．2017年中国国内生产总值

据国家统计局公布：2017年中国国内生产总值为82.71万亿元，同比增长11.1%，如图2.1.1和表2.1.1所示。2017年中国国内生产总值约占世界GDP总值的17.2%，对世界经济的贡献率超过30%。

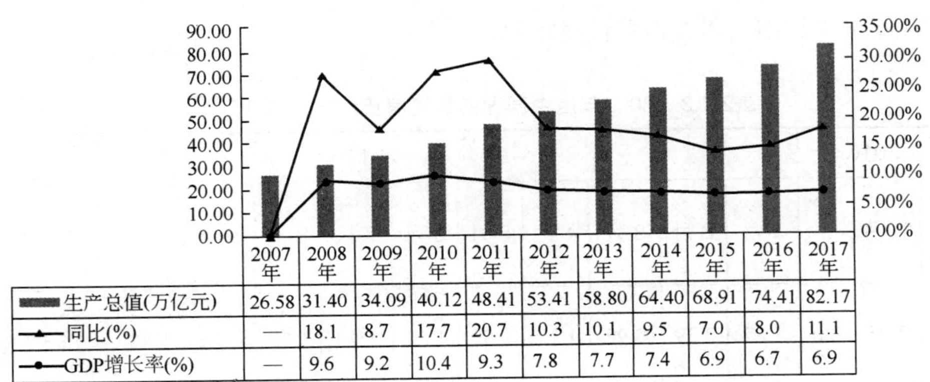

	2007年	2008年	2009年	2010年	2011年	2012年	2013年	2014年	2015年	2016年	2017年
生产总值(万亿元)	26.58	31.40	34.09	40.12	48.41	53.41	58.80	64.40	68.91	74.41	82.17
同比(%)	—	18.1	8.7	17.7	20.7	10.3	10.1	9.5	7.0	8.0	11.1
GDP增长率(%)	—	9.6	9.2	10.4	9.3	7.8	7.7	7.4	6.9	6.7	6.9

图2.1.1 2007—2017年中国国内生产总值规模及增长情况

表2.1.1 2017年中国国内生产总值结构

产业	产值	同比（%）	占比（%）
第一产业	65468亿元	3.9	7.9
第二产业	334656亿元	6.1	40.5
	其中：工业279997亿元	6.4	33.9
	其中：制造业242707亿元	7.0	29.3
第三产业	427032亿元	8.0	51.6

2．2017年中国国内生产总值分季运营情况

2017年第一季度国内生产总值为18.07万亿元，同比增长6.9%；第二季度国内生产总值为20.08万亿元，同比增长6.9%；第三季度国内生产总值为21.18万亿元，同比增长6.8%。第四季度国内生产总值为23.38万亿元，同比增长6.8%，具体见表2.1.2。

表2.1.2　2015—2017年中国GDP分季发展情况对比

年度	2015 年					2016 年					2017 年				
季度	Q1	Q2	Q3	Q4	全年	Q1	Q2	Q3	Q4	全年	Q1	Q2	Q3	Q4	全年
GDP（%）	7.0	7.0	6.9	6.8	6.9	6.7	6.7	6.7	6.8	6.7	6.9	6.9	6.8	6.8	6.9

3. 2017 年中国国内工业实现产值

2017 年工业实现产值 279997 亿元，同比增长 6.4%，占国内生产总值的 33.9%；制造业实现产值 242707 亿元，同比增长 7.0%，占国内生产总值的 29.3%；规模以上电子信息制造业增加值同比增长 13.8%，增速比 2016 年同期提高 3.8 个百分点，生产经营形势蓬勃向上看好。

4. 2017 年中国国内有关经济价格指数完成情况

2017 年度中国国内居民消费价格指数见表 2.1.3。

表2.1.3　2017年度中国国内居民消费价格指数（CPI）

年月 / 指标名称	2016 年		2017 年												
	12 月	全年	1 月	2 月	3 月	4 月	5 月	6 月	7 月	8 月	9 月	10 月	11 月	12 月	全年
CPI 同比（%）	2.05	2.0	1.87	2.39	0.92	1.17	1.52	1.64	1.40	1.77	1.60	1.87	1.73	1.85	1.6
CPI 环比（%）	−0.10	0.60	−0.18	0.52	−1.47	0.25	0.35	0.12	−0.24	0.37	−0.17	0.27	−0.14	0.12	−0.4

2017 年度中国国内工业生产者出厂价格指数见表 2.1.4。

表2.1.4　2017年度中国国内工业生产者出厂价格指数（PPI）

年月 / 指标名称	2016 年		2017 年												
	12 月	全年	1 月	2 月	3 月	4 月	5 月	6 月	7 月	8 月	9 月	10 月	11 月	12 月	全年
PPI 同比（%）	5.5	−1.4	6.9	7.8	7.6	6.4	5.5	5.5	5.5	6.3	6.9	6.9	5.8	4.9	6.3
PPI 环比（%）	2.2	11.4	1.4	0.9	−0.2	−1.2	−0.9	0.0	0.0	0.8	0.6	平	1.1	−0.6	7.7

2017 年度中国国内制造业采购经理人指数见表 2.1.5。

表2.1.5　2017年度中国国内制造业采购经理人指数（PMI）

年月 / 指标名称	2016 年		2017 年												
	12 月	全年	1 月	2 月	3 月	4 月	5 月	6 月	7 月	8 月	9 月	10 月	11 月	12 月	全年
PMI 同比（%）	51.4	50.3	51.3	51.6	51.8	51.2	51.2	51.7	51.4	51.7	52.4	51.6	51.8	51.6	51.6
PMI 环比（%）	−0.3	0.4	−0.1	0.3	0.2	−0.6	0	0.5	−0.3	0.3	0.7	−0.8	0.2	−0.2	1.3

2017 年度中国国内工业生产者购进价格指数见表 2.1.6。

表2.1.6　2017年度中国国内工业生产者购进价格指数（PPI）

年月 / 指标名称	2016 年		2017 年												
	12 月	全年	1 月	2 月	3 月	4 月	5 月	6 月	7 月	8 月	9 月	10 月	11 月	12 月	全年
PPI 同比（%）	6.3	−1.9	8.4	9.9	10.0	9.0	8.0	7.3	7.0	7.7	8.5	8.4	7.1	5.9	8.1
PPI 环比（%）	1.9	0.1	1.2	1.5	0.1	−1.0	−1.0	−0.7	−0.3	0.7	0.8	−0.1	−1.3	−1.2	10.0

5. 2017 年中国国内工业经济部分指标完成情况

✧ 规模以上工业增加值同比增长 6.6%；

✧ 制造业增加值同比增长 7.2%，其中，中小企业工业增加值增长 6.8%；

✧ 工业产能利用率为 77%，同比提高 3.7 个百分点；

✧ 工业增加值能耗同比下降 4.3%，水耗同比下降 6.0%；

✧ 规模以上工业实现利润同比增长 21%；

✧ 规模以上企业主营业务收入利润率为 6.46%，同比提高 0.54 个百分点；

✧ 工业生产者出厂价格（PPI）同比增长 6.3%；

✧ 制造业采购经理指数（PMI）保持在 51.0%以上增长区；

✧ 规模以上工业实现出口交货值同比增长 10.7%；

✧ 战略性新兴产业增加值同比增长 11.0%；

✧ 电子制造业工业增加值同比增长 13.8%；

✧ 装备制造业工业增加值同比增长 10.7%；

✧ 战略性新兴产业增加值同比增长 11.0%；

✧ 高技术制造业工业增加值同比增长 13.4%；

✧ 消费品工业增加值同比增长 7.6%；

✧ 高技术制造业投资同比增长 17%，同比提高 2.8 个百分点；

✧ 装备制造业投资同比增长 8.6%。

第二节　2017年中国电子信息制造业简况

一、2017年中国信息消费市场规模

2017年中国信息消费市场规模达4.5万亿元，同比增长15.4%，呈现出强劲的发展势头。2017年信息消费总值占全国GDP的5.7%，预计到2020年，信息消费总值将占全国GDP的6.5%，如图2.2.1所示。

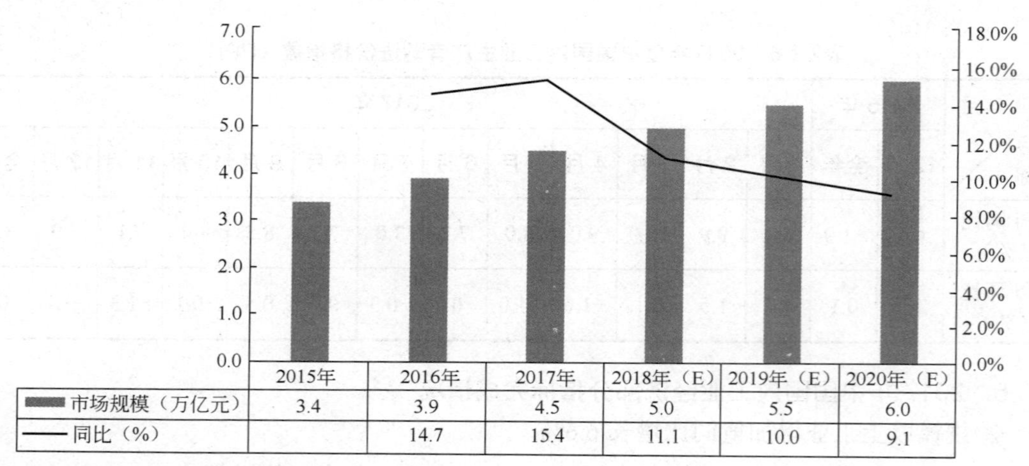

CAGR=12.03%（2015—2020年）
资料来源：中国电子报（2018.4.20）

图2.2.1　2015—2020年中国信息消费市场规模及增长情况

二、2017年中国电子信息产业完成情况

1. 2017年中国电子信息制造业情况

2017年，中国规模以上电子信息制造业增加值同比增长13.8%，增速比2016年提升3.8个百分点，高于全部规模以上工业增速7.2个百分点，占规模以上工业增加值的比重为7.7%。

2017年中国集成电路产品市场为14250.5亿元（约2143亿美元），同比增长18.9%，占全球总值的31.9%。

2017年中国数字经济总值达27.2万亿元，占国内生产总值的32.9%，占全球数据总量的14%。

2. 2017年中国电子信息制造业产品完成情况

2017年生产手机19亿部，同比增长1.6%，增速同比回落18.7个百分点。其中，智能手机生产14亿部，同比增长0.7%，占全部手机产量的74%。

2017 年生产微型计算机 30678 万台，同比增长 6.8%，增幅为 16.4%。其中，笔记本电脑生产 17244 万台，同比增长 7.0%；平板电脑生产 8628 万台，同比增长 4.4%。

2017 年生产彩色电视机 17233 万台，同比增长 1.6%，增速同比下降 7.1 个百分点。其中，液晶电视生产 16901 万台，同比增长 1.2%；智能电视生产 10931 万台，同比增长 6.9%，占彩电比重为 63.4%。

2017 年生产电子元件 44071 亿只，同比增长 17.8%。

2017 年生产集成电路 1565 亿块，同比增长 18.2%。

3．2017 年中国电子信息制造业出口情况

2017 年中国电子信息制造业出口交货值同比增长 14.2%，增幅为 14.3%，占全国规模以上工业出口交货值的 41.4%。

2017 年中国手机出口近 13 亿部，出口交货值同比增长 13.9%，增速同比提升 10.5 个百分点。

2017 年中国计算机出口交货值同比增长 9.7%，增速同比下降 5.4 个百分点；2017 年中国出口个人电脑占全球的 90%，其中，笔记本电脑出口 2.7 亿台。

2017 年中国彩电出口交货值同比增长 11.8%，增速同比提升 10 个百分点。

2017 年中国出口数码相机和摄像机 5.7 亿台。

2017 年中国元件出口交货值同比增长 20.7%，增速同比提升 18.1 个百分点。

2017 年中国电子器件出口交货值同比增长 15.1%，增速同比提升 15.8 个百分点。

2017 年中国集成电路出口交货值同比增长 9.8%，增幅同比提升 21.2 个百分点。

4．2016 年中国电子信息制造业经济效益情况

2017 年中国电子信息制造业主营业务收入同比增长 13.2%，增速同比提升 4.8 个百分点。

2017 年中国电子信息制造业实现利润同比增长 22.9%，增速同比提升 10.1 个百分点。

2017 年中国电子信息制造业主营业务收入利润率 5.16%，增速同比提升 5.57 个百分点。

2017 年中国电子信息制造业企业亏损面 16.4%，同比扩大 1.7 个百分点。

2017 年中国电子信息制造业应收账款同比增长 16.4%。

2017 年中国电子信息制造业产成品库存同比增长 10.4%，同比提升 7.6 个百分点。

2017 年中国电子信息制造业每百元主营业务收入成本费用 95.63 元，同比减少 0.24 元；产成品存货周转天数为 12.9 天，同比减少 0.4 天；应收账款回收周期为 71.1 天，同比减少 2.7 天。

2017 年中国电子信息制造业每百元资产实现主营业务收入为 131.4 元，同比增益 7.3 元；人均实现主营业务收入为 119.8 万元，同比增收 11.2 万元。

2017 年中国电子信息制造业资产负债率为 57.3%，同比下降 0.2 个百分点。

5. 2017 年中国电子信息制造业固定资产投资情况

2017 年中国电子信息制造业固定资产投资（500 万元以上项目）同比增长 25%，增速同比提升 9.5 个百分点，其中，本年新增固定资产投资同比增长 35.3%，增速同比下降 10 个百分点。

2017 年通信设备投资同比增长 46.4%，同比提升 16.1 个百分点。

2017 年计算机行业投资同比下降 2.3%。

2017 年电子器件行业投资同比增长 29.9%。

2017 年电子元件行业投资同比增长 19.0%。

2017 年内资企业投资同比增长 29.1%，其中，国资企业增长 40.5%，责任制公司增长 32.5%。

2017 年外资企业投资同比增长 13.7%，其中，港澳台资企业增长 10.5%。

2017 年中国东部地区投资同比增长 17.1%，增速同比回落 1.6 个百分点；中部地区及完成投资同比增长 25.7%，增速同比提升 11.7 个百分点；西部地区完成投资同比增长 46.1%，增速同比提升 26.3 个百分点；东北地区完成投资同比增长 39.7%，增幅同比提升 69.3 个百分点。

第三节　2017 年中国半导体产业发展简况

1．2017 年中国半导体产业销售情况

2017 年中国半导体产业营收额为 7849.2 亿元，同比增长 19.4%，其中，集成电路产业销售收入为 5411.3 亿元，同比增长 24.8%，占半导体产业总值的 68.9%；半导体分立器件销售收入为 2437.9 亿元，同比增长 8.9%，占半导体产业总值的 31.1%，如图 2.3.1 和表 2.3.1 所示。

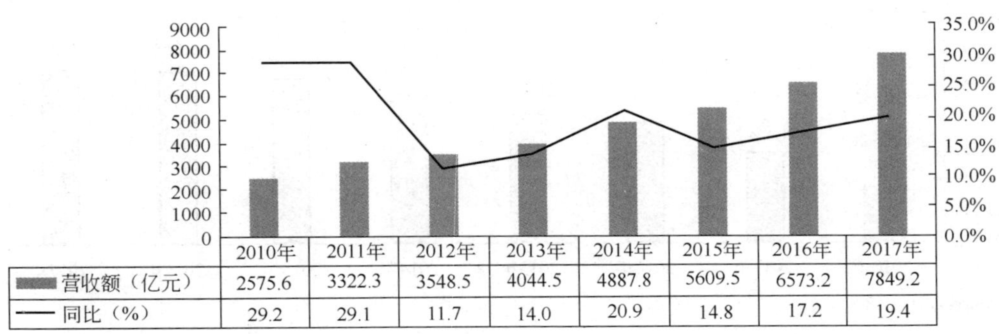

图 2.3.1　2010—2017 年中国半导体产业规模及增长情况

表2.3.1　2010—2017年中国半导体产业结构情况

序号	指标名称	2010 年	2011 年	2012 年	2013 年	2014 年	2015 年	2016 年	2017 年	CAGR
1	半导体营收额（亿元）	2575.6	3322.3	3548.5	4044.5	4887.8	5609.5	6573.2	7849.2	17.26
2	同比（%）	29.2	29.1	11.7	14.0	20.9	14.8	17.2	19.4	—
3	其中：IC 营收额（亿元）	1440.2	1933.7	2158.5	2508.5	3015.4	3609.8	4335.5	5411.3	20.82
4	同比（%）	29.8	34.3	11.6	16.2	20.2	19.7	20.1	24.8	—
5	占比（%）	55.9	58.2	60.8	62.0	61.7	64.4	66.0	68.9	—
6	其中：分立器件营收额（亿元）	1135.4	1388.6	1390.0	1536.0	1872.4	1999.7	2237.7	2437.9	11.53
7	同比（%）	30.5	22.3	0.1	10.5	21.9	6.8	11.9	8.9	—
8	占比（%）	44.1	41.8	39.2	38.0	38.3	35.6	34.0	31.1	—

2．2010—2017 年中国半导体产业营收额占国内半导体市场的份额

2010—2017 年中国半导体产业营收额占国内半导体市场的份额见表 2.3.2。

表2.3.2 2010—2017年中国半导体产业营收额占国内半导体市场的份额

指标名称	单位	2010 年	2011 年	2012 年	2013 年	2014 年	2015 年	2016 年	2017 年	CAGR
国内半导体销售收入	亿元	2575.6	3322.3	3548.5	4044.5	4887.8	5609.5	6573.2	7849.2	17.26%
国内半导体市场	亿元	8477	9238	9826	10566	12265.5	13024.0	14223.6	16708.6	10.18%
占比	%	30.3	35.9	36.1	38.3	39.8	43.1	46.2	47.0	—

3. 2010—2017 年中国半导体产业营收额占世界半导体市场的份额

2010—2017 年中国半导体产业营收额占世界半导体市场的份额，如图 2.3.2 所示。

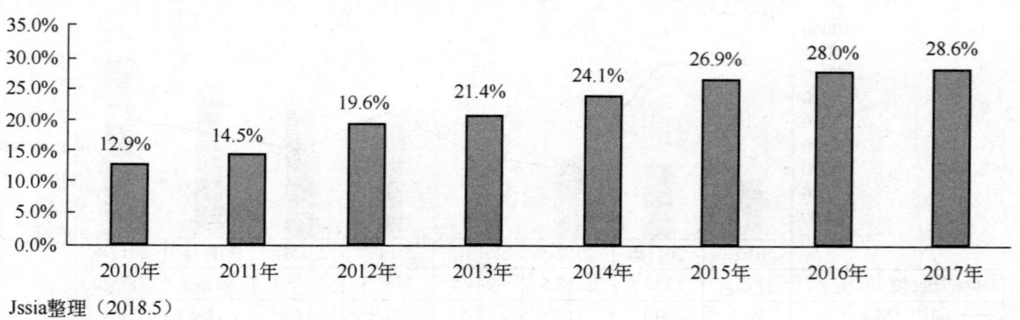

图 2.3.2 2010—2017 年中国半导体产业销售收入占全球半导体市场的份额

第四节　2017 年中国集成电路产业发展简况

2017 年，我国集成电路产业在世界半导体市场需求急剧上升的带动下，呈现产销两旺的格局。在《国家集成电路产业发展推进纲要》的指导下，随着《中国制造 2025》“互联网”“物联网”等国家重大战略深入推进，国内集成电路市场需求规模进一步扩大，产业发展空间进一步拓宽，产业环境进一步优化，我国集成电路产业保持着快速发展的势头。同时，我国各地方政府将集成电路产业链发展作为驱动经济发展的重要抓手，掀起了一股全国上下齐力发展集成电路产业的热潮，我国集成电路产业正处在前所未有的大好发展时期。

一、2017 年中国集成电路产业发展情况

1．2017 年中国集成电路产业发展规模及增长情况

中国半导体行业协会统计报道：2017 年我国集成电路产业销售收入为 5411.3 亿元，同比增长 24.8%，增幅同比提升 4.7 个百分点。其中，集成电路设计业销售收入为 2073.5 亿元，同比增长 26.1%，增幅同比提升 2.0 个百分点；集成电路晶圆业销售收入为 1448.1 亿元，同比增长 28.5%，增速为三业最快，增幅同比提升 3.4 个百分点；集成电路封测业销售收入为 1889.7 亿元，同比增长 20.8%，增幅同比提升 7.8 个百分点，如图 2.4.1 所示。

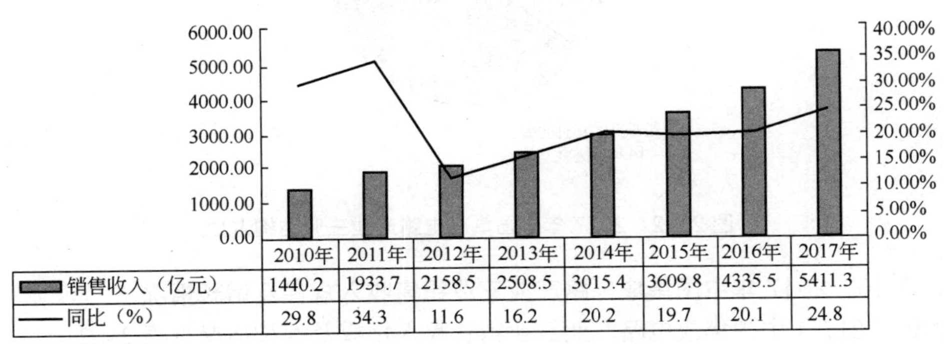

	2010年	2011年	2012年	2013年	2014年	2015年	2016年	2017年
销售收入（亿元）	1440.2	1933.7	2158.5	2508.5	3015.4	3609.8	4335.5	5411.3
同比（%）	29.8	34.3	11.6	16.2	20.2	19.7	20.1	24.8

CAGR=20.82%（2010—2017年）

图 2.4.1　2010—2017 年中国集成电路产业销售收入规模及增长情况

2．2017 年中国集成电路产业销售收入分季发展规模及增长情况

2017 年第四季度中国集成电路产业销售收入为 1765.2 亿元，同比增长 30.2%，环比增长 22.2%。2016—2017 年中国集成电路产业销售收入分季发展规模及增长情况见表 2.4.1。

表2.4.1　2016—2017年中国集成电路产业销售收入分季发展规模及增长情况

指标名称	单位	2016 年分季度营收额					2017 年分季度营收额				
		第一季度	第二季度	第三季度	第四季度	全年合计	第一季度	第二季度	第三季度	第四季度	全年合计
销售收入	亿元	798.6	1048.5	1132.8	1355.6	4335.5	954.3	1247.0	1444.8	1765.2	5411.3
同比	%	16.5	15.7	19.4	26.8	20.1	19.5	18.9	27.5	30.2	24.8
环比	%	−25.3	31.3	8.0	19.7	—	−29.6	30.7	15.9	22.2	—

3．2017 年中国集成电路产业三业结构情况

2017 年中国集成电路产业销售收入为 5411.3 亿元，其中，集成电路设计业销售收入为 2073.5 亿元，占全年总值的 38.3%，居三业第一位，占比同比提升 0.4 个百分点；集成电路晶圆业销售收入为 1448.1 亿元，占全年总值的 26.8%，占比同比提升 0.8 个百分点；集成电路封测业销售收入为 1889.7 亿元，占全年总值的 34.9%，占比同比下降 1.2 个百分点。由于集成电路晶圆业和设计业的销售收入占比与 2016 年度相比都有所提升，集成电路封测业销售收入的占比就相应下降了，如图 2.4.2 所示。

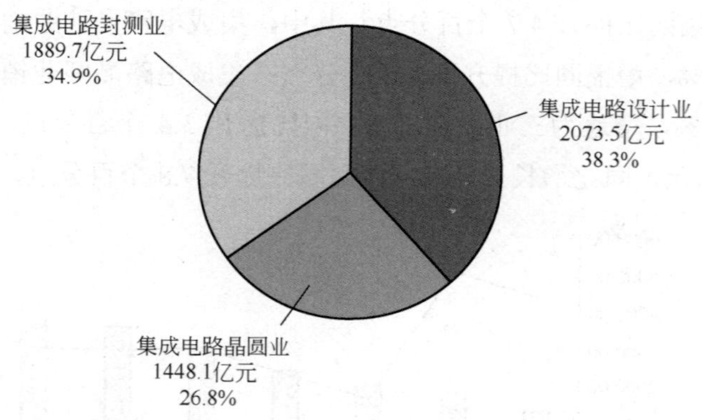

图 2.4.2　2017 年中国集成电路产业三业结构占比

4．2010—2017 年中国集成电路产业三业销售收入规模及增长情况

2010—2017 年中国集成电路产业三业销售收入规模及增长情况见表 2.4.2。

表2.4.2　2010—2017年中国集成电路产业三业销售收入规模及增长情况

型　别	指标名称	2010 年	2011 年	2012 年	2013 年	2014 年	2015 年	2016 年	2017 年	CAGR
集成电路产业	合计	1440.2	1933.7	2158.5	2508.5	3015.4	3609.8	4335.5	5411.3	20.82%
IC 设计业	销售收入（亿元）	363.9	526.4	621.7	808.8	1047.4	1325.0	1644.3	2073.5	28.22%
	增长率（%）	34.8%	44.6%	18.1%	30.1%	29.5%	26.5%	24.1%	26.1%	—

续表

型　别	指标名称	2010年	2011年	2012年	2013年	2014年	2015年	2016年	2017年	CAGR
IC晶圆业	销售收入（亿元）	447.1	431.6	501.1	600.9	712.1	900.8	1126.9	1448.1	18.28%
	增长率（%）	31.1%	3.6%	16.1%	19.9%	18.5%	26.5%	25.10%	28.5%	—
IC封测业	销售收入（亿元）	629.2	975.7	1035.7	1098.8	1255.9	1384.0	1564.3	1889.7	17.01%
	增长率（%）	26.3%	55.1%	6.1%	6.1%	14.3%	10.2%	13.00%	20.8%	—

5. 2017年中国集成电路产业销售收入占世界半导体产业的比重

2017年中国集成电路产业营收额占世界半导体产业及集成电路产业的比重见表2.4.3和表2.4.4。

表2.4.3　2010—2017年中国集成电路产业营收额占世界半导体产业的比重

年　度	2010年	2011年	2012年	2013年	2014年	2015年	2016年	2017年
占　比	8.6%	10.3%	11.8%	13.1%	14.4%	17.2%	19.7%	19.8%

表2.4.4　2010—2017年中国集成电路产业销售收入占世界集成电路产业的比重

年　度	2010年	2011年	2012年	2013年	2014年	2015年	2016年	2017年
占　比	8.9%	12.1%	14.1%	16.0%	18.0%	21.0%	23.6%	23.7%

二、2017年中国集成电路产业主要企业情况

据中国半导体行业协会统计报道，2017年中国集成电路产业三业前十大企业销售收入数据显示：中国集成电路产业主要集中在以上海为中心的长三角地区，以北京为中心的京津环渤海地区，以深圳为中心的珠三角（闽粤）地区，以及以西安、武汉、成都、重庆等城市为中心的中西部地区。

1. 2017年中国集成电路产业前三十大企业区域分布占比情况

2017年中国集成电路产业前三十大企业区域分布占比情况如图2.4.3所示。

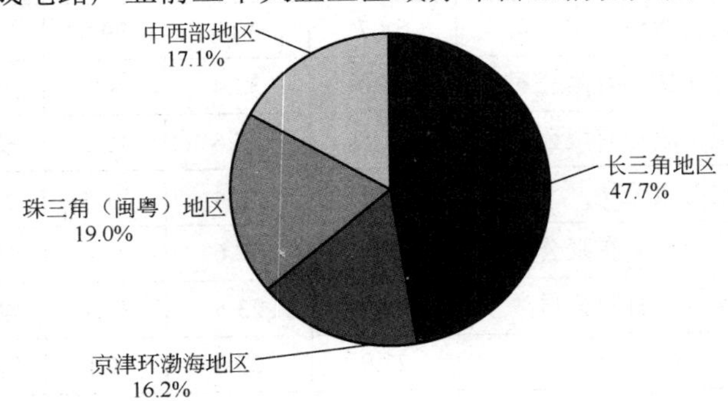

图2.4.3　2017年中国集成电路产业前三十大企业区域分布占比情况（以销售收入为依据）

2. 2017 年中国集成电路产业前三十大企业销售收入排序情况

2017 年中国集成电路产业前三十大企业销售收入排序情况见表 2.4.5。

表2.4.5 2017年中国集成电路产业前三十大企业销售收入排序情况

2017 年排序	企业名称	2017 年销售收入（亿元）	2016 年销售收入（亿元）	同比（%）	企业类别	所在区域	投资类别
1	深圳市海思半导体有限公司	361.0	303.0	19.1	设计	C	内
2	三星（中国）半导体有限公司	274.4	237.5	15.5	制造	D	外
3	江苏新潮科技集团有限公司	242.6	193.0	25.7	封测	A	内
4	中芯国际集成电路制造有限公司	201.5	202.2	−0.3	制造	A	内
5	南通华达微电子集团有限公司	198.8	135.7	46.5	封测	A	内
6	SK 海力士半导体（中国）有限公司	130.6	122.7	6.4	制造	A	外
7	英特尔半导体（大连）有限公司	121.5	45.8	165.3	制造	B	外
8	清华紫光展锐有限公司	110.0	125.0	−12.0	设计	B	内
9	上海华虹（集团）有限公司	94.9	50.2	89.0	制造	A	内
10	天水华天电子集团有限公司	90.0	66.6	35.1	封测	D	内
11	威讯联合半导体（北京）有限公司	78.9	83.0	−4.9	封测	B	外
12	深圳市中兴微电子技术有限公司	76.0	56.0	35.7	设计	C	内
13	华润微电子有限公司	70.6	56.7	24.5	制造	A	内
14	恩智浦半导体（中国）有限公司	64.5	58.9	9.5	封测	A	外
15	华大半导体有限公司	52.1	47.6	9.5	设计	B	内
16	台积电（中国）有限公司	48.5	39.6	22.5	制造	A	外
17	北京智芯微电子科技有限公司	44.9	35.6	26.1	设计	B	内
18	英特尔产品（成都）有限公司	40.0	39.7	0.8	封测	D	外
19	安靠封装测试（上海）有限公司	39.5	30.1	31.2	封测	A	外
20	深圳市汇顶科技股份有限公司	38.7	30.0	29.0	设计	C	合
21	海太半导体（无锡）有限公司	35.0	32.4	8.0	封测	A	合
22	杭州士兰微电子股份有限公司	31.8	27.6	15.2	设计	A	内
23	上海凯虹科技有限公司	30.0	30.4	−1.3	封测	A	合
24	晟碟半导体（上海）有限公司	29.4	27.6	6.5	封测	A	外
25	敦泰科技（深圳）有限公司	28.0	23.5	19.1	设计	C	外
26	西安微电子技术研究所	27.0	25.0	8.0	制造	D	内
27	格科微电子（上海）有限公司	25.2	34.0	−25.9	设计	A	外

续表

2017年排序	企业名称	2017 年销售收入（亿元）	2016 年销售收入（亿元）	同比（%）	企业类别	所在区域	投资类别
28	武汉新芯集成电路制造有限公司	22.2	—	—	制造	D	内
29	和舰科技（苏州）有限公司	21.1	17.5	20.6	制造	A	外
30	北京中星微电子有限公司	20.5	20.5	0.0	设计	B	内
前三十大企业营收额合计		2649.2	2218.1	19.4	—	—	—
全国集成电路产业营收额合计		5411.3	4335.5	24.8	—	—	—
前三十大企业营收额占全国总值（%）		49.0	51.2	下降 2.2 个百分点			

注：A—长三角地区；B—京津环渤海地区；C—珠三角（闽粤）地区；D—中西部地区

从表 2.4.5 可以看出：

2017 年，中国集成电路产业前三十大企业销售收入为 2649.2 亿元，较 2016 年前三十大企业营收额 2218.1 亿元，同比增长 19.4%，占全国集成电路产业销售收入 5411.3 亿元的 49.0%。这说明，2017 年我国集成电路企业除前三十大企业有较大幅度增长外，其他企业同样有较大幅度的增长。

在前三十大企业中，长三角地区企业有 15 家，占到 50%；京津环渤海地区企业有 6 家，占到 20%；珠三角（闽粤）地区有 4 家，占到 13.3%；中西部地区有 5 家，占到 16.7%。

3. 2017 年中国集成电路产业前三十大企业所在区域分布情况

2017 年中国集成电路产业前三十大企业所在区域分布情况见表 2.4.6。

表2.4.6　2017年中国集成电路产业前三十大企业所在区域分布情况

序号	地区名称	2017 年		2016 年		同比（%）	同期占比增幅
		销售收入（亿元）	占比（%）	销售收入（亿元）	占比（%）		
1	长三角地区	1264.0	47.7	996.1	44.9	26.9	提高 2.8 个百分点
2	京津环渤海地区	427.9	16.2	440.7	19.9	−2.9	降低 3.7 个百分点
3	珠三角（闽粤）地区	503.7	19.0	412.5	18.6	22.1	提高 0.4 个百分点
4	中西部地区	453.6	17.1	368.8	16.6	23.0	提高 0.5 个百分点
5	合计	2649.2	100.0	2218.1	100.0	19.4	—

从表 2.4.6 中可以看出。

- 长三角地区：在江苏新潮科技、中芯国际、南通华达微电子、SK 海力士、上海华虹(集团)等公司的带领下，长三角地区进入前三十大企业的销售收入合计为 1264.0 亿元，同比增长 26.9%，占到前三十大企业销售收入的 47.7%，居全国第一位。

- 京津环渤海地区：在英特尔（大连）、清华紫光展锐、威讯联合、华大半导体等公司的带动下，2017 年京津环渤海进入三十大企业的销售收入为 427.9 亿元，同比下降 2.9%，占到三十大企业销售收入的 16.2%。
- 珠三角（闽粤）地区：在华为海思、深圳中兴、深圳汇顶等带动下，珠三角地区 2017 年进入前三十大企业的销售收入为 503.7 亿元，同比增长 22.1%，占到三十大企业销售收入的 19.0%。
- 中西部地区：由于三星（西安）公司 2017 年销售收入达 274.4 亿元，同比增长 15.5%、天水华天以 90 亿元，同比增长 35.1%和武汉新芯 22.2 亿元的业绩，使中西部地区同比增长 23.0%，占到三十大企业销售收入的 17.1%。

4. 2017 年中国集成电路产业前三十大企业性质类型情况

在 2017 年中国集成电路产业前三十大企业中，内资企业占到主要地位，但比重有所下降。2017 年内资企业销售收入 1643.9 亿元，同比增长 12.3%，占到前三十大企业销售收入的 62.1%；合资企业销售收入 103.7 亿元，同比下降 36.3%，占到前三十大企业销售收入的 3.9%；外资企业销售收入 901.6 亿元，同比增长 52.3%，占到前三十大企业销售收入的 34.0%，如表 2.4.7～表 2.4.9 所示。

表 2.4.7 2017 年中国集成电路产业前三十大企业性质及分类情况

序号	性质分类	2017 年		2016 年		同比（%）	同期占比增幅
		销售收入（亿元）	占比（%）	销售收入（亿元）	占比（%）		
1	内资企业	1643.9	62.1	1463.4	66.0	12.3	降低 3.9 个百分点
2	合资企业	103.7	3.9	162.9	7.3	-36.3	降低 3.4 个百分点
3	外资企业	901.6	34.0	591.8	26.7	52.3	提高 7.3 个百分点
4	合计	2649.2	100.0	2218.1	100.0	19.4	—

表2.4.8 2017年中国集成电路产业前十大内资企业销售收入排名

序号	企业名称	2017 年销售收入（亿元）	同比（%）	型别	序号	企业名称	2017 年销售收入（亿元）	同比（%）	型别
1	深圳海思	361.0	19.1	设计	6	华虹（集团）	94.9	89.0	制造
2	新潮科技	242.6	25.7	封测	7	天水华天	90.0	35.1	封测
3	中芯国际	（201.5） 31.01 亿美元	（-0.3） 6.4	制造	8	中兴微电	76.0	35.7	设计
4	南通华达微	198.8	46.5	封测	9	华润微电子	70.6	24.5	制造
5	清华展锐	110.0	-12.0	设计	10	华大半导体	52.1	9.5	设计

表2.4.9　2017年中国集成电路产业前十大外资企业销售收入排名

序号	企业名称	2017 年销售收入（亿元）	同比（%）	型别	序号	企业名称	2017 年销售收入（亿元）	同比（%）	型别
1	三星（中国）	274.4	15.5	制造	6	台积电（中国）	48.5	22.5	制造
2	SK 海力士（中国）	130.6	6.4	制造	7	英特尔产品（成都）	40.0	0.8	封测
3	英特尔（大连）	121.5	165.3	制造	8	安靠封装（上海）	39.5	31.2	封测
4	威讯联合（北京）	78.9	−4.9	封测	9	晟碟半导体（上海）	29.4	6.5	封测
5	恩智浦（中国）	64.5	9.5	封测	10	敦泰科技（深圳）	28.0	19.1	设计

5. 2017 年中国集成电路产业前十大企业销售收入增长率排名

2017 年中国集成电路产业前十大企业销售收入增长的企业有 25 家，占到 83.3%；同比下降的企业有 5 家，占到 16.7%，见表 2.4.10。

表2.4.10　2017年中国集成电路产业前十大企业销售收入增长率排名

序号	企业名称	2017 年增长率（%）	2016 年增长率（%）	增长率情况	序号	企业名称	2017 年增长率（%）	2016 年增长率（%）	增长率情况
1	英特尔（大连）	165.3	107.2	增长 58.1%	6	安靠封装（上海）	31.2	2.0	增长 29.2%
2	华虹（集团）	89.0	17.6	增长 71.4%	7	深圳汇顶	29.0	—	增长
3	南通华达微	46.5	140.6	下降 94.1%	8	北京智芯微	26.1	21.9	增长 4.2%
4	深圳中兴微	35.7	9.8	增长 25.9%	9	新潮科技	25.7	109.3	下降 83.6%
5	天水华天	35.1	39.3	下降 4.2%	10	华润微电子	24.5	18.6	上升 5.9%

6. 2017 年国集成电路产业前十大企业排名变化情况

2017 年国集成电路产业前十大企业排名变化情况见表 2.4.11。

表2.4.11　2017年国集成电路产业前十大企业排名变化情况

排名		企业名称	排名		企业名称
2017 年	2016 年		2017 年	2016 年	
1	1	深圳海思	3	4	新潮科技
2	2	三星（中国）	4	3	中芯国际

续表

排名		企业名称	排名		企业名称
2017年	2016年		2017年	2016年	
5	5	南通华达微	8	6	清华紫光展锐
6	7	SK海力士（中国）	9	13	华虹（集团）
7	15	英特尔（大连）	10	9	天水华天

从表2.4.11中可以看出，在前十大企业中，前五位企业变化不大，江苏新潮科技集团前进1位。后五名企业排名变化较大，其中，英特尔（大连）公司由2016年第15位跃升到第7位；华虹（集团）由2016年第13位跃升到第9位；SK海力士（中国）前进1位；清华紫光展锐后退2位；天水华天后退1位。

三、2017年中国集成电路产业发展大事记

1．2017年中国半导体产业十件大事

（1）长江存储一期项目封顶，存储器产线建设全面开启。

（2）中芯国际换帅启用双CEO制，加速冲刺28纳米和14纳米先进工艺。

（3）人工智能受资本热捧。

（4）半导体建线再掀热潮、多条IC生产线签约动工。

（5）保护自主知识产权开个好头。

（6）半导体装备市场扩大，呼唤国产装备产业崛起。

（7）国产CPU产品性能取得快速进步。

（8）厦门先进封装测试产业基地项目启动，封测龙头企业加快产业布局。

（9）硅片涨价倒逼国内硅片产业建设加快进程。

（10）硅基氮化镓产线启动，宽禁带半导体产业不落后。

2．2017年《中国电子报》评出电子信息产业十件大事

（1）电子信息产业进入高质量发展新时代。

（2）制造业与互联网融合向纵深推进。

（3）扩大升级信息消费释放内需新动能。

（4）国务院印发《新一代人工智能发展规划》。

（5）高端芯片研发和产业化实现新突破。

（6）集成电路“大基金”投资取得重大成效。

（7）OLED柔性屏量产打破市场垄断。

（8）我国量子计算机量子通信全球领先。

（9）我国率先规划中段加速5G商用。

（10）科技巨头抢占移动VR/AR制高点。

第五节 2017 年中国集成电路产品产量完成情况

据工信部运行监测协调局统计报道：2017 年，中国集成电路产品产量为 1564.9 亿块，较 2016 年增长 18.7%。

1．2010—2017 年中国集成电路产品产量发展情况

2010—2017 年中国集成电路产品产量发展情况如图 2.5.1 所示。

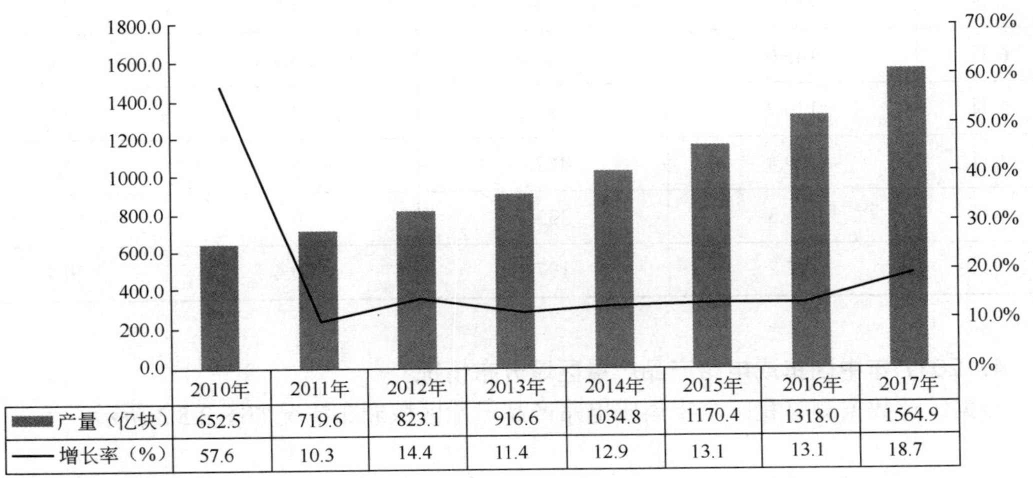

CAGR=13.31%（2010—2017年）
资料来源：工信部监测局/Jssia整理

图 2.5.1 2011—2017 年中国集成电路产品产量发展规模及增长情况

2．2010—2017 年中国集成电路产品产量占世界总量的比重情况

2010—2017 年中国集成电路产品产量占世界总量的比重见表 2.5.1。

表2.5.1 2010—2017年中国集成电路产品产量占世界总量的比重情况

指标名称	单位	2010 年	2011 年	2012 年	2013 年	2014 年	2015 年	2016 年	2017 年	CAGR
中国 IC 产量	亿块	652.5	719.6	823.1	916.6	1034.8	1170.4	1318.0	1564.9	13.31%
世界 IC 产量	亿块	1898.0	1942.0	1972.0	2060.0	2307.0	2356.0	2481.0	3038	6.95%
占比	%	34.4	37.1	41.7	44.5	44.9	49.7	53.1	51.5	—

3．2017 年中国集成电路产品产量月完成及增长情况

2017 年中国集成电路产品产量分月完成及增长情况见表 2.5.2。

表2.5.2 2017年中国集成电路产品产量分月完成及增长情况

月份	当月产量（亿块）	累计产量（亿块）	当月增长（±%）	累计增长（±%）
12月	147.8	1565.0	5.6	18.2
11月	133.2	1417.2	6.4	19.2
10月	133.0	1284.0	11.3	20.7
9月	121.0	1151.0	4.0	21.9
8月	151.7	1030.0	13.2	24.4
7月	134.3	878.3	18.0	23.2
6月	145.0	744.0	23.4	23.8
5月	136.2	599.1	23.7	24.3
4月	129.4	462.9	25.1	24.4
3月	136.3	333.5	30.1	24.2
1～2月	197.2	197.2	20.4	20.4

4．2017年中国集成电路产品产量区域分布情况

根据统计数据测算我国全年集成电路产品产量区域颁布情况如图2.5.2所示。

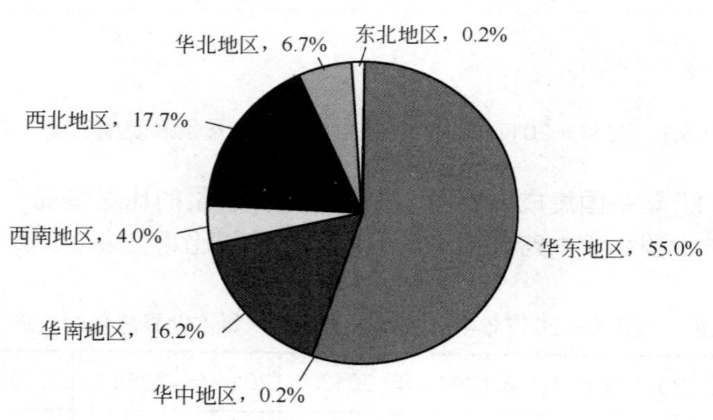

图2.5.2 2017年中国集成电路产品产量区域分布情况

5．2017年中国集成电路产品销售平均价格情况

2017年中国集成电路产品销售收入为5411.3亿元，产品销售量为1564.9亿块，平均价格为3.458元/块，同比增长5.14%，具体见表2.5.3。

表2.5.3　2010—2017年中国集成电路产品销售平均价态势

指标名称	单位	2010年	2011年	2012年	2013年	2014年	2015年	2016年	2017年	CAGR
销售收入	亿元	1440.2	1933.7	2158.5	2508.5	3015.4	3609.8	4335.5	5411.3	20.82%
销售量	亿块	652.5	719.6	823.1	916.6	1034.8	1170.4	1318.0	1564.9	13.31%
平均价	元/块	2.207	2.687	2.622	2.737	2.914	3.084	3.289	3.458	6.63%
同比	（%）	—	21.75	-2.42	4.39	6.47	5.83	6.64	5.14	—

第六节 2017 年中国集成电路产品进出口情况

1．2017 年中国集成电路产品进出口数量

据中国海关统计：2017 年中国集成电路进口量为 3770.0 亿块，同比增长 10.1%；集成电路出口量为 2043.5 亿块，同比增长 13.1%；逆差为 1726.5 亿块，同比增长 6.7%，增速同比下降 16.4 个百分点，具体见表 2.6.1 和表 2.6.2。

表2.6.1 2010—2017年中国集成电路产品进口量及增长情况

指标名称	单位	2010 年	2011 年	2012 年	2013 年	2014 年	2015 年	2016 年	2017 年	CAGR
进口量	亿块	2009.6	2141.1	2418.2	2663.1	2856.6	3140.0	3425.5	3770.0	9.4%
同比	%	37.4	6.5	12.9	10.1	7.3	10.0	9.1	10.1	—

表2.6.2 2010—2017年中国集成电路产品出口量及增长情况

指标名称	单位	2010 年	2011 年	2012 年	2013 年	2014 年	2015 年	2016 年	2017 年	CAGR
出口量	亿块	831.5	904.4	1182.1	1426.7	1535.2	1827.7	1806.8	2034.5	13.6%
同比	%	46.6	8.8	30.7	20.7	7.6	19.1	-1.1	13.1	—

2．2017 年中国集成电路产品进出口金额

2017 年中国集成电路进口金额为 2601.4 亿美元，同比增长 14.6%；集成电路出口金额为 668.8 亿美元，同比增长 9.8%；逆差为 1932.6 亿美元，同比增长 16.6%。2017 年我国集成电路进口金额增幅同比提升 13.5 个百分点，具体见表 2.6.3 和表 2.6.4。

表2.6.3 2010—2017年中国集成电路产品进口金额及增长情况

指标名称	单位	2010 年	2011 年	2012 年	2013 年	2014 年	2015 年	2016 年	2017 年	CAGR
进口金额	亿美元	1569.9	1702.0	1920.6	2313.4	2176.2	2300.0	2270.7	2601.4	7.5%
同比	%	30.9	8.4	12.8	20.5	-5.9	5.7	-1.3	14.6	—

表2.6.4 2010—2017年中国集成电路产品出口金额及增长情况

指标名称	单位	2010 年	2011 年	2012 年	2013 年	2014 年	2015 年	2016 年	2017 年	CAGR
出口金额	亿美元	292.5	325.7	534.3	877.0	608.6	693.2	609.1	668.8	12.5%
同比	%	25.5	11.4	64.0	64.1	-30.6	13.9	-12.1	9.8	—

3．2017 年中国集成电路产品进出口逆差情况

在中国集成电路产品进出口中，集成电路产品进出口额逆差不断上升，由 2010 年的逆差 1277.4 亿美元，上升到 2017 年的 1932.6 亿美元，8 年连续增长，平均年增长 6.09%，2017 年增长更快，如图 2.6.1 和图 2.6.2 所示。

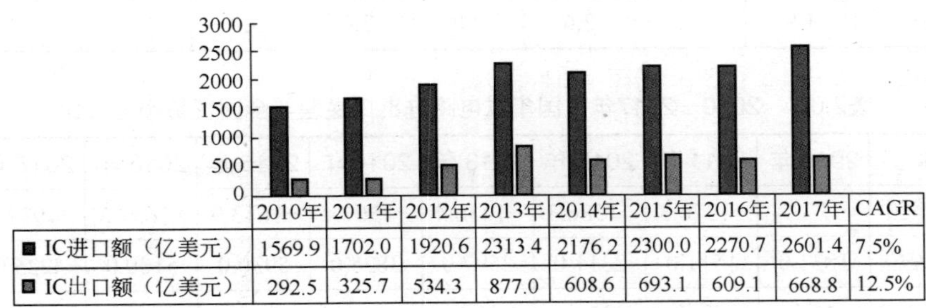

图2.6.1　2010—2017年中国集成电路产品进出口金额对比情况

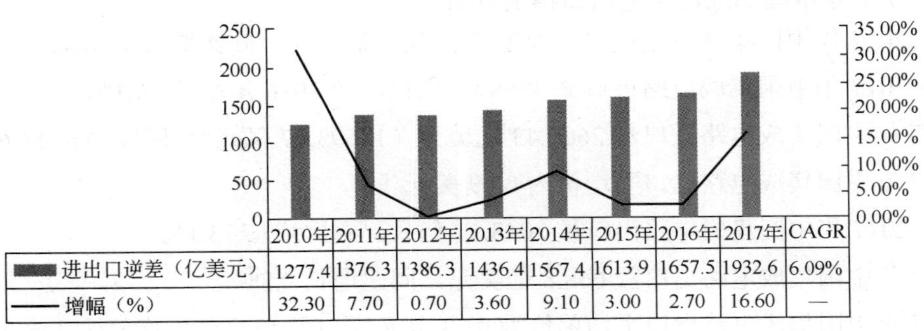

图2.6.2　2010—2017年中国集成电路产品进出口金额逆差变化情况

4．2017 年中国集成电路进口依存度仍然强烈

2017 年中国集成电路进口额达 2601.4 亿美元。同期，中国进口石油原油为 1623.2 亿美元。中国集成电路进口额比原油进口额多支出 60%，多支出额达 977.8 亿美元。

5．2017 年中国集成电路进出口额占全国进出口总值比重情况

2017 年中国集成电路进出口额占全国进出口总值比重情况见表 2.6.5～表 2.6.7。

表2.6.5　2010—2017年中国集成电路产品进口占全国进口总值之比　（单位：亿美元）

指标名称	2010 年	2011 年	2012 年	2013 年	2014 年	2015 年	2016 年	2017 年	CAGR
中国 IC 进口总额	1569.9	1702.0	1920.6	2313.4	2176.2	2300.0	2270.7	2601.4	7.5%
中国进口额	13948.0	17435.0	18178.0	19503.0	19603.0	16820.0	18574.0	18410.0	4.0%
占比（%）	11.3	9.8	10.6	11.9	11.1	13.7	12.2	14.1	—

表2.6.6　2010—2017年中国集成电路产品出口占全国出口总值之比（单位：亿美元）

指标名称	2010 年	2011 年	2012 年	2013 年	2014 年	2015 年	2016 年	2017 年	CAGR
中国 IC 出口总额	292.5	325.7	534.3	877.0	608.6	693.2	609.1	668.8	12.5%
中国出口额	15779.0	18986.0	20489.0	22100.0	23428.0	22750.0	23674.0	22635.0	5.3%
占比（%）	1.9	1.7	2.6	4.0	2.6	3.0	2.6	3.0	—

表2.6.7　2010—2017年中国集成电路进出口逆差与全国贸易顺差占比

指标名称	2010 年	2011 年	2012 年	2013 年	2014 年	2015 年	2016 年	2017 年	CAGR
中国 IC 逆差额	−1277.4	−1376.3	−1386.3	−1436.4	−1567.4	−1613.9	−1657.5	−1932.6	6.9%
全国贸易顺差额	1831.0	1511.0	2311.0	2597.0	3825.0	5930.0	5100.0	4225.0	12.7%
绝对值占比（%）	41.1	47.7	37.5	35.6	29.1	21.4	24.5	31.4	—

6．2017 年中国集成电路进出口情况分析

（1）2017 年中国集成电路进出口规模达 3270.2 亿美元，同比增长 13.6%。

（2）2017 年中国集成电路进口量 3769.96 亿只，较 2016 年增长 10.1%。

2017 年中国集成电路进口额 2601.43 亿美元（17593.97 亿元），同比增长 14.6%。

2017 年中国集成电路进口平均价为 0.69 美元/只。

（3）2017 年中国集成电路出口量 2043.51 亿只，同比增长 13.1%。

2017 年中国集成电路出口额 668.8 亿美元，同比增长 9.8%。

2017 年中国集成电路出口平均单价为 0.33 美元/只（进口比出口价差达 2 倍多）。

（4）2017 年中国进出口逆差 1932.6 亿美元，较 2016 年的逆差 1657.5 亿美元，增长 16.6%。

（5）中国集成电路进口主要地区：中国台湾和金马关税区占 31.1%，韩国占 25.3%，中国港澳地区占 12.4%，美国仅占 3.9%，如图 2.6.3 所示。

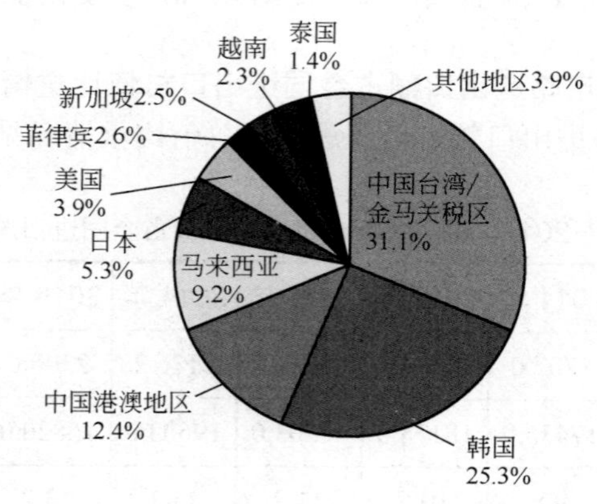

图 2.6.3　2017 年中国集成电路进口地区占比分布情况

（6）2017年美国15家半导体公司对中国营收额见表2.6.8。

表2.6.8 2017年美国15家半导体公司对中国营收额

序号	公司名称	2017年对中国营收额（百万美元）	占本公司营收额（%）
1	思佳讯（Skyworks）	3017.00	82.65
2	高通（Qualcomm）	14579.00	64.4
3	博通（Broadcom）	9460.00	53.64
4	美光（Micron）	843.37	51.12
5	美满电子（Marvell）	1205.20	50.03
6	德州仪器（TI）	6600.00	44.11
7	赛普拉斯（Cypress）	980.67	42.13
8	美信（Maxim）	843.37	36.74
9	超微半导体（AMD）	1747.00	32.78
10	微芯科技（Microchip）	1100.00	32.00
11	赛灵恩（Xilinx）	597.36	25.42
12	英特尔（Intel）	14796.00	23.58
13	安森美（ON Semi）	1086.00	19.59
14	英伟达（Nvidia）	1896.00	19.52
15	亚德诺（ADI）	842.53	16.5
合计		59594.36	—

2017年美国15家公司产品在中国（大陆）营收额为595.94亿美元，占2017年中国半导体市场1315亿美元的45.32%。其中，恩佳讯、高通、博通、美光、美满等公司在中国大陆的营收额都超过本公司销售总值的50%。

中国对美国出口下滑连续三年，2014年为20亿美元，2017年仅有11.9亿美元。

第七节　2017 年中国集成电路产业投资情况

2017 年，中国集成电路产业投资力度正在加大，在国家大基金的带动下，各省市区都有较大的投资欲望和投资项目，都在瞄准市场、寻求资金、抢人才。同时社会资本也正在流入集成电路产业板块和创业板块，与 2016 年相比有增无减。这也反映出我国政府和各地方政府对集成电路产业的重视。

2017 年中国集成电路产业投资达 1113 亿元（约合 167.4 亿美元）。

2017 年中国集成电路设备投资为 82.3 亿美元(约合 547.3 亿元)，占产业投资的 49.2%。中国集成电路用大硅片产业将投入 700 亿元，产能达 100 万片/月。

表 2.7.1 给出了 2017 年部分省区市集成电路产业投资基金汇总。

表2.7.1　2017年部分省区市集成电路产业投资基金汇总一览表

序号	地方	基金名称	金额	合作者	时间
1	北京市	集成电路产业发展股权投资基金	300 亿元，注册资金 90.1 亿元	中关村发展集团、北京盛世宏明、北京清芯华创	2014.7.29
		海外平行基金	20 亿元		2015.7
2	湖北省	湖北集成电路产业投资基金	300 亿元，注册资金 50 亿元	武汉经济发展投资、湖北科技投资等	2015.8.5
3	安徽省	安徽省集成电路产业投资基金	300 亿元	—	2017.5
4	安徽省	合肥市中兴合创半导体创业投资基金	2.5 亿元	—	2014.11
5	合肥市	合肥集成电路产业投资基金	100 亿元	合肥市政府等	2015 年
6	深圳市	深圳市集成电路产业引导基金	200 亿元，首期 100 亿元	深圳市中兴微电子技术公司	2015.10
7	贵州	贵州华芯集成电路产业投资	18 亿元	贵州华芯 IC	2015.12.8
8	湖南	湖南国微集成电路创业投资基金	50 亿元	湖南高新创业、湖南国微投资管理、长沙经开投资	2015.12.24
9	上海市	上海集成电路产业基金（设计 100 亿元+材料装备 100 亿元+IC 制造 300 亿元）	500 亿元，注册资金 285 亿元	上海科技创投、上海国际信托、上海武岳峰上海国盛信托等	2016.1
					2016.12.7
10	上海市	上海武岳峰集成电路信息产业基金	100 亿元	—	2014.11

续表

序号	地方	基金名称	金额	合作者	时间
11	福建省	福建省安芯产业投资基金	500亿元	福建政府等	2016.2
12	厦门市	厦门集成电路发展基金	500亿元	厦门国资委 清华紫光	2016.3.9
		厦门国资紫光联合发展基金	160亿元		
13	四川省	四川省集成电路和信息安全产业投资基金	120亿元， 注册资金40亿元	四川省财政厅、 四川发展兴川产业引导、 成都高新区	2016.3
14	天津市	滨海IC设计产业促进专项资金	300亿元/年	—	2017.6
15	辽宁省	辽宁省集成电路产业投资基金	100亿元， 首期20亿元	中国华录、 罕王实业、 大连宇宙	2016.5
16	广东省	广东省集成电路产业投资基金	150亿元， 母基金45亿元	奥科金融、 海格通信、 中银资金	2016.6.24
17	深圳市	深圳市软件产业和IC发展母基金	5亿元/年	—	2015.7
18	广东省	广东省IC设计专项资金	20亿元	—	2015.7
19	陕西省	陕西省集成电路产业投资基金	300亿元， 启动60亿元	西安高新新兴产业、 西安投资控股、 陕西电子信息	2016.8.25
20	南京市	南京市集成电路产业专项发展基金	南京市500亿元 南京江北区100亿元， 合计600亿元	江苏省政府、 南京市政府	2016.12
21	南京市	南京市海峡两岸IC产业投资基金	10亿元	—	2017年
22	南京市	南京市浦口区IC产业基金	10亿元	—	2015.7
23	无锡市	无锡市集成电路产业发展基金	200亿元， 首期50亿元	无锡市政府	2017.1
24	昆山市	昆山市海峡两岸集成电路产业投资基金	100亿元， 启动10亿元	昆山市政府等	2017.2
25	云南省	中外高新技术转移股权投资基金	20亿元	—	2017.6
26	河北省	河北省集成电路产业投资基金	100亿元， 首期10亿元	—	2016.11
27	山东省	青岛海丝民易半导体基金	7.5亿元	—	2017.11
28	湖北省	湖北长江产业基金	400亿元	—	2017.5
29	江苏省	南通港闸“通科IC产业基金”	25亿元	—	2017.6
30	CEC	中国电子信息产业集团	200亿元	—	2017.7

续表

序号	地方	基金名称	金额	合作者	时间
31	上海市	上海临江开发区（装备材料）基金	100亿元	—	2017.7
32	成都市	成都市IC产业发展母基金	50亿元	—	2017.10
33	武汉市	设立百亿创业创新产业发展基金	100亿元	—	2017.8
34	浙江省	信息化发展财政专项资金	—	—	2017.11
35	中电信息集团	围绕IC、智能智造、科创园等	1000亿元	—	2017.12
36	广州市	广州粤芯IC基金	50亿元	—	2017.12

表2.7.2给出了2017年中国集成电路产业主要兼并整合事项。

表2.7.2　2017年中国集成电路产业主要兼并整合事项

序号	日期	兼并方名称	被兼并方名称	金额	要约摘录
1	2016.12.2	北京君正	北京豪威、视信源、思科比	21.55亿元	占北京豪威100%股权、视信源100%股权、思科比40.4%的股权
2	2017.2.7	北京建广资本	NXP SP业务	27.5亿美元	分立器件、逻辑器件及功率器件等，1座8英寸线，1座6英寸线，3座封测厂等
3	2017.2.13	湖南威铭能源科技	中慧微电子	未公布	收购50.05%股份
4	2017.2.13	木林森	欧司朗子公司朗德万斯	20亿欧元	主营LED及家用照明灯具
5	2017.2.13	北京兆易创新	北京矽成	45.5亿元	方向为NOR、Flash、SDRAM
6	2017.3.1	江苏长电科技	长电新科	46亿元	100%持股长电新科，并间接100%持股星科金朋
7	2017.3.18	中国长城（中国信息产业集团）	华大属下子公司天津飞腾信息	未公布	处理器、CPU、JS、HTML5、网络安全与信息化平台
8	2017.3	巨化集团	德国汉高下属子公司	未披露	收购汉高环氧模型材料业务100%的股权及知识产权、商标、研发和销售渠道等
9	2017.4.5	AIC公司（马来西亚）	苏州固锝	未披露	交割股权（待信息）
10	2017.4.6	保利协鑫	美国Sun Edison	1.5亿美元	—
11	2017.4.7	北京山海昆仑资本	硅谷数模半导体之Analogix	5亿美元	数字多媒体设计、智能手机、可携式设备、高阶显卡、高画质显示器等

续表

序号	日期	兼并方名称	被兼并方名称	金额	要约摘录
12	2017.4.11	华芯投资	美国 Xcerra 公司	5.8 亿美元	半导体及电路板测试设备工厂（还待通过美国外资投资委审查）
13	2017.4.11	新余中域高鹏祥云	泰凌微电子	未披露	收购 82.75%股权
14	2017.4.19	浦东科技	恩智浦（上海先进）	5370 万美元	收购其持有上海先进半导体公司 27.47%的股权
15	2017.4.19	紫光国芯	湖北紫光国器科技		占紫光国器科技 51.04%股权
16	2017.4.19	—	上海贝岭	—	宣告破产
17	2017.4.27	万盛股份	硅谷数模（匠芯知本）	38 亿元	收购其 100%股权。主产高速混合信号 IC 产品、高性能显示应用
18	2017.5.11	华灿下属子公司和谐光电	美国美新半导体 MEMSIC	未披露	通过美国外资投资审查委员会（CFIUS）的审核，华灿光电 5 月 9 日将收购和谐光电（义乌光电科技 100%股权）。MEMS 和 CMOS 单芯片集成 MEMS 和 ASIC
19	2017.5.12	中芯国际	江苏长电科技	长电新科 6.64 亿元出售长电苏州长电科科技股 19.6%	中芯国际认购江苏长电科技 14.26%股权成为第一大股东
20	2017.5.22	海尔	GREENone TEC	未披露	5 月 17 日，海尔对 GREE None TEC 的 51%股权并购，完成对全球最大太阳能制造商的并购，该公司在欧洲市场占 25%，出口 40 多个国家
21	2017.5.3	大唐电信	高通、北京建广资本	未公布	合作联手，面向低端手机芯片市场
22	2017.6.2	翱捷科技（上海）ASR	美满电子（Marvell 迈威尔）的 MBU（移动通信部门）	未公布	借 Marvell 基带，团队再战移动通信芯片市场，拥有全网通技术
23	2017.6.30	阿里巴巴	中兴软创	20 亿～30 亿元	收购中兴软创，交易已接近达成
24	2017.7.6	顺络电子	深圳信柏	100%股权	进军结构陶瓷材料产业
25	2017.7.24	紫光集团	山东金泰	13 亿元	占金泰股份 5.13%
26	2017.7.26	Canyon Bridge（有中资背景）	Imagination	13 亿美金	正在谈判，生产 FPGA（美国 CFIUS 可能干预）

续表

序号	日期	兼并方名称	被兼并方名称	金额	要约摘录
27	2017.7.27	江苏雅克科技（宜兴）	成都科美公司（90%）	10亿元	特种气体六氟化硫（年产8500吨）、电子级四氯化碳（年产1200吨），年产值100亿元
			江苏光科（84.8%）	11.5亿元	
28	2017.8.1	武岳峰	思源电气	未披露	武岳峰-思源电气-上海承芯，占5%股权
29	2017.8.5	北斗星通	加拿大RX Networks Inc	100%股权（未披露金额）	RX.N.L公司是运营网络及核心专利，主流A-GNS3服务公司
30	2017.8.10	华润微电子	中航重庆渝德	由国家国资委决定划拨，为Foundry的整合型	华润有4条6～8英寸线，为IDM企业，居全国第四位。中航（重庆）微电子公司，前身为渝德科技（重庆），成立于2007年4月，在2011年9月变更为中航航电控股公司，有一座8英寸月产4万片的工厂，工艺制程为0.15μm
31	2017.8.24	上海贝岭	锐能微	5.9亿元 100%股权	锐能微致力智能电表计量芯片，贝岭在智能电表芯片做大、做强
32	2017.8.28	大基金	兆易创新	14.6亿元	占股11.00%
33	2017.8.31	中国私募基金（CBCP）	莱迪思半导体（LSCC.O）	13亿美元	面临美国外资投审委（CFIUS）审批
34	2017.9.4	江波龙电子（Longsys）	雷克沙（Lexar）	未披露	（原为美光旗下）存储器的商标和品牌权利，零售业务
35	2017.9.11	方大化工	长沙韶光	3.6亿元	占韶光微电子70%股权，军工IC产品
			威科电子	4.5亿元	主产厚膜电路，厚膜陶瓷多芯片组件（MCM）
36	2017.9.23	中国私募基金（Canyon Bridge）	英国Lmagination	5.5亿英镑（约6.75亿美元）	图像处理器（GPU）（待审核通过）
37	2017.9.21	北斗星通	德国in-tech	未披露	投股57.14%。德国in-tech主产汽车电子测试业务
38	2017.9.28	北京华胜天成科技	泰凌微电子（上海）	18.6亿元	物联网芯片、高集成SoC芯片
39	2017.10.19	雅克科技	科美特 江苏先科	24.67亿元	控股9%（大基金占股30.6%），投股100%（大基金占股7.4%），成为第三大股东

续表

序号	日期	兼并方名称	被兼并方名称	金额	要约摘录
40	2017.10.30	扬州扬杰	成都青洋	未披露	收购60%的股权，8英寸以下硅片，具有1200万片/年能力
41	2017.11.6	汇发投资（联发科子公司）	—	6.27%股权	汇发所持汇顶20.91%股权，拟出售其中6.27%股权实现获利
42	2017.11.15	中芯国际	新加坡STI公司	未披露	STI公司有制造集成度高的后端设备、专有视觉解决方案，可纳入整个半导体设备系列
43	2017.11.15	海信	东芝影像公司	7.5亿元	收购东芝影像公司95%的股权
44	2017.11.22	奥瑞德	合肥瑞成	71.85亿元	100%股权，合肥瑞成实现经营主体为荷兰Amplem集团，系原恩智浦半导体公司射频事业部，以专业研发、设计、生产经营高功率射频功率芯片产品为主。奥瑞德募集资金23亿元，用于GaN和SiC功率器件
45	2017.11.26	紫光集团	矽品科技（苏州）	10.3亿元	购得矽品科技（苏州）有限公司30%股权，形成设计、制造、封装产业链
46	2017.11.22	IC大基金	联发科汇顶科技	21.0亿元	汇顶科技出售5%给国家大基金，大基金占汇顶科技6.65%，市值为28.3亿元
47	2017.12.1	阿里	以色列Visualead	5000万美元	在以色列建研发中心，强化AR/VR
48	2017.12.8	博敏电子	君天恒讯	12.5亿元	收购君天恒讯100%股权，其为主产PCB，集合化定制方案，技术互补
49	2017.12.14	华大半导体	先进半导体（东方资管）	11.69%股权	借道东方资管收购先进半导体11.69%股权，华大拥有上海贝岭26.45%股权，上海贝岭拥有先进半导体5.28%股权
50	2017.12.14	京东方	颀中科技（苏州）	11亿元（1.66亿美元）	合肥市政府、北京芯动、北京奕斯伟等，占股30%。京东方合肥市政府已占股53.6%，主产TFT-LCD封装，用于COF基板等

续表

序号	日期	兼并方名称	被兼并方名称	金额	要约摘录
51	2017.12.24	华芯旗下（UCM）	美国 Xcerra	40 亿美元	Xcerra 再次向美国外资投资委员会（CFIUS）提出申请希望批准华芯下属子公司 UCM 收购 Xcerra（等待审批）
52	2017.12.29	兆易创新	上海思立微	未披露	北京兆易创新拟收购上海思立微 100%股份，获得其新一代智能移动终端传感器 SoC 芯片和解决方案的研发和销售渠道等

第八节　2017 年中国集成电路设计业发展情况

一、2017 年中国集成电路设计业总体发展情况

2017 年，全球半导体产业一扫过去几年的低迷和阴霾，迎来近年来少有的发展高潮。据 WSTS/SIA（世界半导体贸易协会/美国半导体产业协会）统计报告：2017 年全球半导体销售达到 4122.2 亿美元，比 2016 年增长近 21.6%。这次全球半导体产业的大幅跳跃增长，固然有存储器等大宗产品涨价的因素，也从另外一个侧面反映了全球半导体市场需求旺盛、产能不足的现实。

我国集成电路设计业在全球高端制造产能严重不足的情况下，维持了高速增长的势头，业绩继续上扬，成为近年来增长速度最高的一年。2017 年中国集成电路设计业发展总体呈现：产业规模持续扩大，区域发展精彩纷呈，产品创新步伐明显，发展质量不断改善。

1．2017 年中国集成电路设计产业规模持续扩大，增量趋于稳定

2017 年全国共有约 1380 家设计企业，比 2016 年的 1362 家增加了 18 家，总体变化率不大，增量趋于稳定发展，如图 2.8.1 所示。

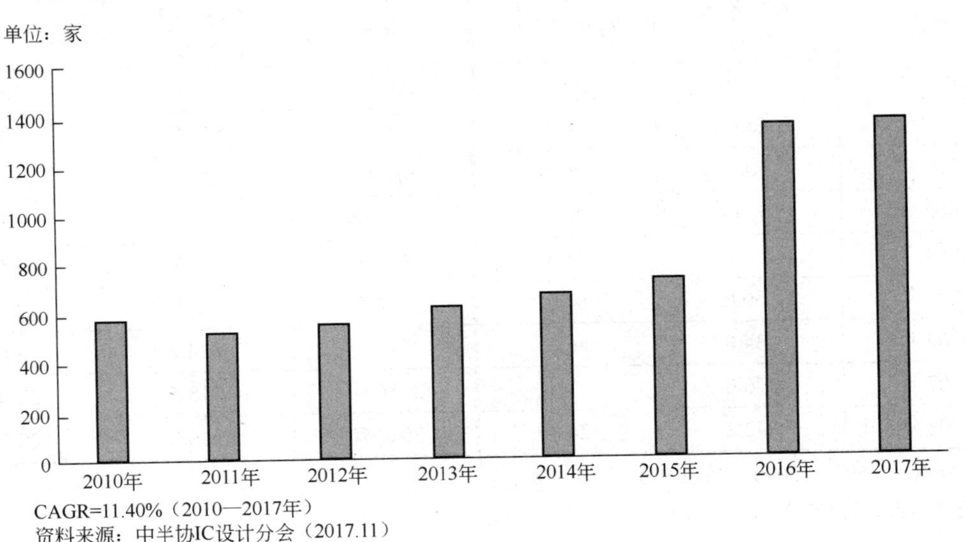

图 2.8.1　2010—2017 年中国集成电路设计业企业数

2．2017 年中国集成电路设计业销售收入

据中国半导体产业协会统计报道：2017 年中国集成电路设计业销售收入为 2073.5 亿元，同比增长 26.1%，如图 2.8.2 所示。

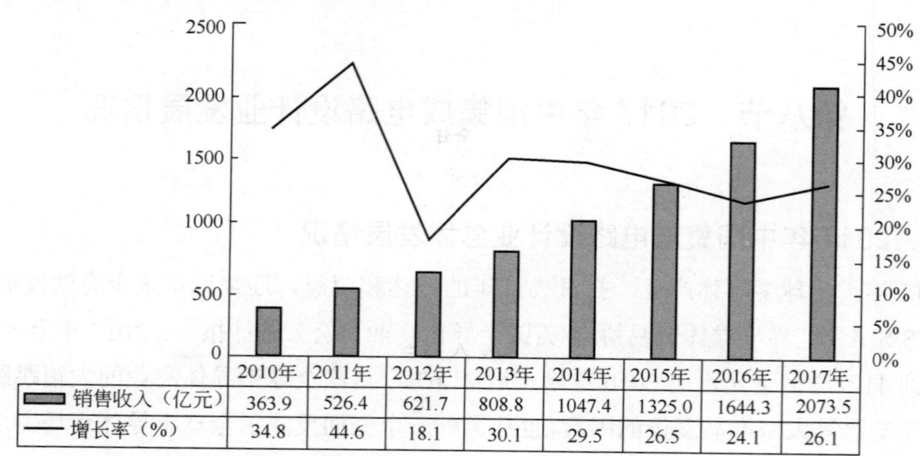

	2010年	2011年	2012年	2013年	2014年	2015年	2016年	2017年
销售收入（亿元）	363.9	526.4	621.7	808.8	1047.4	1325.0	1644.3	2073.5
增长率（%）	34.8	44.6	18.1	30.1	29.5	26.5	24.1	26.1

CAGR= 28.22%（2010—2017年）
资料来源：CSIA/Jssia整理（2018.4）

图 2.8.2　2010—2017 年中国集成电路设计业销售收入及增长情况

根据中国半导体行业协会集成电路设计分会 2017 年 11 月召开的年会公布：2017 年中国集成电路设计业销售收入预计为 1946.0 亿元，较 2016 年的 1518.5 亿元增长 28.2%，具体见表 2.8.1 和表 2.8.2。

表2.8.1　2000—2017年中国集成电路设计业销售收入规模及发展情况

年份	销售收入（亿元）	同比（%）	年份	销售收入（亿元）	同比（%）
2000 年	11.0	266.7	2009 年	379.8	11.0
2001 年	15.0	36.4	2010 年	550.0	44.8
2002 年	30.0	100.0	2011 年	624.3	13.5
2003 年	57.6	72.8	2012 年	680.5	9.0
2004 年	81.5	41.5	2013 年	874.5	28.5
2005 年	150.0	84.0	2014 年	982.5	12.3
2006 年	234.0	56.0	2015 年	1234.2	25.6
2007 年	276.0	17.9	2016 年	1518.5	23.0
2008 年	342.2	24.0	2017 年	1946.0	28.2

CAGR=35.59%（2000—2017 年）
资料来源：ICCAD（2017.11）

表2.8.2　2017年中国集成电路设计业各季度销售收入情况

指标名称	单位	2017 年					2016 年				
		Q1	Q2	Q3	Q4	全年	Q1	Q2	Q3	Q4	全年
销售收入	亿元	351.6	478.5	638.3	605.1	2073.5	283.9	401.6	489.2	469.6	1644.3

续表

指标名称	单位	2017 年					2016 年				
		Q1	Q2	Q3	Q4	全年	Q1	Q2	Q3	Q4	全年
同比	%	23.8	19.1	30.5	28.9	26.1	26.1	23.5	25.1	22.4	24.1
环比	%	−25.1	36.1	33.4	−5.2	—	−26.0	41.5	21.8	−4.0	—
占比	%	36.8	38.4	44.2	34.3	38.3	35.5	38.3	43.2	34.6	37.9

3．2017 年中国集成电路设计业销售收入占全国 IC 产业的比重

2017 年中国集成电路设计业销售收入为 2073.5 亿元，占全国集成电路产业销售收入 5411.3 亿元的 38.3%，见表 2.8.3。

表2.8.3　2010—2017年中国集成电路设计业销售收入占全国IC产业销售收入的比重

指标名称	单位	2010 年	2011 年	2012 年	2013 年	2014 年	2015 年	2016 年	2017 年
全国 IC 总收入	亿元	1440.2	1933.7	2158.5	2508.5	3015.4	3609.8	4335.5	5411.3
IC 设计业收入	亿元	363.9	526.4	621.7	808.8	1047.4	1325.0	1644.3	2073.5
占比	%	25.3	27.2	28.9	32.2	34.7	36.7	37.9	38.3

资料来源：CSIA/Jssia 整理

4．2017 年中国集成电路设计业销售收入占世界 IC 设计业的比重

2017 年中国集成电路设计业销售收入为 2073.5 亿元，约合 311.8 亿美元（按 6.65 元比 1 美元折算），占 2017 年世界集成电路设计业销售收入 1006.1 亿美元的 31.0%，见表 2.8.4。

表2.8.4　2010—2017年中国大陆地区集成电路设计业销售收入在世界同业中的比重

指标名称	单位	2010 年	2011 年	2012 年	2013 年	2014 年	2015 年	2016 年	2017 年
占比	%	9.2	12.3	13.8	16.6	18.6	26.4	31.9	31.0

二、2017 年中国集成电路设计业主要区域发展情况

1．2017 年中国集成电路设计业区域分布情况

根据中国半导体行业协会集成电路设计分会统计分析报道。

在 2017 年中国集成电路设计业中，长江三角洲、珠江三角洲、京津环渤海和中西部地区均达到两位数的增长。长江三角洲、珠江三角洲、京津环渤海和中西部地区的产业规模分别达到 661.69 亿元、687.50 亿元、403.45 亿元和 193.34 亿元，增长率分别达到 22.49%，38.61%，13.86%和 51.09%。珠江三角洲和中西部地区的增长率高于全国的平均数 28.15%。中西部地区的增长在 2016 年达到 74.83%后，继续保持增速第一，达到 51.09%，比全国平均数高出 22.94 个百分点，产业规模接近 200 亿元，占全行业的比重达到 9.94%，比 2016

年的8.43%提高了1.5个百分点。珠江三角洲地区的增速比全国平均数高10.46个百分点，产业规模占全行业的比重为35.33%，与2016年基本持平；长江三角洲地区的增速比全国平均数低了5.66个百分点，产业规模占全行业的比重为34%，较2016年的32.66%提高了1.34个百分点；京津环渤海地区的增长速度比全国平均数低14.29个百分点，产业规模占全行业的比重为20.73%，较2016年的23.34%低了2.61个百分点；中西部地区产业规模占全行业的比重为9.9%，比2016年的8.4%提高了1.5个百分点，具体如表2.8.5和图2.8.3所示。

表2.8.5　2017年IC设计业各地区发展情况

（单位：亿元）

地区与主要城市		2017年销售收入	2016年销售收入	同比增长（%）	2017年占比（%）
长江三角洲	上海	376.91	338.30	11.41	19.37
	杭州	75.11	56.99	31.80	3.86
	无锡	95.00	65.00	46.15	4.88
	苏州	40.00	32.50	23.08	2.06
	南京	50.00	34.00	47.06	2.57
	合肥	24.67	13.42	83.83	1.27
	小计	661.69	540.21	22.49	34.00
珠江三角洲	深圳	579.17	420.00	37.90	29.76
	珠海	46.00	27.60	66.67	2.36
	香港	15.20	12.40	22.58	0.80
	福州	15.13	15.00	0.87	0.80
	厦门	32.00	21.00	52.38	1.64
	小计	687.50	496.00	38.61	35.33
京津环渤海	北京	365.00	325.61	12.10	18.76
	天津	19.01	13.71	38.66	0.98
	大连	7.99	7.03	13.66	0.41
	济南	11.45	8.00	43.13	0.58
	小计	403.45	354.35	13.86	20.73
中西部地区	成都	46.70	38.00	22.89	2.40
	西安	77.16	35.96	114.57	3.97
	武汉	33.00	25.00	32.00	1.70
	重庆	9.48	7.00	35.43	0.49
	长沙	27.00	22.00	22.73	1.39
	小计	193.34	127.96	51.09	9.94
总计		1945.98	1518.52	28.15	100.00

资料来源：ICCAD（2017.11）

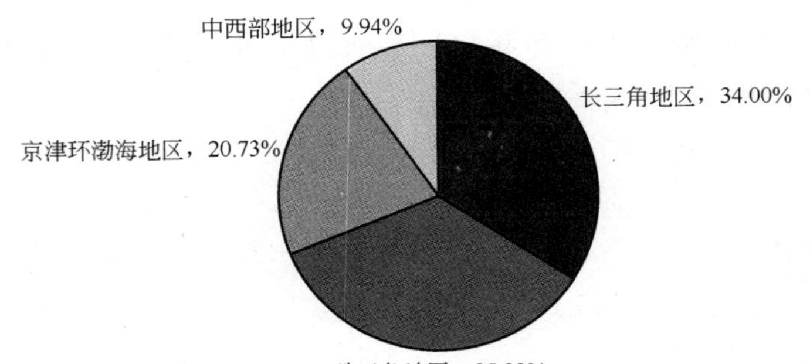

图 2.8.3　2017 年各地区集成电路设计业销售收入占全国 IC 设计业比例

- 长三角地区 IC 设计业销售收入占比同比下降 1.6 个百分点；
- 珠三角地区 IC 设计业销售收入占比同比上升 2.6 个百分点；
- 京津环渤海地区 IC 设计业销售收入占比同比下降 2.6 个百分点；
- 中西部地区 IC 设计业销售收入占比同比上升 1.5 个百分点。

注：以 ICCAD 数据计算（2017.11）。

2．2017 年中国集成电路设计业销售收入增速前十位城市

2017 年中国集成电路设计业销售收入增长速度最快的城市前十名中：西安市同比增长 114.57%，居第一位；合肥市同比增长 83.83%，居第二位；珠海市同比增长 66.67%，居第三位，具体见表 2.8.6。

表2.8.6　2017中国集成电路设计业销售收入增长速度前十位城市

排序	2016 年		2017 年	
	城市	增长率	城市	增长率
1	合肥	872.46%	西安	114.57%
2	长沙	431.40%	合肥	83.83%
3	济南	56.56%	珠海	66.67%
4	珠海	55.06%	厦门	52.38%
5	杭州	54.78%	南京	47.06%
6	香港	34.34%	无锡	46.15%
7	无锡	33.72%	济南	43.13%
8	苏州	25.97%	天津	38.66%
9	西安	25.73%	深圳	37.90%
10	成都	22.58%	重庆	35.43%

从表 2.8.6 可以看出，在 2017 年集成电路设计业销售收入增长前十位地区中，厦门市、

南京市、天津市、深圳市、重庆市等新晋上榜，但长沙市、杭州市、香港、苏州、成都市被挤出增速前十名，如图2.8.4所示。

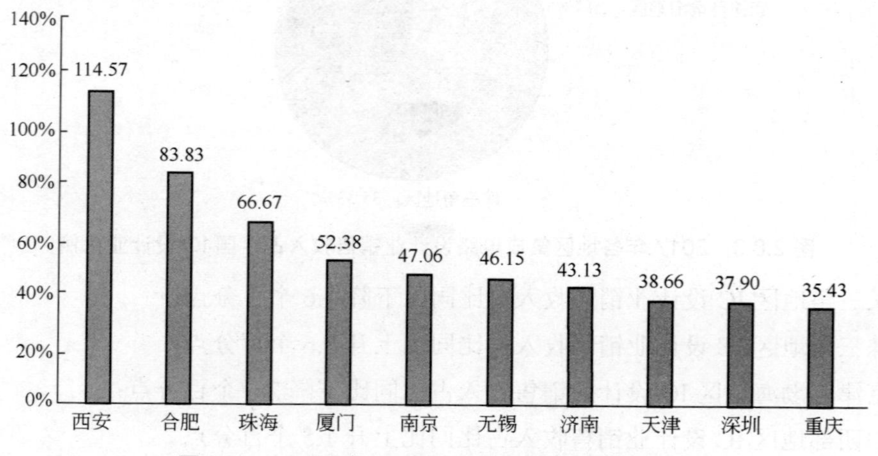

图2.8.4 2017年IC设计业增速最快的十个城市

3. 2017年中国集成电路设计业发展规模前十位城市

2017年我国设计业规模位居前十位的城市与2016年的情况一样，长江三角洲地区有5个城市、珠江三角洲地区和中西部地区各有2个城市进入前十，京津环渤海地区仅有北京1个城市进入前十。这10个城市的产业规模之和达到1751.05亿元，占全行业的比重为89.98%，比2016年的90.5%下降了0.52个百分点，具体见表2.8.7。

表2.8.7 2017中国集成电路设计业发展规模前十位城市

排序	2016年		2017年			
	城市	销售收入（亿元）	城市	销售收入（亿元）	同比（%）	占比（%）
1	深圳	420.00	深圳	579.17	37.89	33.08
2	上海	338.30	上海	376.91	11.41	21.52
3	北京	325.61	北京	365.00	12.10	20.84
4	无锡	65.00	无锡	95.00	46.15	5.43
5	杭州	56.99	西安	77.16	114.57	4.41
6	成都	38.00	杭州	75.11	31.80	4.30
7	西安	35.96	南京	50.00	47.06	2.86
8	南京	34.00	成都	46.70	22.89	2.67
9	苏州	32.50	珠海	46.00	70.37	2.63
10	珠海	27.60	苏州	40.00	66.67	2.29
总计		1373.96		1751.05	27.4	100.0

资料来源：ICCAD（2017.11）

从表 2.8.7 可以看出，2017 年中国集成电路设计业前十大城市销售收入为 1751.05 亿元，较 2016 年的 1373.96 亿元，同比增长 27.4%，占全国总值的 89.98%。深圳市以 579.17 亿元，同比增长 37.89%，占全国总值的 29.76%，占全国前十名城市的 33.08%，继续领先居第一位；上海市以 376.91 亿元，同比增长 11.41%，占全国总值的 19.36%，占前十名城市的 21.52%，居第二位；北京市以 365.00 亿元，同比增长 12.10%，占全国总值的 18.76%，占前十名城市的 20.84%，居第三位。在前十大城市排名中，2017 年与 2016 年相比较，深圳、上海、北京、无锡名次不变，西安市上升 2 位，南京市、珠海市晋级 1 位，杭州市、苏州市后退 1 位，成都市后退 2 位，如图 2.8.5 所示。

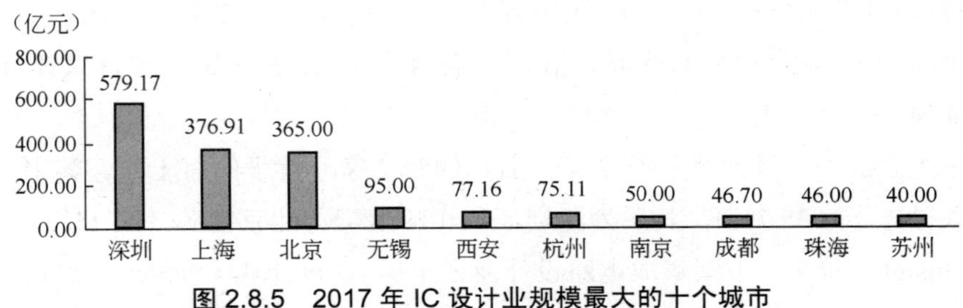

图 2.8.5　2017 年 IC 设计业规模最大的十个城市

三、2017 年中国集成电路设计业企业发展情况

1．2017 年中国集成电路设计业前十大企业

2017 年中国集成电路设计业前十大企业销售收入总和约 788.2 亿元，同比增长 13.7%，增速与 2016 年相较后退 10.4 个百分点，占到同期集成电路设计业总值的 38.0%，具体见表 2.8.8。

表2.8.8　2017年中国集成电路设计业十大企业排序

2017 年排序	企业名称	2017 年销售收入（亿元）	2016 年销售收入（亿元）	同比（%）	占比（%）	占设计业总值（%）
1	深圳市海思半导体有限公司	361.0	303.0	19.1	45.8	17.4
2	清华紫光展锐	110.0	125.0	−12.0	14.0	5.3
3	深圳市中兴微电子技术有限公司	76.0	56.0	35.7	9.6	3.7
4	华大半导体有限公司	52.1	47.6	9.5	6.6	2.5
5	北京智芯微电子科技有限公司	44.9	35.6	26.1	5.7	2.2
6	深圳市汇顶科技股份有限公司	38.7	30.0	29.0	4.9	1.9
7	杭州士兰微电子股份有限公司	31.8	27.6	15.2	4.0	1.5
8	敦泰科技（深圳）有限公司	28.0	23.5	19.1	3.6	1.4
9	格科微电子（上海）有限公司	25.2	34.0	−25.9	3.2	1.2

续表

2017年排序	企业名称	2017年销售收入（亿元）	2016年销售收入（亿元）	同比（%）	占比（%）	占设计业总值（%）
10	北京中星微电子有限公司	20.5	20.5	0.0	2.6	1.0
集成电路前十大企业营收额合计		788.2	693.1	13.7	100.0	38.0
全国集成电路设计业营收额合计		2073.5	1644.3	26.1	—	100.0

资料来源：CSIA/Jssia 整理（2018.3）

- 2017年中国集成电路产业十大设计企业销售收入为788.2亿元，同比增长13.7%，占到设计业总值的38%。与2016年相比，前7名企业排名无变化。
- 从前十大企业企业分布来看，珠三角有4家，长三角有2家，京津环渤海地区有4家。

在前十大企业中，同比增长有7家，后退的有2家，持平的有1家。其中，增长率最高的是中兴微电子（35.7%），其后为深圳汇顶（29.0%）、北京智芯（26.1%）。

据IC Insights报道，中国集成电路设计业占全球IC设计业（Fabless）总值的11%，其中，进入全球前五十大企业的有10家，分别是深圳海思、紫光展锐、中兴微电子、华大半导体、南瑞智芯、芯成半导体（北京矽成）、大唐半导体、北京兆易创新、澜起科技、瑞芯微。其中，深圳海思居全球第七位、紫光展锐居第十位。

2. 2017年中国集成电路设计业过亿元企业情况

2017年集成电路设计企业整体经营质量继续得到改善，有191家企业的销售收入超过1亿元，比2016年增加30家，增长18.63%。这191家销售过亿元的企业销售收入总和达到1771.49亿元，比2016年增加了541.93亿元，同比增长44.08%，占全行业销售总和的91.03%，与2016年提升了10.06个百分点，产业集中度有所提升，具体见表2.8.9。

表2.8.9　2010—2017年中国IC设计企业销售过亿企业数量增长情况

年份	数量（家）	增长（%）	年份	数量（家）	增长（%）
2010年	79	—	2014年	134	7.20
2011年	99	25.32	2015年	143	6.72
2012年	97	−2.02	2016年	161	12.59
2013年	125	28.87	2017年	191	18.63

3. 2017年中国集成电路设计业销售过亿元企业的区域分布情况

2017年中国集成电路设计业销售收入过亿元企业地区分布：长江三角洲地区的销售过亿元企业的数量最多，共92家，比2016年增加21家，占比达到48.17%，同比增长29.6%；珠江三角洲地区有33家企业销售过亿元，比2016年减少5家，占比为17.28%，同比减少

13.2%；京津环渤海地区有 37 家，比 2016 年增加 5 家，占比 19.37%，同比增长 15.6%；中西部地区有 29 家企业销售过亿元，比 2016 年增加 9 家，同比增长 45%，占比提升到 15.18%，具体见表 2.8.10。

表2.8.10　2016—2017年销售过亿元企业的区域分布情况

区域	2016 年		2017 年		
	数量（家）	占比（%）	数量（家）	占比（%）	同比（%）
珠江三角洲	38	23.60	33	17.28	-13.2
长江三角洲	71	44.10	92	48.17	29.6
京津环渤海	32	19.88	37	19.37	15.6
中西部	20	12.42	29	15.18	45.0
总计	161	100	191	100	18.6

4．2017 年中国集成电路设计业销售收入过亿元企业城市分布情况

2017 年中国集成电路设计业销售过亿元企业的城市分布情况如下：上海的数量最多，达到 38 家，比 2016 年增加 2 家，占比为 19.90%；北京次之，共 30 家，比 2016 年减少 3 家，占比 15.71%；深圳排在第三位，有 17 家企业销售过亿元，比 2016 年减少 3 家，占比 8.90%。无锡、杭州各有 12 家企业销售超亿元，南京、苏州分别有 11 家和 10 家企业销售超亿元。香港和武汉新进入拥有销售过亿元企业的城市行列，分别拥有 2 家和 3 家，具体见表 2.8.11。

表2.8.11　2017年中国集成电路设计业销售过亿元企业的城市分布情况

2016 年			2017 年			
城市	数量（家）	占比	城市	数量（家）	占比	同比
北京	33	20.50%	北京	30	15.71%	-9.10
天津	3	1.86%	天津	5	2.62%	66.67
大连	1	0.62%	大连	1	0.52%	平
济南	1	0.62%	济南	1	0.52%	平
上海	36	22.36%	上海	38	19.90%	5.67
无锡	12	7.45%	无锡	12	6.28%	平
苏州	4	2.48%	苏州	10	5.24%	150.0
杭州	10	6.21%	杭州	12	6.28%	20.0
南京	5	3.11%	南京	11	5.76%	120.0
合肥	4	2.48%	合肥	9	4.71%	125.0
深圳	20	12.42%	深圳	17	8.90%	-15.0
珠海	8	4.97%	珠海	9	4.71%	12.5

续表

2016 年			2017 年			
城市	数量（家）	占比	城市	数量（家）	占比	同比
福州	1	0.62%	福州	1	0.52%	平
厦门	3	1.86%	厦门	4	2.09%	33.33
成都	5	3.11%	成都	9	4.71%	80.0
重庆、绵阳	1	0.62%	重庆	2	1.05%	100.0
长沙	6	3.73%	长沙	7	3.66%	16.67
西安	8	4.97%	西安	8	4.19%	平
—	—	—	香港	2	1.05%	—
—	—	—	武汉	3	1.57%	—
总计	161	100%	总计	191	100%	18.6%

5. 2017 年中国集成电路设计业各地区按营收额排列分布情况

2017 年中国集成电路设计业各区域内不同营收额企业的分布情况，其中销售 0.5 亿～1 亿元的企业数量从 201 家减少到 189 家，减少率为 5.97%，说明有一些企业已经晋级亿元俱乐部；营收额 1000 万～5000 万元的企业数量从 256 家增长到 352 家，增长率为 37.5%；而营收额小于 1000 万元的企业从 742 家减少到 648 家，减少率为 12.67%，可以认为一部分原来销售少于 1000 万元的企业取得了明显进步，进入上一个档次。通过统计数据分析，营收额大于 1000 万元的 732 家企业贡献了超过 1880 亿元的销售总额，占全行业销售的比例达到 96.67%，具体见表 2.8.12。

表2.8.12　2017年中国集成电路设计业按照营收额的企业区域分布情况

区域	n>1 亿元		0.5 亿元<n<1 亿元		1000 万元<n<5000 万元		n<1000 万元	
	数量（家）	占比	数量（家）	占比	数量（家）	占比	数量（家）	占比
珠江三角洲	33	17.28%	26	13.56%	48	13.64%	203	31.40%
长江三角洲	92	48.17%	99	52.54%	134	38.18%	242	37.40%
京津环渤海	37	19.37%	26	13.56%	99	28.18%	69	10.60%
中西部	29	15.18%	38	20.34%	70	20.00%	133	20.50%
合计	191	13.84%	189	13.88%	352	25.84%	648	47.58%

6. 2017 年中国集成电路设计业经营效益情况

根据部分统计数据预测，2017 年中国集成电路设计企业中：盈利企业的数量为 601 家，比 2016 年增加 98 家，提升了 19.5 个百分点；不盈利企业的数量则比 2016 年减少了 80 家。根据对排名前 100 的设计企业的统计，这些企业的平均毛利率约为 29.28%，比 2016 年下降了 1.32 个百分点；十大设计公司的平均毛利率为 28.67%，比 2016 年下降了 6.39 个百分点。这说明十大设计企业在规模增长的同时，盈利能力持续减弱的现象没有得到改善。

7. 2017 年中国集成电路设计业从业人员情况

2017 年中国集成电路设计企业的人员规模统计数据表明：人数超过 1000 人的企业达到 16 家，比 2016 年增加了 4 家；人员规模 500～1000 人的企业有 20 家，与 2016 年持平；人员规模 100～500 人的有 121 家，比 2016 年减少 2 家；人数少于 100 人的小微企业占总数的 88.62%，与 2016 年的比例持平。

统计情况表明，2017 年我国芯片设计业的从业人员规模与 2016 年的情况基本相同，略有增长，大约为 14 万人。因而得出人均产值 139 万元，约合 20.9 万美元，回到前几年的水平，具体见表 2.8.13。

表2.8.13　2016—2017年中国集成电路设计企业人员分布规模情况

年份		$n\geqslant1000$	$1000>n\geqslant500$	$500>n\geqslant100$	$n<100$	总计
2016 年	数量（家）	12	20	123	1207	1362
	占比（%）	0.88	1.47	9.03	88.62	100
2017 年	数量（家）	16	20	121	1223	1380
	占比（%）	1.16	1.45	8.77	88.62	100

8. 2017 年中国集成电路设计业产品结构调整情况

2017 年中国集成电路设计企业的主要产品领域与 2016 年度相比有一些变化，从事通信、多媒体、导航、功率和消费电子芯片设计的企业数量有所增加，从事智能卡、计算机、模拟芯片设计的企业数量有所下降，具体见表 2.8.14。

表2.8.14　2017年中国集成电路市场各个产品领域的设计企业及销售分布　（单位：亿元）

序号	领域	2016 年			2017 年			销售增长（%）
		企业（家）	比例（%）	销售总额	企业（家）	比例（%）	销售总额	
1	通信	241	17.67	688.4	266	46.24	899.74	30.70
2	智能卡	69	5.05	131.67	62	7.15	139.15	5.68
3	计算机	107	7.89	112.53	85	6.59	128.28	13.99
4	多媒体	43	3.15	176.69	72	9.02	175.57	−0.63
5	导航	17	1.26	2.92	23	0.32	6.17	111.42
6	模拟	219	16.09	64.74	180	3.50	68.07	5.14
7	功率	77	5.68	30.05	82	3.94	76.67	155.14
8	消费类	589	43.22	311.52	610	23.24	452.33	45.20
		1362	100.0	1518.52	1380	100.0	1945.98	28.15

9．2017 年中国集成电路设计业对外并购基本停滞，资本运作鲜有成功

2017 年，受美国政府收紧中国资本收购美企的影响，对外并购基本上停滞。国内企业的资本运作情况也由于种种原因，未能实现突破。例如，君正微电子合并豪威科技由于很难获得监管层的批准而终止；随后，韦尔电子并购豪威电子的工作也由于相关方面无法达成一致而暂时搁浅。本来被业界给予厚望的北京兆易创新合并芯成科技的收购案，也由于外部因素而不得不放弃。

四、2017 年中国集成电路设计业技术进步情况

1．中国集成电路第十二届（2017 年度）中国半导体创新产品和技术项目评选结果（集成电路设计业部分）

由中国半导体行业协会、中国电子材料行业协会、中国电子专用设备工业协会和“中国电子报”报社组织有关专家共同评选出“第十二届（2017 年度）中国半导体创新产品和技术”项目，其中中国集成电路设计业获得项目见表 2.8.15。

表2.8.15　“第十二届（2017年度）中国半导体创新产品和技术”集成电路产品和技术获选项目

序号	单　　位	产品和技术
1	北京君正集成电路股份有限公司	智能视频处理器芯片 T20
2	杭州国芯科技股份有限公司	高集成度 DVB-S2 高清 SoC 芯片 GX6605S
3	晶晨半导体（上海）有限公司	64 位可升级智能电视 SoC T966
4	珠海全志科技股份有限公司	高集成度多核智能硬件应用处理器 R16 芯片
5	盛科网络（苏州）有限公司	SDN 高密度万兆以太网交换芯片 CTC8096（GoldenGate）
6	北京智芯微电子科技有限公司	高安全互感器电子标签
7	炬芯（珠海）科技有限公司	高性能智能蓝牙音频 SoC ATS2825
8	珠海市杰理科技股份有限公司	一体化低功耗双模蓝牙系统级 SOC 芯片 BR17
9	无锡华润矽科微电子有限公司	符合 Qil.2 标准的无线充电发送端控制电路 CS4967
10	北京中科汉天下电子技术有限公司	面向 4G LTE 的基于标准 CMOS 工艺的可重构射频前端模块 HS8816
11	灿芯半导体（上海）有限公司	面向新一代工业物联网应用的通信系统解决方案
12	湖南国科微电子股份有限公司	高集成度多模卫星导航芯片 GK9501
13	杭州万高科技股份有限公司	无晶振、低功耗单相多功能电能计量芯片
14	新相微电子（上海）有限公司	光学指纹识别的电源管理芯片 NV7011
15		高品质超高清电视液晶显示驱动芯片 NV2047
16	北京时代民芯科技有限公司	双通道 12 位 1.6GSPS　A/D 转换器 MXT2022
17	上海富瀚微电子股份有限公司	高性能网络摄像机芯片 FH8812

续表

序号	单 位	产品和技术
18	中国科学院电子学研究所	高精度硅基 MEMS 谐振式压力传感器
19	无锡华润矽科微电子有限公司	智能独立式感烟火灾探测报警系列电路 CS2108
20	河北美泰电子科技有限公司	汽车自动驾驶 MEMS 惯性与卫星组合导航系统

2. 2017 年“中国芯”评选获奖企业和产品

2017 年第十二届“中国芯”评选获奖企业和产品共征集到来自 93 家企业的 127 份申报材料，其中，20 多家企业首次参加中国芯评选。参选数量分布上，位列前五的细分产品为音视频及图像处理、射频功率器件、通信芯片、电源芯片、指纹识别类。

在专利表现上，申报最佳市场表现的产品共申请专利 440 项，获得专利 162 项。平均每款芯片申请专利约 15 项，获得专利约 5 项。

申报最具潜质奖的产品共申请专利 777 项，获得专利 244 项。平均每款产品申报专利约 13 项，获得专利约 4 项。

参选企业的地域分布来看，上海、北京以及深圳的参选企业占全部参选企业数量的 53%。

第十二届“中国芯”获奖企业和产品名单见表 2.8.16～表 2.8.21。

表2.8.16 最佳市场表现产品

企业名称	获奖产品及型号
北京兆易创新科技股份有限公司	GD32 MCU GD32F130C6T6
炬芯（珠海）科技有限公司	高清视频解码 SoC-ATJ2273
上海思立微电子科技有限公司	按压式指纹识别芯片 GSL6185
上海安路信息科技有限公司	Eagle 系列 FPGA 芯片 AL3A10
展讯通信（上海）有限公司	展讯 SC9832
上海富瀚微电子股份有限公司	低功耗、高性能专业安防摄像机图像处理芯片 FH8536E
澜起科技（上海）有限公司	M88DDR4RCD
福州瑞芯微电子股份有限公司	高性能互联网络机顶盒 SoC 芯片 RK3228
珠海全志科技股份有限公司	智能视频编码处理器芯片 V3
杭州国芯科技股份有限公司	高集成度 DVB-S2 高清 SoC 芯片 GX6605S
格科微电子（上海）有限公司	800 万像素图像传感器 GC8024
深圳市汇顶科技股份有限公司	玻璃盖板指纹芯片 GF5126MA
建荣集成电路科技（珠海）有限公司	蓝牙音频 SoC 芯片 CW669X
湖南国科微电子股份有限公司	高性能网络摄像机芯片 GK7102
珠海艾派克微电子有限公司	打印机耗材 SoC 芯片 UM5012

表2.8.17　最具潜质产品

企业名称	获奖产品及型号
深圳市中兴微电子技术有限公司	终端家庭网关芯片 ZX279127
联芸科技（杭州）有限公司	固态硬盘主控芯片 MAS090X
晶晨半导体（上海）股份有限公司	T962
盛科网络（苏州）有限公司	高密度智能万兆 SDN 以太网交换芯片 GoldenGate CTC8096
芯成半导体（上海）有限公司 ISSI	具有纠错（ECC）功能的 16Mb 异步静态随机存储器 IS61 64WV1024 16EDBLL
广州慧智微电子有限公司	四频 GSM/EDGE/TDSCDMA/TDD-LTE 射频前端 S2916
大唐微电子技术有限公司	指纹算法安全处理芯片 DMT-FAC-CG4Q
龙芯中科技术有限公司	龙芯 3A3000 处理器芯片
北京君正集成电路股份有限公司	智能视频处理器芯片 T20
西安智多晶微电子有限公司	SEALION2000 系列 FPGA SL2-12E-8F256C
锐迪科微电子（上海）有限公司	多媒体双模蓝牙芯片 RDA5836
深圳比亚迪微电子有限公司	1200V/200A IGBT 芯片 BWG193N1 20L
峰岹科技（深圳）有限公司	嵌入式和可编程“双核”电机驱动控制 MCU FU6831
杭州士兰微电子股份有限公司	六轴惯性传感器 SC7I20
北京集创北方科技股份有限公司	触控显示驱动整合芯片 ITDR ICN L9911

表2.8.18　安全可靠产品

企业名称	获奖产品及型号
北京同方微电子有限公司	双界面 POS 机 SoC 芯片 THM3100
杭州晟元数据安全技术股份有限公司	信息安全与指纹识别芯片 AS578

表2.8.19　最具创新应用产品

企业名称	获奖产品及型号
北京音磅其声科技有限公司	音磅一体化智能音箱 S-60
北京中科网威信息技术有限公司	中科神威千兆线速防火墙 NSFW-6000-L
南京龙渊众创空间股份有限公司	基于国产龙芯和自主协议 C-MAC 的无线模块 LY-MK1
珠海欧比特宇航科技股份有限公司	基于国产嵌入式处理器 S698-T 的飞行参数采集器 OBT-FCSJ
曙光信息产业股份有限公司	龙芯 3B3000 服务器
安徽中科龙安科技股份有限公司	龙芯国产大数据一体机 LoongSec-BDI

表2.8.20　最具投资价值企业

企业名称
广州慧智微电子有限公司
苏州能讯高能半导体有限公司
厦门芯阳科技股份有限公司
厦门意行半导体科技有限公司
峰岹科技（深圳）有限公司

表2.8.21　卓越投资团队

企业名称
华登国际 Walden Internation
北京清芯华创投资管理有限公司
北京盛世宏明投资基金管理有限公司

五、2017年中国集成电路设计业面临挑战

2017年，中国集成电路设计业延续多年的良好发展态势，服务器CPU、桌面计算机CPU、嵌入式CPU、智能终端芯片、智能电视芯片、多媒体芯片、存储器芯片等领域继续取得进步。

但是，整体技术水平不高，核心产品创新不力，企业竞争实力不强，野蛮生长痕迹明显等问题依然存在，设计业存在的深层次矛盾还未得到根本缓解。

一是我国芯片设计业提供的产品尚无法满足市场需求，微处理器、存储器等高端芯片占我国进口集成电路产品数量的近70%。

二是我国集成电路设计业的主流设计技术尚未摆脱跟随，总体技术路线跟在别人后面亦步亦趋的现状没有得到根本改变，产品创新能力有待提高。这些年来，我国企业的产品升级换代主要依靠工艺和EDA工具进步的现象并没有得到根本改观。能够根据自己的产品和所采用的工艺，自行定义设计流程，并采用COT设计方法进行产品开发的企业少之又少。

三是由于现有技术水平与国际主要玩家差距较大，企业在CPU、DSP和FPGA等高端芯片领域，缺乏在公开市场竞争的决心和勇气。

四是整体产业实力仍然不强。虽然2017年全行业的销售总和接近300亿美元，但仅占全球总额近4000亿美元市场的7.5%。

五是人才情况不容乐观。2017年设计业的人均产值刚刚超过20万美元。按此计算，要达到2020年目标4000亿元，设计业从业人数要新增14万人。2020年前我国高校累计能够培养出的毕业生总数约8万人，仍然有6万人以上的缺口。从人才质量上看，差距就更大了。人才是影响我国集成电路设计业快速发展的最大变量。

第九节　2017年中国集成电路晶圆业发展情况

2017年，中国集成电路产业发展处于黄金期，集成电路晶圆制造业（简称晶圆业）的快速发展，主要表现在：销售收入同比增长28.5%，位居三业增长率之首；国家政策、大基金等向晶圆制造业倾斜；各级政府和社会力量掀起晶圆生产线建线的热潮不减；集成电路晶圆制造工艺得到提升，28纳米量产，14/16纳米技术取得突破；市场需求扩大，晶圆业产能爆棚，呈现满负荷生产的状况，这是多年来未见的好年景。

一、2017年中国集成电路晶圆业发展概况

1．2017年中国集成电路晶圆业发展规模

2017年中国集成电路晶圆业销售收入为1448.1亿元，同比增长28.5%，增长率居集成电路产业三业（设计业、晶圆业、封测业）之首，如图2.9.1所示。

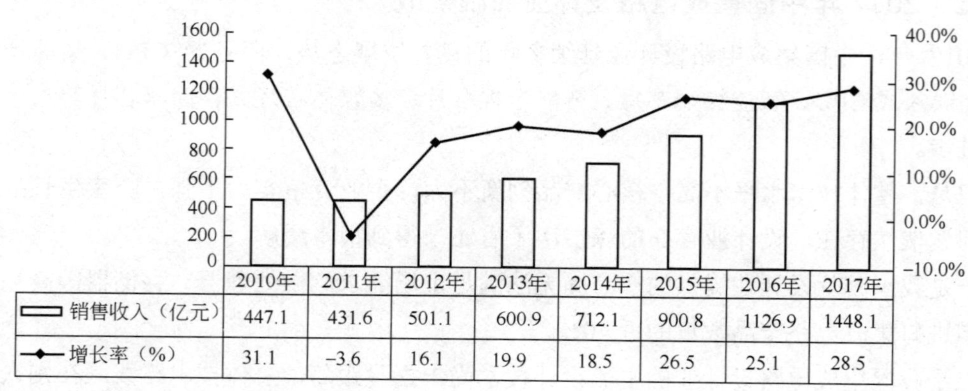

	2010年	2011年	2012年	2013年	2014年	2015年	2016年	2017年
销售收入（亿元）	447.1	431.6	501.1	600.9	712.1	900.8	1126.9	1448.1
增长率（%）	31.1	−3.6	16.1	19.9	18.5	26.5	25.1	28.5

CAGR=18.28%（2010—2017年）

图2.9.1　2010—2017年中国集成电路晶圆业销售收入及增长情况

2．2017年中国集成电路晶圆业在集成电路三业中的比重

2017年中国集成电路晶圆业营收额为1448.1亿元，占到同期集成电路销售收入总额的26.8%，如图2.9.2所示。

3．2010—2017年中国集成电路晶圆业占全国集成电路总值的比重演进

2010—2017年中国集成电路晶圆业占全国集成电路总值的比重演进如图2.9.3所示。

4．2010—2017年中国集成电路晶圆业在世界同业中占比演进

2017年中国集成电路晶圆业销售收入为1448.1亿元（按1∶6.65换算）约合217.8亿美元，占2017年世界集成电路晶圆业销售收入1908.6亿美元的11.4%，具体见表2.9.1。

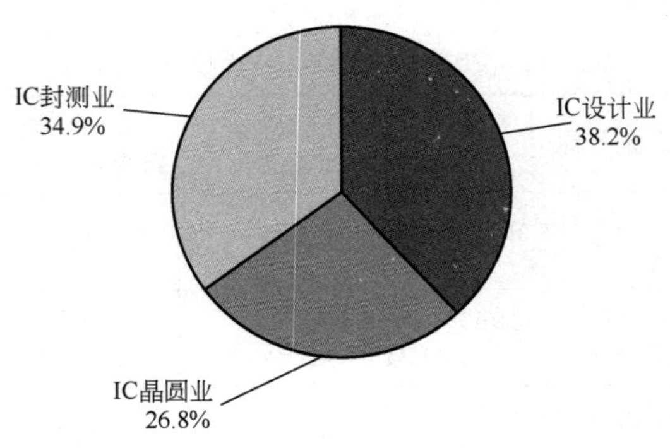

图 2.9.2　2017 年中国集成电路产业三业占比

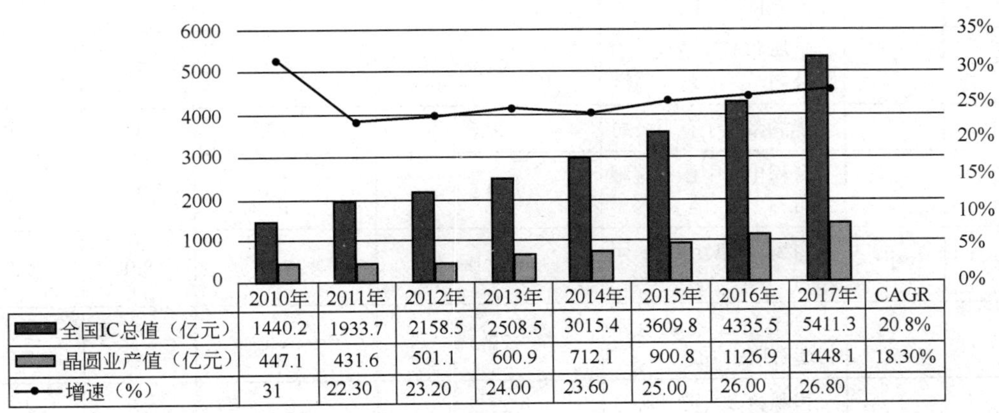

	2010年	2011年	2012年	2013年	2014年	2015年	2016年	2017年	CAGR
全国IC总值（亿元）	1440.2	1933.7	2158.5	2508.5	3015.4	3609.8	4335.5	5411.3	20.8%
晶圆业产值（亿元）	447.1	431.6	501.1	600.9	712.1	900.8	1126.9	1448.1	18.30%
增速（%）	31	22.30	23.20	24.00	23.60	25.00	26.00	26.80	

图 2.9.3　2010—2017 年中国集成电路晶圆业占全国集成电路总值的比重演进

表2.9.1　2010—2017年中国集成电路晶圆业在世界同业中的占比演进

指标名称	单位	2010 年	2011 年	2012 年	2013 年	2014 年	2015 年	2016 年	2017 年	CAGR
世界集成电路晶圆业销售收入	亿美元	1326.0	1302.8	1172.0	1230.7	1334.5	1433.2	1482.4	1908.6	5.34%
中国集成电路晶圆业销售收入	亿美元	71.5	69.1	80.2	96.1	113.9	144.1	173.4	217.8	17.25%
占比	%	5.4	5.3	6.8	7.8	8.5	10.1	11.7	11.4	—

注：中国集成电路晶圆业营收额中包括在中国的外资企业生产之值。

二、2017 年中国集成电路晶圆业企业情况

据中国半导体行业协会（CSIA）统计报道：2017 年中国集成电路晶圆业前十大企业销售收入达 1012.3 亿元，同比增长 22.3%，首破千亿元大关。2017 年前十大晶圆企业合计销售收入增幅同比下降 8.4 个百分点。表 2.9.2 给出了 2017 年中国半导体制造十大企业。

表2.9.2　2017年中国半导体制造十大企业

2017年排序	2016年排序	企业名称	2017年销售收入（亿元）	2016年销售收入（亿元）	同比（%）	2017年占比（%）
1	1	三星（中国）半导体有限公司	274.4	237.5	15.5	27.1
2	2	中芯国际集成电路制造有限公司	201.5（31.01亿美元）	202.2（29.14亿美元）	−0.3（6.4）	19.9
3	3	SK 海力士半导体（中国）有限公司	130.6	122.7	6.4	12.9
4	6	英特尔半导体（大连）有限公司	121.5	45.8	165.3	12.0
5	5	上海华虹（集团）有限公司	94.9	50.2	89.0	9.4
6	4	华润微电子有限公司	70.6	56.7	24.5	7.0
7	7	台积电（中国）有限公司	48.5	39.6	22.5	4.8
8	9	西安微电子技术研究所	27.0	25.0	8.0	2.7
9	—	武汉新芯集成电路制造有限公司	22.2	—	—	2.2
10	10	和舰科技（苏州）有限公司	21.1	17.5	20.6	2.1
合计			1012.3	827.5	22.3	100.0

注：中芯国际集成电路制造有限公司按人民币计价，则为同比下降0.3%；按美元计价则同比上升6.4%，这是汇率变化波动价差所致。

- 从2017年集成电路晶圆业前十大企业排名中来看：三星（中国）、中芯国际、SK海力士（中国）分居前三位，排名没有变化；英特尔（大连）前进两位，居第4名；华润微电子则后退两位居第6名；西安微电子所前进一位居第8名；武汉新芯以销售收入22.2亿元，首次进入前十名之列，居第9名。
- 2017年我国集成电路晶圆业前十大企业有4家企业实现年销售收入超百亿元，比2016年多1家（英特尔大连），其中，有2家超200亿元（三星中国、中芯国际）。
- 2017年我国集成电路晶圆业同比增长率都实现正增长，其中，英特尔（大连）同比增长165.3%，其产品结构调整（DRAM改制NAND）初见成效。上海华虹（集团）同比增长89.0%，居第二位，其华力微电子12英寸线投入生产及华虹宏力的8英寸线在特色工艺品种上已露锋芒，提升了华虹集成的整体实力。华润微电子以同比增长24.5%居第三位，其8英寸和6英寸线抓住市场热点产品，满负荷生产；在2017年下半年又吸收重庆中航的产能，使华润微电子公司更上一层楼。台积电（中国）、和舰科技（苏州）充分发挥8英寸生产线产能，同比成长率都超过20%以上的佳绩。尤其是和舰科技（苏州）首次突破年收入20亿元大关，达到21.1亿元，位居第10名。

- 从表2.9.3可以看出，地处京津环渤海地区的英特尔（大连）公司快速量产3D NAND Flash后，同比大增165.3%，占比提升6.6个百分点；长三角地区因无产能扩张的亮点，2017年成长率仅为9.2%，比2016年下滑7.6个百分点，占比率下滑6.6个百分点；中西部地区因三星（中国）和武汉新芯的增量，显得发展较快。

表2.9.3 2017年中国集成电路晶圆业前十大企业所在区域分布情况

序号	地区名称	2017年			2016年			2017年占比率增减情况
		销售收入（亿元）	同比（%）	占比（%）	销售收入（亿元）	同比（%）	占比（%）	
1	长三角地区	567.2	9.2	56.0	519.2	16.8	62.6	下降6.6个百分点
2	京津环渤海地区	121.5	165.3	12.0	45.8	107.2	5.6	上升6.4个百分点
3	中西部地区	323.6	23.3	32.0	262.5	57.5	31.8	上升0.2个百分点
4	合计	1012.3	22.3	100.0	82.75	30.7	100.0	

从表2.9.4可以看出，2017年我国集成电路晶圆业中，内资、中国台资、外资企业营收形成4∶1∶5的格局。

表2.9.4 2017年中国集成电路晶圆业前十大企业性质分类情况

序	企业性质	2017年			2016年		
		销售收入（亿元）	同比（%）	占比（%）	销售收入（亿元）	同比（%）	占比（%）
1	内资企业	416.2	14.2	41.1	364.4	31.2	44.0
2	中国台资企业	69.6	21.9	6.9	57.1	-7.4	6.9
3	外资企业	526.5	29.6	52.0	406.0	38.2	49.1
	合计	1012.3	22.3	100.0	827.5	30.7	100.0

三、2017年中国集成电路晶圆业生产线布局

（一）2017年中国集成电路晶圆业生产线概况

1．2017年中国集成电路晶圆制造企业现有生产线

2017年中国集成电路晶圆制造生产线（4英寸以上）约有171条，其中，12英寸生产线有13条；8英寸生产线有29条（包括2条中试线），6英寸生产线有64条（包括8条中试线），5英寸生产线有21条，4英寸生产线有44条。2017年，6～12英寸晶圆生产线产

能和工艺技术水平情况如表 2.9.5～表 2.9.7 所示。

表2.9.5　12英寸晶圆生产线产能和工艺技术水平情况（排名不分先后）

序号	单位名称	编号	产能（万片/月）	工艺技术水平（微米）
1	海力士（中国）	HC1	10.0	0.090～0.040 DRAM
2		HC2	7.0	0.045～0.020 CMOS、DRAM
3	中芯国际（上海）	Fab8 s2	3.5	0.065～0.028CMOS、逻辑芯片
4	中芯国际（北京）	Fab4	3.6	0.09～0.055 CMOS、逻辑芯片
5	中芯国际（北京）	Fab6	4.5	0.065～0.028 CMOS（Cu 制程）
6	中芯国际（北方）	Fabb2a	3.5	45～28 纳米 CMOS
7	中芯国际（深圳）	Fabb2A	3.5	45～28 纳米 COMS
8	英特尔（大连）	Fab68	6.0	0.065～0.04 CMOS、处理器、存储器快闪
9	武汉新芯	Fab1	2.5	0.09～0.055 CMOS、NAND 快闪
10	上海华力	HHFab5	3.5	0.65～0.55～0.028CMOS
11	三星电子（西安）	Fab1×1	12	0.045～0.02～0.01 NAND Flash
12	厦门联芯	Fab12	5.0	0.55～0.04CMOS、DRAM
13	晶合集成（合肥）	HF Fab1	4	0.18～0.09 LCD 驱动芯片、逻辑芯片

表2.9.6　8英寸晶圆生产线产能和工艺技术水平情况（排名不分先后）

序号	单位名称	编号	产能（万片/月）	工艺技术水平（微米）
1	中芯国际（上海）	Fab1	12.0	0.35～0.11 CMOS
2		Fab2		0.13～0.09 CMOS
3		Fab3B	3.0	0.13～0.09 Cu 制程
4		Fab8B	5.0	CMOS-MEMS
5		Fab9	1.0	0.18～0.13CMOS 图像传感器芯载彩色滤膜制作
6	中芯国际（深圳）	Fab15/G1	3.0	0.35～0.11CMOS
7	中芯国际（天津）	Fab7	4.5/15.0	0.35～0.13 CMOS
8	华虹宏力	HHFab1	8.0	0.35～0.11 CMOS 数模混合
9		HHFab2	4.0	
10		HHFab3	5.0	0.35～0.09 CMOS
11		Fab4		MEMS

续表

序号	单位名称	编号	产能（万片/月）	工艺技术水平（微米）
12	上海先进	Fab1	2～3.0	0.35～0.25 CMOS、数模混合
13	台积电（中国）	Fab10	13.0	0.35～0.13 CMOS
14	华润微电子	Fab2	6.5	0.25～0.13，Xixed-Signal\HVCMOS\BCD\RF CMO\e-NVM\Log 集成电路（数模混合、逻辑、功率器件）
15	华润微电子（重庆）	Fab1	4	0.35～0.18 CMOS 数模混合、GAN、功率半导体
16	和舰科技（苏州）	Fab1	6.0	0.35～0.15 CMOS
17		Fab2	4.0	0.13～0.11 CMOS
18	成都（德仪）成芯	CFab11	5.0	0.35～0.18 CMOS 数模混合
19		CFab		0.35～0.18 Analog
20	中科院微电子所	中试线	0.1	0.35～0.09 CMOS、MEMS
21	中车时代	Fab3	1.0	0.35 高压功率器件（IGBT）FRD
22	江苏多维科技（张家港）	Fab1		磁传感器
23	罕王微电子	Fab1	0.3	MEMS
24	上海工研院	Fab1	中试线	COMS\MEMS
25	上海新进芯/由6英寸升级	Fab4	2	0.5～0.18 CMOS BCD
26	英诺赛科（广东）	Fab1		硅基 GaN
27	高德红外（武汉）	Fab1	0.1	0.5～0.25
28	能华微电子（苏州）	Fab1		—
29	士兰集昕（杭州）	Fab3	3.0	CMOS 扩产

表2.9.7　6英寸晶圆生产线产能和工艺技术水平情况（排名不分先后）

序号	单位名称	编号	产能（万片/月）	工艺技术水平（微米）
1	华润上华（无锡）	Fab1	11.0	1.0～0.35 CMOS、BCD、SOI、FRD、MOSFET、MM
2		Fab5	5.0	0.5～0.35 IGBT、MEMS、Bipdar MosFET、BCD
3	华润华晶（无锡）	Fab6	12.5	1.2～0.8 IGBT、FRD、Bipolar MosFET
4	上海新进	Fab1	6.0	1.5～0.5 BCD、数据混合
5	上海新进芯	Fab2	3.0	0.6～0.35 数模混合
6	上海先进	Fab2	6.0	1.5～0.5 BCD、B 集成电路 MOS
7		Fab3	3.6	0.35～0.25CMOS 数模混合
8		Fab4	4.2	CMOS MEMS
9	江苏东晨	VD2	3.0	0.8～0.35 VDMOS 数模混合
10	北京燕东	Fab2	6.0	1.0～0.35 数模混合、BCD
11	杭州士兰集成	Fab2	12.0	1.0～0.35 数模混合
12	杭州立昂	Fab1	4.5	肖特基器件（SBD）
13		Fab2	6.0	1.0～0.35 数模混合
14	杭州立昂东芯	Fab3	—	—
15	比亚迪半导体（宁波）	Fab1	5.0	0.8～0.5 MOS、BCD
16	西岳电子（西安）	Fab1	2.0	0.5～0.35 数模混合、SIO
17	福建福顺（福州）	Fab1	2.0	0.8～0.5 数模混合
18		Fab2	5.0	1.2～0.35 数模混合 CMOS/MOSFET
19		Fab2	2.5	
20	广州南科	Fab1	1.5	1.2～0.5 CMOS/MOSFET
21	深圳方正	Fab1A	7.0	2～0.5 CMOS
22		Fab1B	6.0	0.5～0.35 B 集成电路 MOS
23	吉林华微	Fab4	2.0	功率器件、微电子器件
24	西安卫光	Fab2	4.0	0.5～0.35 功率器件、MOS
25	天津中环	Fab2	6	0.5～0.35 功率器件、MOS
26	中车株洲所	Fab1	1	0.35 高压功率器件
27		Fab1		S 集成电路芯片生产线
28	中科院微电子所	IMFI	2.0	0.35～0.13 CMOS（中试线）
29	厦门集顺	Fab1	6.0	0.5～0.35 数模混合
30	苏州纳科	—	中试线平台	MEMS

续表

序号	单位名称	编号	产能（万片/月）	工艺技术水平（微米）
31	长沙创芯集成电路	Fab1	3.5/6.0	0.35 数模混合
32	中国电科第 13 所	Fab1	—	MEMS
33		Fab2	—	集成电路/TR 混合线
34		Fab13-1	0.2	中试线 CMOS
35	深圳深爱	Fab3	0.6	CMOS/TR
36	河北美泰电子	Fab13-2	0.4	MEMS
37	厦门三安集成	Fab1	5.0	GaAs、GaN0.5～0.35
38	河南芯睿（新乡）	Fab2	—	0.35CMOS
39	淄博国高	Fab1	0.3	0.35（中试线）MEMS
40	鹤壁仕佳光子		0.3	
41	南京英特神斯	Fab1	0.5	0.35、MEMS
42	张家港同冠微电子	Fab1	3.0	0.5 CMOS IGBT
43	飞阳科技	Fab1	—	MEMS、PLC
44	海微华芯（成都）	Fab1	—	0.25μmHBT
45	黄山电器	Fab2	2	—
46	苏州固锝	Fab2	2	LED
47	西安派瑞	Fab3	0.5	CMOS
48	元创华芯（无锡）	Fab1	—	MEMS
49	贵州汉天下	Fab1	中试线	MEMS
50	振华永光	Fab1	中试线	0.8～0.35
51	扬杰科技	Fab3	10	0.8～0.35TR/CMOS
52	四川广义	Fab1	0.25	0.5～0.25MOSFET
53	北方通用（蚌埠）	Fab1	—	—
54	福联集成（莆田）	Fab1	—	—
55	济南晶恒	Fab2	7.5	肖特基、双向触发二极管
56	诺思微（天津）	Fab1	—	—
57	世纪金光（北京）	Fab2	—	一期 S 集成电路，二期 S 集成电路\GAN
58	台基半导体（襄樊）	Fab2	—	—
59	西风半导体（杭州）	Fab1	—	—
60	中科半导体所（北京）	4S	2	中试线 MEMS

续表

序号	单位名称	编号	产能（万片/月）	工艺技术水平（微米）
61	中科渝芯（重庆）	Fab1	0.5	中试线 MEMS
62	新顺微（江阴）	Fab2	8	—
63	中微晶圆	Fab2	2	—
64	扬州晶新	Fab3	3	MEMS1.0～0.35（搬迁）/CMOS

2. 2017 年中国集成电路 6～12 英寸晶圆生产线在建、拟建项目

2017 年中国集成电路 6～12 英寸晶圆生产线在建、拟建项目见表 2.9.8～表 2.9.12。

表2.9.8　12英寸晶圆生产线在建项目

序号	单位名称	工厂代码	产能（千片/月）	工艺技术水平（纳米）	投资额	状态	地点
1	华力微	HH FAB6（Fab2）	40	CMOS（28～20～14）	387 亿元	在建	上海
2	晋华集成	Fab1	60	CMOS（2×纳米）DRAM Flash	370 亿元	在建	晋江
3	长江存储（武汉新芯）	Fab Y1	200～300/1000	CMOS（150～90）DRAM Flash Memory 3D NAND	240 亿美元（三条线）	在建	武汉
4	中芯国际	Fab B2B	35	CMOS（28）	千亿元级	在建	北京
5	中芯国际	Fab B3	35～110	CMOS（28～14）	40 亿美元	在建	北京
6	中芯国际	Fab SN1	70	CMOS（28～14）	675 亿元（中芯南方）	在建	上海
7	台积电	Fab NJ	20/40	CMOS（16）FinFET	30/70 亿美元	在建	南京
8	格芯（GF）	Fab 11-1	20/85	一期 CMOS/FD-SOI FinFETMOS（130～40）	100 亿美元	在建	成都
9	合肥长鑫	Fab1	125	2×纳米、DRAM	72 亿美元	在建	合肥
10	三星（西安）	Fab1X1-2	达 100	NAND Flash	450 亿元（二期）（约 70 亿美元）	在建	西安
11	SK 海力士	HC3	200	DRAM（IX）	86 亿美元（二厂）	在建	无锡
12		HC4					
13	华虹无锡	Fab7	40	CMOS（90～65/55）	100 亿美元	在建	无锡
14	万国半导体（AOS）	Fab2	20/50	功率半导体器件（BCDMOS）及代工	10 亿美元	在建	重庆

续表

序号	单位名称	工厂代码	产能（千片/月）	工艺技术水平（纳米）	投资额	状态	地点
15	德淮半导体（淮安）	Fab1	2.0	0.065～0.055CMOS CIS（影像传感器）	150 亿元	在建	淮安
16	江苏时代芯存	Fab1	1.0	相变存储器（PCM）	130 亿元	在建	淮安
17	粤芯微	Fab1	40	Foundry	70 亿元	在建	广州
18	上海集成电路研发中心	—	—	先导中试线	—	在建	上海

表2.9.9　12英寸晶圆生产线拟建项目

序号	单位名称	工厂代码	产能（千片/月）	工艺技术水平（纳米）	投资额	状态	地点
1	安积电	Fab 2	—	CMOS	—	拟建	马鞍山
2	中芯国际	Fab N2	—	CMOS	100 亿元	拟建	宁波
3		Fab N3					
4	中芯国际	Fab SN2	40	CMOS（28～14～10）	675 亿元	拟建	上海
5	紫光	SZ	—	NAND、DRAM	300 亿元	拟建	深圳
6	紫光	Fab1（NJ）	—	存储器及园区建设	300 亿美元和 300 亿元	拟建	南京
7	格芯	Fab 11-2	（65）	二期 SOI（22）	90 亿美元	拟建	成都
8	同方国芯	Fab1	—	—	138 亿元	拟建	
9	士兰微	Xiamen Xiamen	一期 80	（90/65）功率器件、化合物特色工艺（含 12 英寸和 6 英寸）	220 亿元	拟建	厦门
10	德科玛	—	—	CMOS 图像传感器 模拟电路	30 亿美元	拟建	南京
11	中璟航天	—	—	8～12 英寸	120 亿元	拟建	盱眙
12	杭州中芯晶圆	—	240（二条）		60 亿元	拟建	杭州
13	芯恩半导体	—	12 英寸/8 英寸	CIDM Foundry	150 亿元（首期 78 亿元）	拟建	青岛
14	中电海康	Fab1	—	存储器	380 亿元	拟建	临安
15	紫光成都	Fab1	—	逻辑代工及园区建设	2000 亿元		成都

表2.9.10　8英寸晶圆生产线在建项目

序号	单位名称	工厂代码	产能（千片/月）	工艺技术水平（微米）	投资额	状态	地点
1	中芯国际（天津）	FabT2	150	CMOS	15 亿美元	在建	天津
2		Fab T3					
3	德淮半导体	Fab2	—	CMOS、图像传感器 模拟集成电路	30 亿美元	在建	淮安
4	福顺晶圆	Fab1	—	CMOS B 集成电路 MOS	—	在建	福州
5	吉林华微	Fab5	20	CMOS	10 亿元	在建	吉林
6	力盛芯	Fab1	—	MEMS	9 亿元	在建	洛阳
7	芯源	Fab1	—	MEMS	—	在建	
8	北京耐威科技	—	—	MEMS	20 亿元	在建	北京
9	上海微研院	Fab1	3～5（中试线）	MEMS	10 亿元	在建	嘉定
10	长光国辰	Fab1	—	CMOS、传感器	以色列塔富	在建	长春
11	德科玛	Fab1	—	图像传感器（8 英寸/12 英寸）	30 亿美元	在建	南京
12	宇宙半导体	Fab1	20	BCDMOS	24 亿元	在建	大连
13	北京燕东	Fab3	—	BCDMOS		在建	北京

表2.9.11　8英寸晶圆生产线拟建项目

序号	单位名称	工厂代码	产能（千片/月）	工艺技术水平（微米）	投资额	状态	地点
1	德芯电子	Fab1	—	CMOS	—	拟建	
2	纳微矽磊	Fab3	—	MEMS	—	拟建	
3	同冠微电子	Fab2	—	CMOS	—	拟建	张家港
4	中科微电机	Fab1	—	Imems+CMOS	—	拟建	石家庄
5	中芯国际	Fab NB1	—	CMOS	100 亿元	拟建	宁波
6	中芯国际	Fab T3	—	CMOS	—	拟建	天津
7	安积电	Fab1	—	CMOS	—	拟建	马鞍山
8	安芯电子	Fab3	—	CMOS	—	拟建	池州
9	中芯国际（绍兴）	—	—	MEMS、功率器件	58.8 亿元	签约	绍兴
10	SK 海辰半导体（无锡）	HC3	85/100	CMOS、Foundry	注册资金 1.5 亿美元	搬迁	无锡
11	杭州中芯晶圆	—	450（三条）	—	60 亿元	拟建	杭州

续表

序号	单位名称	工厂代码	产能（千片/月）	工艺技术水平（微米）	投资额	状态	地点
12	德淮半导体	Fab2	—	—	—	拟建	淮安
13	纳微矽磊	Fab3	—	MEMS（0.35～0.1）	—	拟建	北京
14	芯恩半导体	Fab2	—	—	与 12 英寸线共建	拟建	青岛

表2.9.12 6英寸晶圆线在建/拟建项目

序号	单位名称	工厂代码	产能（千片/月）	工艺技术水平（微米）	投资	状态	地点
1	苏州能讯高能	Fab1	—	（0.8）	—	在建	苏州
2	东方微磁	Fab1	0.1	MEMS 传感器	—	在建	宜昌
3	湖南时变通讯	Fab1	0.6	GaAs、射频器件	15 亿元	在建	湘潭
4	华进创微电子	Fab1	—	（1.0～0.35）数模混合、宽禁带 GaN、S 集成电路	（原首钢微）	中试线	北京
5	三安光电	Fab1	—	GaN 特色工艺	—	在建	厦门
6	诺思微系统	Fab1	—	—	—	在建	南昌
7	诺思微系统	Fab2	—	—	—	在建	南昌
8	启泰信息	—	—	—	—	在建	长沙
9	芯睿	—	—	—	—	在建	新乡
10	芯源半导体	—	—	—	—	在建	洛阳

（二）2017 年中国集成电路晶圆生产线产能分析

1. 2017 年中国集成电路晶圆制造 6 英寸以上生产线地区分布情况

表2.9.13 2017年中国集成电路晶圆制造6英寸以上生产线地区分布情况

地区＼产线	12 英寸线		8 英寸线		6 英寸线		合计	
	数量（条）	占比（%）	数量（条）	占比（%）	数量（条）	占比（%）	数量（条）	占比（%）
长三角洲地区	5	38.5	19	65.5	26	40.6	50	47.2
京津环渤海地区	4	30.7	3	10.3	16	25.0	23	21.7
珠江三角洲（闽粤）地区	2	15.4	2	6.9	12	18.8	16	15.1
中西部地区	2	15.4	5	17.3	10	15.6	17	16.0
合计	13	100.0	29	100.0	64	100.0	106	100.0

从表2.9.13可以看出：

● 2017年，我国集成电路晶圆生产线（6英寸以上），共有106条，较2016年有大幅度提升（源自统计范围不同和资料来源更加完备）。其中，集成电路晶圆线主要集中在长三角地区，有50条，占47.2%；京津环渤海地区有23条，占21.7%；珠三角（闽粤）地区有16条，占15.1%；中西部地区有17条，占16.0%，如图2.9.4所示。

● 12英寸晶圆线有13条，同比增长18.2%。新增加的2条生产线，分别是中芯国际（深圳）和晶合集成（合肥），都在2017年下半年竣工投产运营。

● 8英寸晶圆线有29条，同比增长16%。新增加的4条生产线是新竣工投产的英诺赛科（珠海）、高德红外（武汉）、能华微电子（苏州）和士兰集昕。

● 6英寸晶圆线有64条，同比增长28%，除少部分为新建线外，其他属新纳入统计范围。

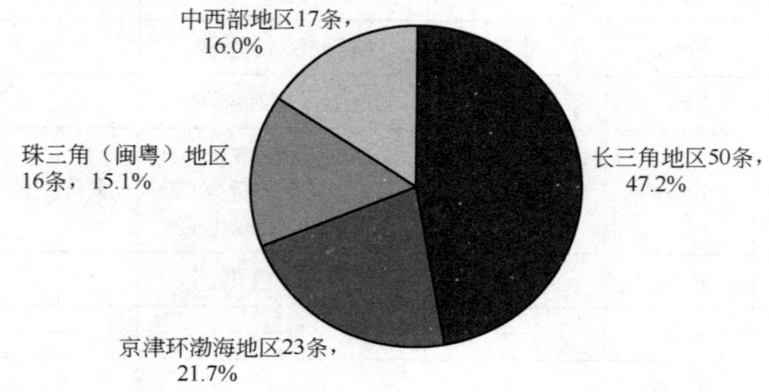

图2.9.4 2017年中国集成电路制造6～12英寸晶圆生产线地区分布情况

2. 2017年中国集成电路晶圆生产线产能情况

中国集成电路晶圆生产线自2015年起已进入以12英寸为主的发展时期。2017年，中国集成电路12英寸晶圆线月产能为68.6万片，比2016年增长44.7%(折合8英寸片为154.0万片)；8英寸晶圆生产线月产能为104万片，同比增长19.8%；6英寸晶圆生产线月产能为189万片（折合8英寸晶圆片106万片），同比增长47.7%（若因统计口径不一致，数据存在不可比因素）。

2017年，我国12英寸晶圆生产线产能占比为42.3%，比2016年的占比提升2.2个百分点；8英寸晶圆生产线产能占比为28.6%，比2016年的占比下降4.2个百分点；6英寸晶圆生产线占比为29.1%，比2016年的占比提升2个百分点，如图2.9.5所示。由此可见，2017年我国集成电路晶圆生产线仍以12英寸晶圆线为主，产能占比明显提升。

3. 2017年中国集成电路晶圆生产线产能区域分布占比情况

2017年中国集成电路晶圆生产线区域分布：主要集中在长三角地区、京津环渤海地区、珠三角地区（闽粤地区）和中西部地区（武汉、西安、成都、重庆等）。其中，以上海为中心的长三角地区占到61.4%；以北京为中心的京津环渤海地区占到10.4%；以深圳为中心的珠三角（闽粤）地区占到 9.5%；中西部地区占到 18.7%，如图 2.9.6 所示。

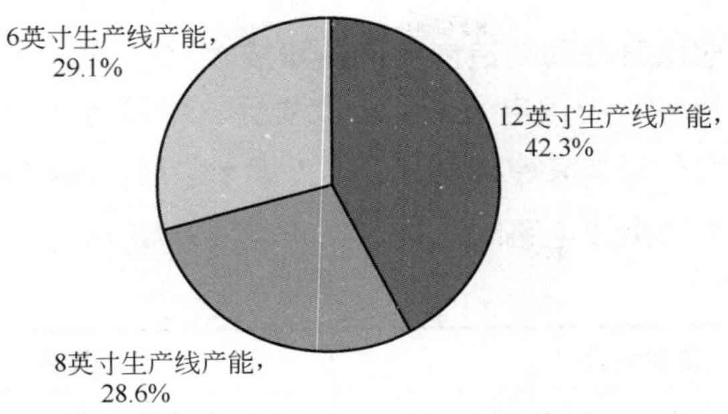

图 2.9.5 2017 年中国集成电路晶圆生产线产能情况（折合 8 英寸片）

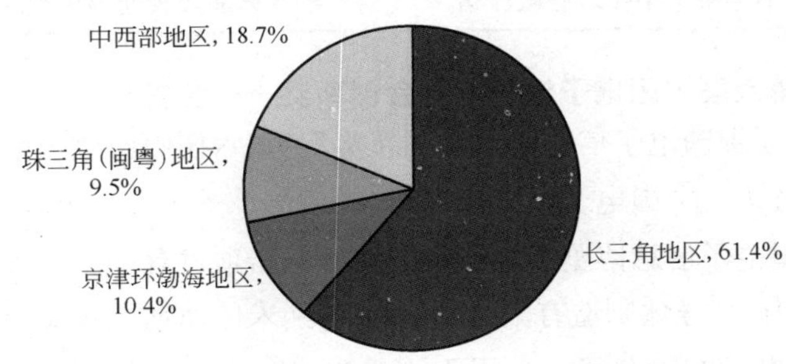

图 2.9.6 2017 年中国集成电路晶圆生产线产能区域分布情况（折合 8 英寸片）

与 2016 年相比：长三角地区占比上升 0.6 个百分点；京津环渤海地区占比下降 3.9 个百分点；珠三角（闽粤）地区占比上升 1.9 个百分点；中西部地区占比上升 1.4 个百分点。这主要是长三角地区新建投产的生产线较少，而中西部地区和珠三角地区有较多的新增企业入列（也存在一些不可比的因素在内）。长三角地区仍为我国集成电路晶圆产业的主产地。

4．2017 年中国集成电路晶圆生产线产能型别分布占比情况

2017 年，中国集成电路晶圆生产线产能按企业性质（外资、合资、内资）区分：内资企业约占到总产能的 56.0%，外资企业占到 36.0%，合资企业占到 8.0%的份额，如图 2.9.7 所示。

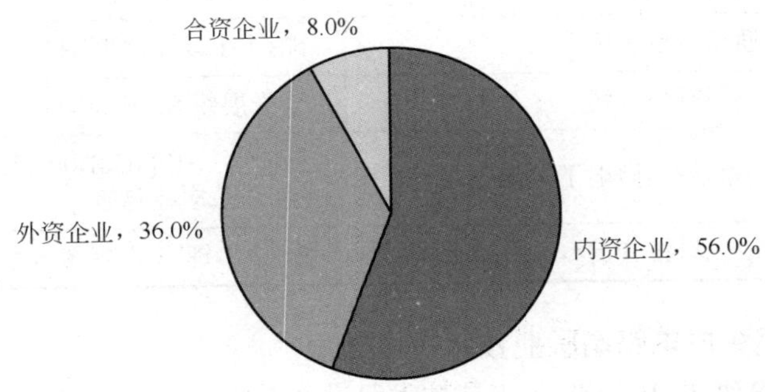

图 2.9.7 2017 年中国集成电路晶圆生产线产能型别分布情况（折合 8 英寸片）

四、2017年中国集成电路晶圆制造技术进步情况

1．2017年中国集成电路晶圆制造创新产品和技术

由中国半导体行业协会、中国电子材料行业协会、中国电子专用设备工业协会、《中国电子报》报社联合组织有关专家等共同评选出“第十二届（2017年度）中国半导体创新产品和技术”获奖项目中的集成电路制造技术类获奖项目如下：

序号	企业名称	获奖产品和技术
1	上海华虹宏力半导体制造有限公司	0.11微米超低漏电（ULL）嵌入式存储工艺平台
2	无锡华瑛微电子技术有限公司	半导体晶圆表面湿处理（钝化）设备和工艺

2．2017年“第六届中国电子信息博览会创新奖——金奖”

2017年“第六届中国电子信息博览会创新奖”“第六届中国电子信息博览会金奖”由中国电子器材有限公司、中国电子报社等评选。

获“第六届中国电子信息博览会金奖”的集成电路项目有：

- 上海华虹宏力 半导体制造有限公司——90纳米低功耗嵌入式闪存工艺；
- 上海华力微电子有限公司——用于 IoT/MCU/智能卡的高性能高可靠性 55 纳米 SONOS 嵌入式闪存工艺；
- 紫光集团有限公司——32层三维闪存芯片。

获“第六届中国电子信息博览会创新奖”的集成电路相关项目如下：

产业名称	企业名称	获奖产品名称
集成电路	恩智浦（中国）管理有限公司	恩智浦i·MX RT跨界处理器
	和芯星通科技（北京）有限公司	和芯火鸟UFirebird-UC6226低功耗GNSS芯片
	华大半导体有限公司	HC32L110超低功MCU系列
	联发科股份有限公司	联发科技曦力P60芯片
	上海灵动微电子股份有限公司	MM32MCU产品
	中兴通讯股份有限公司	NB-IoT安全物联网芯片Rose Finch7100
	紫光集团有限公司	紫光展锐SC9850KH
基础电子	无锡华润华晶微电子有限公司	新一代 HPF650R099NF 型高压超结大功率MOS场效应晶体管
新能源	华润矽威科技（上海）有限公司	2～7串锂离子/锂聚合物电池保护芯片

3．2017年中国集成电路晶圆业技术进步简况

- **中芯国际** 28纳米Poly/Sion工艺技术已进入量产，2017年第4季度占本公司总值的11.4%，比2016年增加4倍；28纳米High-K/Metal Gate（HKMG）试产有重大突

破，取得显著效果，良品率达98%，2018年下半年可量产。中芯国际14纳米FinFET制程取得质的突破，试制良品率达95%，2019年上半年可量产。

- **厦门联芯** 导入28纳米、HKMG技术快速成熟，初期良品率高达94%，并积极量产。
- **长江存储**（武汉新芯） 32层3D NAND Flash已量产，64层3D NAND Flash流片成功。
- **上海华力微** 目前仍以55～40纳米制程为主，40纳米制程在2015年营收额占比为5%，到2017年占比可达到25%；28纳米Poly SiON将在2018年第4季度或2019年第1季度进入大生产；22纳米FD-Sol制程预计在2019年下半年或2020年上半年进入量产。
- **华虹半导体** 工艺技术覆盖1微米至90纳米各节点，在成熟的0.13微米和0.11微米嵌入式非易失性存储器（eNVM）工艺的基础上，秉承技术优势，持续升级创新，成功实现具有更先进特征尺寸的90纳米eNVM工艺量产，该工艺具备稳定性优、可靠性高、功耗低等优点，为用户提供技术领先的竞争优势解决方案。功率器件、模拟及电源管理、RFID和逻辑、射频等差异化平台在全球业界具有较强竞争力。

华虹半导体（无锡）有限公司正在建设一条月产4万片的12英寸晶圆生产线，工艺技术提升到65/55纳米，现有的eNVM技术优势必将向纵深延伸，从而为智能卡、微控制器（MCU）、安全芯片等产品提供极佳的制造解决方案。

华虹半导体组建集成电路研发中心，正在建设12英寸20～14纳米工艺引导线，实行开放式中试平台。

4. 中国集成电路晶圆业存在的差距

中国集成电路晶圆制造以中芯国际为代表，国家和上海市、社会资本等都倾注于巨大的投入和关心支持，也取得了长足的进步。但中芯国际和华力微与台积电相比仍有2～3个世代的差距，具体差距如图2.9.8所示。

由图2.9.8可见：

- 台积电在2017年10纳米FinFET已进入大生产，7纳米已出正品。在2018年上半年可进入大生产，在2019年将采用EUV量产，5纳米在2020年进入量产。
- 联电在2017年在14纳米进入大生产，预计到2019年下半年或2020年进入10纳米大生产，现主要提高HKMG制程的良品率。
- 中芯国际在28纳米2015年第3季度已试产成功，但主要受困于良品率不高。2016年营收占1%左右。2017年第3季度占比达8.8%，仍以传统的Poly SiON制程为主。

HKMG制程良品率低微不佳。预计在2018年下半年和2019年上半年可以进入HKC制程工艺，2019年下半年和2020年上半年方能进入14纳米制程生产，与台积电差3个世代。

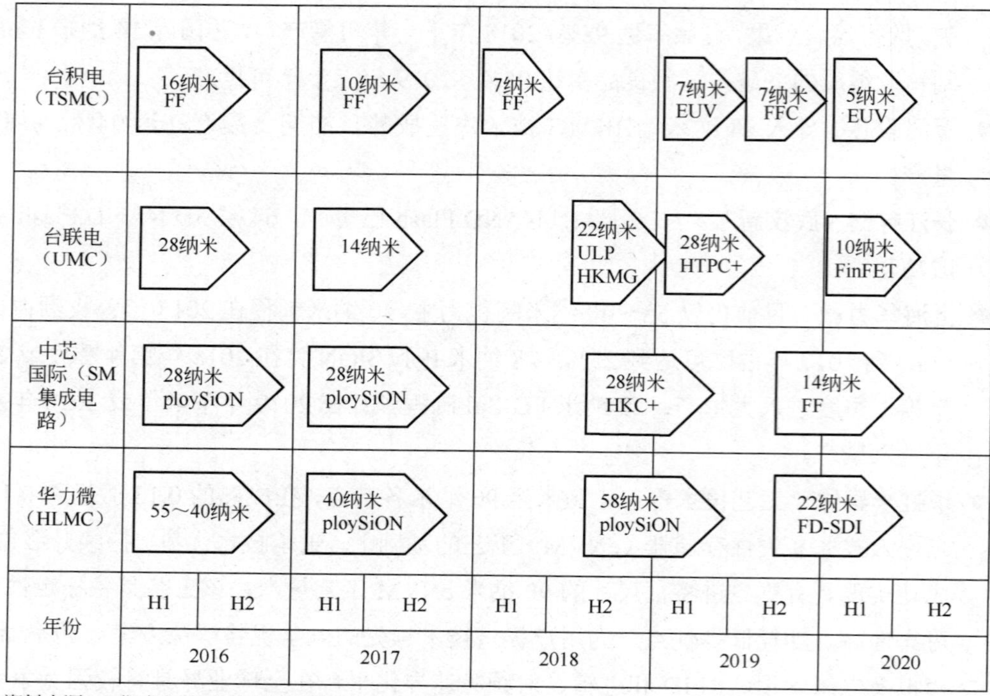

资料来源：D集成电路ITMES/Jssia整理（2017.12）

图 2.9.8　晶圆制造技术上的差距

- 华力微电子在 2017 年具备 55～40 纳米 Ploy SiON 制造能力，28 纳米将在 2018/2019 年上半年产出，22 纳米技术（FD-SDI）将在 2020 年上半年产出。

第十节　2017 年中国集成电路封测业发展情况

一、2017 年中国集成电路封测业发展概述

1. 2017 年中国集成电路封测业销售收入情况

2017 年中国集成电路封测业销售收入为 1889.7 亿元，同比增长 20.8%，增幅提升 7.8 个百分点，如图 2.10.1 和表 2.10.1 所示。

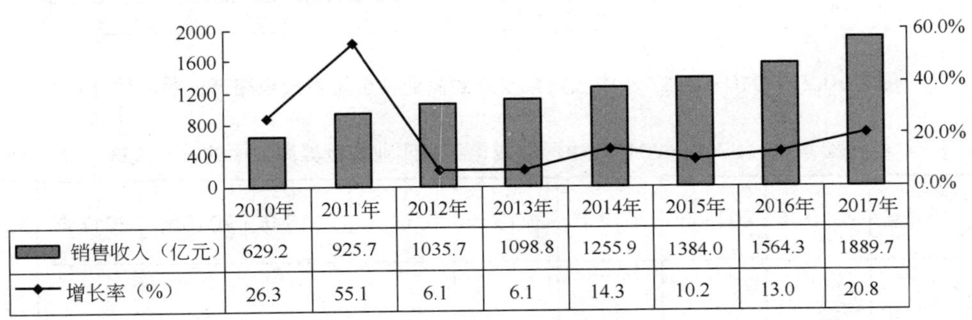

CAGR=17.01%（2010—2017年）

图 2.10.1　2010—2017 年中国集成电路封测业销售收入及增长情况

表2.10.1　2017年中国集成电路封测业销售收入分季情况

指标名称	单位	2017 年					2016 年				
		Q1	Q2	Q3	Q4	全年	Q1	Q2	Q3	Q4	全年
销售收入	亿元	336.5	463.6	478.5	611.1	1889.7	302.6	404.2	391.0	466.5	1564.3
同比	%	−27.9	37.8	3.2	31.0	20.8	−22.5	33.6	−3.3	19.3	13.0

资料来源：CSIA/Jssia 整理

2. 2017 年集成电路封测业在全国集成电路产业中的比重

2017 年中国集成电路封测业销售收入 1889.7 亿元，占到全国集成电路产业销售收入的 34.9%，占比同比下降 1.2 个百分点，如图 2.10.2 所示。

3. 2017 年中国集成电路封测业在世界同业中的占比演进

从表 2.10.2 可以看出，由于我国集成电路封测业总体实力历年来不断增强，在全球的占比率也逐年提升，从 2010 年占到全球总营收额的 20.80%，提高到 2017 年占全球封测总营收额的 54.94%，占全球一半以上。

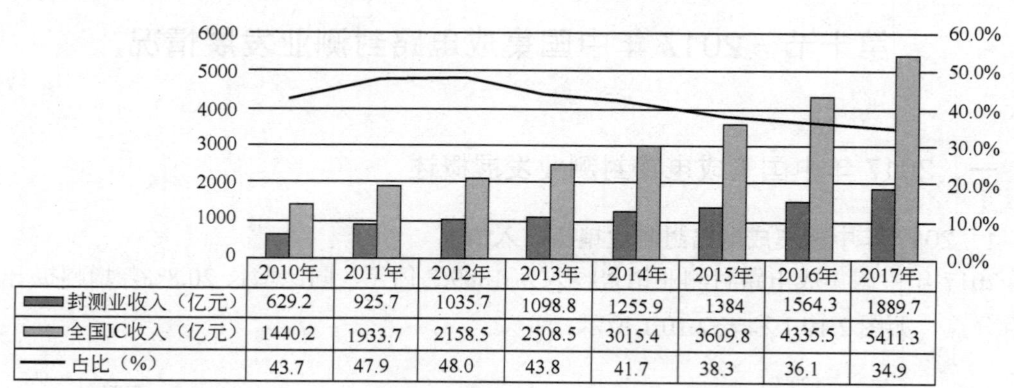

	2010年	2011年	2012年	2013年	2014年	2015年	2016年	2017年
封测业收入（亿元）	629.2	925.7	1035.7	1098.8	1255.9	1384	1564.3	1889.7
全国IC收入（亿元）	1440.2	1933.7	2158.5	2508.5	3015.4	3609.8	4335.5	5411.3
占比（%）	43.7	47.9	48.0	43.8	41.7	38.3	36.1	34.9

图 2.10.2　2010—2017 年中国集成电路封测业占全国集成电路产业收入的比重

表2.10.2　2010—2017年中国集成电路封测业在世界同业中的占比演进

指标名称	单位	2010 年	2011 年	2012 年	2013 年	2014 年	2015 年	2016 年	2017 年	CAGR
世界集成电路封测业营收额	亿美元	484.90	480.20	490.40	508.00	539.60	508.80	504.70	517.30	0.93%
中国集成电路封测业营收额	亿美元	100.70	148.10	165.70	175.80	200.90	221.40	240.66	284.17	15.97%
占比	%	20.80	30.84	33.80	34.60	37.20	43.50	47.68	54.94	—

二、2017 年中国集成电路封测产业分析

1. 2017 年中国集成电路封测业企业分布及产能

据中国半导体行业协会封测分会统计报告：国内封装测试企业分布区域，从集中于长江三角洲、珠江三角洲和京津环渤海湾地区的传统格局，已经扩展到中西部地区。中西部地区，特别是西安、武汉、成都、重庆等地，纷纷将 IC 产业作为重点给予发展，区位优势在不断集聚，封测产业已经得到长足发展，2017 年封测企业分布占比已达 13.5%，具体如表 2.10.3、表 2.10.4 和图 2.10.3 所示。

据不完全统计，到 2017 年年底，国内有一定规模的集成电路封装测试企业有 96 家。目前，国内封装测试企业在 BGA、CSP、WLP/WLCSP、FCBGA/FCCSP、BUMP、MCM、SiP 和 2.5D/3D 等先进封装产品市场已占有一定比例，约占总营收额的 33%。

表2.10.3　国内集成电路封装测试业统计

年份	企业数		从业总人数		年生产能力		销售收入	
	（家）	同比（%）	（千人）	同比（%）	（亿块）	同比（%）	（亿元）	同比（%）
2013	83	2.5	105.9	11.1	984.7	15.0	1000.05	24.1
2014	85	2.4	115.4	9.0	1149.8	16.8	1238.47	23.8
2015	87	2.4	126.9	10.0	1195.9	4.0	1327.81	7.2
2016	89	2.3	139.7	10.0	1464.4	22.5	1523.15	14.7
2017	96	7.9	155.1	11.0	1738.9	18.7	1816.58	19.3

表2.10.4　国内封装测试企业地域分布情况　（单位：家）

年份	长三角	环渤海	珠三角	中西部	其他	合计
2013	48	13	10	8	4	83
2014	48	13	10	10	4	85
2015	48	13	11	11	4	87
2016	50	13	11	11	4	89
2017	53	12	14	13	4	96

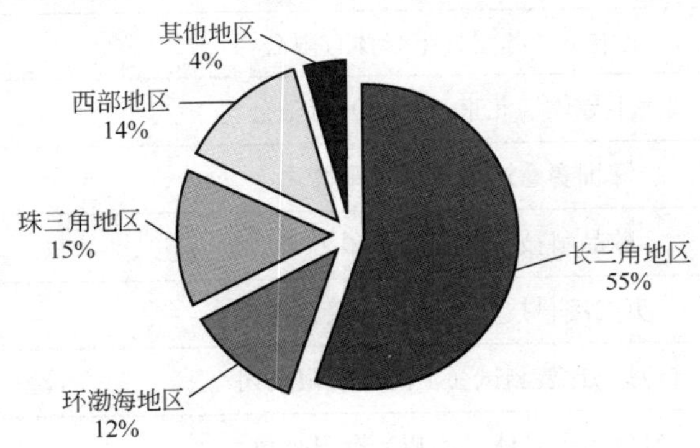

图 2.10.3　国内封装测试企业地域分布

2. 2017 年中国集成电路封装测试业主要企业情况

2017 年国内集成电路封测业销售收入前三十家企业的统计显示，进入前十的企业与2016 年相比变化不大。前十家封测企业在 2017 年度的销售收入合计为 848.7 亿元，占当年集成电路封装测试业总收入 1889.7 亿元的 44.9%，较 2016 年下降了 1.2 个百分点，具体如表 2.10.5 所示。

从 2017 年度前三十家封测业排名中可以看出，内资与合资企业仅有 11 家，外资和台资等企业在国内集成电路封测业占有多数的地位尚未改变，见表 2.10.5 和表 2.10.6。

表2.10.5 2017年国内集成电路封测业收入排名前十企业

排名	企业名称	营收额（亿元）	同比（%）	类型	占比（%）	占封测总值（%）
1	江苏新潮科技集团有限公司	242.6	25.7	内资	28.6	12.8
2	南通华达微电子集团有限公司	198.8	46.5	内资	23.4	10.5
3	天水华天电子集团公司	90.0	35.1	内资	10.6	4.8
4	威讯联合半导体（北京）有限公司	78.9	-4.9	外资	9.3	4.2
5	恩智浦半导体公司	64.5	9.5	外资	7.6	3.4
6	英特尔产品（成都）有限公司	40.0	0.8	外资	4.7	2.1
7	安靠封装测试（上海）有限公司	39.6	31.2	外资	4.7	2.1
8	海太半导体（无锡）有限公司	35.0	8.0	合资	4.1	1.9
9	上海凯虹科技有限公司	30.0	-1.3	外资	3.5	1.6
10	晟碟半导体（上海）有限公司	29.4	6.5	外资	3.5	1.6
	合计	848.7	21.7	—	100.0	44.9

资料来源：CSIA/Jssia 整理（2018.5）

表2.10.6 2017年国内集成电路封测业收入排名前11～30企业

排名	企业名称	营收额（亿元）	类型
11	三星电子（苏州）半导体有限公司	50.0	外资
12	瑞萨半导体（北京、苏州）有限公司	26.4	外资
13	深圳赛意法微电子有限公司	25.8	合资
14	矽品科技（苏州）有限公司	24.9	台资
15	英飞凌科技（无锡）有限公司	20.9	外资
16	日月光封装测试（上海）有限公司	16.8	台资
17	日月新半导体（苏州）有限公司	14	台资
18	上海金雅拓智能卡技术有限公司（上海雅斯拓智能卡技术有限公司）	12.9	合资
19	纮华电子科技（上海）有限公司	12.8	台资
20	快捷半导体（苏州）有限公司	10	外资
21	颀中科技（苏州）有限公司	8.6	台资
22	上海凯虹电子有限公司	7.5	外资
23	嘉盛半导体（苏州）有限公司	7.4	外资
24	无锡华润安盛科技有限公司	7.3	内资

续表

排名	企业名称	营收额（亿元）	类型
25	上海新康电子有限公司	6.4	外资
26	苏州晶方半导体科技股份有限公司	6.3	内资
27	捷敏电子（上海）有限公司	5.9	外资
28	江苏艾科半导体有限公司	4.7	内资
29	华润赛美科电子（深圳）有限公司	4.5	内资
30	深圳气派科技股份有限公司	4.2	内资

资料来源：中半协封测分会（2018.6）

注：1．排名企业中，对于单纯封测半导体分立器件的企业未进行统计，而列入企业的营收额中不排除部分含有分立器件等其他产品的收入。

2．未提供数据或未收集到数据的其他封测企业，没有列入排名。

3．排名中，部分企业类型尚需进一步确认，若有误敬请谅解。

4．三星电子（苏州）半导体有限公司因故未列入中国半导体行业协会已经公布的前十名企业。

2017 年中国集成电路封测业前三十大企业销售收入为 1126.1 亿元，占到全国集成电路封装测试总值的 59.6%。前三十大企业性质如图 2.10.4 所示。

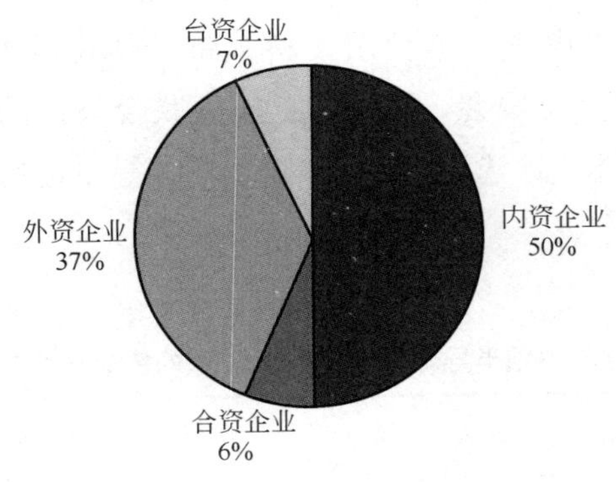

图 2.10.4　2017 年中国集成电路封测业前三十大企业性质分类情况

三、2017 年国内集成电路封装测试市场情况

2017 年，全球半导体行业得到加速增长，我国集成电路产业依然保持着较高的增长速度。2017 年，从应用角度来看中国集成电路市场，汽车电子和工业控制领域仍是增速最快的领域。汽车销量的显著提升及国内汽车消费升级对汽车电子产品需求的增长直接带动了汽车电子领域集成电路产品的销售。与此同时，随着国家“中国制造2025”战略的深入实施，制造业的升级换代进程加快，工业控制领域集成电路产品的

需求也同样旺盛。

虽然，国内集成电路产业快速发展，但我们也清楚地看到，国内市场供给不足的状况还是没有改变。从供给总量上看，目前国内集成电路市场自给率仅约 30%，国内市场所需的高端通用处理器、存储器等关键核心集成电路产品主要依赖于进口。2017 年进口额达 2601.4 亿美元。若替代进口，这些产品将成为我国集成电路封装测试业的主战场之一。

预测 2018 年，国内集成电路封测市场的主要需求，除延续现有的各种应用领域外，还将更多地关注新兴市场与领域。汽车电子、工业控制、物联网、各类智能终端、5G 等领域将是今后推动国内集成电路市场增长的主要动力。智能手机、智能汽车、智能家电等对各种低功耗、小尺寸芯片需求将会越来越多。因此，对 SiP、 BGA、LGA、FCBGA、CSP、WLP、WLCSP、FCCSP、FCQFN、BUMPING、2.5D/3D（TSV）、Fan in/out 等中高端先进封装产品的需求在不断增加。

四、2017 年国内封装测试企业技术创新能力持续提升

2017 年国内 IC 封装测试企业技术和产品创新能力持续提高。华进半导体、长电科技、通富微电、华天科技、苏州日月新半导体、浙江洁美电子科技等单位在“大板集成扇出先进封装技术”“应用于高速高功率芯片的新型激光工艺高散热 IC 封装技术”“基于高可靠汽车电子智能控制的传感器封装技术”“硅基晶圆级扇出型封装技术”“微机电系统（MEMS）集成电路堆叠封装产品”“电子元器件用塑料载带一体化成型技术” 等领域又取得了新的突破。在中国半导体行业协会、中国电子报等联合举办的“第十二届（2017 年度）中国半导体创新产品和技术”评选活动中，华进半导体等单位的 9 项新技术和新产品成功入选见表 2.10.7。

表2.10.7　2017年中国半导体创新产品和技术的集成电路封装与测试技术

序号	企业名称	创新产品和技术名称
1	华进半导体封装先导技术研发中心有限公司	大板集成扇出先进封装技术
2	华天科技（昆山）电子有限公司	硅基晶圆级扇出型封装技术
3	江苏长电科技股份有限公司	应用于高速高功率芯片的新型激光工艺高散热 IC 封装技术
4	江阴长电先进封装有限公司	圆片级六面包覆极小型芯片尺寸封装产品

续表

序号	企业名称	创新产品和技术名称
5	天水华天科技股份有限公司	基于引线框架的小外形倒装封装技术
6	苏州通富超威半导体有限公司	多芯片高功率倒装封装技术
7	苏州日月新半导体有限公司	微机电系统（MEMS）集成电路堆叠封装产品
8	浙江洁美电子科技股份有限公司	电子元器件用塑料载带一体化成型技术
9	通富微电子股份有限公司	基于高可靠汽车电子智能控制的传感器封装技术

第十一节　2017 年中国半导体分立器件发展情况

2017 年，中国半导体分立器件（含分立器件、光电子器件和传感器，简称 D-O-S）得到较快发展，体现在自 2016 年下半年起，因世界半导体市场热销、产能不足、价格抬升，导致分立器件、被动元件价格随之跟涨，一扫前几年低速徘徊的局面。

据中国半导体行业协会统计报道：2017 年中国半导体分立器件销售收入为 2437.9 亿元，同比增长 10.6%，市场规模为 2458.1 亿元，同比增长 10.8%。

一、2017 年中国半导体分立器件产业概况

2017 年，中国半导体分立器件销售收入为 2437.9 亿元，同比增长 10.6%，占到全国半导体产业总值的 31.1%。分立器件产品市场为 2458.1 亿元，同比增长 10.8%；分立器件产品产量为 7280 亿只，同比增长 13.2%。

1. 2017 年中国半导体分立器件销售收入情况

据中国半导体行业协会分立器件分会报道，2017 年中国半导体分立器件营收额保持持续增长的态势（见图 2.11.1 和表 2.11.1、表 2.11.2）。近年来，通信和汽车电子等高端市场的快速发展，为分立器件行业提供了新的商机，特别是新能源汽车市场的需求开启了新一轮成长，带动了分立器件产品的快速增长，同时也带动了分立器件产品结构的升级。

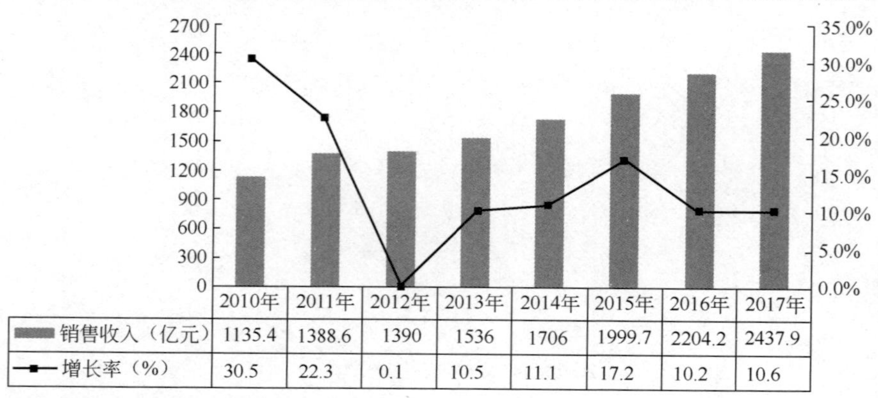

CAGR=11.53%（2010—2017年）

资料来源：CSIA/Jssia整理（2018.6）

图 2.11.1　2010—2017 年中国半导体分立器件产业销售收入规模及增长情况

表2.11.1　2010—2017年中国半导体分立器件营收额占全国半导体产业销售总值的比重

指标名称	单位	2010 年	2011 年	2012 年	2013 年	2014 年	2015 年	2016 年	2017 年	CAGR
全国半导体销售总额	亿元	2575.6	3322.3	3548.5	4044.5	4887.8	5609.5	6573.2	7849.2	17.3%

续表

指标名称	单位	2010年	2011年	2012年	2013年	2014年	2015年	2016年	2017年	CAGR
全国分立器件销售总额	亿元	1135.4	1388.6	1390.0	1536.0	1706.0	1999.7	2237.7	2437.9	11.5%
占比	%	44.1	41.8	39.2	38.0	34.9	35.6	34.0	31.1	—

表2.11.2 2010—2017年中国半导体分立器件营收额占全球分立器件产值的比重

指标名称	单位	2010年	2011年	2012年	2013年	2014年	2015年	2016年	2017年	CAGR
全球分立器件产值	亿美元	558.0	532.0	536.0	542.0	585.4	606.8	622.3	690.0	3.08%
中国分立器件产值	亿美元	170.7	208.8	209.0	231.0	281.6	300.7	336.5	366.5	11.5%
占比	%	30.6	39.2	39.0	42.6	48.1	49.6	54.1	53.1	—

注：以2017年汇率6.65∶1折算。

2．2017年中国半导体分立器件产品产量完成情况

2017年中国半导体分立器件产品产量完成7280亿只，同比增长13.2%，如图2.11.2所示。

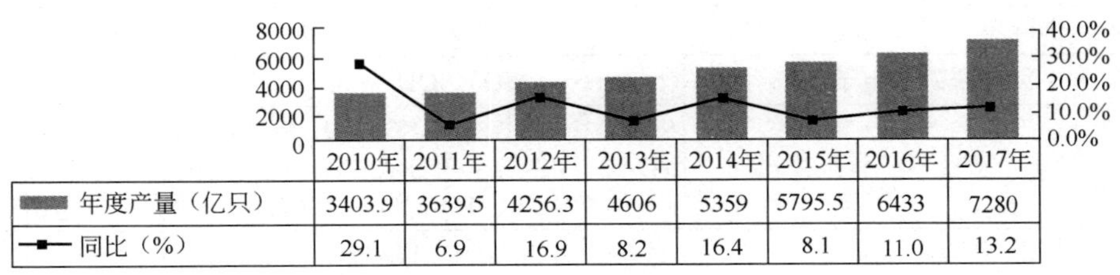

	2010年	2011年	2012年	2013年	2014年	2015年	2016年	2017年
年度产量（亿只）	3403.9	3639.5	4256.3	4606	5359	5795.5	6433	7280
同比（%）	29.1	6.9	16.9	8.2	16.4	8.1	11.0	13.2

CAGR=11.47%（2010—2017年）

图2.11.2 2010—2017年中国半导体分立器件产品产量发展规模及增长情况

3．2017年中国半导体分立器件产品区域分布

2017年中国半导体分立器件产品区域分布继2016年出现明显变化后，中西部地区有明显上升，并在2017年得到巩固。我国半导体分立器件产品主要分布在长三角、珠三角和中西部地区。尤其在江苏、广东、四川、安徽等地，占到全国总产量的80%以上，如图2.11.3所示。

二、2017年中国主要半导体分立器件封测企业情况

2017年中国主要半导体分立器件封测企业情况见表2.11.3。2017年中国半导体功率器件十强企业见表2.11.4。2017年中国半导体MEMS十强企业见表2.11.5。

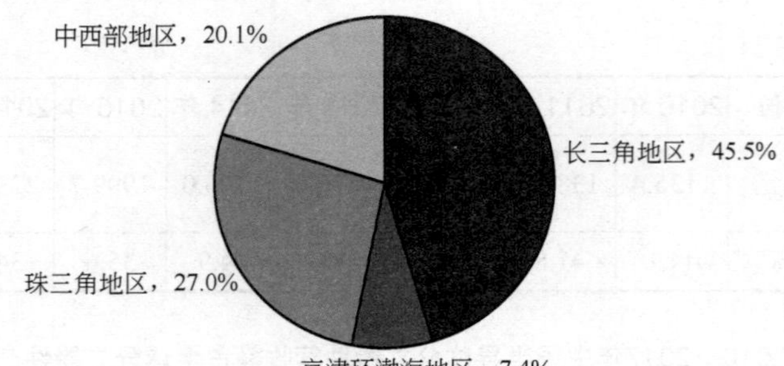

图 2.11.3　2017 年中国半导体分立器件产业区域分布占比

表2.11.3　2017年中国主要分立器件封测企业情况

序号	公司名称	主要产品	生产能力（亿只）	企业性质
1	江苏长电科技股份有限公司	SOT/SOD 系列 DFN/FBP 系列、TO 系列、中大功率	250	内资
2	乐山无线电股份有限公司（LRC）	SOT/SOD 系列、DFN 系列	250	内资
3	罗姆半导体（中国）有限公司	SOT/SOD 系列二三极管	250	合资
4	NXP 恩智浦	SOT/SOD 系列、DFN 系列	200	外商独资
5	乐山菲尼克斯半导体有限公司（ON）	SOT/SOD 系列、DFN 系列	200	合资
6	泰丰国际集团有限公司（先科）	SOT/SOD/DFN 系列	200	内资
7	上海凯虹电子	SOT/SOD 系列	120	外资
8	佛山市蓝箭电子有限公司	SOT-23、SOT-323、SOT-89、SOT-252、TO-92、TO-92S、TO-92LM、TO-126F、TO-126、TO-220F、TO-220	120	内资
9	广东省风华芯电科技股份有限公司	TO-92、TO-92Ls、TO-126、TO-220、TO-220F、TO-251&TO-252、SOT-23、SOT-23A、SOT-25、SOT-26、SOT-223、SOT-323、SOT-89、SOD-123、SOD-323	75	内资
10	银河半导体控股有限公司	SOT/SOD 系列、DFN 系列	60	内资
11	广州半导体器件有限公司	TO-92L、TO-92、半导体分立器件、快恢复二极管、开关二极管、稳压二极管、可控硅、节能灯用晶体管	30	内资
12	南通华达微电子集团有限公司	SOT23、SC70、SOT89、SOT223 TO92、TO251、TO252、TO263、TO220、TO247	30	内资
13	苏州固锝电子股份有限公司	TO-220AB、TO-220AC、TO-263 等	30	内资
14	英飞凌科技（无锡）有限公司	SOT-23、SOD323 等	27	外资
15	天水华天微电子有限公司	TO252、TO251、TO220、TO220F、TO3P、TO247、TO264、TO263、PPAK	20	内资
16	吉林华威电子股份有限公司	TO-126、TO-220 封装的功率晶体管、MOS、肖特基	20	内资

表2.11.4 2017年中国半导体功率器件十强企业

2017年排序	2016年排序	企 业 名 称	2017年营收额（亿元）
1	1	吉林华微电子股份有限公司	16.3
2	2	扬州扬杰电子科技股份有限公司	14.6
3	3	苏州固锝电子股份有限公司	10.1
4	4	无锡华润华晶微电子有限公司	9.4
5	5	瑞能半导体有限公司	6.9
6	6	常州银河世纪微电子股份有限公司	6.1
7	9	无锡新洁能股份有限公司	5.0
8	—	杭州立昂微电子股份有限公司	4.61
9	7	北京燕东微电子有限公司	4.56
10	10	深圳深爱半导体股份有限公司	4.4
合计			81.97

注：1．企业主营业务以半导体功率器件为主；

2．中国振华集团永光电子有限公司（国营第八七三厂）挤出前十名。

表2.11.5 2017年中国半导体MEMS十强企业

2017年排名	2016年排名	企 业 名 称
1	1	歌尔声学股份有限公司
2	2	瑞声声学科技（深圳）有限公司
3	3	美新半导体（无锡）有限公司
4	5	美泰电子科技有限公司
5	7	苏州敏芯微电子技术有限公司
6	8	苏州明皜传感科技有限公司
7	—	上海矽睿科技有限公司
8	4	深迪半导体（上海）有限公司
9	6	苏州迈瑞微电子有限公司
10	—	苏州感芯微系统技术有限公司

注：无锡芯奥微电子传感技术有限公司、无锡康森斯克电子材料有限公司被挤出前十名之列。

三、2017年中国半导体分立器件行业技术进步情况

由中国半导体行业协会、中国电子材料行业协会、中国电子专用设备工业协会和《中国电子报》报社组织有关专家等共同评出“第十二届（2017年度）中国半导体创新产品和技术”项目，2017年中国半导体分立器件产业获奖项目见表2.11.6。

表2.11.6　2017年中国半导体分立器件产业获奖项目

序号	单位名称	产品和技术
1	北京哈斯韦尔科技有限公司	230℃正弦波产生模块 HSM-SWGCI/HT3
2	杭州士兰微电子股份有限公司	用于变频驱动的高效率智能功率模块
3	江苏捷捷微电子股份有限公司	高冲击性能低漏电密度的单向低压 TVS 器件
4	杭州士兰明芯科技有限公司	中功率 LED 器件
5	深圳比亚迪微电子有限公司	车用 IGBT 模块 BG600F12LNP 系列
6	西安芯派电子科技有限公司	新一代工业级大电流超结 MOSFET SW69N65K2、SW69N65K2F
7	苏州锴威特半导体有限公司	1500V 高压功率 MOSFET CS4N150
8	无锡华润华晶微电子有限公司	600V 沟槽场双屏蔽型高压 MOSFET 芯片

四、2018 年中国半导体分立器件产业发展预测

2018 年中国半导体分立器件产业销售收入预计为 2673.1 亿元，同比增长 9.6%，如图 2.11.4 所示。

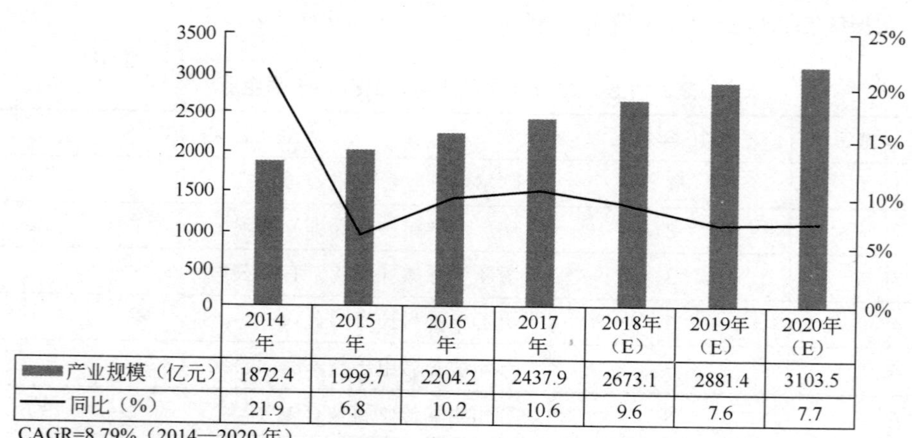

	2014年	2015年	2016年	2017年	2018年（E）	2019年（E）	2020年（E）
产业规模（亿元）	1872.4	1999.7	2204.2	2437.9	2673.1	2881.4	3103.5
同比（%）	21.9	6.8	10.2	10.6	9.6	7.6	7.7

CAGR=8.79%（2014—2020 年）

资源来源：CCID（2018.4）

图 2.11.4　2014—2020 年中国半导体分立器件产品市场发展趋势

第十二节 2017年中国集成电路设备制造发展情况

2017年对中国集成电路设备制造业来说，是一个值得庆贺和铭记的年份。由于国内集成电路制造业生产线的新建和扩建，设备需求量大增。集成电路设备制造业企业瞄准市场需求，充分发挥各自的专长和主观能动性，打了一个翻身仗，取得了较好的业绩。

一、2017年中国集成电路设备制造业概况

1. 2017年中国集成电路设备制造业销售收入情况

据中国电子专用设备工业协会对中国（大陆）36家主要半导体设备制造商2017年半导体设备销售情况统计：2017年中国半导体设备销售收入为88.96亿元，同比增长53.01%，比2016年增速提升约30个百分点，如图2.12.1所示。2017年中国半导体设备完成出口交货值10.84亿元，同比增长38.3%，比2016年增速提升19.9个百分点。

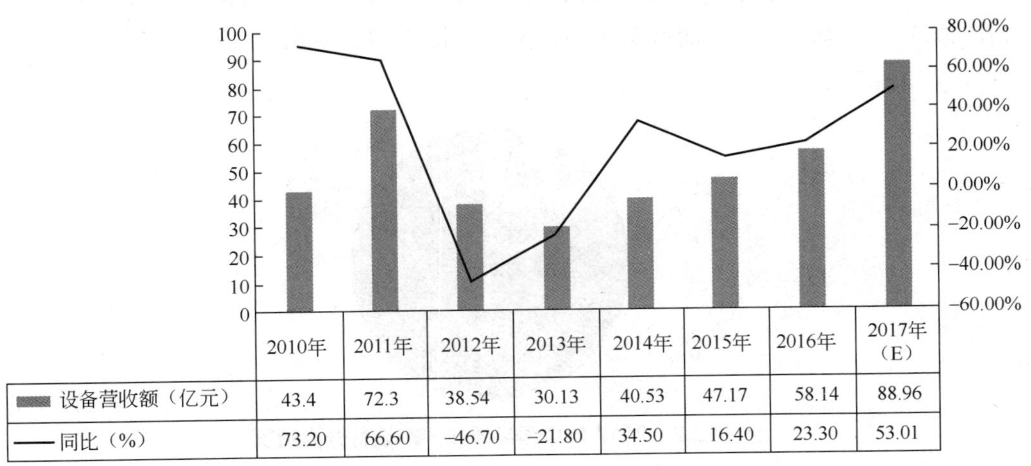

	2010年	2011年	2012年	2013年	2014年	2015年	2016年	2017年（E）
设备营收额（亿元）	43.4	72.3	38.54	30.13	40.53	47.17	58.14	88.96
同比（%）	73.20	66.60	–46.70	–21.80	34.50	16.40	23.30	53.01

CAGR=10.80%（2010—2017年）
资料来源：中国电子专用设备工业协会/Jssia整理（2018.6）

注：2014—2017年中国半导体设备制造销售收入平均增长30%左右。

图2.12.1 2010—2017年中国半导体国产设备销售收入规模及增长情况

2. 2017年中国半导体国产设备产品销售规模情况

2017年中国半导体国产设备销售收入中集成电路设备销售收入为28.47亿元，同比增长1.2%；太阳能光伏电池芯片设备销售收入为40.89亿元，同比增长78.4%；LED设备销售收入为16.91亿元，同比增长225.2%；分立器件与其他半导体器件设备销售收入为2.69亿元，同比增长42.3%。2017年中国半导体国产设备销售收入增长主要来源于太阳能光伏电池设备和LED设备的增长，见表2.12.1。

表2.12.1　2013—2017年中国半导体国产设备销售收入增长情况

设备分类	2013年	2014年		2015年		2016年		2017年		CAGR
	销售收入（亿元）	销售收入（亿元）	同比（%）	销售收入（亿元）	同比（%）	销售收入（亿元）	同比（%）	销售收入（亿元）	同比（%）	
集成电路设备	10.34	15.96	54.4	22.92	43.6	28.13	22.7	28.47	1.2	28.82%
太阳能电池芯片设备	13.15	14.66	11.5	15.45	5.4	22.92	48.3	40.89	78.4	32.79%
LED设备	5.06	7.14	41.1	5.86	−17.9	5.20	−11.3	16.91	225.2	35.21%
分立器件其他设备	1.58	2.77	75.3	2.94	6.1	1.89	−35.7	2.69	42.3	127.5%
合计	30.13	40.53	34.5	47.17	16.4	58.14	23.3	88.96	53.0	31.08%

资源来源：中国电子专用设备工业协会/Jssia整理（2018.6）

从图2.12.2和表2.12.2可以看出，2017年我国半导体设备主要集中在太阳能设备（占46%）；集成电路设备占比为32%，占比下降了16.4个百分点。这说明我国集成电路专用设备在2017年进步不大，反而有退缩的现象，如图2.12.3所示。

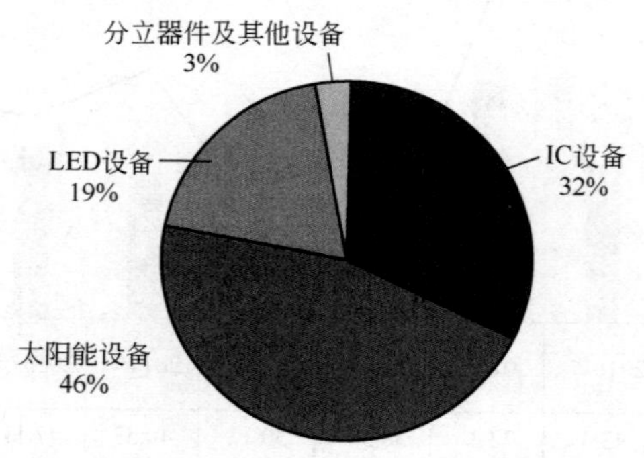

图2.12.2　2017年中国半导体国产设备分类情况

表2.12.2　2017中国半导体国产设备占比增幅变动情况

类别	2017年占比	2016年占比	相比增幅
集成电路设备	32%	48.4%	下降16.4个百分点
太阳能设备	46%	39.4%	增长6.6个百分点
LED设备	19%	8.9%	增长10.1个百分点
分立器件设备	3%	3.3%	下降0.3个百分点

3. 2017年中国半导体设备营收额占世界半导体设备营收额比重

2017年中国半导体设备营收额占世界半导体设备营收额的2.4%，如图2.12.4所示。

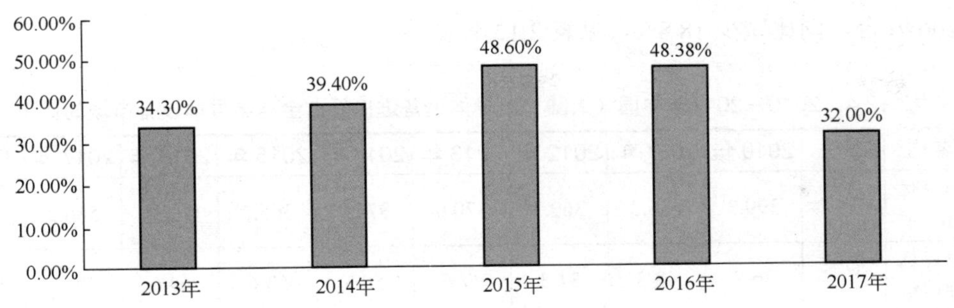

图2.12.3 2013—2017年中国集成电路国产设备在半导体设备制造业中的比重

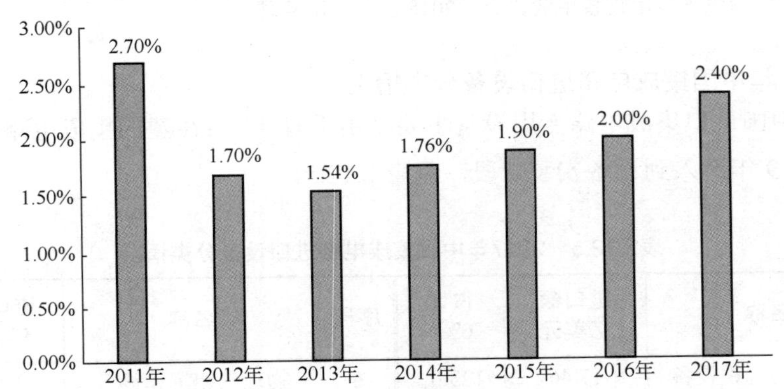

图 2.12.4 2011—2017 年中国半导体设备营收额占世界半导体设备业营收额的比重

2017 年中国国产半导体设备在中国大陆进口设备市场占有率为 17.7%，比 2016 年占有率提升 4.2 个百分点，见表 2.12.3。

表2.12.3 中国国产半导体设备占进口设备市场的比重

指标名称	单位	2010 年	2011 年	2012 年	2013 年	2014 年	2015 年	2016 年	2017 年	CAGR
进口设备总值	亿美元	36.8	48.3	31.3	37.6	50.3	53.6	64.6	75.9	10.9%
国产设备总值	亿美元	6.5	10.9	5.8	4.5	6.1	7.1	8.74	13.4	10.89%
占比	%	17.7	22.6	12.0	11.9	12.1	13.2	13.5	17.7	—

注：以 2017 年汇率 1∶6.65 折算。

二、2017 年中国集成电路设备市场情况

据国际半导体设备与材料协会（SEMI）统计：2017 年世界半导体制造设备营收额为 566.2 亿美元，同比增长 37.3%。

1. 2017 年中国集成电路设备进口情况

据中国电子专用设备工业协会统计报道：2017 年中国（大陆）进口半导体设备达 75.9 亿美元，同比增长 17.5%，占全球半导体设备营收额的 13.4%，进口额居全球半导体设备市场的第三位（仅次于韩国和中国台湾地区）。2017 年中国（大陆）主要半导体设备进口

总量20646台，同比减少18.8%，见表2.12.4。

表2.12.4　2010—2017年中国（大陆）半导体设备进口额占全球半导体设备市场的比重

指标名称	单位	2010年	2011年	2012年	2013年	2014年	2015年	2016年	2017年	CAGR
全球半导体设备市场	亿美元	399.3	435.3	369.3	320.0	374.9	365.3	412.4	566.2	5.1%
中国半导体设备进口额	亿美元	36.8	48.3	31.3	37.6	50.3	53.6	64.6	75.9	10.9%
占比	%	9.2	11.1	8.5	11.8	13.4	14.7	15.7	13.4	—

资料来源：中国电子专用设备工业协会（2018.6）/Jssia整理

2．2017年中国集成电路进口设备分类情况

2017年中国进口集成电路专用设备主要是由于有14条在建的集成电路晶圆生产线，2017年至2019年进入到设备安装阶段，见表2.12.5。

表2.12.5　2017年中国集成电路进口设备分类情况

序号	名称	进口额（亿美元）	占比（%）	序号	名称	进口额（亿美元）	占比（%）
1	化学气相沉积设备	17.46	23.0	6	物理气相沉积设备	6.83	9.0
2	等离子体干法刻蚀机	13.66	18.0	7	离子注入机	3.04	4.0
3	引线键合机	9.11	12.0	8	化学机械抛光机	3.04	4.0
4	氧化扩散炉	7.59	10.0	9	其他设备	8.35	11.0
5	分步重复光刻机	6.83	9.0	10	合计	75.91	100.0

3．中国半导体设备进口情况

2016—2020年中国半导体设备进口市场情况见表2.12.6。

表2.12.6　2016—2020年中国半导体设备进口市场情况

指标名称		单位	2016年	2017年		2018年（E）		2019年（E）		2020年（E）	
			实绩	实绩	同比（%）	实绩	同比（%）	实绩	同比（%）	实绩	同比（%）
中国半导体设备销售规模		亿美元	64.6	75.9	17.5	110.4	45.5	154.6	40.0	150.0	−3.0
晶圆制造设备	光刻设备（占20%）	亿美元	12.9	15.2	17.8	22.1	45.4	30.9	39.8	29.9	−3.2
	刻蚀设备（占15%）	亿美元	9.7	11.4	17.5	16.6	45.6	23.2	39.8	22.2	−4.3
	镀膜设备（占15%）	亿美元	9.7	11.4	17.5	16.6	45.6	23.2	39.8	22.0	−5.2
	其他设备（占30%）	亿美元	19.4	22.8	17.5	33.1	45.2	46.4	40.2	45.2	−2.6

续表

指标名称		单位	2016 年	2017 年		2018 年（E）		2019 年（E）		2020 年（E）	
			实绩	实绩	同比（%）	实绩	同比（%）	实绩	同比（%）	实绩	同比（%）
封测设备	测试设备（占 8%）	亿美元	5.2	6.1	17.3	8.8	44.3	12.4	40.9	13.0	4.8
	封装设备（占 7%）	亿美元	4.5	5.3	17.7	7.7	45.3	10.8	40.3	11.2	3.7
其他前端设备（占 5%）		亿美元	3.2	3.8	18.8	5.5	44.7	7.7	40.0	6.5	−15.6

4．2017 年中国半导体设备出口情况

2017 年在中国大陆半导体设备共计出口 22517 台，同比增长 38.5%；出口金额 3.84 亿美元，同比减少 6.1%，如图 2.12.5 所示。其中，化学气相沉积设备出口额位居首位。

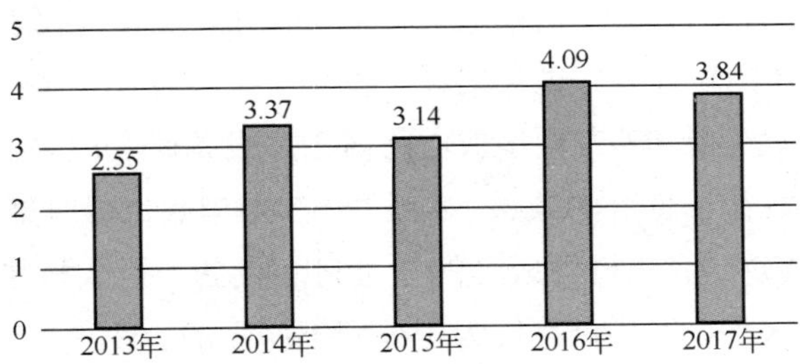

图 2.12.5　2013—2017 年中国大陆半导体设备出口金额（亿美元）

三、2017 年中国集成电路设备技术进步情况

中国半导体行业协会、中国电子材料行业协会、中国电子专用设备工业协会、中国电子报社共同举办了“第十二届（2017 年度）中国半导体创新产品和技术”评选，设备制造企业及其产品获奖情况如表 2.12.7 所示。

表2.12.7　设备制造企业及其产品获奖情况

序号	企业名称	获奖产品和技术
1	北京中国电科电子装备有限公司	12 英寸全自动划片机
2	中微半导体设备（上海）有限公司	中微 MOCVD 设备 Prismo A7™
3	苏州艾科瑞思智能设备股份有限公司	慧芯系列集成电路点胶装片机
4	北京北方华创微电子设备有限公司	硅外延 APCVD
5	盛美半导体设备（上海）有限公司	时序能激气穴震荡兆声波无损伤清洗技术
6		先进封装电镀设备 Ultra ECP ap Tool
7	北京七星华创流量计有限公司	US700 气体质量流量控制器

1. 国产高端集成电路设备技术和市场竞争力迈上一个新台阶

- 国产 12 英寸 28 纳米集成电路晶圆（芯片）关键设备（除光刻机外）进入主流生产线，实现量产。
- 2016 年，中芯国际北京厂使用集成电路晶圆设备加工的 12 英寸正式产品晶圆突破 1000 万片次，这标志着集成电路国产设备在市场化大生产中得到充分验证。
- 2017 年，中微半导体研制的 7 纳米等离子体刻蚀机已在国际顶尖的集成电路生产线上量产使用，达到了国际最先进的水平。

2. 12 英寸晶圆先进封装、测试生产线设备（17 种）实现国产化，生产设备国产化率可达 70%以上

- 集成电路前工艺设备应用于 TSV 封装等先进封装领域，提升了我国封装领域的本地化配套能力，促进了封装产业的发展。
- 随着芯片的高密度化和大容量技术的发展，以 BGA、芯片级封装（CSP）、加强 SIP、高密度三维（3D）封装、晶圆级封装等新型封装形式为代表的先进封装设备不断涌现。据 SEMI 的统计，先进封装设备占到整个半导体设备投资额的 22%以上。利用国家科技重大专项 02 专项集成电路前工序设备研发成果，应用到 3D 封装的新兴技术领域，取得了良好的效果。截至 2017 年年底，国产刻蚀机、PVD、匀胶机、光刻机、PECVD、清洗机等成套的先进封装设备，已大批量替代进口，技术指标达到国际先进水平，销售价格仅为国外同类产品的 60%～70%，大幅降低了我国先进封装产业的投资，提升了国内产业的竞争力。

3. 高端先进晶圆生产设备进入生产一线

- 2017 年实现销售的 12 英寸生产关键设备包括刻蚀机、CVD、PVD、氧化炉、离子注入机、清洗机、CMP 7 种设备实现批量销售。
- 28 纳米 PVD、65 纳米氧化炉、28 纳米氧化炉、45 纳米单片超精细清洗机、65 纳米中速流离子注入机、28 纳米低能大束流离子注入机、65 纳米 PECVD 已进入大生产线全流程，实现销售。28 纳米光学尺寸测量设备进入国际主流生产线验证。

4. 关键零部件本地化配套能力得到提升

加强设备的本地化配套能力建设是提升我国整机设备竞争能力的重要手段。我国整机设备约 70%以上的关键零部件长期依赖进口且价格居高不下，削弱了我国高端设备的整体竞争力。

“十三五”期间，在 02 专项的推动下，一批国产零部件实现本地化制造，到 2017 年，气体质量流量计、真空干泵实现批量销售；刻蚀机反应腔室、高端陶瓷部件等关键部件，完全实现批量供货；真空机械手、大气机械手系列产品和设备前端硅片传输系统完成研发，

在整机系统中得到应用并实现销售。

国家集成电路封测产业链技术创新战略联盟在国产半导体制造设备技术创新和产业化成果工作中取得长足进步，截止到 2018 年年初，在 34 个封测项目中，有 19 个项目已完成正式验收，有 2 个项目完成内部验收，并向专项办提交了正式验收申请，有 7 个项目延期进行中；还有 6 个 2017 年年专项的新项目按合同进行中。截止到 2017 年年底（含十一五、十二五及十三五）封测联盟参与单位使用自制封测类新设备（新材料）项目营收额达 387.79 亿元，申请专利 3924 个，授权专利 2239 个。

四、中国半导体设备重点企业简介

2017 年中国半导体设备主要企业如表 2.12.8 所示，按地域主要集中在以北京、上海、沈阳三地为中心的产业聚集区，涵盖晶圆制造、晶圆加工、封装、测试等领域。

北京地区是中国半导体设备企业的重要基地，聚集了北方华创、电科装备、北京华卓精科、京运通等骨干企业。北方华创是中国半导体设备产业规模最大、产品门类最为齐全的龙头企业，主要产品包括刻蚀机、PVD、CVD、LPCVD、PECVD、氧化炉、扩散炉、退火炉、清洗机和气体质量流量控制器等，产品整体达到 28 纳米技术水平，部分设备突破 14 纳米关键技术，达到国际主流水平，在大规模集成电路领域实现批量销售，并成功拓展到先进封装、LED、MEMS 等市场，部分产品实现海外销售。中国电科电子装备有限公司是强强联合组建的设备集团，主营离子注入机、光刻机、平坦化设备（CMP）等产品。北京华卓精科的快速退火设备、京运通的单晶炉和华海清科的 CMP 设备各具特色。

长三角地区是中国半导体设备产业的另一个重要基地，聚集了中微半导体、上海微电子、上海睿励、盛美半导体、杭州长川科技等一批骨干企业。中微主要产品包括介质刻蚀设备（D-RIE）、硅通孔刻蚀设备（TSV）和 MOCVD 等，在国内一流大产线实现 28 纳米多个应用，14 纳米刻蚀机在台积电、海力士、东芝、英特尔等国际一流产线通过验证并实现销售，7～5 纳米刻蚀机在积极推进，MOCVD 实现量产。上海微电子主要从事投影光刻机研发、生产、销售与服务，产品广泛应用于 IC 制造与先进封装、MEMS、3D-TSV、TFT-OLED、LED、Power Devices 等制造领域。上海睿励主要产品为光学测量设备、光学缺陷检测设备、电子光学分析检测设备。盛美半导体主营清洗机，并在美国成功上市。上海凯世通半导体主营离子注入机和离子源。长川科技主营电性能测试设备和分选机，公司成长性良好，2017 年深交所创业板上市。

沈阳地区的代表企业有沈阳拓荆、沈阳芯源、大连佳峰电子等，主要产品包括 PECVD、ALD、匀胶/清洗/去胶设备、封装测试设备等。

另外，中国在核心零部件领域也有企业和产品布局。

表2.12.8　国内集成电路设备重点制造企业

序号	企业名称	产品种类	地域
1	北方华创科技集团股份有限公司	硅刻蚀、PVD、外延、封装 氧化炉、LPCVD、清洗、ALD	北京
2	中国电科电子装备有限公司	离子注入机、封装、切磨抛成膜	
		切磨抛、CMP、键合机、光刻机	
3	北京华卓精科	快速退火	
4	北京京运通科技股份有限公司	区熔硅单晶炉	
5	天津华海清科	CMP	天津
8	睿励科学仪器（上海）有限公司	膜厚测量、颗粒测量	上海
9	上海微电子设备有限公司	光刻机、刻蚀、封装	
10	中微半导体设备（上海）有限公司	介质刻蚀、封装、MOCVD	
11	上海盛美半导体设备有限公司	清洗机、抛光机、去胶机	
12	上海凯世通半导体有限公司	离子注入机、离子源	
13	杭州长川科技股份有限公司	测试机、分选机、探针台	杭州
14	沈阳芯源微电子设备有限公司	匀胶、清洗、去胶	沈阳
15	沈阳拓荆科技有限公司	PECVD	
16	大连佳峰电子有限公司	先进封装设备	大连

2017 年中国半导体设备十强企业销售收入达 75.25 亿元，占到国产设备总值的 84.6%。有 9 家企业为正增长，1 家企业为负增长，有 6 家企业同比增长率超过 40%，见表 2.12.9。

表2.12.9　2017年中国半导体设备十强企业

序号	单位名称	2017 年销售收入(亿元)	同比增长（%）
1	浙江晶盛机电股份有限公司	17.71	97.2
2	中电科电子装备集团有限公司	13.10	44.3
3	深圳市捷佳伟创新能源设备股份有限公司	12.13	57.5
4	中微半导体设备（上海）有限公司	10.95	96.0
5	北方华创科技集团股份有限公司	10.08	46.7
6	上海微电子设备（集团）股份有限公司	3.29	13.4
7	北京京运通科技股份有限公司	2.77	3.4
8	盛美半导体设备（上海）有限公司	2.40	46.3
9	天津吉成机器技术有限公司	1.96	−8.4
10	沈阳芯源微电子设备有限公司	1.86	29.2
合计		75.25	—

五、中国半导体设备业发展的机遇与挑战

中国半导体设备还处于弱化发展阶段，2017 年国产半导体设备占全球半导体市场 2.4%～2.5%的份额。2017 年国产半导体设备在中国（大陆）市场占有率仅为 16%左右。国产集成电路晶圆生产设备市场占有率仅为 4%。集成电路级硅片生产设备（单晶炉、切片机、磨片机、抛光机）尚未在大生产线上量产使用。集成电路传统封装生产线上的主要设备（探针台、划片机、键合机）仍然依赖进口。

2018 年国产半导体设备销售收入预计将超过 110 亿元，同比增长 27%。其中，太阳能光伏电池片生产设备销售收入将达到 50 亿元以上；LED 芯片设备销售收入将达到 25 亿元以上；集成电路生产设备销售收入将达到 32 亿元左右。到 2020 年我国半导体设备销售收入将达到 150 亿元，年均增长率在 25%以上，市场占有率将达到 20%左右，其中集成电路晶圆设备销售收入将达到 50 亿元的水平。

我国集成电路产业发展好与快，在很大程度上依靠集成电路专用设备的技术进步，现目标明确、任务艰巨、任重道远，需要政府政策的支持、广招人才、培养骨干、广纳各路资金，开展兼并整合，做好产、学、研、用、机结合，做好产业链上下游企业良性互动，使新产品有试用、使用的生态环境。同时，也要加强设备企业的自身建设，为推动我国集成电路设备制造业发展做出贡献。

第十三节 2017年中国集成电路材料制造业发展情况

一、2017年中国集成电路材料市场概况

据国际半导体设备与材料协会（SEMI）报道：2017 年世界半导体材料市场营收额为469.3 亿美元，同比增长 9.6%。其中，IC 晶圆制造材料市场营收额为 278 亿美元，同比增长12.5%，占材料市场总值的 59.2%；封装材料市场营收额为 191 亿美元，同比增长 5.6%，占材料市场总值的 40.8%，见表 2.13.1。

表2.13.1 2017年中国集成电路材料占世界半导体材料的比重

指标名称	单位	2011 年	2012 年	2013 年	2014 年	2015 年	2016 年	2017 年
世界半导体材料市场	亿美元	471.2	448.2	432.6	440.4	418.2	428.2	469.3
中国 IC 材料市场	亿美元	65.5	73.2	76.9	80.3	88.9	97.7	106.9
占比	%	13.9	16.3	17.8	18.2	21.3	22.8	22.8

注：以 2017 汇率 6.65∶1 折算。

中国半导体行业协会支撑业分会有关资料显示：2017 年中国集成电路材料市场销售收入为 711.2 亿元，同比增长 9.4%，如图 2.13.1 所示。

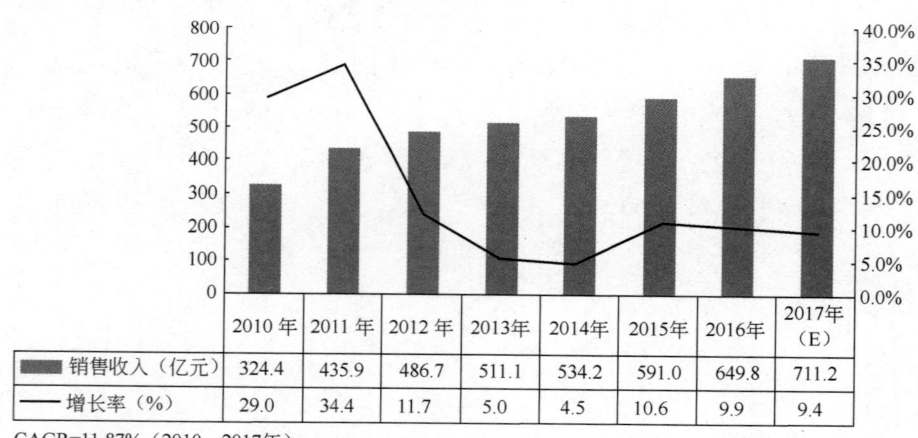

	2010 年	2011 年	2012 年	2013年	2014年	2015年	2016年	2017年（E）
销售收入（亿元）	324.4	435.9	486.7	511.1	534.2	591.0	649.8	711.2
增长率（%）	29.0	34.4	11.7	5.0	4.5	10.6	9.9	9.4

CAGR=11.87%（2010—2017年）
资料来源：中半协支撑分会/Jssia整理（2018.3）

图 2.13.1 2010—2017 年中国集成电路材料市场规模

2016—2017 年中国集成电路材料市场统计情况见表 2.13.2。2017 年中国集成电路材料市场占比如图 2.13.2 所示。

表2.13.2　2010—2017年中国集成电路材料市场分类统计

年度	晶圆业材料		封装业材料		合计	
	市场（亿元）	同比（%）	市场（亿元）	同比（%）	市场（亿元）	同比（%）
2010 年	152.51	32.1	171.9	26.3	324.41	29.0
2011 年	199.32	30.7	236.6	37.6	435.92	34.4
2012 年	216.74	8.8	270.0	14.1	486.74	11.7
2013 年	247.05	14.0	264.0	−2.2	511.05	5.0
2014 年	274.20	10.9	260.0	−1.5	534.20	4.5
2015 年	317.02	15.6	274.0	5.4	591.00	10.6
2016 年	331.76	4.6	318.0	16.1	649.76	9.9
2017 年	364.79	10.0	346.41	8.9	711.15	9.4
CAGR	13.27%	—	10.53%	—	11.87%	—

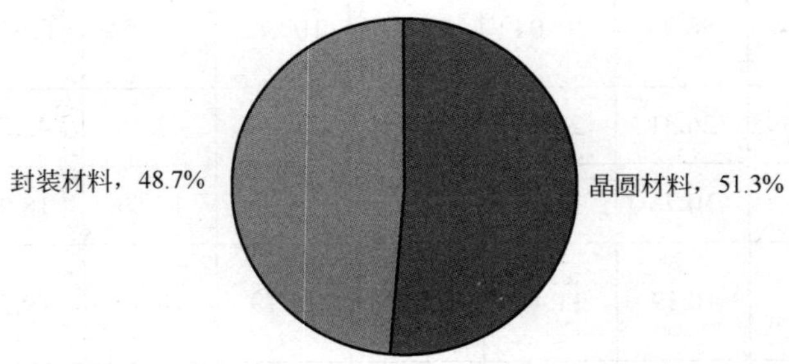

图 2.13.2　2017 年中国集成电路材料晶圆/封装材料市场占比

二、2017 年中国集成电路材料细分市场情况

（一）2017 年中国集成电路晶圆制造业材料市场情况

2017 年中国集成电路晶圆制造业材料市场规模约为 364.79 亿元，同比增长 10.0%，如图 2.13.3 所示。

表 2.13.3 给出了中国集成电路晶圆制造业材料各细分市场规模及增长情况。

图 2.13.4 给出了 2017 年中国集成电路晶圆制造业材料市场需求结构。

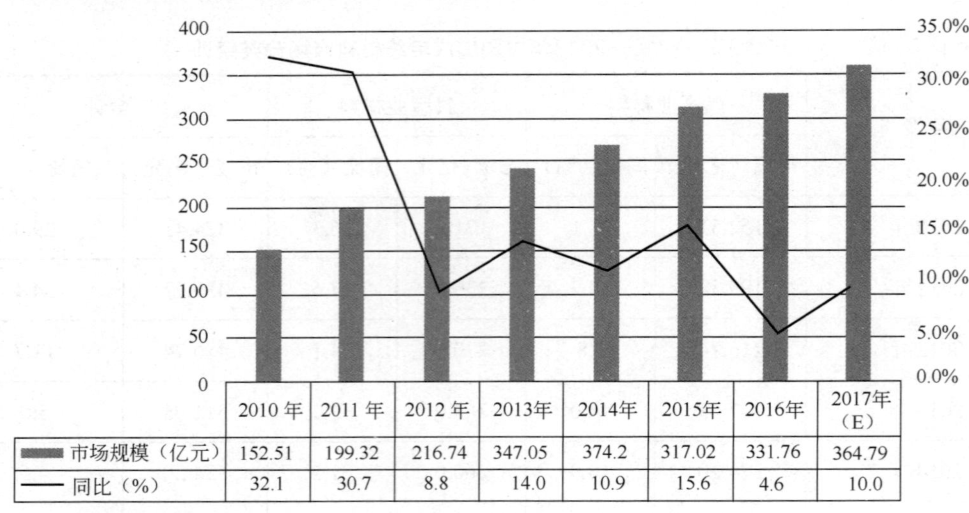

图 2.13.3　2010—2017 年中国集成电路晶圆制造业材料市场规模及增长情况

表2.13.3　2010—2017年中国集成电路晶圆制造业材料各细分市场规模及增长情况

材料名称	2010 年	2011 年	2012 年	2013 年	2014 年	2015 年	2016 年	2017 年	CAGR
硅片和硅基材料	66.34	86.70	91.04	98.83	107.12	113.54	119.44	130.64	10.16%
掩模板	20.13	26.31	28.61	32.93	36.84	43.45	45.89	49.68	13.78%
光刻胶	8.24	10.76	11.71	13.59	15.61	18.59	18.91	19.20	12.84%
光刻胶及配套试剂	7.78	10.17	11.49	14.33	15.79	18.99	19.58	23.24	16.92%
电子气体	20.28	26.51	28.83	33.35	37.92	44.52	46.45	50.41	13.89%
工艺化学品	6.10	7.97	8.67	10.43	11.38	14.16	14.27	17.36	16.12%
靶材	3.81	5.04	5.51	6.55	7.54	7.96	8.79	9.65	14.20%
CMP 材料	8.24	10.78	11.84	14.82	16.75	22.13	23.22	25.51	17.52%
其他材料	11.59	15.07	19.08	22.24	25.25	33.66	35.24	39.10	18.97%
合计	152.51	199.32	216.74	247.05	274.20	317.00	331.76	364.79	13.27%

（二）2017 年中国集成电路封装材料市场情况

2017 年中国集成电路封装材料市场规模约为 346.4 亿元，同比增长 8.9%，如图 2.13.5 所示。

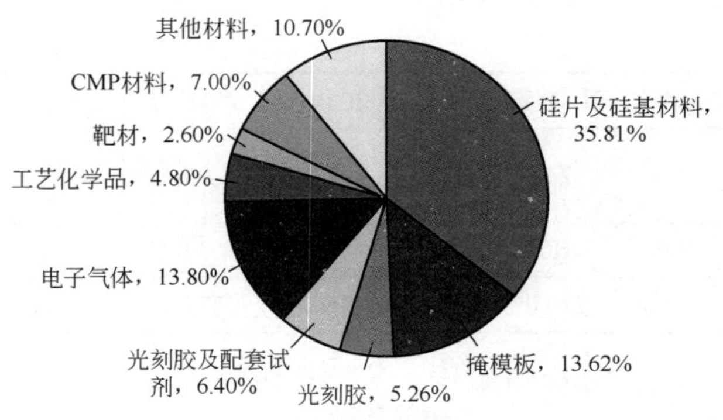

图 2.13.4　2017 年中国集成电路晶圆制造业材料市场需求结构

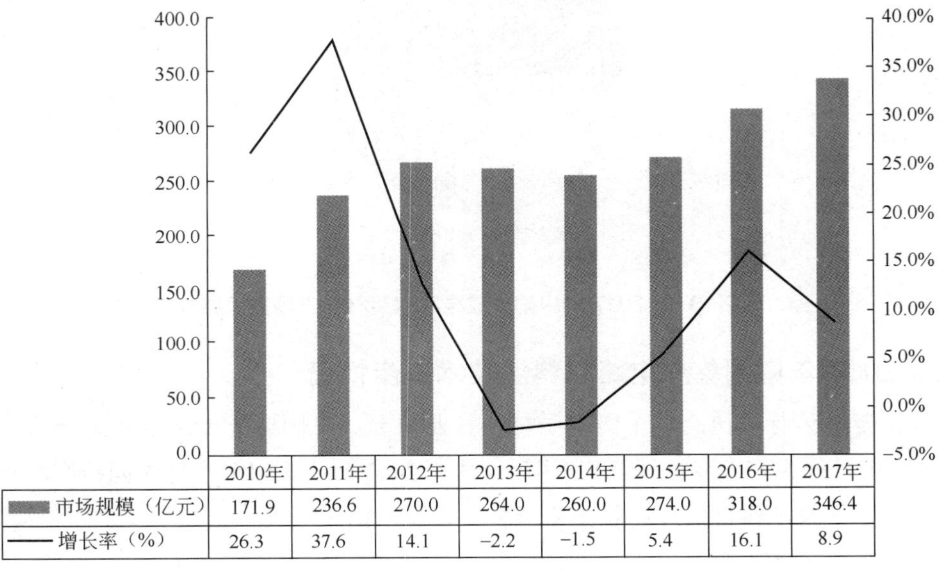

CAGR= 10.53%（2010—2017年）

图 2.13.5　2010—2017 年中国集成电路封装材料市场规模

2010—2017 年中国集成电路封装材料细分市场规模及增长情况见表 2.13.4。2017 年中国集成电路封装材料市场需求结构如图 2.13.6 所示。

表2.13.4　2010—2017年中国集成电路封装材料细分市场规模及增长情况　　（单位：亿元）

材料名称	2010 年	2011 年	2012 年	2013 年	2014 年	2015 年	2016 年	2017 年	CAGR
引线框架	48.8	67.2	64.0	65.0	68.0	70.0	81.0	84.5	8.16%
封装基板	37.1	51.1	51.0	52.0	56.0	62.0	72.0	81.2	11.84%
陶瓷基板	8.8	12.1	13.0	14.0	15.0	17.0	19.0	21.0	13.23%
键合丝	48.0	66.1	94.0	83.0	63.0	61.0	71.0	74.0	6.38%
包封材料	21.8	30.1	38.0	40.0	46.0	52.0	61.0	68.0	15.28%

续表

材料名称	2010 年	2011 年	2012 年	2013 年	2014 年	2015 年	2016 年	2017 年	CAGR
芯片黏结材料	5.2	7.0	7.0	7.0	8.0	9.0	10.0	13.1	12.24%
其他材料	2.2	3.0	2.0	3.0	3.0	3.0	4.0	4.6	9.66%
合计	171.9	236.6	270.0	264.0	260.0	274.0	318.0	346.4	10.53%

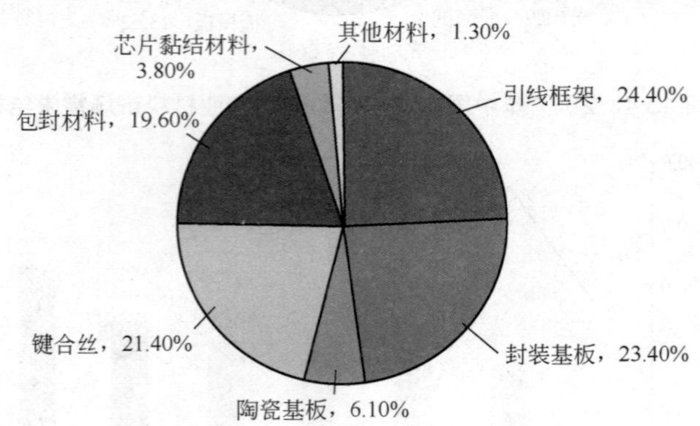

图 2.13.6　2017 年中国集成电路封装材料市场需求结构

三、2017 年中国集成电路材料业技术进步情况

由中国半导体行业协会、中国电子材料行业协会、中国电子专用设备工业协会、《中国电子报》报社组织有关专家评选出“第十二届（2017 年度）中国半导体创新产品和技术”项目等，其中集成电路材料行业获此奖项名单见表 2.13.5。

表2.13.5　集成电路材料行业获“第十二届（2017年度）中国半导体创新产品和技术”名单

序号	单位名称	产品和技术
1	安集微电子科技（上海）股份有限公司	集成电路用二氧化硅化学机械抛光液
2	北京科华微电子材料有限公司	深紫外正性光刻胶 KMP DK1080
3	南京国盛电子有限公司	碳化硅 MOSFET 用外延片
4	昆山艾森半导体材料有限公司	一种侧蚀小的铜蚀刻液 GCT ECU 312 系列
5	北京达博有色金属焊料有限责任公司	键台银丝 HS1、HSG1
6	广东华特气体股份有限公司	氟氪氖、氟氩氖稀混光刻气
7	有研半导体材料有限公司	200mm 低微缺陷（Low COP）硅片
8	上海新阳半导体材料股份有限公司	干法蚀刻清洗液 SYS9050

四、2017 年中国半导体材料企业情况

2017 年中国半导体材料十强企业见表 2.13.6。2017 年中国电子化工新材料上市企业情

况见表 2.13.7。2017 年中国集成电路材料业主要企业产品见表 2.13.8。

表2.13.6　2017年中国半导体材料十强企业名单

2017 年排名	2016 年排名	企业名称	代表产品
1	1	浙江金瑞泓科技股份有限公司	硅抛光片、外延片；年产能 800 万片，8 英寸月产 12 万片、12 英寸突破核心技术
2	3	宁波江丰电子材料股份有限公司	半导体用超高电金属溅射靶材
3	—	衡所华威电子有限公司	巨化集团收购汉高华威，主产环氧模塑料，国内市场占有率 35%
4	8	有研半导体材料有限公司	IC 用 4～12 英寸直拉单晶及硅抛光片
5	7	安集微电子科技（上海）有限公司	IC 用化学机械抛光液，清洗液及 3D 封装材料
6	5	北京达博有色金属焊料有限责任公司	IC、TR、LED 封装用键合丝、铜丝、银丝、铝丝及合金丝
7	6	上海新阳半导体材料股份有限公司	电镀化学品 SYT 系列，晶圆制程用高纯化学品 SYS 系列
8	4	有研亿金新材料有限公司	溅射靶材及蒸发材料
9	2	南京国盛电子有限公司	硅基/碳化硅基外延片
10	—	天津中环领先材料技术有限公司	8 英寸、6 英寸区熔硅抛光片

注：湖北兴福电子材料有限公司、江阴江化微电子材料股份有限公司被挤出前十大企业之列。

表2.13.7　2017年中国电子化工新材料上市企业情况

公司名称	产品领域
巨华股份	湿电子化学品、电子气体
兴发集团	电子级磷酸、蚀刻液、剥膜液、显影液、清洗剂
上海新阳	晶圆化学品（主要为电镀液和消洗液），300mm 大硅片，光刻胶
中环股份	单晶硅、抛光片
江丰电子	高纯溅射靶材
雅克科技	封装材料、前驱材料、电子特种气体
鼎龙股份	CMP 抛光垫
晶瑞股份	超净高纯试剂、光刻胶、功能性材料
康强电子	封装材料（如塑封引线框架、键合丝、电极丝）

续表

公司名称	产品领域
飞凯材料	湿电子化学品、封装材料
兴森科技	IC封装基板
阿石创	溅射靶材、蒸镀材料

表2.13.8　2017年中国集成电路材料业主要企业产品情况表

序号	材料类别	企业名称	主　要　产　品
1	硅及硅基材料	北京有研半导体	6英寸、8英寸硅单晶生产，12英寸硅单晶试生产
		浙江金瑞泓科	5/6/8英寸硅单晶、抛光片、外延片、8英寸年产能60万片，5/6英寸年产能180万片
		上海新傲科技	4～8英寸SOI晶片，外延片年产能15万片左右
		南京国盛	6/8英寸外延片，4～6英寸低掺厚层碳化硅，年产能15万～20万片
		天津中环	8英寸区熔硅单晶、CFZ硅单晶
		河北普兴电子、洛阳单晶硅厂	4～8英寸硅抛光片、硅外延片
2	光刻胶及配套试剂	苏州瑞红	紫外负性光刻胶及配套试剂，G线光刻胶及配套试制TN-STN光刻胶等
		北京科华微	紫外宽谱负性光刻胶、G线光刻胶、I线光刻胶、KrF光刻胶、光刻胶及配套试制等
		江苏南大光电	光刻胶及配套试制
3	引线框	宁波康强	刻蚀引线框架、冲压引线框架
		宁波华龙	冲压引线框架（IC、TR）
		无锡华晶利达、厦门永红、广州丰江、南京长江电子、济南晶恒、泰兴光电、泰州东田、铜陵丰山三佳、四川金湾、天水华洋、江苏三鑫、宁波埃斯科、苏州住矿、三井高科、顺德工业、新光电气（无锡）、先进材料（深圳）、深圳赛格柏狮、中山复盛等	
4	封装基板	深南电路	2～6L的BGA基板和CSP基板，线宽/线距为25/25μm，研发15/15μm
		芯智联	线宽/线距为25/25μm，研发15/15μm
		深圳丹邦	柔性FPC材料、FPC、柔性基板
		安捷利、珠海越亚、兴森快捷、中兴新宇	
5	陶瓷基板	宜兴电子器件总厂、中国电科第13所中瓷公司、中国电科第55所、钟山微电子、宜兴吉泰、无锡博精、苏州日铁柱、福建闽航、中国电科第43所、中国电科第44所、浙江长兴电子、诸城电子封装厂等	

续表

<table>
<tr><th>序号</th><th>材料类别</th><th>企业名称</th><th colspan="2">主 要 产 品</th></tr>
<tr><td rowspan="7">6</td><td rowspan="7">内引线</td><td>贺利氏招远（常熟）</td><td>Au、Cu、Pd-Cu、Ag、Al</td><td rowspan="2">产量 2000kkM</td></tr>
<tr><td>贺利氏招远贵金属</td><td>Au、Cu、Pd-Cu、Ag、Al</td></tr>
<tr><td>山东科大鼎新</td><td colspan="2">Au、Cu、Al</td></tr>
<tr><td>田中电子（杭州）</td><td>Au、Cu、Pd-Cu、Al</td><td>产量 887kkm</td></tr>
<tr><td>宁波康强</td><td>Au、Cu、Pd-Cu、Ag</td><td>产量 162kkm</td></tr>
<tr><td>北京达博</td><td>Au、Cu、Pd-Cu、Ag</td><td>产量 360kkm</td></tr>
<tr><td colspan="3">铭凯益电子（昆山）、杭州日茂、烟台招金励福、广东佳博、喜讯金属、乐金股份等</td></tr>
<tr><td rowspan="5">7</td><td rowspan="5">包封材料</td><td>江苏中鹏新材料</td><td colspan="2">QFN 封装用绿色环保塑封材料产品 SP-G900，LQFP，产量 8000 吨</td></tr>
<tr><td>江苏华海诚科新材料</td><td colspan="2">MIS 用环氧塑封料（ENG-900-MI），产量 8000 吨，用于 TO 系列、DIP 系列、SOT、SOP 系列、QFP、QFN 系列等</td></tr>
<tr><td>无锡创达电子</td><td colspan="2">产量 1500 吨</td></tr>
<tr><td>科化新材料（泰州）</td><td colspan="2">产量 800 吨</td></tr>
<tr><td colspan="3">衡所华威（10500 吨）、长春塑封料（常熟）（14700 吨）、苏州住友电木（6300 吨）、日立化成工业（苏州）（6300 吨）、长兴电子材料（昆山）（3600 吨）、北京首科化（5800 吨）、北京中新泰合电子（2500 吨）、无锡创达电子（2500 吨）、江苏晶科（1200 吨）</td></tr>
<tr><td rowspan="4">8</td><td rowspan="4">电子气体</td><td>江苏南大光电材料</td><td colspan="2">高纯特种气体</td></tr>
<tr><td>广东华特气体</td><td colspan="2">标准气体、特种气体</td></tr>
<tr><td>苏州金宏</td><td colspan="2">标准气体、特种气体、7N 电子级超纯氨</td></tr>
<tr><td colspan="3">中船重工 718 所、山东绿菱</td></tr>
<tr><td rowspan="5">9</td><td rowspan="5">电子化学品试剂</td><td>江阴润玛</td><td colspan="2">各类电子化学品试剂、超净高纯铝蚀刻液、超净高纯氢氟酸、硝酸；各类蚀刻液等</td></tr>
<tr><td>江阴江化微电子</td><td colspan="2">ZX 型低张力正胶显形液、各类电子化学品试剂</td></tr>
<tr><td>江阴化学试剂厂</td><td colspan="2">各类电子化学品试剂</td></tr>
<tr><td>湖北兴福</td><td colspan="2">电子级磷酸、蚀刻液</td></tr>
<tr><td>上海新阳</td><td colspan="2">硫酸铜电镀液、添加剂、铜互连蚀刻清洗液、各类清洗液</td></tr>
<tr><td>10</td><td>CMP</td><td>安集微电子（上海）</td><td colspan="2">用于 IC 的 CMP 工艺铜/阻挡层抛光液、二氧化硅抛光液、TSV 化学机械抛光液</td></tr>
<tr><td rowspan="2">11</td><td rowspan="2">靶材</td><td>常州苏晶电子材料</td><td colspan="2">金属钼钯</td></tr>
<tr><td>有研亿金新材料</td><td colspan="2">超高纯铝合金溅射靶材</td></tr>
</table>

五、2017年中国大硅片材料产业布局

大尺寸硅片是国内外集成电路晶圆制造企业紧缺的原材料。2017年，中国12英寸硅片需求量为45万片/月（包括三星西安、SK海力士无锡、英特尔大连和内资企业中芯国际、上海华力、武汉新芯等）。随着厦门联芯、合肥晶合集成的投产，以及2018—2020年台积电南京、格芯成都晶圆代工和紫光南京、合肥长鑫、福建晋华三大DRAM厂建成投产，预计到2020年全国12英寸硅片需80万～100万片/月。去除外资企业硅片的用量，国内企业硅片用量仍需40万～50万片/月。

目前，中国6英寸及以下硅片能实现自主供应；8英寸硅片自主供应能力仅为10%左右，其余90%依靠进口；12英寸硅片基本是空白，100%依赖进口。为此，近年来集成电路材料产业大手笔投资大尺寸硅片生产。表2.13.9给出了中国大尺寸硅片布局。

表2.13.9　中国大尺寸硅片布局

日期	公司名称	投资方	投资额	产品布局情况
2014.5	重庆超硅（AST）	重庆两江集团、云南城投、国家开发基金、上海超硅等	50亿元（一期23亿元），注册资本约12亿元	2016年4月试生产，10月第一批8英寸IC级单晶硅下线；2017年1月8英寸发货供应；12英寸硅片线在建。目标8英寸年产600万片，12英寸年产60万片
2017.8	成都超硅	云南城投 邛崃市府	50亿元	2017年8月签约，我国西南地区最大的硅材料基地
2014.6	上海新昇（ZINGSEMI）	2014年6月，公司与兴森科技、新傲科技、上海IC基金、张江集团等（上海硅业）	68亿元	2014年6月成立，一期投资23亿元，适用于40～28纳米的12英寸硅单晶及加工。一期产能15万片/月，二期后达60万片/月。现已产出300mm单晶棒，目标为月产100万片
2016.4	宁夏银和（FERROTEC）	申和热磁、宁夏银和等	90亿元	规划年产8英寸360万片和年产12英寸240万片半导体级单晶硅片（银川经开区）2017年7月一期投资15亿元年，产180万片8英寸项目投产。2017年7月投资为60亿元年产360万片8英寸和年产240万片12英寸抛光片项目正在实施
2017.1	浙江金瑞泓（JRH）	杭州立昂微电子股份有限公司，与浙江大学硅材料国家重点实验室密切合作	50亿元	2017年1月举行开工仪式，建成月产40万片的8英寸硅片和月产10万片12英寸硅片的规模，占地120亩。现一期厂房已建成。一期投资7亿元
2017.7	合晶郑州	台湾晶合集团	53亿元	年产8英寸240万片单晶抛光片建设项目，占地153亩，一期为8英寸片、二期为12英寸，月产25万片衬底材料和月产9万片外延片

续表

日期	公司名称	投资方	投资额	产品布局情况
2017.10	中环领先（中环无锡）	晶盛机电、中环股份、无锡市政府	30亿美元	落户宜兴，2017年年底开工，一期投资15亿美元，大尺寸IC用硅片，完善无锡IC产业链
2017.12	西安奕斯伟硅业	京东方（北京芯动能）、西安高新区	100亿元	落户西安，完善陕西IC产业链，发展大尺寸硅片
2015	江苏协鑫	与中卫市签约单晶硅制造项目、大基金	拟投资150亿元	在生产电子级多晶硅后，发布进军单晶硅片。在5年内建设10GW高效单晶制造项目。保利协鑫拥有世界领先的铸锭技术。它放弃了直拉工艺，采用了适用于自己当前生产设备、成本更低廉的铸锭单晶技术工艺。一旦成功，生产成本基本和多晶相差无几，这将解决单晶在市场竞争中的核心问题——价格过高
2017	天津中环			实现8英寸直拉单晶，12英寸单晶出样品；8英寸月产能10万片，建成后满产月产能30万片；12英寸抛光片月产能2万片。8英寸区熔单晶及抛光片、12英寸抛光片等
2017	杭州中芯晶圆		10亿美元（67亿元）	建12英寸年产能288万片，8英寸540万片，占地209亩，预计2019年上半年可投产
2017	上海宝山申和			4～6英寸年产420万片，8英寸年产180万片（2017年已投产），12英寸年产240万片

到2017年年底，国内从事电子级多晶硅研发和生产的主要企业如下。

- 青海黄河上游电子级多晶硅水电开发有限公司新能源公司，产能约200吨。
- 云南冶金云芯硅材料股份有限公司，产量约200吨。
- 江苏鑫华半导体材料科技有限公司，国家IC大基金参股其中。
- 洛阳中硅高新技术有限公司，国家IC大基金参股其中。
- 宜昌南玻也投入电子级多晶硅的研制。
- 目前青海黄河和云南冶金云芯两家公司的电子级多晶硅已进入质量和用户认证和试用，其他几家电子级多晶硅企业其产品质量和稳定性等有待进一步提升。现全国电子级多晶硅产能达600吨左右，基本能满足8英寸抛光片、外延片的要求。

第十四节　2017年中国集成电路产业发展投资基金情况

1．2017年大基金情况简介

为加快发展我国集成电路产业，2014年6月国务院发布了《国家集成电路产业发展推进纲要》。2014年10月国家集成电路产业投资基金（简称“大基金”）成立，注册资本987.2亿元，总股本1387.2亿元。财政部持股36.47%，国开金融持股22.29%，其他股东有中国烟草、亦庄国投、中国移动、上海国盛、中国电科、紫光通信、华芯投资等。到2016年年底大基金池有资金1898亿元，比2015年增长38.9%。

经过近三年的发展，大基金坚持市场化运作、专业管理、科学决策等原则，在实际运营中收到明显的成效。截至2017年12月30日，大基金有效决策投资67个项目，涉及制造、设计、封测、设备、材料、生态建设各个环节，累计有效承诺项目投资1188亿元，累计实际出资818亿元，分别占首期募资的85.6%和61%（59.0%）。

2017年大基金实现营收额1.29亿元，净利润73.33亿元，期末净资产989.85亿元。

2．国家集成电路产业投资基金投资计划

国家集成电路产业投资基金投资运行情况如图2.14.1所示。

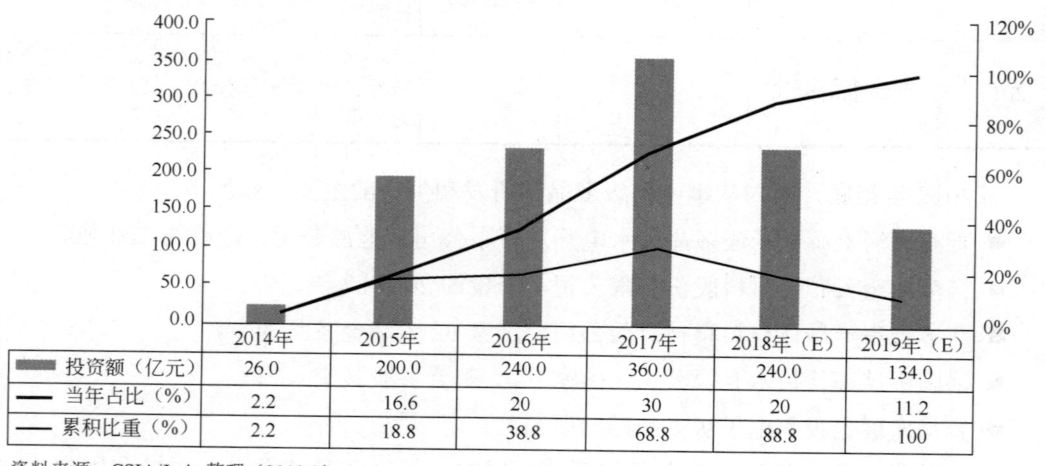

	2014年	2015年	2016年	2017年	2018年（E）	2019年（E）
投资额（亿元）	26.0	200.0	240.0	360.0	240.0	134.0
当年占比（%）	2.2	16.6	20	30	20	11.2
累积比重（%）	2.2	18.8	38.8	68.8	88.8	100

资料来源：CSIA/Jssia整理（2018.2）

图2.14.1　国家集成电路产业投资基金投资运行情况

- 大基金以华芯投资为唯一管理人，实行私募股权，基金投资，夹层投资等一、二级市场投资，不做风险投资和天使投资；退出以回购、兼并收购、公开上市等形式。大基金总期限为15年。分为投资期（2014—2019年）、回收期（2019—2024年）和展期（2024—2029年）。

- 截至 2017 年 12 月，带动地方投资资金 5145 亿元，加上子基金和大基金等，估计可达上万亿元的规模，用于投资半导体产业，有力地推动了当地集成电路产业链的发展。

3. 2017 年大基金投资取得的效果明显

到 2017 年年底，大基金投资了集成电路相关的上市公司 23 家。大基金投资于各领域的比重如图 2.14.2 所示。

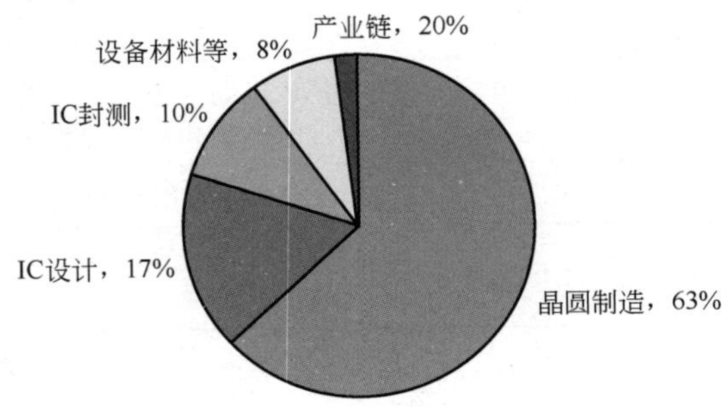

图 2.14.2 2017 年大基金投资于各领域的比重

- 集成电路设计领域：汇顶科技、兆易创新、景嘉微、国科微、中兴微电子、纳思达、北斗星通 7 家。
- 集成电路封测领域：长电科技、华天科技、通富微电、晶方科技 4 家。
- 设备材料领域：北方华创、长川科技、雅克科技、巨化股份 4 家。
- 化合物与特色工艺：三安光电、耐威科技、士兰微、万盛股份 4 家。
- 晶圆制造领域：中芯国际、华虹宏力 2 家。
- 终端领域：闻泰科技、共达电声 2 家。

2017 年中国集成电路产业销售收入取得两位数增长的不俗成绩，与大基金在集成电路产业各相关领域积极投入和支持是分不开的。

半导体行业具有重资本、高技术的门槛，需要长期持续性的高资本投入，从研发及投入产出周期非常长。因此，大基金进入后，有效地解决了中国半导体行业的投资瓶颈。综合行业内公司业绩增长来看，大基金投资效果也是非常明显。2017 年大基金投资部分企业的情况见表 2.14.1。

表2.14.1 2017年大基金投资部分企业情况

序号	公司名称	日期	金额	投 入 情 况
1	中芯国际	2015.6.30—2017.11	31 亿港元	2015 年 6 月 30 日持股 11.53%，下半年增持 74 亿股，共持股 17.59%； 2016 年 6 月 30 日持股 17.54%，2016 年 12 月底持股 17.4%； 2017 年 6 月 30 日持股 15.91%，2017 年 11 月底持股 15.06%，成为第二股东

续表

序号	公司名称	日期	金额	投 入 情 况
2	长江存储	2016.7.26	≤190亿元	大基金投入3D NAND Flash
3	华力集成（华虹集团）	2016.12	116亿元	大基金投入华力二期（28～14纳米）
4	中芯北方	2016.6.30	6.36亿美元	大基金投入6.36亿美元（28纳米）
5	三安光电	2015.6.16	64亿元	大基金持股11.3%（发展Ⅲ-Ⅴ族化合物半导体为重点）
6	士兰集昕	2016.3.18	6亿元	大基金持股48.78%（特色工艺产品）
7	紫光集团	2015.2.14	不超100亿元	发展集成电路业务，扩大集成电路规模，提升集成电路竞争力，收购展讯和锐迪科
8	纳思达	2015.5	5亿元	持股4.29%，发展打印机耗材芯片设计等
9	国科微电子	2015.12	2亿元	持股15.79%，支持广电芯片和智能监控芯片，固态存储芯片和IoT芯片
10	北斗星通	2015.9.12		持股11.46%，认购7500万股，支持北斗/GNSS SoC等单芯片
11	中兴微电子	2015.11.23	24亿元	持股24.0%，支持中兴微电通信芯片
12	深圳国微技术	2016		大基金投入持股9.53%，支持移动终端支付系统（mPOS）
13	盛科网络	2016.9.21		投入以太网芯片
14	万盛股份	2017.4.27		持股7.41%，支持数模混合芯片，跨界切入集成电路行业
15	兆易创新	2017.8.28	14.5亿元	持股11%，支持存储芯片设计
16	汇顶科技	2017.11.22		持股6.65%，支持人机交互及生物识别技术与芯片
17	长电科技	2014.12—2017.9.30	1.6亿美元 1.4亿美元 （约20亿元）	2014年12月23日出资1.5亿美元，收购新加坡星科金朋； 2016年4月29日持长电新科29.41%、长电新朋22.73%股权，完成后持长电科技9.53%股份； 2017年9月30日以29亿元持长电科技19%股权； 助长电科技为全球第三大封测厂（持股9.54%）
18	华天西安	2015.12.29	5亿元	2015年12月29日出资5亿元，持股27.23%，提升高端集成电路封测业务
19	中芯长电	2015.9.16	2.8亿美元	支持中芯长电加快建设第一条12英寸凸块生产线，2016年承接订单，2017年9月开始二期工程，进军10纳米级封装
20	通富微电	2016.4	18亿元	支持通富微电成立富润达、通润达投资平台收购AMD苏州、槟城工厂。2016年10月通富微电收购大基金持有的富润达49.48%和通润达47.63%股权，交易对价为19.21亿元。2017年11月大基金持通富微电15.7%股权
21	中微半导体设备	2014.12	4.8亿元	支持半导体设备制造（等离子刻蚀机、MOCVD等）

续表

序号	公司名称	日期	金额	投 入 情 况
22	长川科技	2015.6	0.4 亿元	持股 7.32%，支持集成电路测试设备研发制造
23	拓荆科技	2015.11	1.65 亿元	支持该公司研发化学气相沉积设备（CVD）、12 英寸 PECVD、ALD 设备，OLED 薄膜设备，3D NAND 薄膜设备等
24	北方华创	2015.12.26	6 亿元	支持完成刻蚀机、磁控溅射机、氧化炉、清洗机、低压气相沉积、原子沉积机等，拥有 90/55/40/28 纳米工艺设备，进入 14 纳米设备验证，持股 7.50%
25	睿励仪器	2016	—	获大基金注资，支持集成电路工艺检测设备研制（全自动 TFX3000）投产
26	盛美半导体	—	—	支持单片清洗机生产
27	上海硅片	2015.11	7 亿元	大基金注资。上海硅业持有上海新昇 62.82%股权及持有 SoI 晶圆供应商上海新微 53%股权，法国 Soitec 12%股权，芬兰 SoI 商 OKmet 集成电路 100%股权，完成上海硅业布局
28	鑫华半导体	2015.12.11	—	大基金注资保利协鑫成立鑫华半导体材料公司，生产半导体级多晶硅
29	安集微电子	2016.7	—	获大基金注资，支持集成电路抛光材料及清洗液、去胶液等研发生产
30	ACMR	—	—	持股 5.41%，支持半导体设备制造业
31	烟台德邦	2016.10	—	获大基金注资，支持研制销售特种功能性高分子界面材料
32	雅克科技	2017.10.17	5.5 亿元	获持股 5.73%股权布局半导体材料、特种气体等
33	耐威科技	2016.11.10	20 亿元	支持打造 8 英寸 MEMS 国际代工生产线建设及产业化平台
34	景嘉微	2017.10.22	≤13 亿元	大基金注资，由华芯投资作为资产管理人，支持集成电路芯片设计
35	京东方	2015.8	15 亿元	支持面板芯片研发
36	新昇半导体	2016.5	3 亿元	支持大尺寸晶圆硅片研制
37	晶方科技	—	—	持股 9.32%，支持集成电路高端封装

第十五节　2017 年中国集成电路产业知识产权情况

一、2017 年世界集成电路产业专利态势

1. 2017 年全球集成电路专利有关国家分布

2017 年，集成电路领域全球公开专利申请 209.7 万件，授权 144.5 万件。其中，中国申请 46.4 万件，占比 22.1%；授权 27.8 万件，占比 19.2%。其中，美国、日本、中国分居前三位，如图 2.15.1 所示。

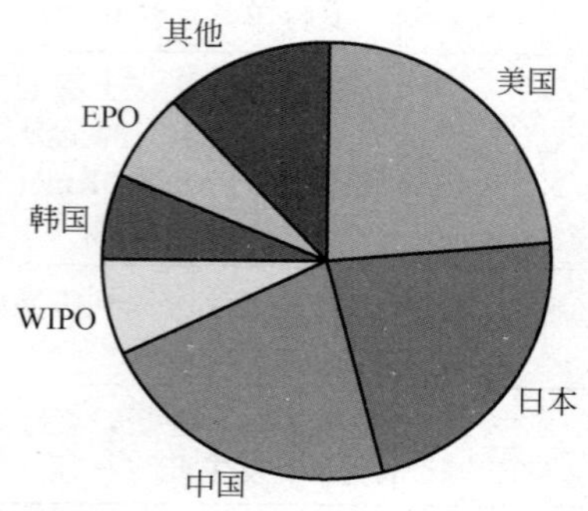

图2.15.1　2017年全球集成电路专利有关国家分布情况

2. 2017 年集成电路专利申请人及专利技术领域排名情况

全球集成电路相关企业专利申请人排名前列的有三星、NEC、高通、日立、富士通、松下、东芝、IBM、索尼等。中国专利申请人排名前列的有中兴通讯、华为等。

集成电路行业专利技术领域排名（IPC 大组前十），申请量较大的领域集中于集成电路制造、元器件、数据交换与传输、光刻设备及存储器。

从表 2.15.1 可以看出，在全球集成电路专利前 20 大企业拥有量中，日本有 9 家企业，占到 45%；美国有 6 家企业，占到 30%；韩国有 2 家企业，占到 10%；中国台湾、新加坡、荷兰各有 1 家，各占 5%。在集成电路专利拥有量中：美国企业拥有 81678 件，占总量的 38.3%，居第一位；日本企业拥有 72832 件，占总量的 34.2%；韩国企业拥有 31747 件，占总量的 14.9%。

表2.15.1　全球集成电路产业前20大企业专利数量及布局（1985—2017年）

序号	专利权人	国家/地区	件数（件）	序号	专利权人	国家/地区	件数（件）
1	三星（Samsung）	韩国	26326	3	英特尔（Intel）	美国	18943
2	IBM	美国	22876	4	美光（Micron）	美国	12459

续表

序号	专利权人	国家/地区	件数（件）	序号	专利权人	国家/地区	件数（件）
5	安华高（Avago）	新加坡	12387	13	富士通（Fujitsu）	日本	7653
6	东芝（Toshiba）	日本	11796	14	格罗方德（GF）	美国	7508
7	德仪（TI）	美国	10283	15	NEC	日本	6714
8	瑞萨（Renesas）	日本	10002	16	恩智浦（NXP）	荷兰	6352
9	索尼（Sony）	日本	9976	17	三菱（Mitsubishi）	日本	5795
10	松下（Panasonic）	日本	9790	18	日立（Hitachi）	日本	5612
11	高通（Qualcomm）	美国	9609	19	佳能（Canon）	日本	5494
12	台积电（TSMC）	中国台湾	8229	20	海力士（Hynix）	韩国	5421

二、2017 年中国集成电路产业专利情况

2017 年，中国发明专利申请量 138.2 万件，同比增长 14.2%，审结 74.4 万件。

2017 年，PCT（专利合作条约）国际专利申请 5.1 万件，同比增长 12.5%。

2017 年，实用新型专利申请量为 168.8 万件。

2017 年，外观设计申请量为 62.9 万件。

2017 年，受理专利无效案件 4565 件，同比增长 15%，审结 4216 件。

2017 年，专利行政执法案件 6.7 万件。

2017 年，评出中国专利金奖 20 项、外观金奖 5 项、金奖项目新增营收额 939 亿元。

2017 年中国集成电路专利申请总量为 34829 件，同比增长 14.21%。其中，发明专利为 27406 件，实用专利 7423 件，布图设计登记为 1926 件；国内申请登记为 26946 件，占到 2017 年申请专利的 77%，具体见表 2.15.2 和表 2.15.3。

表2.15.2　2017年中国集成电路产业专利数量　（单位：件）

年度	中国集成电路专利总量（中国+国外专利人）	国内集成电路专利总量	国内权利人占比
1985—2017 年	310656	189493	61%
其中：2016	30495	23094	76%
2017	34829	26946	77%
2017 年同比（%）	14.21	16.69	增长 1 个百分点

表2.15.3　2017年中国集成电路专利申请人所在省市专利数量排名

序号	省市名称	专利数（件）	占比（%）	序号	省市名称	专利数（件）	占比（%）
1	广东省	5297	20.0	6	浙江省	1539	6.0
2	北京市	3356	12.0	7	山东省	1032	4.0
3	江苏省	3312	12.0	8	安徽省	1007	4.0
4	上海市	3031	11.0	9	陕西省	918	3.0
5	四川省	1779	7.0	10	其他	5675	21.0
				合计		26946	100.0

从表2.15.4可以看出，从2016到2017年，中国集成电路专利三业中，广东省在集成电路设计业专利公开数中占第一位，2017年同比增长35.36%；上海市在集成电路晶圆制造业专利公开数中占第一位，2017年同比下降15.64%；江苏省在集成电路封测业专利公开数中占第一位，2017年同比增长10.93%，具体如表2.15.5～表2.15.7所示。表2.15.8给出了中国集成电路布图设计专有权的情况。

表2.15.4　2016—2017年中国主要省市集成电路专利在三业中分布情况　（单位：件）

专业分布名称	全国	广东省	江苏省	北京市	上海市	国内
2016年						
设计业	18113	▲2760	1428	2081	1331	14046
制造业	8720	609	964	690	▲1535	8099
封测业	4828	707	▲924	326	499	4642
2017年						
设计业	21459	▲3736	1527	2336	1401	16910
制造业	8842	698	962	710	▲1295	8070
封测业	5745	984	▲1025	383	518	5524

注：有“▲”为专利居首位者。

表2.15.5　中国集成电路设计企业专利布局（截至2016年12月累计）

序号	公司名	中国专利（件）	美国专利（件）	序号	公司名	中国专利（件）	美国专利（件）
1	深圳市海思半导体有限公司	43	4	6	格科微电子（上海）有限公司	334	10
2	清华紫光展锐	1542	235	7	深圳汇顶科技股份有限公司	220	5
3	深圳中兴微电子技术有限公司	279	123	8	杭州士兰微电子股份有限公司	552	18
4	华大半导体有限公司	1022	35	9	大唐半导体设计有限公司	917	14
5	北京智芯微电子科技有限公司	62	0	10	敦泰科技（深圳）有限公司	163	75

表2.15.6　中国集成电路制造企业专利布局（截至2016年12月累计）

序号	公司名	中国专利（件）	美国专利（件）	序号	公司名	中国专利（件）	美国专利（件）
1	三星（中国）半导体有限公司	0（58723）	0（178741）	6	英特尔半导体（大连）有限公司	0（10452）	0（37661）
2	中芯国际集成电路制造有限公司	10251	1731	7	台积电（中国）有限公司	0（5228）	0（24922）
3	SK 海力士（中国）有限公司	0（2901）	0（17456）	8	上海华力微电子有限公司	2958	127
4	华润微电子有限公司	23	0	9	西安微电子技术研究所	0	0
5	上海华虹宏力半导体制造有限公司	5447	216	10	和舰科技（苏州）有限公司	0（268）	0（10）

表2.15.7　中国集成电路封测企业专利布局（截至2016年12月累计）

序号	公司名	中国专利（件）	美国专利（件）	序号	公司名	中国专利（件）	美国专利（件）
1	江苏新潮科技集团有限公司（长电科技、江苏斯菲尔、长电先进、江阴新顺、江苏新基、江阴长江电器）	1484	17	6	英特尔产品（成都）有限公司	0（10452）	0（37661）
2	南通华达微子集团有限公司（通富微电、南通金泰、南通尚明、连云港中鹏、宁波华龙、北京达博、南通金茂等）	795	0	7	海太半导体（无锡）有限公司	104	0
3	威讯联合半导体（北京）有限公司	3	26（55）	8	上海凯虹科技有限公司	34	11
4	天水华天电子集团有限公司（天水华天科技、华天科技西安、华天科技昆山）	659	9	9	安靠封装测试(上海)有限公司	1（111）	0（956）
5	恩智浦半导体公司	16（393）	1（5751）	10	晟碟半导体（上海）有限公司	0（45）	0（5928）

表2.15.8　中国集成电路布图设计专有权（国内主要权利人，2016年）

序号	专有权人	件数	序号	公司名	件数
1	合肥泓晶半导体科技有限公司	39	7	上海晶丰明源半导体有限公司	22
2	中芯国际集成电路制造（上海）有限公司	35	8	合肥华旭半导体科技有限公司	21
3	华大半导体有限公司	27	9	上海华虹（集团）有限公司	21
4	杭州士兰微电子股份有限公司	25	10	上海晟矽微电子有限公司	18
5	福州大学	24	11	上海艾为电子技术有限公司	18
6	上海复旦微电子集团股份有限公司	24	12	中航九院第七七一所	18

第十六节　2017年中国台湾地区集成电路产业发展情况

1．2017年中国台湾地区集成电路产业发展规模

2017年中国台湾地区集成电路产业市场规模达24623亿元新台币，同比增长0.5%。2018年中国台湾地区集成电路产业市场规模预计达26050亿元新台币，同比增长5.8%，如图2.16.1所示。

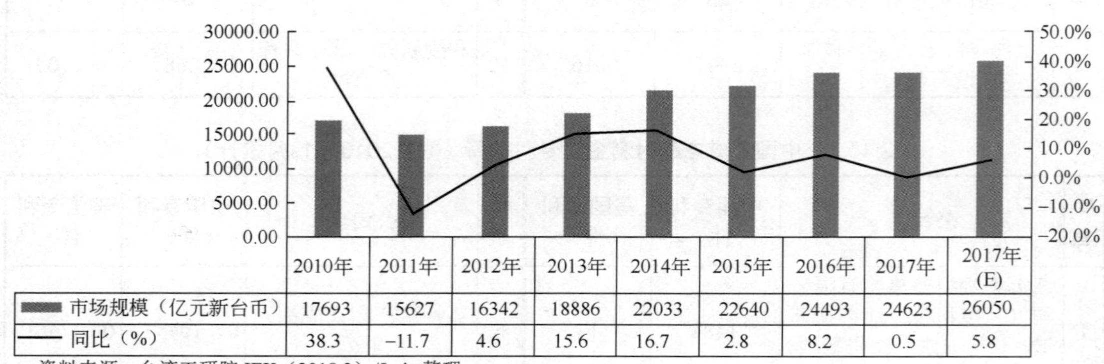

	2010年	2011年	2012年	2013年	2014年	2015年	2016年	2017年	2017年(E)
市场规模（亿元新台币）	17693	15627	16342	18886	22033	22640	24493	24623	26050
同比（%）	38.3	−11.7	4.6	15.6	16.7	2.8	8.2	0.5	5.8

资料来源：台湾工研院IEK（2018.3）/Jssia整理

图2.16.1　2010—2018年中国台湾地区集成电路产业产值规模及增长情况

2．2014—2018年中国台湾地区集成电路各产业发展情况

2014—2018年中国台湾地区集成电路各产业发展情况如表2.16.1、表2.16.2和图2.16.2所示。

表2.16.1　2014—2018年中国台湾地区集成电路各产业产值发展情况　（单位：亿元新台币）

指标名称	2014年	2015年	2016年	2017年	2017年同比（%）	2018年（E）	2018年同比（%）
IC设计业	5763	5927	6531	6171	−5.5	6578	6.6
IC制造业	11731	12300	13324	13682	2.7	14492	5.9
其中：晶圆代工	9140	10093	11487	12061	5.0	12672	5.1
记忆体等	2591	2207	1837	1621	−11.8	1820	12.3
IC封测业	4539	4413	4638	4770	2.8	4980	4.5
其中：封装业	3160	3099	3238	3330	2.8	3480	4.5
测试业	1379	1314	1400	1440	2.9	1500	4.2
IC产业产值合计	22033	22640	24493	24623	0.5	26050	5.8

资料来源：台湾工研院IEK（2018.3）/Jssia整理

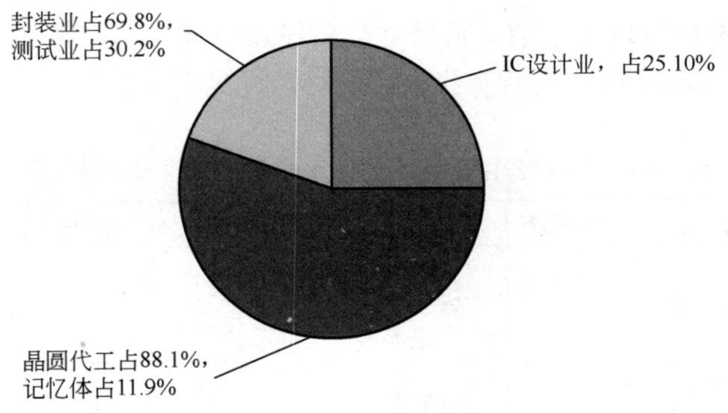

图 2.16.2　2017 年中国台湾地区集成电路三业产值占比情况

表2.16.2　2017年中国台湾地区集成电路产业营收额分季情况　（单位：亿元新台币）

指标名称	2017 Q1	季成长（%）	年成长（%）	2017 Q2	季成长（%）	年成长（%）	2017Q3	季成长（%）	年成长（%）	2017 Q4（E）	季成长（%）	年成长（%）	2017 年（E）	年成长（%）
IC 产业产值	5714	−11.3	5.0	5726	0.2	−4.8	6416	12.1	−2.7	6767	5.5	4.1	24623	0.5
IC 设计业	1398	−12.5	−3.7	1506	7.7	−11.3	1658	10.1	−7.1	1609	−3.0	1.5	6171	−5.5
IC 制造业	3208	−11.0	8.6	3060	−4.6	−3.7	3527	15.3	−1.7	3887	10.2	6.5	13682	2.7
晶圆代工	2849	9.2	14.4	2678	−6.0	−2.1	3126	16.7	0.1	3408	9.0	9.1	12061	5.0
内存与其他制造	359	−23.3	−22.5	382	6.4	−13.4	401	5.0	13.8	479	19.5	11.1	1621	−11.8
IC 封测业	1108	−10.5	4.4	1160	4.7	10.4	1231	6.1	−2.8	1271	3.2	5.1	4770	2.8
IC 封装业	770	−10.3	5.5	825	7.1	3.1	855	3.6	0.6	880	2.9	0.8	3330	2.8
IC 测试业	338	−11.1	10.8	335	−0.9	−1.5	376	12.2	0.3	391	4.0	2.5	1440	2.9
IC 产品产值	1757	−15.0	−8.3	1888	7.5	−11.7	2059	9.1	−6.4	2038	−1.0	−5.7	7742	−7.5

资料来源：台湾工研院（IEK）/Jssia 整理（2018.4.16）

3. 2017 年中国台湾地区集成电路产业部分投资情况

2017 年中国台湾地区集成电路产业部分投资情况见表 2.16.3。

表2.16.3 2017年中国台湾地区集成电路产业部分投资情况

序号	日期	投资方	合作方	金额	发展方向	地点
1	5.26	富士康	—	70 亿美金 7.26 增加到 100 亿美金	在投资设厂 生产苹果零部件（8 月宣布）	美国
2	5.28	鸿夏 （鸿海、夏普）	—	8000 亿日元	新建厂	美国
3	6.3	鸿海集团	—	42 亿美元	在美密歇根州投资建厂，智能家居，数字设备	美国密执安州
4	7.5	鸿海（台湾）	—	50 亿美金	在印度建货品新产线	
5	8.1	南亚科	—	557 亿元	Fab3an 厂房落成，技术水平由 30 纳米转 20 纳米，产能 20 纳米（3.8 万片/月），30 纳米（3.0 万片/月），主产 DDR4、LPDR4X 等 DRAM	
6	8.8	台积电	—	955.54 亿元 （约合 31.59 亿美元）	推进 5 纳米 2017 年投资 100 亿美金，力主 10 纳米制程放量。7 纳米在 2017 年年初试产成功，2018 年进入量产。5/3 纳米蓄势待发	台湾
7	10.16	台湾华邦电子	—	3350 亿元新台币 （合 110.6 亿美元）	用 110.6 亿美元建新 12 英寸晶圆厂	
8	11.7	台湾鸿海	—	—	选择在南京发展人工智能（AI）	南京
9	11.16	台湾矽品 （晋江厦门）	—	10.45 亿美元	在晋江 IC 产业园购置土地，标志矽品在晋江工厂的启动，主产存储器、逻辑IC芯片的封装测试业，2018 年年底/2019 年年初可量产。同时在厦门建封测厂，与联芯连接	晋江 厦门
10	11.14	台积电	—	1298 亿元新台币 （约合 42.4 亿美元）	其中，505 亿元新台币用来兴建 5 纳米厂房，793 亿元新台币用来提升先进制程，扩充先进封装、特殊制程产能等。5 纳米 2020 年进入量产，月投 9 万～10 万片（需 2000 亿元新台币），7 纳米于 2017 年 Q1 正式投产	台湾南科
11	11.24	日月光	矽品	—	中国商务部（2017）第 81 号公告，有附加限制批准台湾日月光收购矽品精密公司	台湾
12	12.1	日月光	—	千亿元 （新台币）	扩大高端封装测试厂（系统级封装 SiP、整合扇出型封装）	高雄市
13	12.20	台积电（南京）	—	30 亿美元	建 12 英寸晶圆代工厂，月产 2 万片（扩产可达 6 万片），16 纳米 FinFET 代工，2018 年 5 月可进入量产	南京

第十七节　2018 年中国集成电路产业规模预测

世界半导体市场需求继 2017 年创下历史最高纪录 4122 亿美元之后，预计 2018 年世界半导体市场将以较快速度增长，据 SIA/WSTS 预估将达到 4634 亿美元，同比增长 12.4%。

在世界半导体市场年景看好的大背景下，2018 年中国集成电路产业和市场更加光明。国务院总理李克强在十三届全国人大政府工作报告中指出：加强制造强国建设，推动集成电路、第五代移动通信、飞机发动机、新能源汽车、新材料等产业发展。第一次把集成电路产业发展放在实体经济的首位，高度重视。

在国家集成电路产业投资基金强有力的支持下，随着《中国制造 2025》、互联网、物联网等国家重大战略深入推进，以及“核心电子器件、高端通用芯片及基础软件产品”“极大规模集成电路制造装备与成套工艺”“新一代宽带无线移动通信网”等国家重大专项的实施，国内集成电路市场需求规模进一步扩大，产业发展空间进一步拓宽，产业环境进一步优化，我国集成电路产业保持着快速发展的势头。同时，我国各地方政府将集成电路产业链发展作为驱动经济的重要抓手，掀起了一股全国上下齐力发展集成电路产业的热潮，我国集成电路产业正处在前所未有的大好发展时期。

2018 年中国集成电路产业规模预计将达到 6520.5 亿元，同比增长 20.5%，如图 2.17.1 所示。

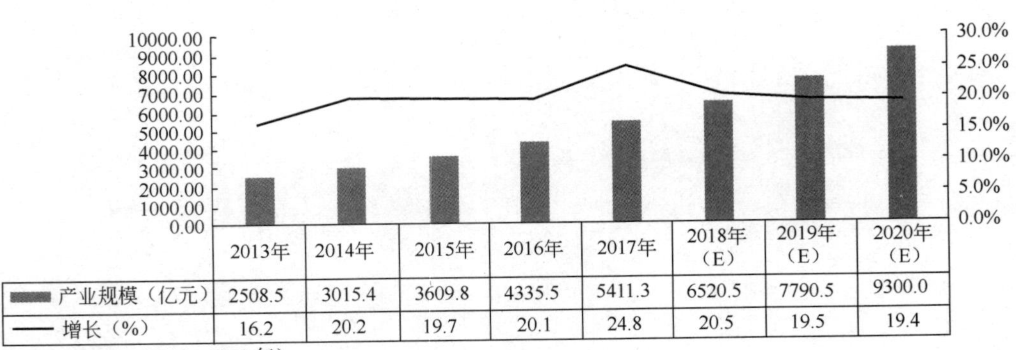

	2013年	2014年	2015年	2016年	2017年	2018年（E）	2019年（E）	2020年（E）
产业规模（亿元）	2508.5	3015.4	3609.8	4335.5	5411.3	6520.5	7790.5	9300.0
增长（%）	16.2	20.2	19.7	20.1	24.8	20.5	19.5	19.4

CAGR=14.48%（2013—2020 年）

资料来源：CCID（2018.4.15）/Jssia 整理

注：2018—2019 年年度增长率以求是缘资料为依据；2020 年数据为赛迪顾问预计

图 2.17.1　2014—2020 年中国集成电路产业发展规模预测情况

2018 年中国集成电路产业结构比预测如图 2.17.2 所示。2018 年中国集成电路产业发展预测见表 2.17.1。

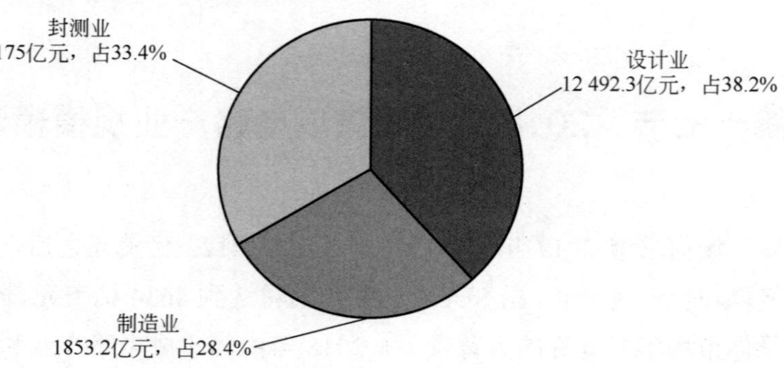

图 2.17.2　2018 年中国集成电路产业结构比预测

表2.17.1　2018年中国集成电路产业发展预测

指标名称	2018 年（E）			2017 年	
	销售收入（亿元）	同比（%）	占比（%）	销售收入（亿元）	同比（%）
集成电路产业合计	6520.5	20.5	100.0	5411.3	24.8
其中：IC 设计业	2492.3	20.2	38.2	2073.5	26.1
IC 晶圆业	1853.2	28.0	28.4	1448.1	28.5
IC 封测业	2175.0	15.1	33.4	1889.7	20.8

资料来源：Jssia 整理（2018.5）

第三章

2017 年中国集成电路产品市场发展情况

第一节　2017 年中国半导体产品市场概况

一、2017 年中国半导体产品市场规模

CCID 资料显示：2017 年中国半导体产品市场规模为 16708.6 亿元，同比增长 17.5%，如图 3.1.1 所示。

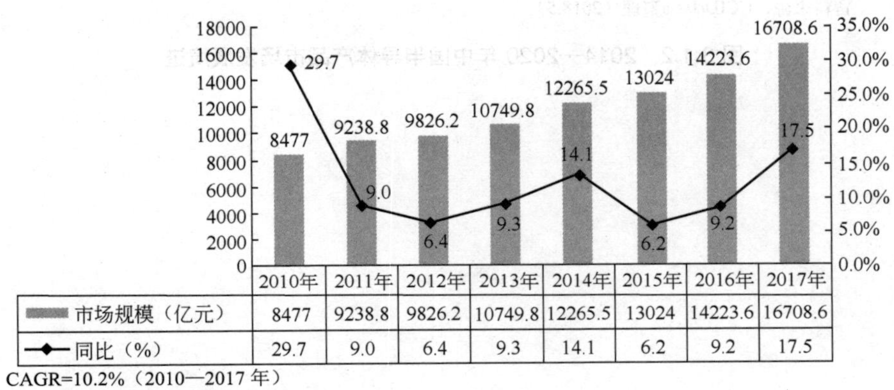

	2010年	2011年	2012年	2013年	2014年	2015年	2016年	2017年
市场规模（亿元）	8477	9238.8	9826.2	10749.8	12265.5	13024	14223.6	16708.6
同比（%）	29.7	9.0	6.4	9.3	14.1	6.2	9.2	17.5

CAGR=10.2%（2010—2017 年）

资料来源：CCID/Jssia 整理（2018.5）

图 3.1.1　2010—2017 年中国半导体产品市场规模及增长情况

二、2017 年中国半导体产品市场占世界同业市场的比重

2017 年中国半导体产品市场为 2512.6 亿美元（16708.6 亿元，以 2017 年汇率 6.65∶1 折算），占到全球半导体产品市场 4122 亿美元的 61.0%，市场增幅同比回落 2.1 个百分点，见表 3.1.1。

表3.1.1　2010—2017年中国半导体产品市场占世界半导体市场的份额

指标名称	单位	2010 年	2011 年	2012 年	2013 年	2014 年	2015 年	2016 年	2017 年
市场占有率	%	42.4	47.7	54.1	52.8	54.9	58.4	63.1	61.0
同比成长率	百分点	−0.1	5.3	6.4	−1.3	2.1	3.5	4.7	−2.1

注：以 2017 年汇率 6.65∶1 折算。

三、2018—2020 年中国半导体产品市场需求发展预测

据 CCID 研究预测：2017 年后 3 年，中国半导体产品市场发展增速逐年递减，回归理性发展阶段的可能性增大，如图 3.1.2 所示。2018 年中国半导体产品市场需求预计为 18603.3 亿元，同比增长 11.3%；2019 年中国市场需求预计为 20311.5 亿元，同比增长 9.2%；2020 年中国市场需求预计为 21933.9 亿元，同比增长 8.0%。

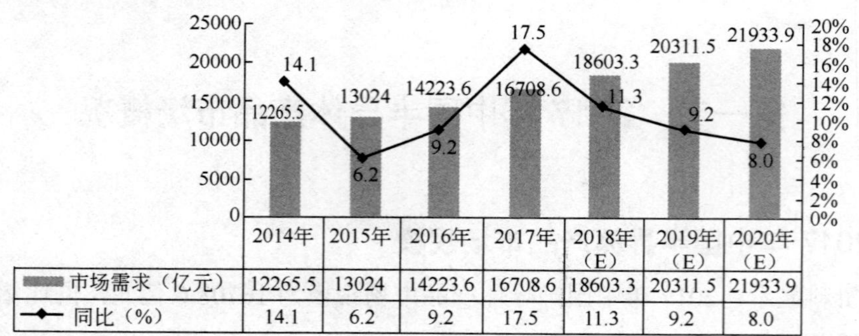

	2014年	2015年	2016年	2017年	2018年（E）	2019年（E）	2020年（E）
市场需求（亿元）	12265.5	13024	14223.6	16708.6	18603.3	20311.5	21933.9
同比（%）	14.1	6.2	9.2	17.5	11.3	9.2	8.0

CAGR=8.7%（2014—2020年）
资料来源：CCID/Jssia整理（2018.5）

图 3.1.2　2014—2020 年中国半导体产品市场发展演进

第二节　2017 年中国集成电路产品市场概况

一、2017 年中国集成电路产品市场规模

CCID 资料显示：2017 年中国集成电路产品市场规模为 14250.5 亿元，同比增长 18.9%，如图 3.2.1 所示。

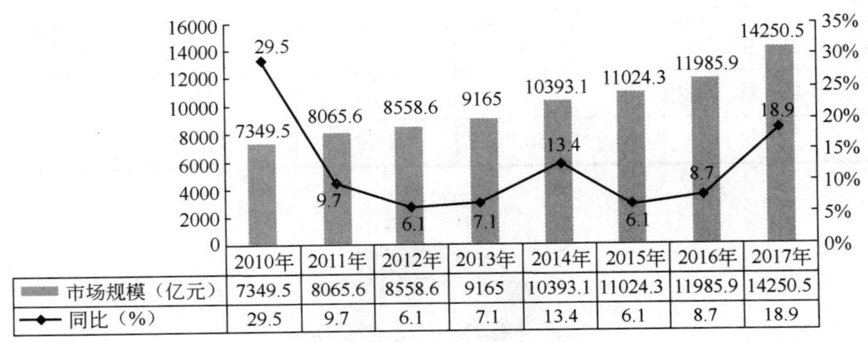

图 3.2.1　2010—2017 年中国集成电路产品市场规模及增长情况

2017 年中国集成电路市场占世界同业市场比重见表 3.2.1。

表3.2.1　2017年中国集成电路市场占世界同业市场比重　（单位：亿美元）

指标名称	2010 年	2011 年	2012 年	2013 年	2014 年	2015 年	2016 年	2017 年	CAGR
中国 IC 市场规模	1086	1249	1356	1472	1698	1764	1844	2142.9	10.2%
世界 IC 市场规模	2446	2468	2384	2518	2773	2745	2767	3432.0	4.96%
中国市场占比（%）	44.4	50.6	56.9	58.5	61.2	64.3	66.6	62.4	—

注：以 2017 年汇率 6.65∶1 折算。

二、2017 年中国集成电路产品市场结构情况

2017 年，随着中国集成电路产品应用规模的持续扩大，各类别产品市场营收额都有不同幅度的增长，如表 3.2.2 和图 3.2.2 所示。

表3.2.2　2017年中国集成电路产品市场结构

序号	产品名称	2017 年市场		2016 年市场	2017 年市场占比（%）
		营收额（亿元）	同比（%）	营收额（亿元）	
1	存储器（Memory）	4313.9	46.9	2936.6	30.2

续表

序号	产品名称	2017年市场		2016年市场	2017年市场占比（%）
		营收额（亿元）	同比（%）	营收额（亿元）	
2	标准产品/专用电路（ASSPs/ASIC）	3970.6	9.1	3640.9	27.9
3	模拟电路（Analog IC）	2360.6	14.0	2070.7	16.6
4	微处理器（MPU）	2237.3	11.2	2012.5	15.7
5	逻辑电路（Logic IC）	826.5	8.6	761.0	5.8
6	微控制器（MCU）	413.3	14.5	361.0	2.9
7	数字信号处理器（DSP）	128.3	13.4	113.1	0.9
合　计		14250.5	18.9	11895.8	100.0

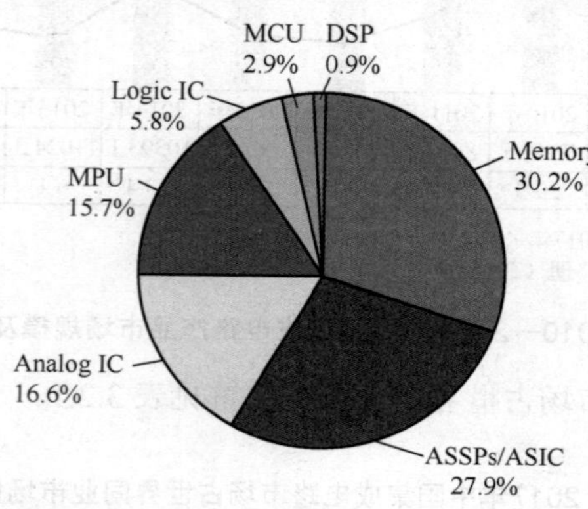

资料来源：CCID/Jssia 整理（2018.5）

图 3.2.2　2017 年中国集成电路产品市场占比情况

2017 年中国电子信息应用领域采用的集成电路产品情况如表 3.2.3 和图 3.2.3 所示。

表3.2.3　2017年中国集成电路产品市场应用结构

序号	应用领域名称	2017年市场		2016年市场		2017年占比（%）	2017：2016占比
		营收额（亿元）	同比（%）	营收额（亿元）	占比（%）		
1	网络通信	4403.4	20.1	3666.4	30.6	30.9	上升 0.3 个百分点
2	计算机	3890.4	22.9	3165.5	26.0	27.3	上升 1.3 个百分点
3	消费电子	2992.6	13.9	2627.4	21.9	21.0	下降 0.9 个百分点
4	工业控制	1866.8	21.8	1532.7	12.8	13.1	上升 0.3 个百分点
5	汽车电子	527.3	14.2	461.7	4.4	3.7	下降 0.7 个百分点
6	其他	570.0	6.7	532.2	3.9	3.9	平
合　计		14250.5	18.9	11985.9	100.0	100.0	—

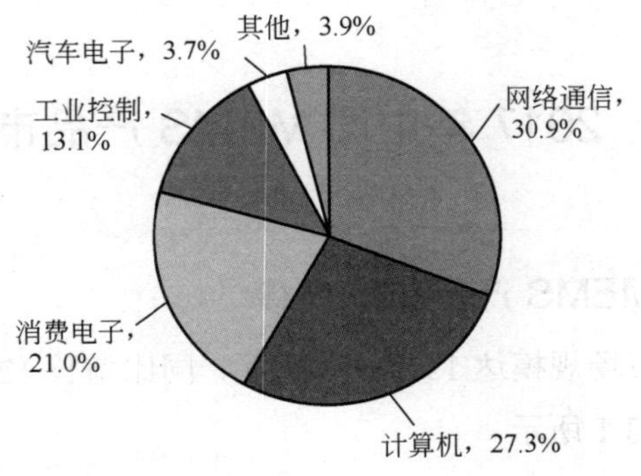

资料来源：CCID（2018.5）

图 3.2.3　2017 年中国集成电路产品市场应用占比情况

三、中国集成电路产品市场需求发展预测

据 CCID 研究预测：2018 年中国集成电路产品市场需求预计为 15930.2 亿元，同比增长 11.8%；2019 年中国集成电路产品市场需求预计为 17430.1 亿元，同比增长 9.4%；2020 年中国集成电路产品市场需求为 18830.4 亿元，同比增长 8.0%，如图 3.2.4 所示。

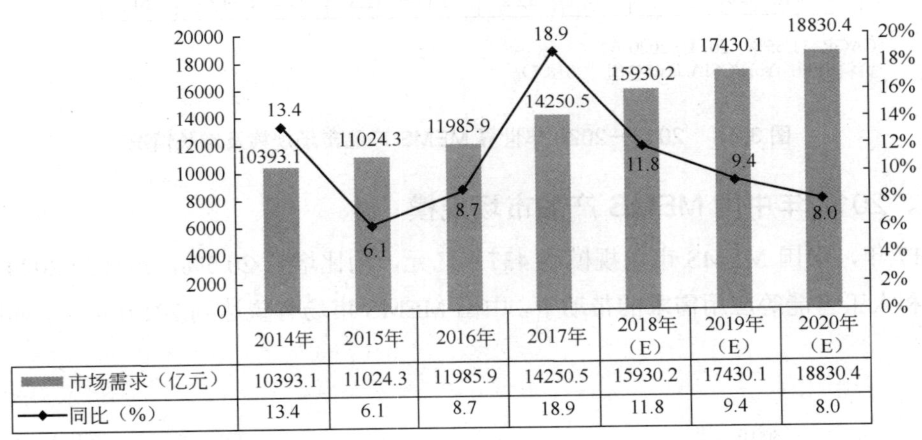

	2014年	2015年	2016年	2017年	2018年（E）	2019年（E）	2020年（E）
市场需求（亿元）	10393.1	11024.3	11985.9	14250.5	15930.2	17430.1	18830.4
同比（%）	13.4	6.1	8.7	18.9	11.8	9.4	8.0

CAGR=8.9%（2014—2020年E）
资料来源：CCID/Jssia整理（2018.5）

图 3.2.4　2014—2020 年中国集成电路产品市场发展演进

第三节　2017 年中国 MEMS 产品市场概况

一、2017 年世界 MEMS 产品市场规模

2017 年世界 MEMS 市场规模达 155.00 亿美元，同比增长 12.3%，预计到 2020 年将突破 215.00 亿美元，如图 3.3.1 所示。

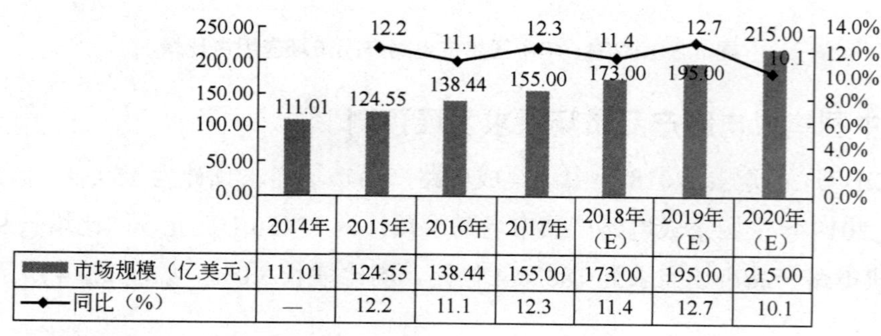

	2014年	2015年	2016年	2017年	2018年（E）	2019年（E）	2020年（E）
市场规模（亿美元）	111.01	124.55	138.44	155.00	173.00	195.00	215.00
同比（%）	—	12.2	11.1	12.3	11.4	12.7	10.1

CAGR=11.65%（2014—2020年）
资料来源：Yole/CSIA/Jssia整理（2018.5）

图 3.3.1　2014—2020 年世界 MEMS 产品市场规模及增长情况

二、2017 年中国 MEMS 产品市场规模

2017 年，中国 MEMS 市场规模达 437.6 亿元，同比增长 20.5%。预计到 2020 年，在物联网和人工智能等应用需求的带动下，中国 MEMS 市场有望达到 721.0 亿元，如图 3.3.2 所示。

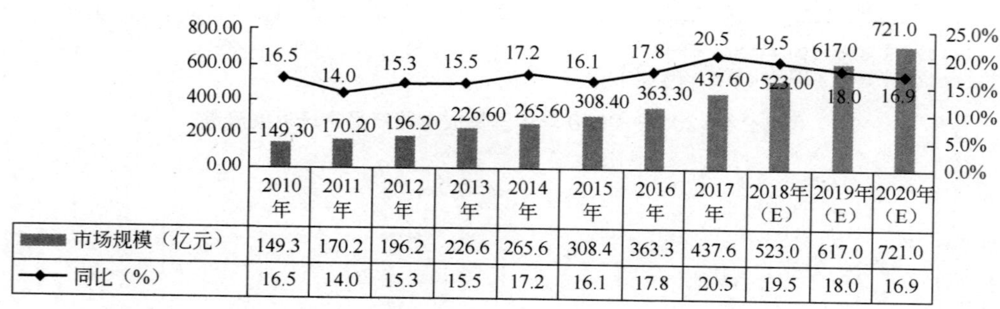

	2010年	2011年	2012年	2013年	2014年	2015年	2016年	2017年	2018年（E）	2019年（E）	2020年（E）
市场规模（亿元）	149.3	170.2	196.2	226.6	265.6	308.4	363.3	437.6	523.0	617.0	721.0
同比（%）	16.5	14.0	15.3	15.5	17.2	16.1	17.8	20.5	19.5	18.0	16.9

图 3.3.2　2010—2020 年中国 MEMS 产业产品市场规模及增长情况

2017 年中国 MEMS 市场产品结构及占比变化情况见表 3.3.1。

表3.3.1　2017 年中国MEMS市场产品结构及占比变化情况

产品名称	2017 年占比（%）	2016 年占比（%）	同比（%）	产品名称	2017 年占比（%）	2016 年占比（%）	同比（%）
压力传感器	23.0	24.0	-1.0	射频	7.0	7.0	—
加速计	22.9	22.0	+0.9	硅麦克风	6.0	6.0	—
陀螺仪	9.8	7.0	+2.8	喷墨打印头	5.6	6.0	-0.4
DMD	8.2	7.0	+1.2	磁传感器	2.8	5.0	-2.2
微流控制	8.4	7.0	+1.4	其他	3.6	9.0	-5.4

第四节　2017年中国半导体功率器件产品市场概况

一、2017年世界半导体功率器件产品市场规模

2017 年世界半导体功率器件产品市场规模达到 140.4 亿美元，较 2016 年同比增长 13.2%，如图 3.4.1 所示。

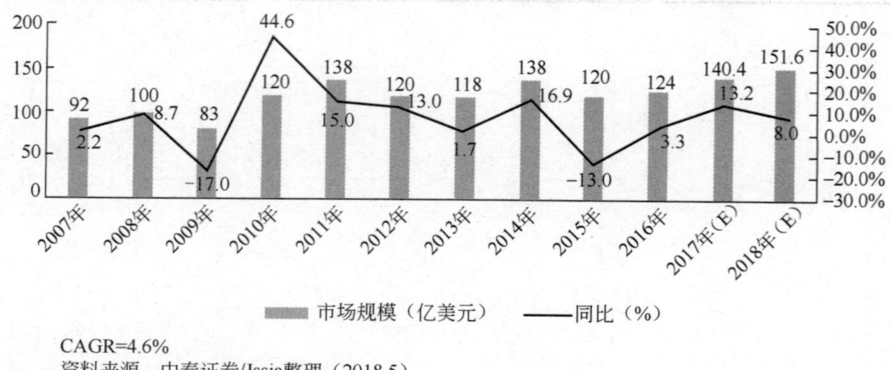

CAGR=4.6%
资料来源：中泰证券/Jssia整理（2018.5）

图 3.4.1　2007—2018 年世界半导体功率器件产品市场规模

在 2016 年世界半导体功率器件市场中，中国半导体功率器件市场占比 39%，位于世界各地区市场的首位，如图 3.4.2 所示。

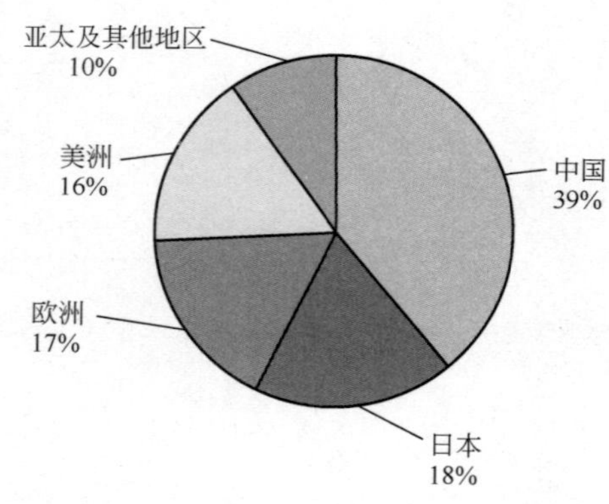

图 3.4.2　2016 年世界半导体功率器件市场分布占比

据市场调研机构 Yole 报告：2017 年全球 GaN 器件市场预计将达到 0.25 亿美元，同比增长 108.0%，到 2022 年将达到 4.5 亿美元，如图 3.4.3 所示。

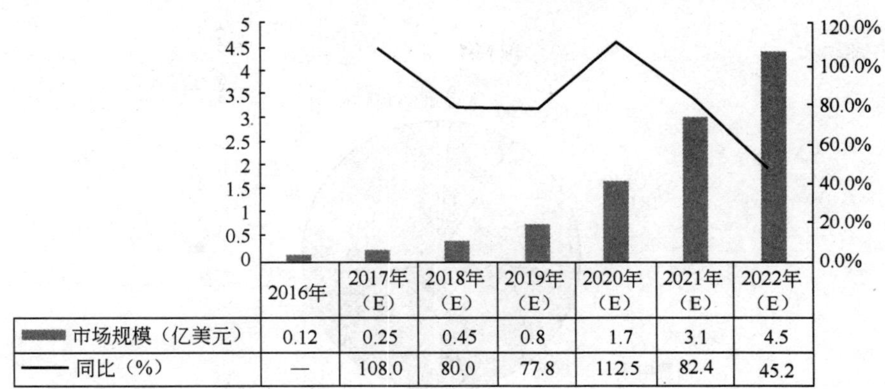

	2016年	2017年（E）	2018年（E）	2019年（E）	2020年（E）	2021年（E）	2022年（E）
市场规模（亿美元）	0.12	0.25	0.45	0.8	1.7	3.1	4.5
同比（%）	—	108.0	80.0	77.8	112.5	82.4	45.2

CAGR= 67.83%（2016—2022年）
资料来源：YDIE/Jssia整理（2017.11.1）

图 3.4.3　2016—2022 年世界功率 GaN 器件市场情况

二、2017 年中国半导体功率器件产品市场规模

功率器件作为国家发展的重点器件，战略地位越发突出。目前我国功率器件企业正处在整合和调整时期，我国的半导体功率器件产品加速向中高端市场迈进。

据 CCID 报道：2017 年中国功率器件市场规模为 1611.1 亿元，同比增长 7.8%，如图 3.4.4 所示。

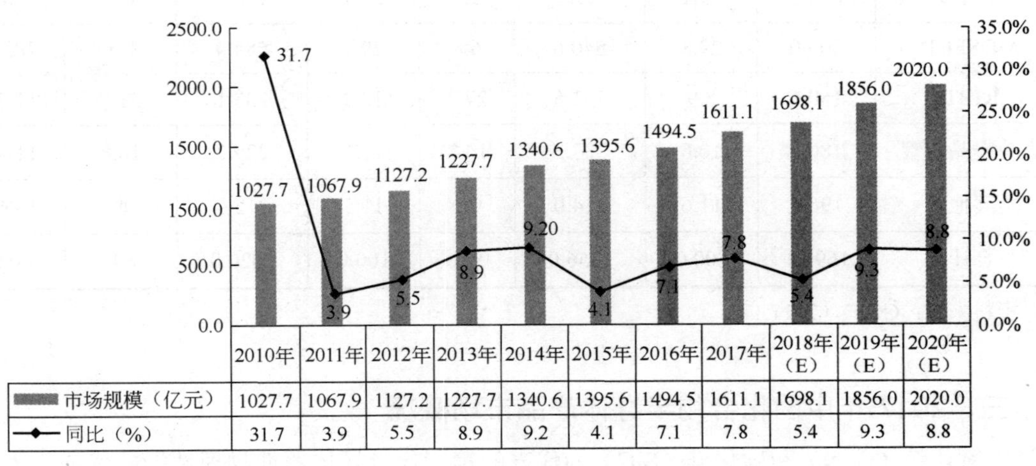

	2010年	2011年	2012年	2013年	2014年	2015年	2016年	2017年	2018年（E）	2019年（E）	2020年（E）
市场规模（亿元）	1027.7	1067.9	1127.2	1227.7	1340.6	1395.6	1494.5	1611.1	1698.1	1856.0	2020.0
同比（%）	31.7	3.9	5.5	8.9	9.2	4.1	7.1	7.8	5.4	9.3	8.8

CAGR=6.34%（2010—2020年）
资料来源：CCID/Jssia整理（2018.1）

图 3.4.4　2010—2020 年中国功率器件市场规模及增长（预测）

2017 年中国功率器件产品应用市场结构如图 3.4.5 所示。

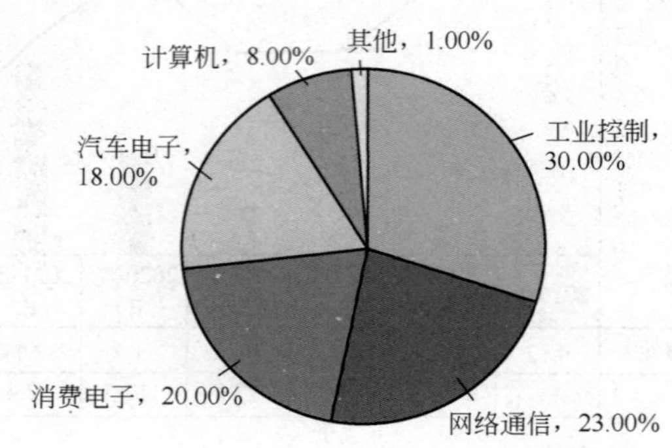

图 3.4.5 2017 年中国功率器件产品应用市场结构

2018—2020 年中国功率器件产品市场结构（预测）见表 3.4.1。

表3.4.1 2018—2020年中国功率器件产品市场结构（预测）

指标名称	2018 年		2019 年			2020 年		
	营收额（亿元）	占比（%）	营收额（亿元）	同比（%）	占比（%）	营收额（亿元）	同比（%）	占比（%）
电源管理	664.6	39.1	702.6	5.7	37.9	758.9	8.0	37.6
MOSFET	506.0	29.8	540.6	6.8	29.1	584.4	8.1	28.9
IGBT	150.6	8.9	191.5	27.2	10.3	233.1	21.7	11.5
大功率晶体管	180.8	10.6	207.3	14.7	11.2	229.7	10.8	11.4
其他	196.1	11.6	214.0	9.1	11.5	213.9	平	10.6
合计	1698.1	100.0	1856.0	9.3	100.0	2020.0	8.8	100.0

资料来源：CCID（2017.12）

三、2017 年中国化合物半导体产品市场概况

以氮化镓（GaN）和碳化硅（SiC）为代表的第三代半导体器件物理性能的优势已为业界所公认，但限于成本和技术因素，其大规模商业化大生产还有一些时日。在新一代通信、新能源汽车等领域的强劲带动下，中国化合物半导体产品市场将有较快的发展。CCID 预测：到 2020 年中国化合物半导体产品市场规模将达到 3624 亿元。

2017 年中国化合物半导体产品市场规模为 1943.9 亿元，同比增长 25.4%，如图 3.4.6 所示。

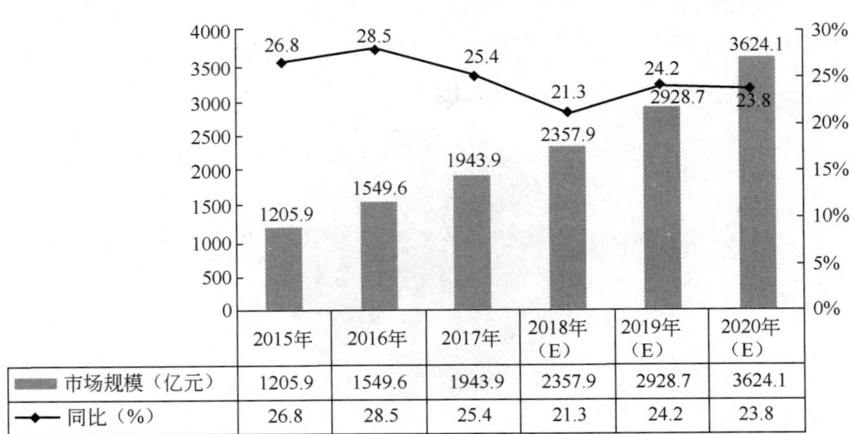

	2015年	2016年	2017年	2018年（E）	2019年（E）	2020年（E）
市场规模（亿元）	1205.9	1549.6	1943.9	2357.9	2928.7	3624.1
同比（%）	26.8	28.5	25.4	21.3	24.2	23.8

CAGR=24.6%
资料来源：CCID（2018.5）

图 3.4.6　2015—2020 年中国化合物半导体产品市场规模及增长情况

2017 年中国化合物半导体产品市场结构如图 3.4.7 所示。

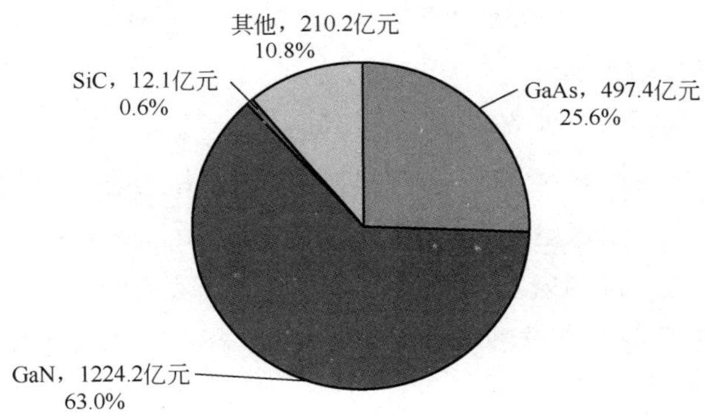

图 3.4.7　2017 年中国化合物半导体产品市场结构

四、2017 年中国 IGBT 市场概况

中国（大陆）占世界半导体市场 50%以上，但在中高端 MOSFET 及 IGBT 主流器件上，90%依赖进口，基本被欧美和日企垄断。

2014 年中国 IGBT 市场规模为 88.7 亿元，占全球 1/3；2017 年中国 IGBT 市场规模约为 130 亿元，同比增长 18.18%；预计 2020 年中国市场规模将超 200 亿元，具体见表 3.4.2。

表3.4.2　2014—2020年IGBT国内市场规模（预测）

指标名称	2014 年	2015 年	2016 年	2017 年	2018 年	2019 年	2020 年
市场规模（亿元）	88.7	100	110	130	150	175	200
同比（%）	—	12.73	10.00	18.18	15.38	16.67	14.29

CAGR=15%（2014—2020 年）

2017 年中国 IGBT 市场占比情况如图 3.4.8 所示。

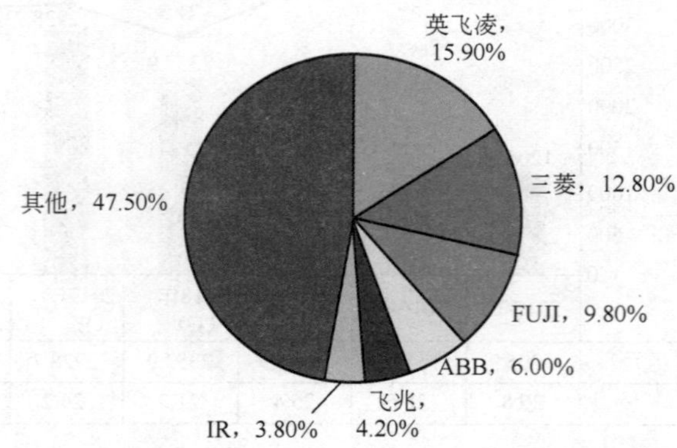

图 3.4.8 2017 年中国 IGBT 市场占比情况

国外英飞凌、ABB、三菱等公司在 IGBT 器件涵盖 600～6500V、电流 2～3600A，形成在 1700V 以上工业 IGBT 系列产品；大功率沟槽技术占绝对优势，处于垄断地位。

西门康、仙童在消费类（1700V 以下）IGBT 处于优势地位。

2017 年中国半导体功率器件生产厂家如下。

- 设计企业：中科群芯、西安芯派、无锡同方微、宁波达新、山东科达。
- 制造企业：中芯国际、华润上华、深圳方正、上海先进、华虹宏力。
- 模组企业：中车西安永电、西安爱帕克、苏州宏微、南京银茂、深圳比亚迪、嘉兴斯达、合肥捷敏、厦门宏发、无锡新洁能、无锡凤凰半导体。
- IDM 企业：中车时代（株洲）、深圳比亚迪、吉林华微、杭州士兰微、中环股份、西安卫光。

第五节　2017年中国LED产品市场情况

一、2017年世界LED产品市场概况

据前瞻产研院报告：2017年世界LED行业市场规模约6480.7亿美元，同比增长13.4%。从2010年到2017年世界LED产业增速在2017年里呈下降态势。2010—2017年世界LED产业市场规模及增长走势如图3.5.1所示。

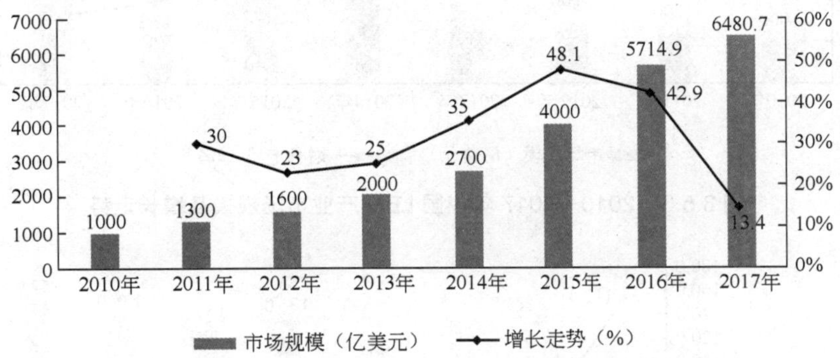

图3.5.1　2010—2017年世界LED产业市场规模及增长走势

2017年世界LED产品（含衬底、外延、芯片、封装等）市场规模为163.5亿美元，同比增长10.5%，如图3.5.2所示。其中LED芯片市场规模为70.11亿美元，同比增长7.8%，见表3.5.1。

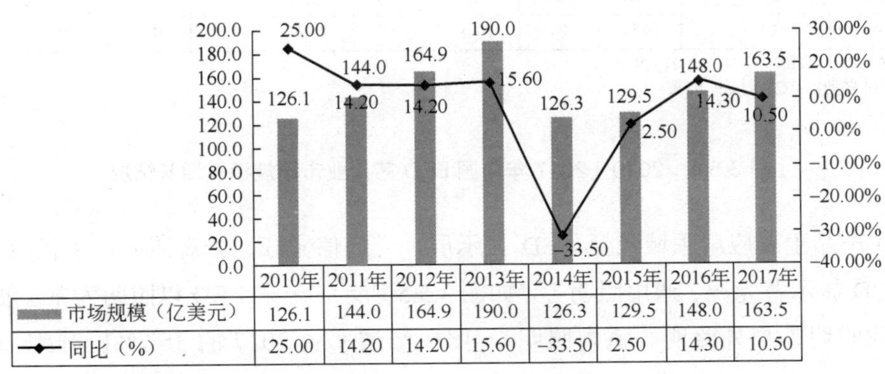

	2010年	2011年	2012年	2013年	2014年	2015年	2016年	2017年
市场规模（亿美元）	126.1	144.0	164.9	190.0	126.3	129.5	148.0	163.5
同比（%）	25.00	14.20	14.20	15.60	−33.50	2.50	14.30	10.50

CAGR=3.78%（2010—2017年）

图3.5.2　2010—2017年世界LED产品规模及增长情况

表3.5.1　2014—2017年世界LED芯片市场规模及增长

指　　标	2014年	2015年	2016年	2017年（E）	CAGR
市场规模（亿美元）	61.39	63.29	65.02	70.11	4.53%
同比（%）	—	3.1	2.7	7.8	—

二、2017 年中国 LED 产品市场情况

2017 年中国 LED 产品市场规模为 5228 亿元，同比增长 14.2%，未来几年里，中国 LED 市场平均发展速度将维持在 13.0%左右的水平。2010—2017 年中国 LED 产业市场规模及增长走势如图 3.5.3 所示。2010—2017 年中国 LED 芯片业市场规模及增长情况如图 3.5.4 所示。

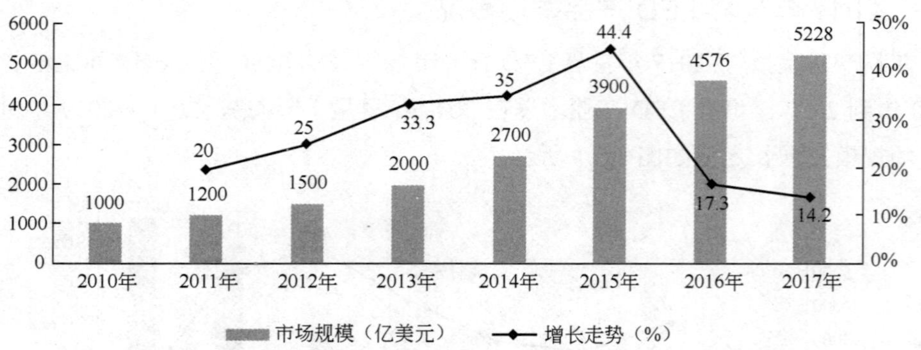

图 3.5.3　2010—2017 年中国 LED 产业市场规模及增长走势

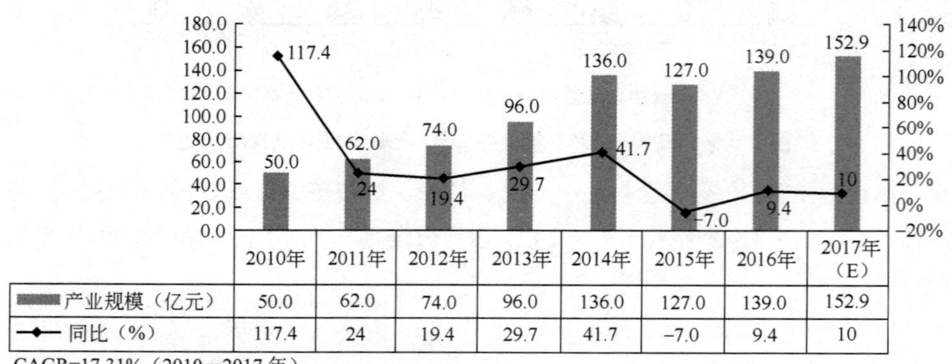

	2010年	2011年	2012年	2013年	2014年	2015年	2016年	2017年（E）
产业规模（亿元）	50.0	62.0	74.0	96.0	136.0	127.0	139.0	152.9
同比（%）	117.4	24	19.4	29.7	41.7	−7.0	9.4	10

CAGR=17.31%（2010—2017 年）

资料来源：CCID/Jssia 整理

图 3.5.4　2010—2017 年中国 LED 芯片业市场规模及增长情况

LED 产品主要应用领域包括 LED 显示屏、交通信号灯、景观照明、手机应用、汽车用灯、LCD 显示背光源、通用照明等，如图 3.5.5 所示。未来 LED 以照明为主（展示照明、商业/工业照明、户外照明、室内照明），照明渗透率由 2017 的 36.7%提升到 2020 年的 60%～70%。

三、2017 年中国 OLED 产品市场概况

据群智咨询统计报道：2017 年中国大陆 OLED 面板出货 980 万片。OLED 应用于智能手机出货面积约 7.8 万平方米。2013—2020 年中国 OLED 产能规模及增长情况如图 3.5.6 所示。

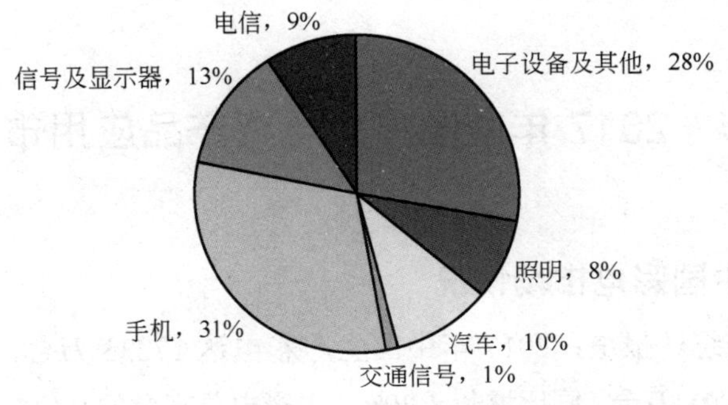

图 3.5.5　2017 年 LED 应用领域分布

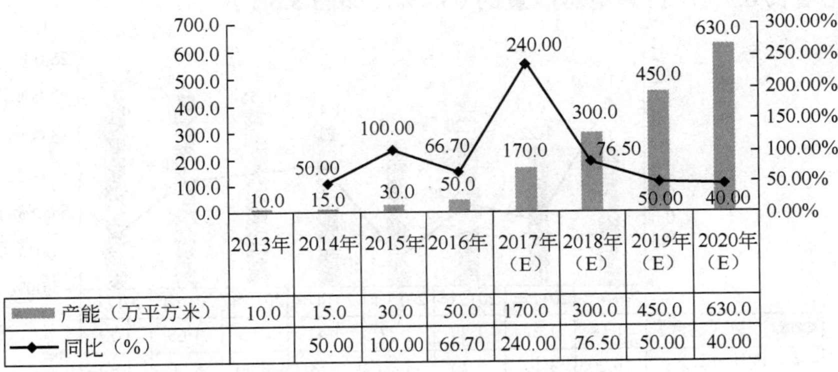

CAGR=67.85%（2013—2020年）

资料来源：中国产业信息（2018.2）

图 3.5.6　2013—2020 年中国 OLED 产能规模及增长情况

2013—2020 年中国 OLED 产业规模占世界同业的比重发展情况见表 3.5.2。

表3.5.2　2013—2020年中国OLED产业规模占世界同业的比重发展情况

年　　度	2013 年	2014 年	2015 年	2016 年	2017 年（E）	2018 年（E）	2019 年（E）	2020 年（E）
OLED 中国占世界比重（%）	3.82	4.37	6.54	6.73	14.52	17.21	19.84	21.33

第六节　2017 年中国集成电路产品应用市场情况

一、2017 年中国彩电市场情况

据工信部运监局统计报道：2017 年中国生产彩电达 17233 万台，同比增长 1.60%。其中，液晶电视生产 16901 万台，同比增长 1.20%，占彩电总产量的 98.1%；智能电视生产 10931 万台，同比增长 6.9%，占彩电总产量的 63.4%，如图 3.6.1 所示。

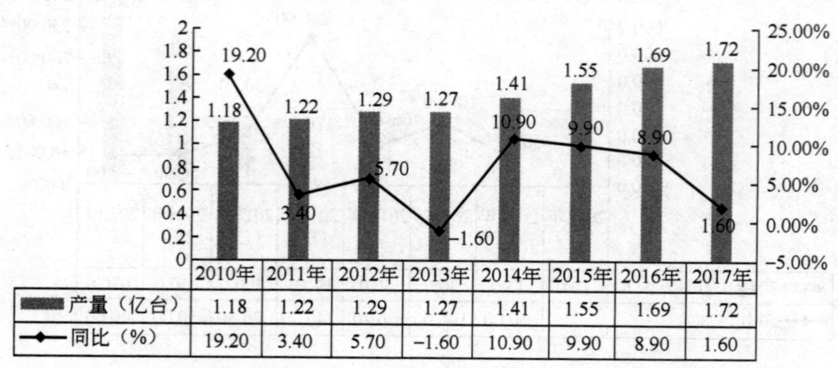

	2010年	2011年	2012年	2013年	2014年	2015年	2016年	2017年
产量（亿台）	1.18	1.22	1.29	1.27	1.41	1.55	1.69	1.72
同比（%）	19.20	3.40	5.70	−1.60	10.90	9.90	8.90	1.60

CAGR=5.53%（2010—2017 年）

资料来源：Jssia 整理

图 3.6.1　2010—2017 年中国彩电生产规模及增长情况

二、2017 年中国微型计算机市场情况

据工信部运监局统计报道：2017 年中国微型计算机产量为 30678 万台，同比增长 6.80%。其中，笔记本电脑产量为 17244 万台，同比增长 7%，占微型计算机产量的 56.21%；平板电脑产量为 8628 万台，同比增长 4.4%，占微型计算机产量的 28.12%，如图 3.6.2 所示。

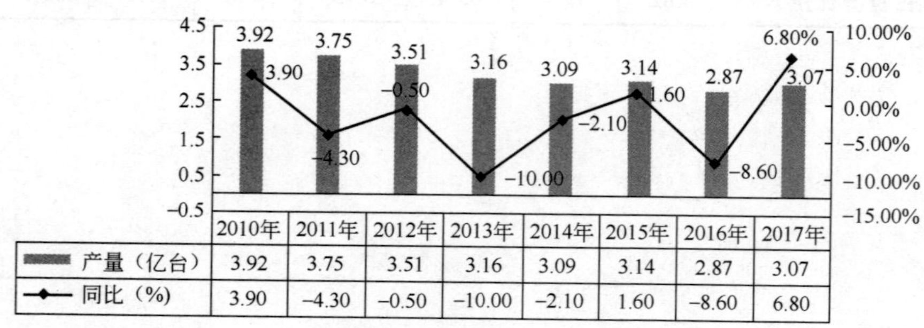

	2010年	2011年	2012年	2013年	2014年	2015年	2016年	2017年
产量（亿台）	3.92	3.75	3.51	3.16	3.09	3.14	2.87	3.07
同比（%）	3.90	−4.30	−0.50	−10.00	−2.10	1.60	−8.60	6.80

CAGR=−3.43%（2010—2017年）

资料来源：Jssia整理

图 3.6.2　2010—2017 年中国微型计算机产量规模及增长情况

三、2017年中国手机市场情况

据工信部运监局统计报道：2017年中国手机产量为19.0亿部，同比增长1.6%，其中，智能手机为14亿部，同比增长0.7%，占手机总产量的74%。2010—2017年中国手机产量及增长情况如图3.6.3所示。

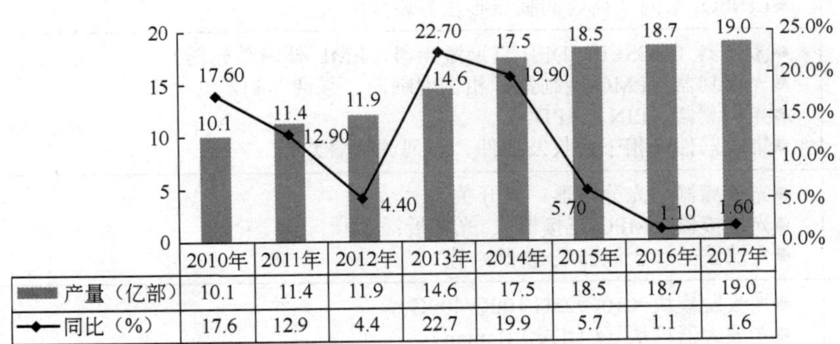

图3.6.3 2010—2017年中国手机产量及增长情况

2010—2020年中国手机芯片市场销量规模及增长情况见表3.6.1。

表3.6.1 2010—2020年中国手机芯片市场销量规模及增长情况

指标名称	单位	2010年	2011年	2012年	2013年	2014年	2015年	2016年	2017年	2018年（E）	2019年（E）	2020年（E）	CAGR
销量	亿颗	149.9	218.9	223.1	278.0	320.8	357.1	406.4	449.5	490.4	534.0	579.4	13.08%
同比	%	—	12.3	1.9	24.6	15.4	11.3	13.8	10.6	9.1	8.9	8.5	—

四、2017年中国光通信产品市场情况

据咨询机构Ovum报道：2015—2021年，全球光通信信息市场规模呈增长趋势，2016年全球市场规模为96亿美元；2017年可达112亿美元，同比增长16.7%；预计到2020年市场规模达166亿美元。

中国光通信市场占全球25%～30%的份额。中国光通信器件厂商普遍存在规模小、群体实力不强、自主技术研发投入较弱、产品主要集中在中低端、核心基础器件研发能力薄弱等问题，25Gbps速率模块使用光电芯片基本依赖进口。光电子产品市场结构见表3.6.2。

表3.6.2 光电子产品市场结构

产品类别	典型产品
芯片	●InP系列（高速直接调制DFB和EML芯片、PIN与APD芯片、高速调制器芯片、多通道可调激光器芯片）； ●GaAs系列（高速VCSEL芯片、泵浦激光器芯片）；

续表

产品类别	典型产品
芯片	●Si/SiO_2 系列（PLC、AWG、MEMS 芯片）； ●SiP 系列（相干光收发芯片、高速调制器、光开关等芯片，TIA、LD Driver、CDR 芯片）； ●$LiNbO_3$ 系列（高速调制器芯片等）
光有源器件	●激光器（VCSEL、DFB 直调激光器，EML 外调激光器）； ●光调制器（PMQ 调制器、相位调制器、强调调制器）； ●光探测器（PIN、APD）； ●集成器件（相干光收发器件、阵列调制器）等
光无源器件	●光隔离器、光分路器、光开关； ●光连接器（MPO 连接器）、光背板； ●光滤波器（合波器/分波器）等
光模块与子系统	●光收发模块（10G/25G/100G/400G）； ●光放大器模块（EDFA、Raman）； ●动态可调模块（WSS、MCS、OXC）； ●性能监控模块（OPM、OTDR）等

2017 年光收发模块及芯片国产化率（预测）如图 3.6.4 所示。

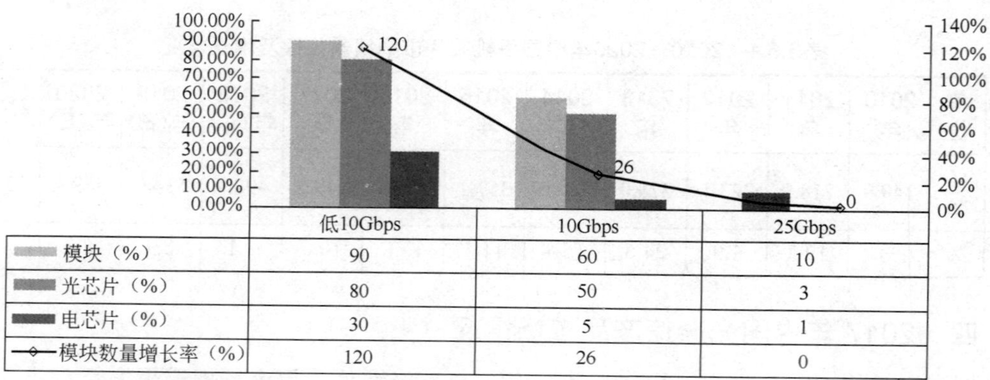

	低10Gbps	10Gbps	25Gbps
模块（%）	90	60	10
光芯片（%）	80	50	3
电芯片（%）	30	5	1
模块数量增长率（%）	120	26	0

资料来源：Ovum/Jssia 整理（2018.1）

图 3.6.4　2017 年光收发模块及芯片国产化率（预测）

五、2017 年中国汽车电子产品市场情况

1. 2017 年世界汽车电子行业市场规模

2012—2018 年世界车用半导体市场规模及增长情况如图 3.6.5 所示。

2017 年世界主要汽车电子芯片代表产品见表 3.6.3。

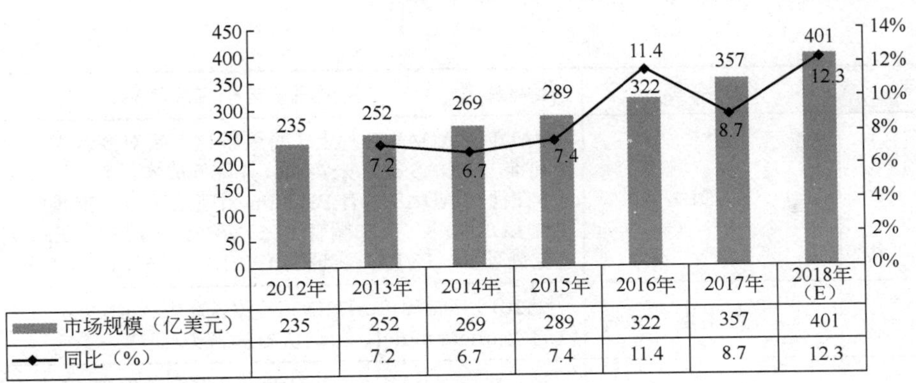

	2012年	2013年	2014年	2015年	2016年	2017年	2018年（E）
市场规模（亿美元）	235	252	269	289	322	357	401
同比（%）		7.2	6.7	7.4	11.4	8.7	12.3

CAGR=9.3%（2012—2018年）
资料来源：Digities/Jssia整理（2018.3）

图 3.6.5 2012—2018 年世界车用半导体市场规模及增长情况

表3.6.3 2017年世界主要汽车电子芯片代表产品

序号	公司名称	主要汽车电子芯片产品
1	英伟达（NVidia）	Drive PX 芯片/Tegrak 1 芯片环视影像/Drive PX2 芯片（16 纳米 FinFET 工艺制程）/Drive Xanier （8 核 CPU、512 核 GPU/Drive PX Pegasus Soc 集成 CPU、16 核心、2XGPU、320T）
2	英特尔（Altera+Mobileye+Movidius）	●2015 年 6 月以 167.5 亿美元收购 Altera 布局 FPGA 芯片。 ●2017 年 3 月以 153 亿美元收购以色列 Mobileye 公司布局 EyeQ 系列芯片（ASIC）。 ●2016 年 9 月收购 Movidius 布局视觉处理单元（VPU）芯片。 ●英特尔公司自主的 CPU 处理器
3	高通（Qualcomm）	●欲以 470 亿美元收购恩智浦（NXP），欧盟已通过收购案。 ●整合 LTE 的智能 Snapdragen 820 车用系列产品。 ●高通的 Zeroth 机器智能平台。 ●高通 820A 平台深度学习的 ADAS 产品进入验证，2009 年量产
4	恩智浦（NXP）	发布 Blue Box 平台，集成 S32V234 汽车视觉和传感器融合处理器、S2084A 嵌入式计算处理器、S32R27 雷达微控制器，提供 L4 级自动驾驶计算解决方案，提供 MPC577××雷达信息处理芯片
5	瑞萨电子（Renesas）	●2017 年 4 月发布 ADAS 自动驾驶平台 Renesas Autonomy，发布 R-CarV3M Soc 芯片，可满足 ASLL-CS 级别功能安全硬件要求，2017 年 12 月可供货，2019 年 6 月大生产。 ●第一代产品（R-CarH1/MIA/E1 支持初级巡航功能）。 ●第二代产品（R-CarH2/M2/E2 支持 360° 环视 ADAS 功能）。 ●第三代产品（R-CarH3/M3 及 CarV3M、R-CarV2H 等 ASSP 处理器）（2015 年前已发布）
6	德州仪器（TI）	TI 在 ADAS 处理芯片上主要以 TDAX 系列为主，目前有 TDA2X、PDAX3、TDA2ECO 三款芯片（2015 年前已发布）

续表

序号	公司名称	主要汽车电子芯片产品
7	ADI	●ADI在ADAS芯片上主打性价比，针对高、中、低档汽车，分别推出ADAS技术来实现，并降低成本。 ●在视觉ADAS上有Blackfin系列处理器：在低端有BF592，实现LDK功能；在中端有BF53X/BF54/BF561；在高端有流水线视觉处理器（PVP），实现LDW/HBLB/TSR/FCW/PD等功能
8	英飞凌	在2015年推出Real33D芯片组，提供Aurix芯片，在A8最关键的TrafficJamPilot，由这块芯片来实现
9	特斯拉	其芯片基于AMD的IP打造，开发自动驾驶AI专用芯片，已出首批芯片样品，进行相关测试，代工方为GF和三星电子

2017年汽车存储器市场约为22亿美元。2017年世界汽车存储器主要厂商产品见表3.6.4。

表3.6.4 2017年世界汽车存储器主要厂商产品

厂商名称	产品及应用
三星半导体	1．提供512Mb/1Gb DDR2、1/2/4 Gb DDR3、4～24Gb LPDDR4、8～64GB eMMC5.0/5.1等。 2．在2017年第三季度增加UFS供应，均符合AEC-Q100 2/3级标准
西部数据	1．最新推出闪迪车载SD[iM]存储卡专门为汽车市场设计，高达64GB容量。 2．iNAND7250A嵌入式产品主要用于满足汽车ADAS、信息娱乐、安全系统等需求
东芝	最新推出eMMC5.1于2017年3月开始批量生产
SK海力士	1．应用于车载娱乐系统的存储器及量产车载DDR2和DD3。 2．8～64GB eMMC计划将最新的8GB LPDDR4X应用扩展到汽车领域
美光	1．供应汽车ADAS、仪表盘、信息娱乐系统需要的DDR3/4和LPDDR3/4。 2．增加eMMC5.0量产，提供8～12GB容量以应对大容量存储的需求
富士通	已发布两款车用FRAM产品MB 85RS128TY和M85RS256TY，提供128KB和256KB两个容量
紫光集团	主产品为3D NAND Flash，预计到2020年形成月产能30万片的生产规模

资料来源：智慧产业圈/Jssia整理（2017.11）

2．2017年中国汽车电子市场情况

据工信部装备工业司工信微报道：2017年，中国汽车生产量为2901.5万辆，同比增长3.20%；销量达2887.9万辆，同比增长3.0%，已连续九年蝉联全球第一。

2017年，中国新能源汽车产量为79.4万辆，同比增长53.8%；销量为77.7万辆，同比增长53.3%。2017年中国主要汽车电子芯片代表产品见表3.6.5。

表3.6.5　2017年中国主要汽车电子芯片代表产品

序号	公司名称	主要汽车电子芯片产品
1	地平线	2017 年 12 月 20 日发布自动驾驶 AI 芯片“征程”，以 1.5W 功耗，实现 ITHOPS 计算力，每秒处理 30 帧 4K 视频，对超过 200 个物体进行识别，能够实现 FCW/LDW/JACC 等高级别辅助驾驶功能，满足 LZ 的计算需求
2	寒武纪	2017 年 11 月发布首款面向智能驾驶领域的 1M 智能处理器 IP 产品，是寒武纪 1A 处理器的 10 倍功能（1A 处理器在 1GHz 下，FP16 半精度浮点计算能力为 512G Flops，稀疏神经网络计算能力为 2T F lops）
3	四维图新	2016 年 5 月收购联发科旗下汽车半导体公司杰发科技，2017 年 6 月发布 ADAS 芯片，该芯片采用 64 位 Quad A53 架构，内置图像加速引擎、双路高清视频、高级车载影音娱乐、360° 全景泊车、车道偏移警示（LDW）、前方碰撞警示（FCW）、行人碰撞警示（PCW）、交通标示识别（TSR）、车辆盲区侦测（BSD）、后碰撞警示（RCW）、疲劳探测（DFM）等
4	森图科 （原深圳国科微）	2017 年 12 月发布自研高性价比 ADAS 芯片 SGKS6802X，正式出货，具有双核 ARM Cortex A7 处理器、高速双核 8 线程 GPU 和 2D 加速 GPU，采用 40 纳米工艺制造，功耗 180mW，支持 4 路编码处理能力，支持 LDW、FCW、PCW、TSR、NV、TFAH、ZCD、CTA、BSD、DFM、RCV 等 ADAS 算法，满足 LZ 高级辅助驾驶计算需求
5	深鉴	已有布局，暂未推出专门自动驾驶芯片产品
6	易华录 金溢股份 高新兴	致力于 RF ID 芯片成为第二代汽车“身份证”，实现对车辆身份的精准识别，车辆信息动态采集和交通信息海量采集，可涵盖公共安全、交通管理、停车门禁、环境保护等一系列汽车后市场产业等

2011—2017 年中国汽车电子行业集成电路需求规模及走势如图 3.6.6 所示。

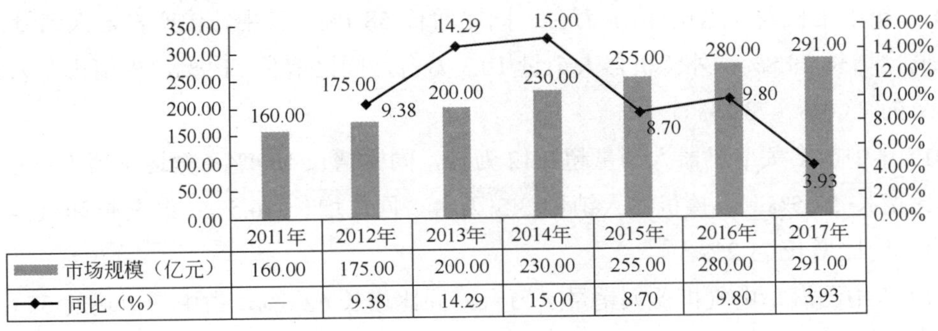

	2011年	2012年	2013年	2014年	2015年	2016年	2017年
市场规模（亿元）	160.00	175.00	200.00	230.00	255.00	280.00	291.00
同比（%）	—	9.38	14.29	15.00	8.70	9.80	3.93

CAGR=10.48%（2011—2017年）

图 3.6.6　2011—2017 年中国汽车电子行业集成电路需求规模及走势

六、2017 年中国安防产品市场情况

2017 年中国网络安全产品市场预计为 409.6 亿元，同比增长 21.8%，如图 3.6.7 所示。

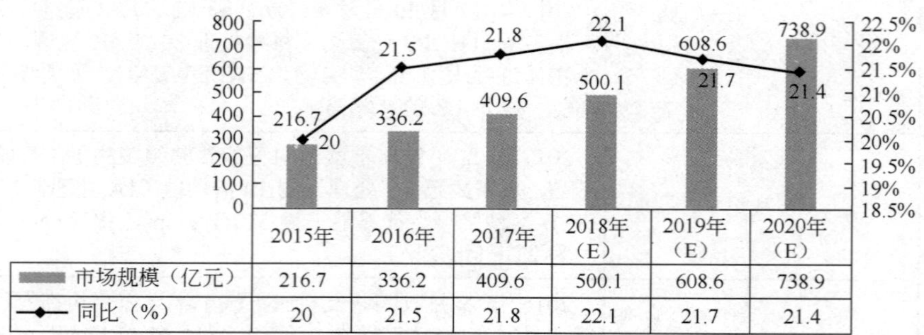

图 3.6.7　2015—2020 年中国网络安全产品市场规模及增长情况

2015—2020 年中国网络安防市场结构见表 3.6.6。

表3.6.6　2015—2020年中国网络安防市场结构　　（单位：亿元）

序号	产品领域	2015 年	2016 年	2017 年	2018 年（E）	2019 年（E）	2020 年（E）
1	网络安防服务	31.0	37.4	52.5	71.5	95.2	123.6
2	网络安防软件	103.8	125.6	154.0	190.0	234.3	228.2
3	网络安防硬件	142.0	173.2	203.1	238.6	279.1	327.1
合　计		276.8	336.2	409.6	500.1	608.6	738.9

七、2017 年中国机器人市场情况

据 CRIA/IFR 报道：2017 年世界机器人销量达 38.70 万台，同比增长 31.6%。

2017 年中国机器人销量 14.1 万台，同比增长 58.1%，其中，国产机器人销量为 3.78 万台，同比增长 29.8%；外资机器人销量 10.3 万台，同比增长 71.9%，外资机器人销量占到总销量的 73.0%（73.2%）。

2017 年中国多关节机器人销量超 2.12 万台，同比增长 15.4%；搬运机器人销量 6.3 万台，同比增长 57.5%；焊接机器人销量 3.5 万台，同比增长 56.5%；装配拆卸机器人销量 2.8 万台，同比增长 71.2%。

2017 年中国汽车电气机器人销量 5 万台，同比增长 62.6%，占中国市场的 35.6%，国外品牌机器人占 72%。

2017 年中国电子/电气机器人销量 4.3 万台，同比增长 61.1%，占中国市场的 30.5%，国外品牌机器人占 90%。

2017 年金属加工业机器人国产品牌占 51.8%。

据 CCID 预测：到 2020 年中国机器人市场规模将达到 600 亿元，如图 3.6.8 所示。

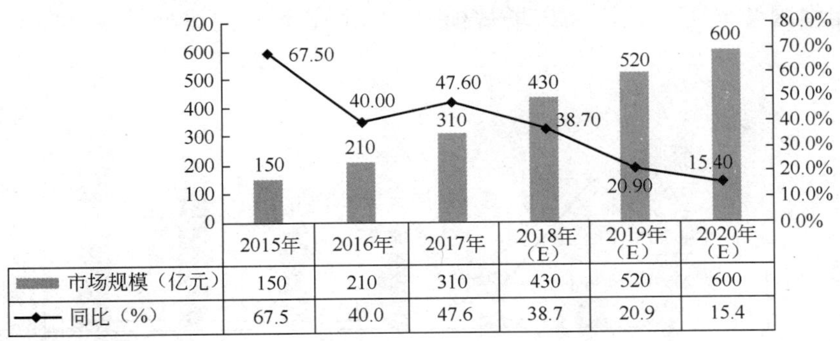

	2015年	2016年	2017年	2018年（E）	2019年（E）	2020年（E）
市场规模（亿元）	150	210	310	430	520	600
同比（%）	67.5	40.0	47.6	38.7	20.9	15.4

CAGR=31.95%（2015—2020年）
资料来源：CCID（2018.4）

图 3.6.8　2015—2020 年中国机器人市场规模及增长情况

八、2017 年中国 VR/AR 产品市场情况

2017 年中国 VR/AR 市场规模达 160.5 亿元，同比增长 164.0%，如图 3.6.9 所示。

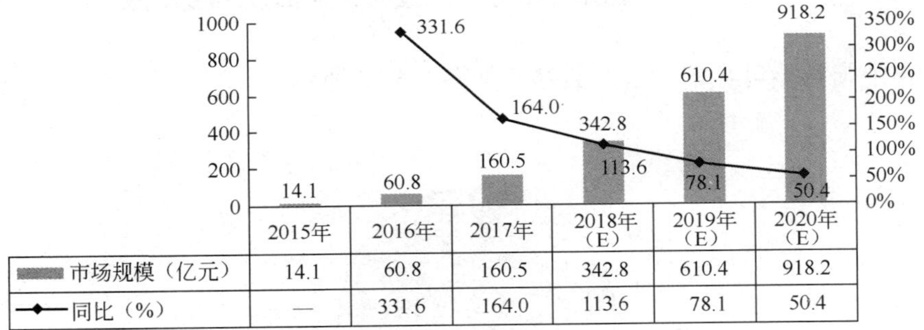

	2015年	2016年	2017年	2018年（E）	2019年（E）	2020年（E）
市场规模（亿元）	14.1	60.8	160.5	342.8	610.4	918.2
同比（%）	—	331.6	164.0	113.6	78.1	50.4

CAGR=130.5%（2015—2020年）
资料来源：CCID（2018.4）

图 3.6.9　2015—2020 年中国 VR/AR 产品市场规模及增长情况

2017 年中国 VR/AR 硬件产品结构占比如图 3.6.10 所示。

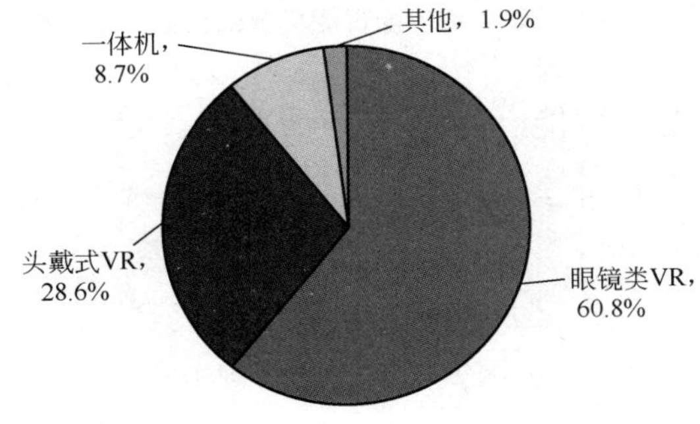

图 3.6.10　2017 年中国 VR/AR 硬件产品结构占比

九、2017 年中国智能可穿戴产品市场情况

2017 年中国智能可穿戴产品市场规模为 350.2 亿元，同比增长 34.0%，如图 3.6.11 所示。

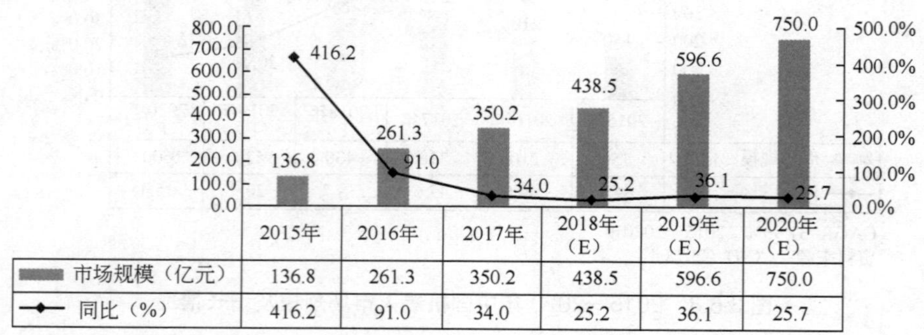

CAGR=40.54%（2015—2020年）
资料来源：CCID（2018.5）

图 3.6.11　2015—2020 年中国智能可穿戴产品市场规模及增长情况

2017 年中国智能可穿戴设备产品结构如图 3.6.12 所示。

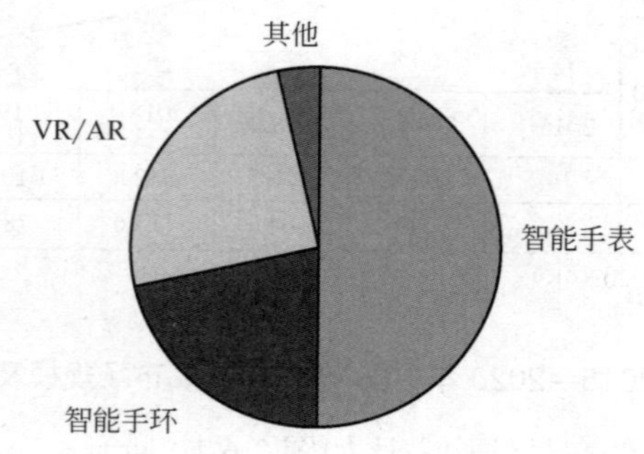

图 3.6.12　2017 年中国智能可穿戴设备产品结构

十、2017 年中国人工智能（AI）市场情况

据 CCID 预测报道：2017 年全球人工智能（AI）市场规模为 519.0 亿美元，同比增长 77.1%，如图 3.6.13 所示。

2017 年全球人工智能（AI）芯片市场规模达 47.98 亿美元，如图 3.6.14 所示。

赛迪研究院数据显示：2017 年中国人工智能产业规模预计为 3600 亿元，同比增长 20%。2017 年中国 IC 设计企业布局 AI 专用芯片获得成功，具体见表 3.6.7。

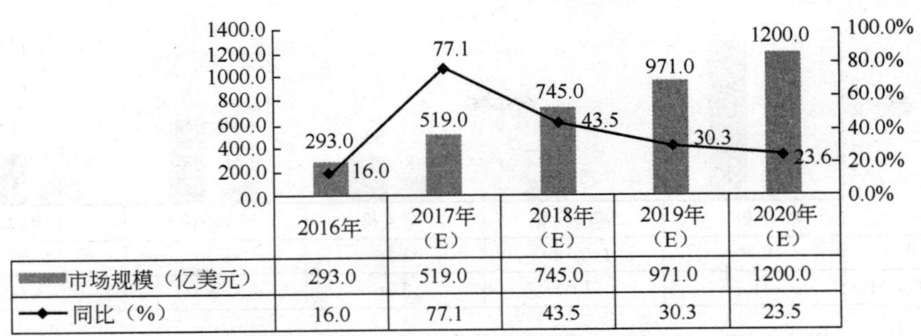

	2016年	2017年（E）	2018年（E）	2019年（E）	2020年（E）
市场规模（亿美元）	293.0	519.0	745.0	971.0	1200.0
同比（%）	16.0	77.1	43.5	30.3	23.5

CAGR=32.58%（2016—2020年）
资料来源：CCID/NVidia/Jssia整理（2017.11.6）

图 3.6.13　2016—2020 年全球人工智能（AI）市场规模及增长情况

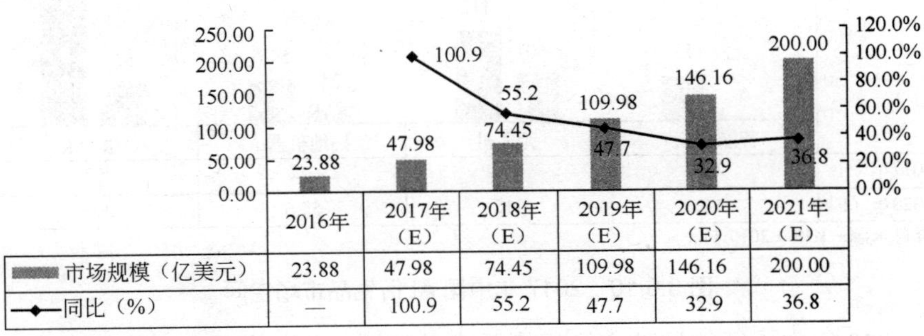

	2016年	2017年（E）	2018年（E）	2019年（E）	2020年（E）	2021年（E）
市场规模（亿美元）	23.88	47.98	74.45	109.98	146.16	200.00
同比（%）	—	100.9	55.2	47.7	32.9	36.8

CAGR=42.51%（2016—2021年）
资料来源：CCID/NVidia/Jssia整理（2017.11.6）

图 3.6.14　2016—2021 年全球人工智能（AI）芯片市场规模及增长情况

表3.6.7　2017年中国IC设计企业布局AI专用芯片

寒武纪	NPU	2016 年，北京中科寒武纪有限公司研发了国际首个深度学习专用处理器芯片（NPU），NPU 采用了“数据驱动并行计算”的架构，特别擅长处理视频、图像类的海量多媒体数据。2017 年 9 月，华为发布的麒麟 970 芯片搭载寒武纪 IP
深鉴科技	DPU	2017 年深鉴科技完成了数千万美元的 A 轮融资。目前深鉴基于 Xilinx FPGA 的 DPU 在嵌入式端可以在降低 80%功耗的情况下取得比 GPU 更好的性能。预计深鉴下一步会研发相应的嵌入式终端 ASIC 芯片
地平线	BPU	地平线的 BPU 芯片未来会直接应用于自己的主要产品中，包括智能驾驶、智能生活和智能城市

2017 年中国 AI 芯片在消费电子各领域市场规模预测如图 3.6.15 所示。

2017 年中国 AI 衍生品市场空间如图 3.6.16 所示。

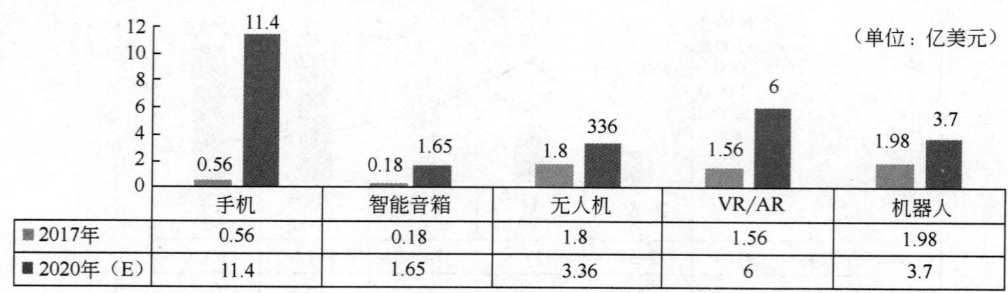

图 3.6.15 2017 年中国 AI 芯片在消费电子各领域市场规模预测

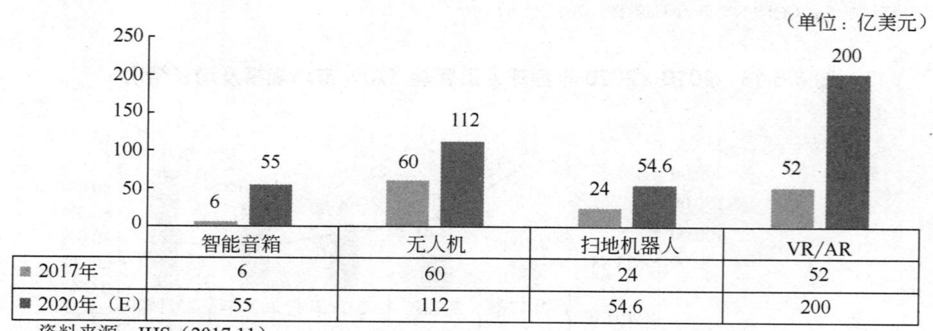

图 3.6.16 2017 年中国 AI 衍生品市场空间

2015—2020 年中国智能硬件市场规模及增长如图 3.6.17 所示。

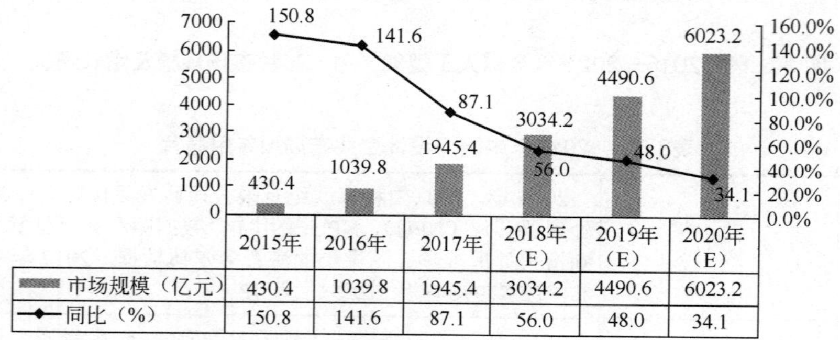

图 3.6.17 2015—2020 年中国智能硬件市场规模及增长情况

2017/2020 年中国智能硬件产品结构演进预测见表 3.6.8。

表3.6.8 2017/2020年中国智能硬件产品结构演进预测

序号	指标名称	2017 年占比（%）	2020 年占比（%）	2020/2017 年对比
1	智能家居	35.7	39.8	上升 4.1 个百分点
2	智能穿戴	20.8	15.4	下降 5.4 个百分点

续表

序号	指标名称	2017 年占比（%）	2020 年占比（%）	2020/2017 年对比
3	智能交通	11.7	13.1	上升 1.4 个百分点
4	智能医疗	5.5	12.8	上升 7.3 个百分点
5	其他产品	26.3	18.9	下降 7.4 个百分点

十一、2017 年中国激光器产品市场概况

2017 年全球激光器市场规模预计为 112.43 亿美元，同比增长 8.11%。OLED、新能源汽车、智能手机等市场需求都为激光器提供了增量，如图 3.6.18 所示。

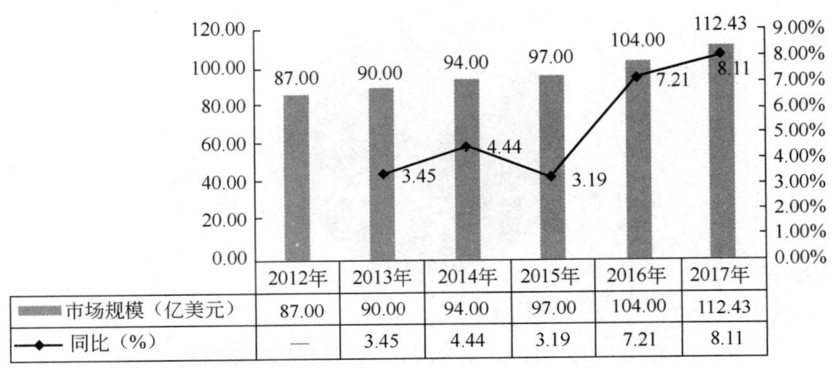

	2012年	2013年	2014年	2015年	2016年	2017年
市场规模（亿美元）	87.00	90.00	94.00	97.00	104.00	112.43
同比（%）	—	3.45	4.44	3.19	7.21	8.11

CAGR= 5.26%（2012—2017年）
资料来源：国鹏资本/Jssia整理（2018.1）

图 3.6.18　2012—2017 年世界激光器营收规模及增速

2012—2017 年中国激光器市场规模及增长情况如图 3.6.19 所示。

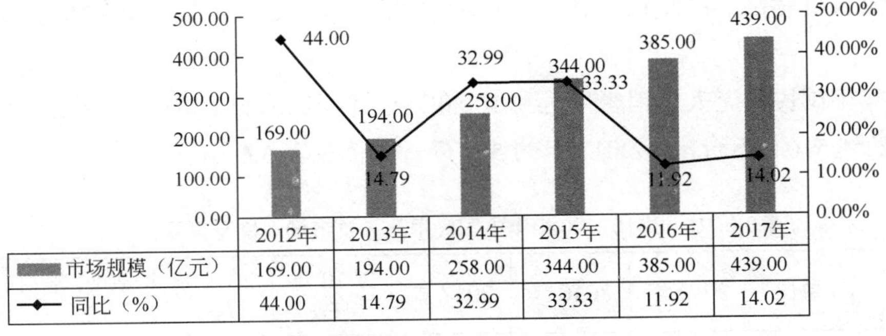

	2012年	2013年	2014年	2015年	2016年	2017年
市场规模（亿元）	169.00	194.00	258.00	344.00	385.00	439.00
同比（%）	44.00	14.79	32.99	33.33	11.92	14.02

CAGR=21.04%（2012—2017年）
资料来源：国鹏资本/Jssia整理（2018.1）

图 3.6.19　2012—2017 年中国激光器市场规模及增长情况

十二、2017 年中国 3D 打印产品市场情况

2017 年中国 3D 打印产业规模超过 110.0 亿元，同比增长 37.5%，见表 3.6.9。产品主要有工业、民用、军用三大类，如图 3.6.20 所示。

表3.6.9　2015—2020年中国3D打印产品规模及增长情况

指标名称	单位	2015 年	2016 年	2017 年	2018 年（E）	2019 年（E）	2020 年（E）	CAGR
市场规模	亿元	58.0	80.0	110.0	145.0	190.0	240.0	32.8%
同比	%	38.1	37.9	37.5	31.8	31.0	26.3	—

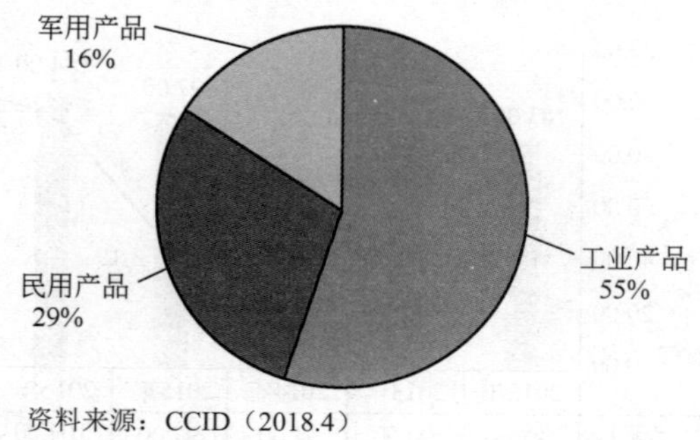

资料来源：CCID（2018.4）

图 3.6.20　2017 年中国 3D 打印产品市场结构

十三、2017 年中国民用无人机产品市场情况

2017 年 12 月 22 日，工信部发布《关于促进和规范民用无人机制造发展的指导意见》，发展目标为：到 2020 年产值达 600 亿元，年均增速 40%以上；到 2025 年民用无人机产值将达到 1800 亿元，年均增速为 25%。产业规模、技术水平、企业实力保持国际领先，建立民用无人机标准、检测认证体系和产业体系，实现民用无人机安全可控和良性、健康发展。

2017 年中国民用无人机销售量达到 100.0 万台，同比增长 156.0%。到 2020 年，销售量预计增长到 510.0 万台，是 2017 年的 5 倍多，具体见表 3.6.10。

表3.6.10　2015—2020年中国民用无人机市场规模及发展情况

指标名称	单位	2015 年	2016 年	2017 年	2018 年（E）	2019 年（E）	2020 年（E）	CAGR
销售量	万台	10.0	39.0	100.0	180.0	300.0	510.0	92.57%
同比	%	—	290.0	156.0	80.0	66.7	70.0	—

据 CCID 分析：2017 年中国无人机销售收入达 56.5 亿元，同比增长 56.4%；而到 2020 年，预计销售收入将达到 207.3 亿元，见表 3.6.11。

表3.6.11　2015—2020年中国无人机市场规模及增长情况

指标名称	单位	2015 年	2016 年	2017 年	2018 年（E）	2019 年（E）	2020 年（E）	CAGR
销售收入	亿元	22.9	36.1	56.5	88.0	134.8	207.3	55.4%
同比	%	50.7	57.6	56.4	55.8	53.2	53.8	—

资料来源：CCID（2018.5）

十四、2017 年中国物联网半导体市场情况

2017 年世界物联网半导体营收额预计为 213 亿美元，同比增长 15.8%，如图 3.6.21 所示。

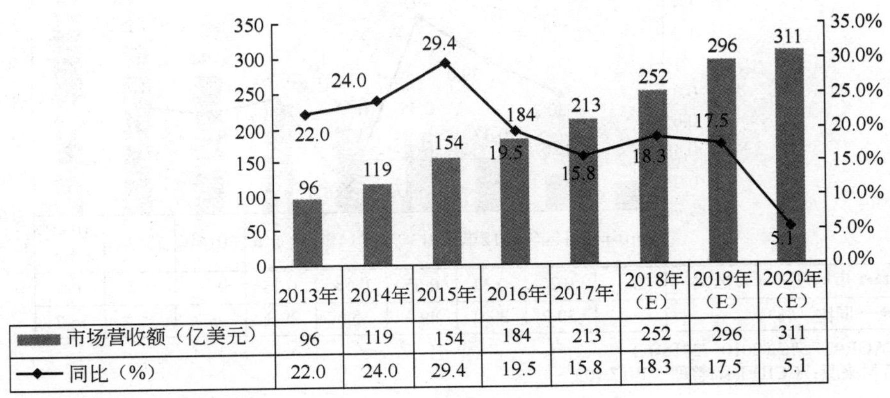

	2013年	2014年	2015年	2016年	2017年	2018年（E）	2019年（E）	2020年（E）
市场营收额（亿美元）	96	119	154	184	213	252	296	311
同比（%）	22.0	24.0	29.4	19.5	15.8	18.3	17.5	5.1

CAGR=18.28%（2013—2020年）
资料来源：IC Insights（2017.10）

图 3.6.21　2013—2020 年世界物联网半导体市场销售发展情况

2017 年世界物联网半导体市场结构见表 3.6.12。

表3.6.12　2017年世界物联网半导体市场结构

序号	市场结构名称	市场营收额（亿美元）	同比（%）	占比（%）
1	联网城市领域	132.06	15.8	62.0
2	工业物联网领域	40.47	15.6	19.0
3	可穿戴式系统应用领域	25.56	16.2	12.0
4	联网汽车领域	8.52	10.2	4.0
5	家庭应用领域	6.39	17.2	3.0
合　计		213.00	15.8	100.0

2017 年世界物联网芯片市场规模为 67.0 亿美元，同比增长 21.8%，见表 3.6.13。

表3.6.13　2015—2020年世界物联网芯片市场规模及发展情况

年　度	2015 年	2016 年	2017 年	2018 年	2019 年（E）	2020 年（E）	CAGR
市场规模（亿美元）	45.8	55.0	67.0	79.1	91.0	105.6	18.2%
同比（%）	—	20.0	21.8	18.0	15.0	16.0	—

资料来源：IC Insights/Marketsand（2017.10）/Jssia 整理

据 CCID 预测：预计 2017 年中国物联网市场规模为 1.1 万亿～1.2 万亿元，如图 3.6.22 所示。

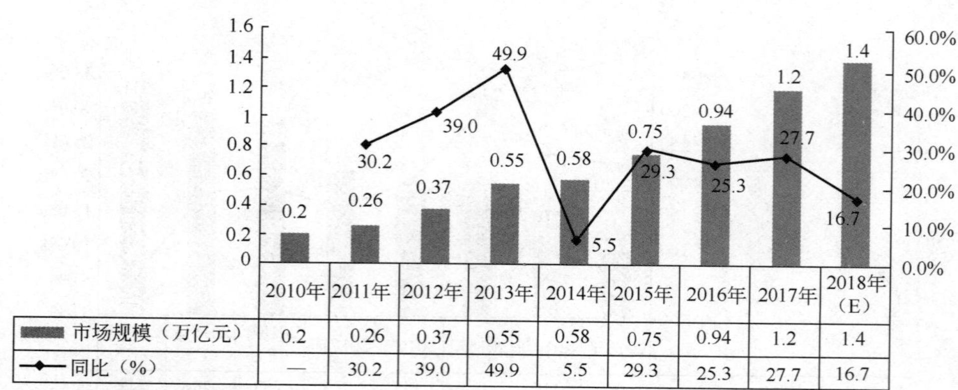

图 3.6.22　2010—2018 年中国物联网产业市场规模及发展情况

2017 年中国工业物联网产业规模为 2400 亿元，同比增长 29.0%，如图 3.6.23 所示。

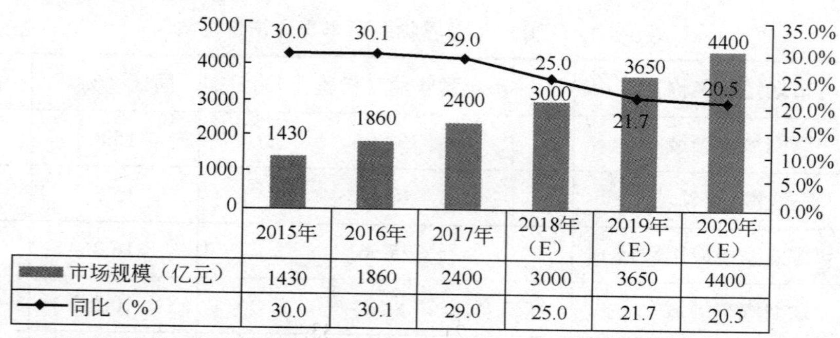

图 3.6.23　2015—2020 年中国工业物联网产业规模及增长情况

2017 年中国物联网产品应用结构见表 3.6.14。

表3.6.14　2017年中国物联网产品应用结构

序号	应用领域	市场规模（亿元）	市占率（%）	序号	应用领域	市场规模（亿元）	市占率（%）
1	工业物联网	511.2	21.3	5	智慧物流	302.4	12.6
2	智能安防	458.4	19.1	6	智慧医疗	180.0	7.5
3	智慧电力	391.2	16.3	7	智能家居	151.2	6.3
4	智慧交通	309.6	12.9	8	其他	96.0	4.0

十五、2017年中国云计算市场概况

据Gartner报道：2017年世界云计算市场规模为817.82亿美元，同比增长23.00%，如图3.6.24所示。

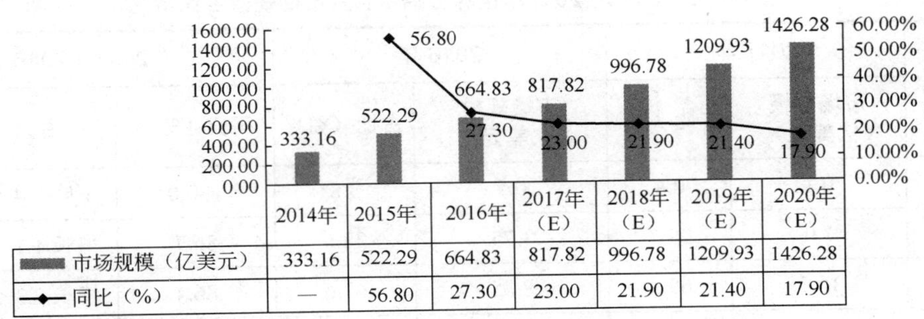

	2014年	2015年	2016年	2017年（E）	2018年（E）	2019年（E）	2020年（E）
市场规模（亿美元）	333.16	522.29	664.83	817.82	996.78	1209.93	1426.28
同比（%）	—	56.80	27.30	23.00	21.90	21.40	17.90

CAGR=23.09%（2014—2020年）
资料来源：Gartner（2017.11）

图3.6.24　2014—2020年世界云计算市场规模

2017年世界云计算市场规模占比情况见表3.6.15。

表3.6.15　2016—2017年世界云计算市场规模占比情况

指标名称	2017年		2016年		2017：2016	
	市场规模（亿美元）	占比（%）	市场规模（亿美元）	占比（%）	同比（%）	占比（%）
Saas	451.99	55.3	378.27	56.9	19.5	下降1.6个百分点
Paas	66.66	8.2	64.35	9.7	3.6	下降1.5个百分点
Laas	299.17	36.5	222.21	33.4	34.6	上升3.1个百分点
合计	817.82	100.0	664.83	100.0	23.0	—

2016—2020年世界云端AI芯片市场发展情况如图3.6.25所示。

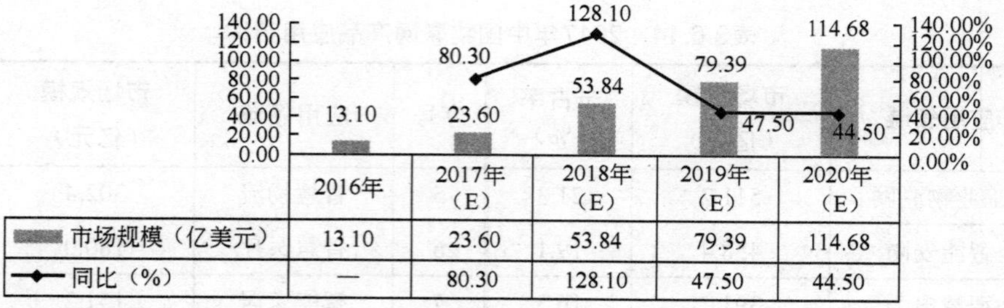

	2016年	2017年（E）	2018年（E）	2019年（E）	2020年（E）
市场规模（亿美元）	13.10	23.60	53.84	79.39	114.68
同比（%）	—	80.30	128.10	47.50	44.50

CAGR=54.33%（2016—2020年）
资料来源：英伟达/英特尔（2017.11）

图 3.6.25　2016—2020 年世界云端 AI 芯片市场发展情况

2016—2017 年世界云端 AI 芯片市场规模占比情况见表 3.6.16。

表3.6.16　2016—2017年世界云端AI芯片市场规模占比情况

指标名称	2017 年		2016 年		2017：2016	
	市场规模（亿美元）	占比（%）	市场规模（亿美元）	占比（%）	同比（%）	占比（%）
ASIC	0.1	0.4	0.5	3.8	-80.0	下降 3.4 个百分点
FPGA	7.0	29.7	3.75	28.6	86.7	增长 1.1 个百分点
GPU	16.5	69.9	8.85	67.6	86.4	增长 2.3 个百分点
合计	23.6	100.0	13.1	100.0	80.2	—

据 CCID 研究报告：2017 年中国云计算产业市场规模约为 2682.9 亿元，同比增长 32.3%，如图 3.6.26 所示。

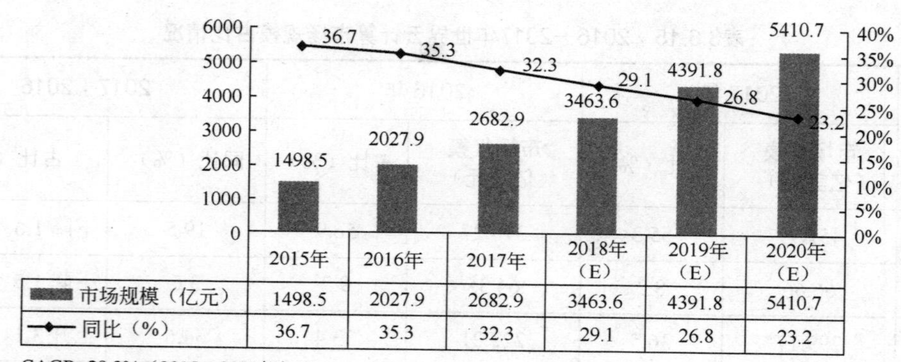

图 3.6.26　2015—2020 年中国云计算产业市场规模及增长情况

2017—2020 年中国云计算产业结构见表 3.6.17。

表3.6.17 2017—2020年中国云计算产业结构 （单位：亿元）

序号	产业结构名称	2017年	2018年（E）	同比（%）	2019年（E）	同比（%）	2020年（E）	同比（%）	CAGR
1	云化基础设施硬件	1341.4	1627.9	21.4	1932.4	18.7	2202.9	14.0	18.0%
2	IDC租赁服务	462.1	579.5	25.4	710.3	22.6	831.0	17.0	21.6%
3	私有云服务	563.4	796.6	41.4	1098.0	37.8	1471.3	34.0	37.7%
4	公有云服务	315.9	459.6	45.5	651.2	46.9	905.5	39.1	42.1%

第四章

2017 年江苏省集成电路产业发展情况

第一节 2017 年江苏省经济发展概况

2017 年江苏省坚持稳中求进的工作基调，认真贯彻中央和省委、省政府的决策部署，践行新发展理念，以“中国制造 2025”“一带一路”为指引，以供给侧结构性改革为主线，加快企业转型升级，经营实体主体效应质量得到提升，综合实力明显增强，社会事业取得显著提高，民生福祉得到持续改善。

2017 年江苏省主要经济指标完成更加亮丽，在“十三五”中起到承上启下的作用，见表 4.1.1。2017 年江苏省各地区生产总值都有较大幅度的增长，见表 4.1.2。

表4.1.1 2017年江苏省主要经济指标完成情况

序号	指标名称	单位	业绩	同比（%）	序号	指标名称	单位	业绩	同比（%）
1	全省地区生产总值	亿元	85901	7.2	19	生产智能手机	万台	6296	26.35
	GDP	%	—	7.2	20	生产冰箱	万台	895	12.3
2	全省人均地区生产总值	元/人	107189	6.8	21	生产空调器	万台	425	5.5
3	高技术产值	亿元	67863	14.4	22	程控交换机	万线	0.68	-0.2
4	战略性新兴产值	亿元	55664	13.6	23	生产汽车	万辆	125.52	-11.3
5	非公有经济值增加值	亿元	58326.7	7.5	24	新能源汽车	万辆	5.06	56.61
6	就业人口	万人	4758	3.2	25	太阳能电池	万千瓦	3832.18	25.86
7	失业登记率	%	2.98	2.98	26	固定资产投资	亿元	53000.2	7.5
8	失业人员再就业	万人	80.6	3.6	27	工业投资	亿元	26180.8	6.7
9	居民消费价格指数（CPI）	%	1.7	-0.6	28	工业技改投资	亿元	15167.9	11.5
10	工业生产者出厂价格（PPI）	%	4.8	6.7	29	高新投资	亿元	7748.2	8.1
11	工业增加值增长率	%	7.5	7.5	30	进出口总值	亿元	40022.1	19.0
12	工业主营业务收入	万亿元	15.5	-1.9	31	高新技术出口值	亿元	12485	14.4
13	工业利润	亿元	10359.7	-1.6	32	出口总值	亿元	24607.2	16.9
14	企业亏损面	%	11.6	11.6	33	进口总值	亿元	15414.9	22.0
15	工业主营业务收入利润率	%	6.7	6.7	34	信息技术服务占比	%	—	13.2
16	工业成本费用利润率	%	7.2	7.2	35	工业软件收入	亿元	463	31.3
17	外商投资	家	3254	13.9	36	人工智能业务收入	亿元	230	—
18	生产彩电	万台	1659	-10.0					

资料来源：2017 年江苏省国民经济和社会发展统计报告/Jssia 摘录整理

表4.1.2　2017年江苏省辖市地区生产总值排序

排名	省辖市名称	地区生产总值			增量（亿元）
		GDP（亿元）	同比（%）	占比（%）	
1	苏州市	17085	10.4	19.4	1610
2	南京市	11750	11.4	13.4	1247
3	无锡市	10528	14.1	12.0	1318
4	南通市	7750	14.6	8.8	982
5	徐州市	6626	13.6	7.5	817
6	常州市	6583	13.9	7.5	809
7	扬州市	5107	14.6	5.8	658
8	盐城市	5050	10.4	5.7	474
9	泰州市	4743	15.6	5.4	641
10	镇江市	4102	6.9	4.7	268
11	淮安市	3356	9.9	3.8	308
12	连云港市	2638	10.7	3.0	262
13	宿迁市	2604	10.6	3.0	253
合　计		87922	11.2	100.0	9647

资料来源：江苏省统计局（2018.1）

2017年，江苏省各市固定资产投资完成情况见表4.1.3。泰州市投资增长最快，达14.5%；南京市12.3%、扬州市12.2%、盐城市10.2%、徐州市10.0%，增速均超过10%，居前五名。苏州市增长最慢，为负增长0.3%，无锡市增速仅为4.7%。

表4.1.3　2017年江苏省各市固定资产投资完成情况

序号	市名	投资额（万亿元）	增速（%）	序号	市名	投资额（万亿元）	增速（%）
1	南京市	62151991	12.3	8	扬州市	36900925	12.2
2	苏州市	56295920	−0.3	9	泰州市	36233276	14.5
3	徐州市	52770269	10.0	10	淮安市	28396611	12.0
4	无锡市	49675093	4.7	11	镇江市	26943606	3.8
5	南通市	49591962	8.9	12	连云港市	26036306	9.2
6	盐城市	42784918	10.2	13	宿迁市	21942324	8.5
7	常州市	38962972	8.1	—	全省合计	530002139	7.5

2017年江苏省高新产业产值为67863.74亿元，同比增长14.42%；完成出口交货值

12485.31亿元，同比增长10.57%。其中，电子计算机及办公设备产值为2742.34亿元，占4.04%；电子通信设备产值为14679.56亿元，占21.63%；仪器仪表设备业产值为3955.22亿元，占5.83%。2017年江苏省各市高新技术产业产值完成情况见表4.1.4。

表4.1.4　2017年江苏省各市高新技术产业产值完成情况

序号	市名	投资额（亿元）	增速（%）	序号	市名	投资额（亿元）	增速（%）
1	南京市	5606.94	8.26	8	淮安市	1834.35	2.70
2	无锡市	6716.35	9.90	9	盐城市	3239.83	4.77
3	徐州市	5305.98	7.82	10	扬州市	4219.11	6.22
4	常州市	5902.00	8.70	11	镇江市	3977.66	5.86
5	苏州市	15158.04	22.34	12	泰州市	5386.95	7.94
6	南通市	7564.33	11.15	13	宿迁市	814.31	1.20
7	连云港市	2137.79	3.15	—	合计	67863.74	100.0

资料来源：江苏省科技厅（2018.1）

在全国百强园区中，江苏省拥有20家，占全国40%，居第一位；其次为山东省拥有11家，浙江省拥有7家，安徽省拥有4家，上海市拥有3家。2017年江苏省高新区（经开区）在全国百强园区中的排名见表4.1.5。

表4.1.5　2017年江苏省高新区（经开区）在全国百强园区中的排名

全国排名	江苏排名	园区名称	全国排名	江苏排名	园区名称
3	1	苏州工业园区	53	11	徐州经济技术开发区
18	2	昆山经济技术开发区	71	12	张家港经济技术开发区
22	3	南京国家高新技术产业开发区	74	13	江阴高新技术产业开发区
24	4	苏州国家高新技术产业开发区	78	14	连云港经济技术开发区
26	5	南京经济技术开发区	82	15	吴江经济技术开发区
31	6	江宁经济技术开发区	85	16	盐城经济技术开发区
36	7	无锡国家高新技术产业开发区	86	17	徐州国家高新技术产业开发区
44	8	南通经济技术开发区	89	18	武进高新技术产业开发区
47	9	常州国家高新技术产业开发区	92	19	常熟经济技术开发区
48	10	扬州经济技术开发区	99	20	昆山高新技术产业开发区

第二节　2017 年江苏省集成电路产业发展情况分析

一、2017 年江苏省集成电路产业发展概况

1. 2017 年江苏省集成电路产业规模

2017 年江苏省集成电路产业继续保持稳步增长的发展态势。江苏省集成电路产业政策在原有的基础上，进一步聚焦支持集成电路领域重大项目建设、自主创新技术研发、企业培育和专业人才培养及引进。各类集成电路基金也在持续运作中。在市场引导及政策和资本多重驱动下，2017 年江苏省集成电路产业销售总收入为 1687.68 亿元，同比增长 17.82%。

其中，以集成电路设计、制造、封测三业为主营业务，销售收入合计为 1318.73 亿元，同比增长 20.42%；集成电路支撑业销售收入为 368.95 亿元，同比增长 9.36%，见表 4.2.1。

表4.2.1　2017年江苏省集成电路产业发展情况

指标名称	单位	2017 年	2016 年	同比（±%）
集成电路产业主营业务销售收入	亿元	1318.73	1095.08	20.42
其中：IC 设计业	亿元	194.66	159.61	21.96
IC 晶圆业	亿元	245.91	216.13	13.78
IC 封测业	亿元	878.16	719.34	22.08
集成电路支撑业销售收入	亿元	368.95	337.37	9.36
集成电路产业合计	亿元	1687.68	1432.45	17.82

集成电路产业主营业务三业销售收入分别为：

IC 设计业销售收入为 194.66 亿元，同比增长 21.96%；

IC 晶圆业销售收入为 245.91 亿元，同比增长 13.78%；

IC 封测业销售收入为 878.16 亿元，同比增长 22.08%。

2017 年江苏省分立器件销售收入为 166.28 亿元，同比增长 15.33%（已含在 IC 封测业中）。

2010—2017 年江苏省集成电路产业销售收入规模及增长情况如图 4.2.1 所示。

2. 江苏省集成电路产业企业数量

2017 年江苏省半导体产业企业约 540 家。其中，集成电路设计业企业近 300 家，集成电路晶圆制造业企业 35 家，集成电路封测业企业 115 家（半导体分立器件企业 43 家），半

导体支撑业企业近 90 家。

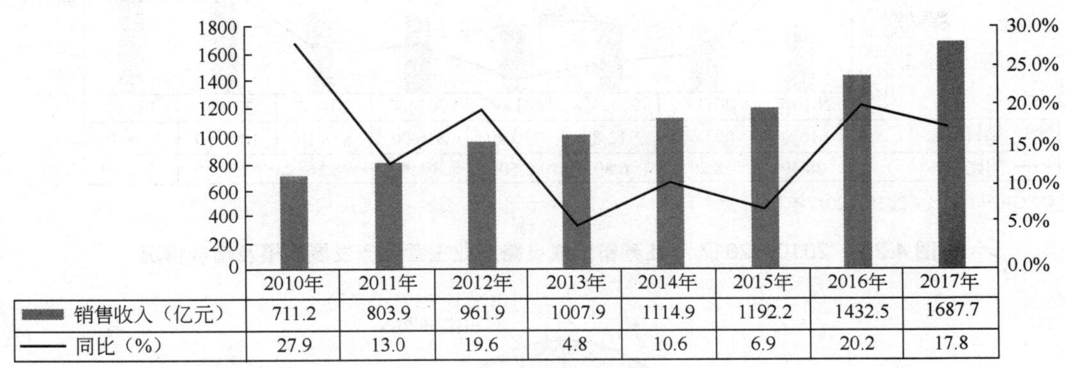

CAGR=13.14%（2010—2017年）

图4.2.1　2010—2017年江苏省集成电路产业销售收入规模及增长情况

3．江苏省集成电路产业从业人数

2017 年江苏省半导体产业从业人数约 12.3 万人，同比增长 7.0%。其中，研发人员占职工总数的 13.0%左右。从业人员学历层次情况：博士学历人员占职工总人数的 0.3%，硕士学历人员占职工总人数的 2.5%，本科学历人员占职工总人数的 21.3%，大专学历人员占职工总人数的 33.5%，大专学历以下人员占职工总人数的 42.4%。

二、2017 年江苏省集成电路主营业务运行分析

2017 年江苏省集成电路主营业务销售收入继 2016 年后再次呈现较高速增长，如表 4.2.2 和图 4.2.2 所示。

表4.2.2　2015—2017年江苏省集成电路主营业务各产业销售收入情况

指标名称	单位	2017 年	同比（%）	占比（%）	2016 年	同比（%）	2015 年
集成电路产业主营业务销售收入	亿元	1318.73	20.42	100.00	1095.08	25.00	876.09
其中：IC 设计业	亿元	194.66	21.96	14.76	159.61	3.83	153.72
IC 晶圆业	亿元	245.91	13.78	18.65	216.13	3.08	209.67
IC 封测业	亿元	878.16	22.08	66.59	719.34	40.03	512.7

2017 年江苏省集成电路主营业务三业的比重，IC 设计业占比为 14.76%，较 2016 年占比提升 0.5 个百分点；IC 晶圆业占比为 18.65%，较 2016 年占比下滑 0.6 个百分点；IC 封测业占比为 66.59%，较 2016 年占比上升 0.1 个百分点，如图 4.2.3 所示。

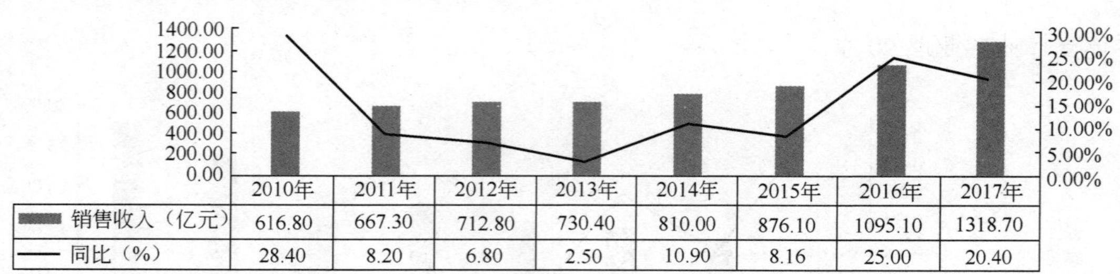

	2010年	2011年	2012年	2013年	2014年	2015年	2016年	2017年
销售收入（亿元）	616.80	667.30	712.80	730.40	810.00	876.10	1095.10	1318.70
同比（%）	28.40	8.20	6.80	2.50	10.90	8.16	25.00	20.40

图 4.2.2　2010—2017 年江苏省集成电路产业主营业务发展规模及增长情况

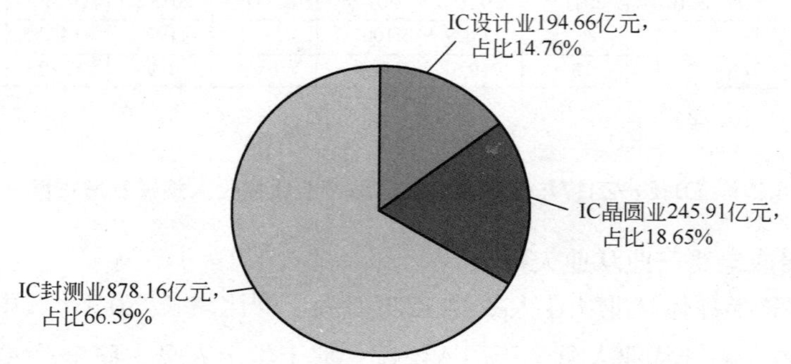

图 4.2.3　2017 年江苏省集成电路主营业务三业所占比重

从江苏省集成电路产业三业占比中可以看出，江苏省集成电路产业三业占比与 2016 年相比变化不大。封测产业依然是一枝独秀，占到整个产业的近七成，而集成电路设计业仍较弱小（只占一成半），晶圆制造业也占到二成不足，形成头尖尾大的 1∶2∶7 现象，较 3∶4∶3 的较为理想的状态还有一定的差距。此种状况或将在 2019/2020 年随台积电（南京）、华虹（无锡）等重大项目建成投产后有所改观。

2017 年江苏省集成电路产业在全国同业取得较好成绩，主要推动力来自封装测试业，主要原因是江苏长电科技收购兼并星科金朋和宿迁工厂及滁州工厂的投产；通富微电收购兼并 AMD 的槟城和苏州工厂后，产能扩大、订单增加，销售收入明显上升。这两家产业界龙头企业的销售收入总额在江苏省内同业的占比由 2015 年的 37%提高到 2016 年的 46%，提升幅度达 9 个百分点，2017 年又提升到 46.47%。

而江苏省集成电路设计业和晶圆业在 2017 年内没有新的增长点，销售收入增幅落后于其他兄弟省市。因此，2017 年江苏省集成电路设计业和晶圆制造业销售收入在全产业中的占比呈下降态势：集成电路设计业占全产业的比重为 9.4%，比 2016 年下降 0.4 个百分点；集成电路晶圆业占全产业的比重为 17.88%，比 2016 年再下降 1.2 个百分点，差距正在拉大。

三、2017 年江苏省集成电路主营业务销售收入分季完成情况

2017 年江苏省集成电路产业第一季度（Q1）营收额为 267.62 亿元，同比增长 33.64%；第二季度（Q2）营收额为 287.89 亿元，同比增长 43.11%，环比增长 7.57%；第三季度（Q3）

营收额为 348.06 亿元，同比增长 40.58%，环比增长 20.90%；第四季度（Q4）销售规模达到 415.16 亿元，同比增长率只有-7.29%，环比增长 19.28%。这是由于 2016 年封测业的两大并购案在第四季度合并报表，形成第四季度数据井喷式增长，而 2017 年第四季度恢复到正常增长水平，如图 4.2.4 和表 4.2.3 所示。

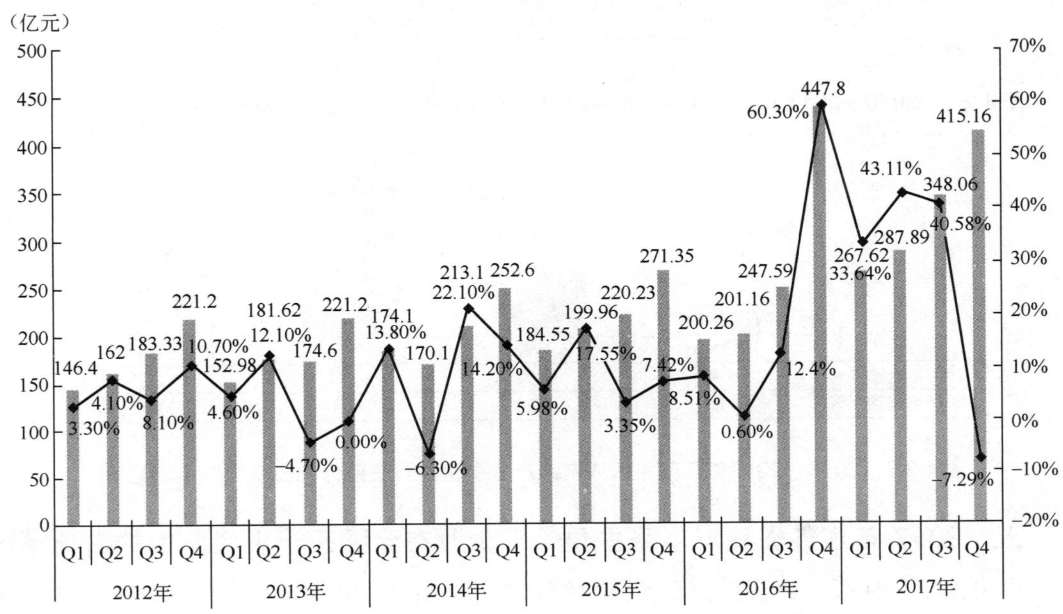

图4.2.4　2012—2017年江苏省集成电路主营业务分季度同比发展情况

表4.2.3　2017年江苏省集成电路产业主营业务各季度累计发展情况

季度 指标 产业	第一季度			第二季度			第三季度			第四季度			全　　年		
	业绩（亿元）	同比（%）	占比（%）	业绩（亿元）	同比（%）	占比（%）	业绩（亿元）	同比（%）	占比（%）	业绩（亿元）	同比（%）	占比（%）	业绩（亿元）	同比（%）	占比（%）
IC 设计业	29.46	6.43	11.01	28.30	22.35	9.83	50.62	22.95	14.54	86.28	22.00	20.78	194.66	21.96	14.76
IC 晶圆业	48.53	10.00	18.13	56.08	11.33	19.48	67.30	11.52	19.34	74.00	13.80	17.82	245.91	13.78	18.65
IC 封测业	189.63	47.62	70.86	203.51	51.06	70.69	230.14	53.25	66.12	254.88	22.10	61.39	878.16	22.08	66.59
合　计	267.62	33.64	100.00	287.89	38.39	100.00	348.06	39.22	100.00	415.16	20.30	100.00	1318.73	20.4	100.00

四、2017 年江苏省集成电路产业在全国同业中的地位

2017 年江苏省集成电路产业主营业务销售收入为 1318.73 亿元，占全国集成电路产业销售收入 5411.3 亿元的 24.37%。江苏省集成电路产业在全国同业中所占比重正在逐年下降，如图 4.2.5 和图 4.2.6 所示。

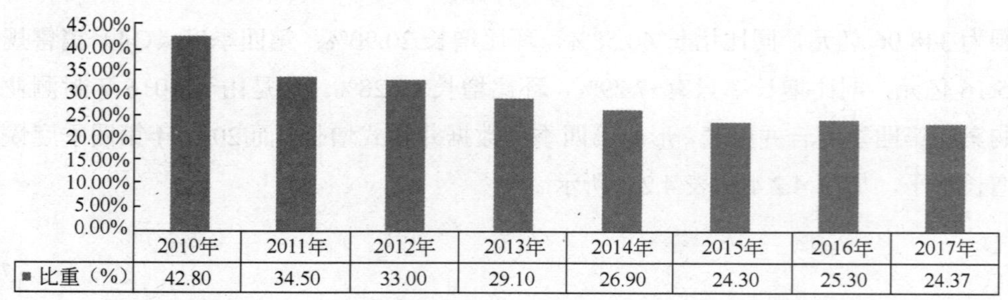

图 4.2.5　2010—2017 年江苏省集成电路产业主营业务销售收入占全国集成电路产业比重情况

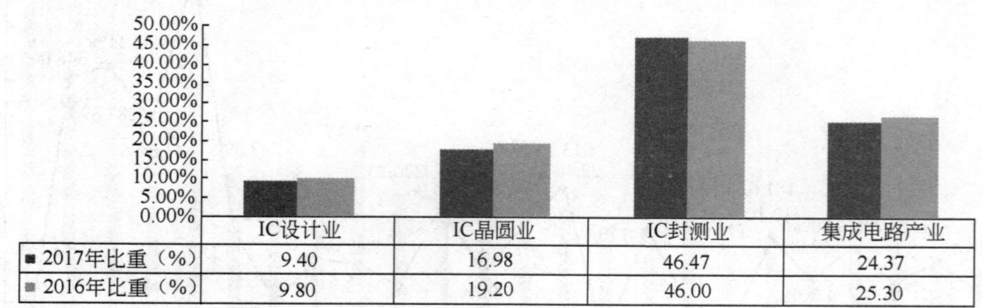

图4.2.6　2016—2017年江苏省集成电路产业主营业务三业分别占全国同业的比重

五、2017 年江苏省集成电路主要骨干企业在全国三十大企业中的占比情况

由中国半导体行业协会根据会员单位统计数据，评出 2017 年中国集成电路产业三十大企业，其中江苏省集成电路主要骨干企业入选 6 家，占到总数的 20%，见表 4.2.4。

表4.2.4　2017年江苏省集成电路主要骨干企业在全国三十大企业中的排序及占比

总序号	企业名称	类别	2017 年销售收入（亿元）	同比（%）
3	江苏新潮科技集团有限公司	封测	242.6	25.7
5	南通华达微电子集团有限公司	封测	198.8	46.5
6	SK 海力士半导体（中国）有限公司	晶圆	130.6	6.4
13	华润微电子有限公司	晶圆	70.6	24.5
21	海太半导体（无锡）有限公司	封测	35.0	8.0
29	和舰科技（苏州）有限公司	晶圆	21.1	20.0
合　　计			698.7	25.2

- 江苏新潮科技集团有限公司以销售收入 242.6 亿元，位居集成电路封测十大企业之首，同时也位居全国三十大企业第三位（仅次于深圳海思和三星（中国）公司）；南通华达微电子集团有限公司以销售收入 198.8 亿元，位居封测业十大企业第二位，居全国三十大企业第五位；SK 海力士半导体（中国）有限公司以销售收入 130.6 亿元，位居晶圆制造业十大企业第三位，居全国三十大企业第六位；华润微电子有

限公司以销售收入 70.6 亿元，位居晶圆制造业十大企业第六位，居全国三十大企业第十三位；海太半导体（无锡）有限公司以销售收入 35.0 亿元，位居封测业十大企业第八位，全国三十大企业第二十一位；和舰科技（苏州）有限公司以销售收入 21.1 亿元，位居晶圆制造业十大企业第十位，全国三十大企业第二十九位。

- 2017 年江苏省集成电路产业有 6 家主要骨干企业入围全国三十大企业，其销售收入为 698.7 亿元，同比增长 25.2%，占到三十大企业销售收入 2649.2 亿元的 26.4%。其中，新潮科技、南通华达、海太半导体（无锡）3 家封测企业销售收入为 476.4 亿元，同比增长 31.9%，占到封测业十大企业收入的 56.1%；SK 海力士、华润微电子、和舰科技（苏州）3 家晶圆制造企业销售收入为 222.3 亿元，同比增长 12.9%，占到晶圆制造业十大企业收入的 22.0%。
- 在 2017 年中国半导体功率器件十强企业中，扬州扬杰、苏州固锝、无锡华润华晶、常州银河世纪、无锡新洁能位列其中，占到 50%。其收入占到十大企业收入的 55.1%。
- 2017 年中国半导体 MEMS 十强企业中，美新半导体（无锡）、苏州敏芯微、苏州明皜传感科技、苏州迈瑞微、苏州感芯微 5 家企业位列其中，占到 50%。
- 在 2017 年中国半导体材料十强企业中，衡所华威电子、南京国盛电子位列其中，占到 20%。

由此可见，江苏省集成电路产业主要骨干企业在全国同行业中有着举足轻重的地位。但是在 2017 年江苏省集成电路设计业和半导体设备领域企业没有进入全国相应的十大企业和五强之列，这也是江苏省集成电路产业的欠缺之处。

六、2017 年江苏省集成电路产业与国内主要省市同业比较情况

2017 年江苏省集成电路产业销售收入继续居全国省市之首位。在集成电路产业三业中：江苏省集成电路设计业销售收入居全国第四位；集成电路晶圆制造业销售收入居全国第三位；集成电路封测业销售收入居全国第一位，且遥遥领先，占到全国同业的 46.5%，几近一半，见表 4.2.5。

表4.2.5　2017年江苏省集成电路产业与国内主要省市同业比较情况

省市名称	IC 主营业		设计业		晶圆业		封测业		支撑业		集成电路产业	
	实绩（亿元）	同比（%）	实绩（亿元）	同比（%）	实绩（亿元）	同比（%）	实绩（亿元）	同比（%）	实绩（亿元）	同比（%）	实绩（亿元）	同比（%）
江苏省	1318.7	20.4	194.7	22.0	245.9	13.8	878.2	22.1	369.0	9.4	1687.7	17.8
上海市	1029.7	12.2	437.5	19.8	281.9	7.6	310.3	−0.8	150.9	34.1	1180.6	12.2
北京市	823.4	20.0	643.0	26.0	82.1	13.1	98.3	−4.5	74.0	7.6	897.4	18.9
浙江省	218.0	13.8	108.0	23.1	110.0	5.9	—	—	408.0	—	626.0	—

续表

省市名称	IC主营业		设计业		晶圆业		封测业		支撑业		集成电路产业	
	实绩（亿元）	同比（%）	实绩（亿元）	同比（%）	实绩（亿元）	同比（%）	实绩（亿元）	同比（%）	实绩（亿元）	同比（%）	实绩（亿元）	同比（%）
陕西省	445.0	12.7	77.2	110.9	275.7	14.4	92.1	−47.2	61.8	−50.7	506.8	−2.6
天津市	142.2	17.7	23.5	60.1	24.2	1.7	94.5	14.8	49.1	96.2	191.3	31.2
深圳市	646.5	13.5	579.2	17.4	15.8	−29.5	51.5	−3.8	—	—	646.5	13.5

第三节　2017 年江苏省集成电路产量和价格情况分析

一、2017 年江苏省集成电路产量概况

2017 年江苏省集成电路产量约为 556.0 亿块，同比增长 20.9%，如图 4.3.1 所示，与全省集成电路销售收入的增长幅度基本相符。可见江苏省集成电路各企业提高自身技术水平、调整产品结构、谋求自身发展取得了一定成效。

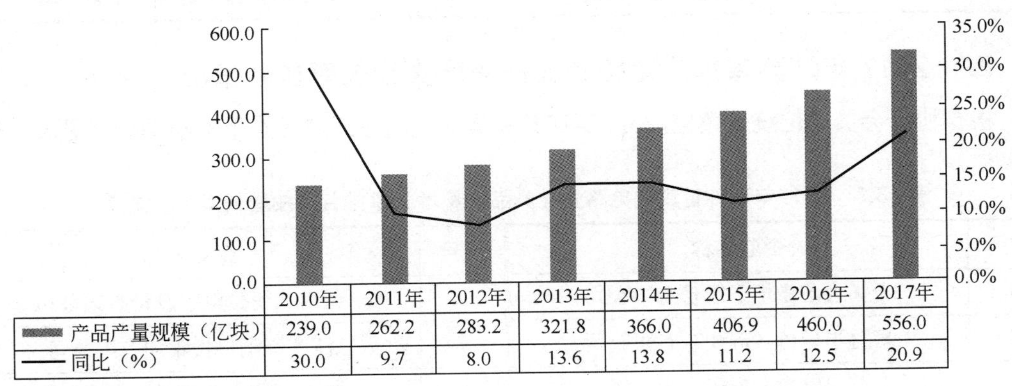

图4.3.1　2010—2017年江苏省集成电路产品产量规模及增长情况

二、2017 年江苏省集成电路产品产量占全国总产量的比重情况

2017 年江苏省集成电路产品产量为 556 亿块，占全国集成电路产品总产量 1565 亿块的 35.5%，较 2016 年的 34.6%上升 0.9 个百分点，见表 4.3.1。

表4.3.1　2010—2017年江苏省集成电路产品产量占全国总量比重

指标名称	单位	2010 年	2011 年	2012 年	2013 年	2014 年	2015 年	2016 年	2017 年	CAGR
江苏省 IC 产量	亿块	239	262	283	322	366	407	460	556	12.8%
全国 IC 产量	亿块	653	720	823	917	1035	1170	1318	1565	13.3%
同比	%	36.6	36.5	34.4	37.1	35.4	37.4	34.6	35.5	—

从表 4.3.1 中可以看出，江苏省集成电路产品产量占到全国总产量的三分之一之多，足见江苏省仍为全国集成电路产业的重镇。

三、2017 年江苏省集成电路产品产量排名前十位的企业

江苏省半导体行业协会会员单位统计数据显示：2017 年江苏省集成电路产品产量排名

前十位的企业见表4.3.2。

表4.3.2　2017年江苏省集成电路企业产量排名前十位的企业（按产量大小排序）

序号	企业名称	序号	企业名称
1	江苏新潮科技集团有限公司	6	无锡红光微电子股份有限公司
2	南通华达微电子集团有限公司	7	苏州固锝电子股份有限公司
3	嘉盛半导体（苏州）有限公司	8	无锡力芯微电子股份有限公司
4	无锡华润安盛科技有限公司	9	颀中科技（苏州）有限公司
5	海太半导体（无锡）有限公司	10	快捷半导体（苏州）有限公司

四、2017年江苏省集成电路企业产品产量增长率排名情况

根据协会会员单位统计数据，2017年江苏省集成电路企业产品产量增长率排名见表4.3.3。

表4.3.3　2017年江苏省集成电路企业产品产量增长率排名（按增长率大小排序）

序号	企业名称	序号	企业名称
1	无锡力芯微电子股份有限公司	6	无锡芯朋微电子股份有限公司
2	嘉盛半导体（苏州）有限公司	7	江苏新潮科技集团有限公司
3	苏州磐启微电子有限公司	8	快捷半导体（苏州）有限公司
4	无锡晶源微电子有限公司	9	颀中科技（苏州）有限公司
5	南通华达微电子集团有限公司	10	无锡友达电子有限公司

2017年江苏省集成电路产量增长的企业占到了82%，部分企业产品结构调整颇有成效，有减产增收的情况。

五、2017年江苏省集成电路产品平均单价趋势

江苏省集成电路产业产品平均单价从2010年至2015年6年间逐年下降，呈现出增产不增收的现象。自2016年下半年起由于DRAM和NAND Flash市场价格一路上扬，导致各类元器件价格上升。故此，2016年和2017年两年间，江苏省集成电路产品平均价格也得到上升（2017年比2015年上涨10.2%），见表4.3.4。

表4.3.4　2010—2017年江苏省集成电路产品平均价格趋势

指标名称	单位	2010年	2011年	2012年	2013年	2014年	2015年	2016年	2017年	CAGR
IC销售收入	亿块	616.8	667.3	712.8	730.4	810.0	876.1	1095.1	1318.7	11.5%
IC产量	亿块	239.0	262.2	283.1	321.8	366.0	406.9	460.0	556.0	12.8%
平均单价	元/块	2.581	2.545	2.517	2.270	2.213	2.153	2.381	2.372	−1.2%
平均单价同比	%	—	−1.4	−1.1	−9.8	−2.5	−2.7	10.6	−0.4	—

江苏省集成电路产品平均价与全国同期平均价相较自 2012 年至 2017 年逐年呈下跌趋势，见表 4.3.5。这一方面说明江苏省集成电路产品的均价下降幅度大于全国，另一方面也说明江苏省集成电路产品的附加值不高（产品集中在中低档上）。

表4.3.5　2010—2017年江苏省集成电路产品平均价格与全国平均价格之比

指标名称	单位	2010 年	2011 年	2012 年	2013 年	2014 年	2015 年	2016 年	2017 年	CAGR
江苏 IC 产品均价	元/块	2.581	2.545	2.517	2.270	2.213	2.153	2.381	2.372	-1.2%
全国 IC 产品均价	元/块	2.207	2.287	2.622	2.737	2.914	3.084	3.289	3.458	6.6%
江苏：全国	%	16.9	11.3	-4.0	-17.1	-24.1	-30.2	-27.6	-31.4	—

近年来，中国集成电路产品档次得以提升，集成电路产品均价也呈逐年上升之势。但是，中国集成电路均价属于中低端产品价格区位，其均价只有世界同期产品均价的四成左右，见表 4.3.6。

表4.3.6　2010—2017年中国集成电路产品平均价格与世界平均价格之比

指标名称	单位	2010 年	2011 年	2012 年	2013 年	2014 年	2015 年	2016 年	2017 年	CAGR
中国 IC 产品均价	美元/块	0.332	0.344	0.394	0.412	0.438	0.464	0.495	0.520	6.6%
世界 IC 产品均价	美元/块	1.289	1.271	1.209	1.222	1.202	1.165	1.115	1.130	-1.9%
中国：世界	%	0.258	0.271	0.326	0.337	0.364	0.398	0.444	0.460	—

注：以 2017 年汇率 6.65：1 折算。

第四节　2017年江苏省集成电路产品出口情况

1．2017年江苏省集成电路产品出口概况

2017年江苏省集成电路产品出口额为478.60亿元，同比增长44.1%，如图4.4.1所示。

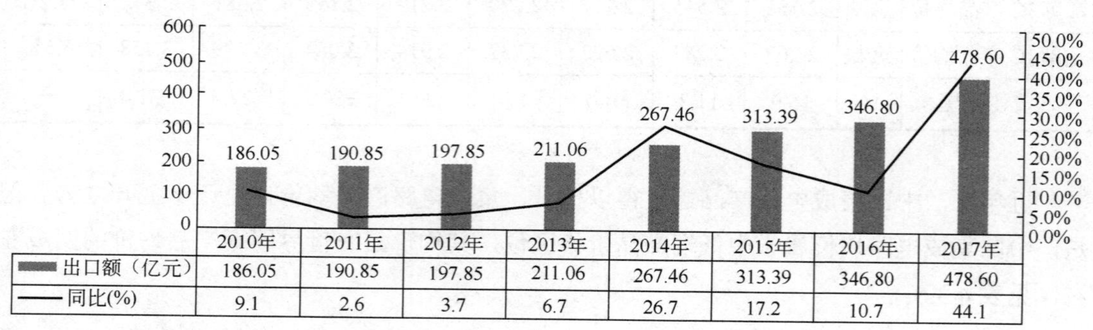

	2010年	2011年	2012年	2013年	2014年	2015年	2016年	2017年
出口额（亿元）	186.05	190.85	197.85	211.06	267.46	313.39	346.80	478.60
同比(%)	9.1	2.6	3.7	6.7	26.7	17.2	10.7	44.1

CAGR=14.45%（2010—2017年）

图4.4.1　2010—2017年江苏省集成电路产品出口额及增长率情况

2017年江苏省集成电路产品出口额同比增长的企业数量占76.7%，出口额同比下降的企业数量占23.3%。

2017年江苏省集成电路产品出口额同比增长率较大的企业是南通华达集团、苏州爱发科、扬州晶新、南京矽力杰、江苏新潮科技集团公司等。

2．2017年江苏省集成电路产品出口额占全国同业比重

2017年中国集成电路产品出口额为668.8亿美元，同比增长9.8%；江苏省集成电路产品出口额为71.97亿美元，占到中国集成电路产品出口总值的10.8%，较2016年占比上升2.1个百分点，如图4.4.2所示。同时也创自2010年以来的历史新高。

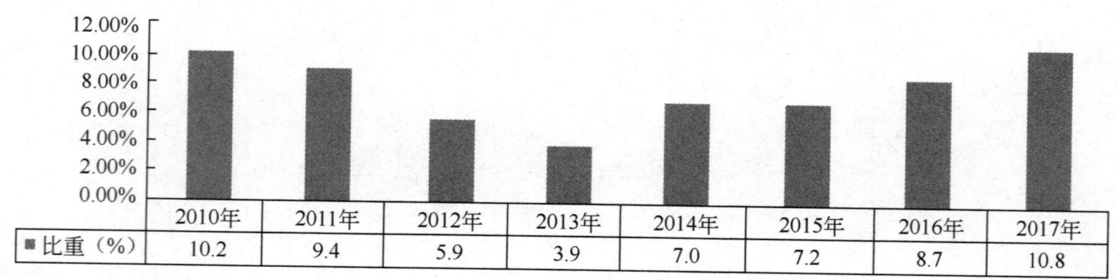

	2010年	2011年	2012年	2013年	2014年	2015年	2016年	2017年
比重（%）	10.2	9.4	5.9	3.9	7.0	7.2	8.7	10.8

图4.4.2　2010—2017年江苏省集成电路产品出口额占全国同业产品出口总额的比重

第五节　2017 年江苏省集成电路产业地区分布情况

一、2017 年江苏省集成电路产业区域分布简述

江苏省集成电路产业主要集中在苏南地区和沿江地区，如苏州、无锡和沿江的常州、南京和南通、泰州、扬州等城市，近年来苏北地区也有较大发展。

各地产业类型分布情况和地区产业情况见表 4.5.1。

表4.5.1　2017年江苏省集成电路产业区域分布

城市名称	集成电路产业类型分布	城市名称	集成电路产业类型分布
苏州市	IC 设计业、封测业、晶圆业、支撑业	泰州市	IC 封测业、IC 支撑业
无锡市	IC 设计业、晶圆业、封测业、支撑业	扬州市	IC 晶圆业、IC 封测业
常州市	IC 封测业、晶圆业、支撑业、设计业	淮安市	IC 晶圆业、IC 封测业
镇江市	IC 设计业、测试业	宿迁市	IC 封测业
南京市	IC 设计业、晶圆业、封测业	徐州市	IC 支撑业
南通市	IC 封测业、设计业	连云港市	IC 支撑业

2017 年江苏省集成电路产业各地区情况如表 4.5.2 所示。

表4.5.2　2017年江苏省集成电路产业各地区情况

序号	城市名称	集成电路产业营收额（亿元）	其中		同比（%）	占比（%）	2017：2016 占比
			IC 收入（亿元）	支撑业收入（亿元）			
1	无锡市	891.15	670.53	220.62	15.6	52.8	占比同比下降 0.5 个百分点
2	苏州市	436.77	324.77	112.00	9.0	25.9	占比同比上升 2.1 个百分点
3	南通市	206.39	206.39	—	45.5	12.2	占比同比下降 2.3 个百分点
4	南京市	78.00	70.50	7.50	41.8	4.6	占比同比上升 0.8 个百分点
5	扬州市	24.70	24.70	—	17.6	1.5	占比同比下降 0.1 个百分点
6	常州市	25.22	14.22	11.00	11.8	1.5	占比同比下降 0.1 个百分点

续表

序号	城市名称	集成电路产业营收额（亿元）	其中		同比（%）	占比（%）	2017：2016 占比
			IC 收入（亿元）	支撑业收入（亿元）			
7	镇江市	4.68	4.68	—	33.3	0.3	占比同比上升 0.1 个百分点
8	淮安市	2.04	2.04	—	—	0.1	—
9	泰州市	8.59	0.90	7.69	10.1	0.5	平
10	连云港市	10.14	—	10.14	11.1	0.6	平
合计		1687.68	1318.73	368.95	17.82	100.0	—

从表 4.5.2 中可以看出，2017 年江苏省苏南地区的集成电路产业销售收入为 1435.82 亿元，占江苏省集成电路销售收入的 85.1%。其中，无锡市集成电路产业销售收入占江苏省的 52.8%；苏州市集成电路产业销售收入占江苏省的 25.9%；南京市集成电路产业销售收入占江苏省的 4.6%；常州市集成电路产业销售收入占江苏省的 1.5%，镇江市集成电路产业销售收入占江苏省的 0.3%。

2017 年苏中地区的集成电路销售收入为 239.68 亿元，占江苏省集成电路销售收入的 14.2%。其中，南通市集成电路销售收入占江苏省的 12.2%；扬州市集成电路销售收入占江苏省的 1.5%；泰州市集成电路销售收入占江苏省的 0.5%。苏中地区（通、扬、泰）是江苏省集成电路发展最快的地区，已成为江苏省集成电路发展的亮点。

2017 年苏北地区（淮安市、连云港市）集成电路销售收入为 12.18 亿元，占到江苏省集成电路销售收入的 0.72%，成为江苏省集成电路产业的后起之秀。

随着台积电落户南京江北新区（浦口新区）和淮德半导体、江苏时代芯存在淮安开工建设，江苏省集成电路产业集群正在增添新的版图。

二、2017 年江苏省各地区集成电路主营业务发展情况

2017 年江苏省各地集成电路产业都有不同程度的增长。南通地区封测业同比增长 45.63%，主要原因是，通富微电 2016 年完成收购 AMD 苏州、AMD 槟城两家公司后，2017 年合并报表体现出南通地区封测业增长幅度比较大。

从表 4.5.3 中可以看出，2017 年江苏省集成电路设计业南京市发展最快，同比增长 30.50%；其次是苏州市，同比增长 22.90%；南通市位居增长率第三位，为 18.18%，属起步阶段。

2017 年江苏省集成电路晶圆制造业苏州市同比增长 20.50%，主要是和舰科技（苏州）有限公司同比增长 20.50%起的作用。

2017 年江苏省集成电路封测业南通市同比增长 45.63%，镇江市同比增长 33.33%，扬州市同比增长 25.00%，分居增长率的前三位，镇江市属起步阶段。无锡市在 2017 年的封测产业中大涨 21.18%，属近几年来难得的飞跃。

表4.5.3 2017年度江苏省各地集成电路产业主营业务三业发展规模 （单位：亿元）

序号	城市名称	合计		其中					
		实绩	同比（±%）	设计业	同比（±%）	晶圆业	同比（±%）	封测业	同比（±%）
1	无锡市	670.53	16.67	99.45	17.50	209.37	9.28	361.71	21.18
2	苏州市	324.77	11.06	39.7	22.90	21.14	20.50	263.93	8.80
3	南通市	206.39	45.48	0.91	18.18	—	—	205.48	45.63
4	南京市	70.50	45.36	53.9	30.50	8.20	—	8.40	16.67
5	扬州市	24.70	17.62	—	—	7.20	2.86	17.50	25.00
6	常州市	14.22	17.04	0.70	16.67	—	—	13.52	17.06
7	镇江市	4.68	33.33	—	—	—	—	4.68	33.33
8	淮安市	2.04	—	—	—	—	—	2.04	—
9	泰州市	0.90	—	—	—	—	—	0.90	—

从表 4.5.4 中可以看出，江苏省集成电路产业主营业务之中，无锡市占到 50.85%，苏州市占到 24.63%，南通市占到 15.65%，这三市合计占到全省总值的 91.13%。

2017 年江苏省集成电路设计业中：无锡市占到 51.09%，南京市占到 27.69%，苏州市占到 20.39%，这三市合计占到全省集成电路设计业总值的 99.17%。

2017 年江苏省集成电路晶圆业中：无锡市占到 85.14%，苏州市占到 8.60%，这两市合计占到全省集成电路晶圆制造业总值的 93.74%。

2017 年江苏省集成电路封测业中：无锡市占到 41.19%，苏州市占到 30.05%，南通市占到 23.40%，这三市合计占到全省集成电路封测业总值的 94.64%。

表4.5.4 2017年度江苏省各地集成电路产业主营业务所占比重 （单位：亿元）

序号	城市名称	合计		其中					
		实绩	占比（%）	设计业	占比（%）	晶圆业	占比（%）	封测业	占比（%）
1	无锡市	670.53	50.85	99.45	51.09	209.37	85.14	361.71	41.19
2	苏州市	324.77	24.63	39.7	20.39	21.14	8.60	263.93	30.05
3	南通市	206.39	15.65	0.91	0.47	—	—	205.48	23.40
4	南京市	70.50	5.35	53.9	27.69	8.2	3.33	8.40	0.96
5	扬州市	24.70	1.87	—	—	7.2	2.93	17.5	1.99
6	常州市	14.22	1.08	0.7	0.36	—	—	13.52	1.54
7	镇江市	4.68	0.35	—	—	—	—	4.68	0.53
8	淮安市	2.04	0.15	—	—	—	—	2.04	0.23
9	泰州市	0.90	0.07	—	—	—	—	0.90	0.10

第六节　2017 年江苏省集成电路产业从业人员情况分析

一、2017 年江苏省集成电路产业从业人员结构

（1）2017 年江苏省集成电路产业从业人员 12.3 万余人，从业人数同比增加 7.0%。

（2）2017 年江苏省集成电路产业从业人员学历分布层次为：博士学历的人员占职工总数的 0.3%；硕士学历人员占职工总数的 2.5%；本科学历人员占职工总数的 21.3%，同比下降 2.8 个百分点；大专学历人员占职工总数的 33.5%，同比上升 2.5 个百分点；大专以下学历人员占职工总数的 42.4%，同比增长 0.3 个百分点，如图 4.6.1 所示。

（3）2017 年江苏省集成电路产业研发人员占职工总数的 13.0%，同比下降 2.1 个百分点。主要是由于产业发展速度加快，企业扩招操作员工数量较多，稀释了本科以上学历及研发人员数量所占的比例。

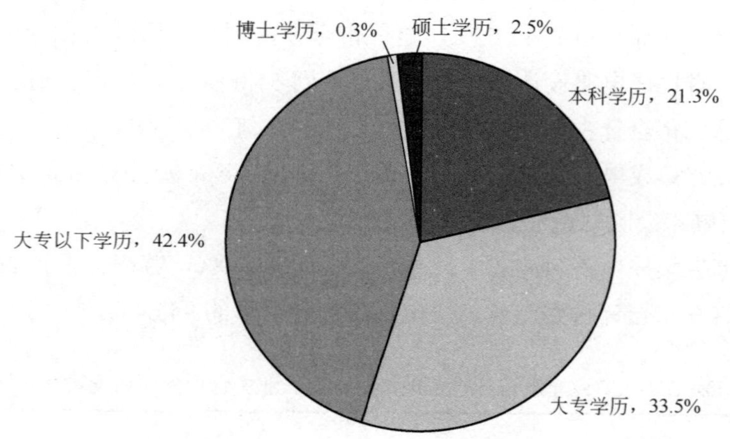

图4.6.1　2017年江苏省集成电路从业人员结构

二、2017 年江苏省集成电路产业人才需求情况

根据江苏省内集成电路人才的调研情况，最紧缺的主要是以下几类人才：基础创新的人才，如器件研究、新工艺与特殊工艺开发及半导体材料研发等方面的高级人才；芯片产品定义的高级人才，能深刻理解整机的需求，分析整机未来几年发展需要，创新性地定义芯片的人才；芯片产品线管理的高级人才，能够把芯片生产线各个环节串联成一个和谐的流水线，确保生产排单、过程质量、成本及工期等按计划完成的高级工程管理人才；产品质量控制的高级人才，芯片企业的质量管理尤为重要，特别是高端整机用的芯片产品，质量关系到芯片企业的崛起和生存；芯片公司高级管理人才和 CEO，面对芯片技术门槛高、技术更新速度快、芯片产品从定义到上市的环节多等众多管理难度，芯片企业高级管理人

才就显得十分重要。

根据江苏省内的科研机构和企业反映的情况，无论是集成电路设计、晶圆制造还是封装测试，都极度欠缺设计型人才、技能型人才和复合型人才。各市区和相关企业都采取措施制定政策招聘、培养人才。东南大学、南京大学、南京邮电、南京航空航天大学等单位于 2016 年 11 月在江北新区成立 “国家示范性微电子学院（南京）人才培养联盟”。由南京集成电路产业服务中心提供人才实训所需的先进 IC 设计环境，并与企业对接用人需求与人才技术要求，为高校与企业搭建微电子领域人才培养的实战性平台，重点培养微电子产业急需的设计与制造领域高层次、复合型专业技术人才。该联盟预计 5 年培养 5000 人以上的专业化、实战型微电子工程人才，为区域的产业发展提供充足的人才供给。无锡市发布了《集成电路产业人才蓝皮书》，从多维度梳理分析了无锡市集成电路产业的人才状况，提出了解决人才匮乏的多项建议。

要解决集成电路产业人才缺乏的问题，就需要建立、健全集成电路人才培养体系，重点培养高层次、复合型集成电路人才；要建立人才生态环境，制定奖励政策和分配激励机制，大力激发科技人才的创新创造才能；要有计划地对符合条件的高等院校、研究机构建立集成电路人才培养基地，加强产教融合，推动企业技术人员和生产管理人员的在职培训。

- 2016 年 12 月 20 日，工信部人才交流中心与江苏省有关院校、江苏省半导体行业协会共同签署“芯动力”人才发展计划，组织和委托江苏省有关院校（南京大学、东南大学、扬州大学、苏州大学、江南大学、江苏信息职业技术学院等）开办高级研修班，协同做好集成电路产业人才的培养工作。
- 江苏省半导体行业协会与江苏省信息技术学院建立集成电路产业人才培训基地，对江苏省集成电路产业在职职工进行岗前培训、业务培训。此项工作已进行多年，取得了较好的成效。
- 华进半导体封装先导技术研发中心坚持每季一次的“华进开放日”活动，为集成电路封装技术人员进行技术交流和新技术发布提供平台，很受业界欢迎。
- 江苏省各地在招商引资的同时，不断提出吸引集成电路专业技术人才的政策和举措，对集成电路企业引进人才、留住人才起到了积极的作用。

第七节　2017 年江苏省集成电路企业经营情况分析

一、2017 年江苏集成电路产业发展呈持续上升态势

2017 年，在江苏省政府和各地方政府、产业园区的大力支持下，江苏集成电路产业发展继续呈上升态势，集成电路设计、晶圆制造、封装测试和设备、材料等各领域都有新增企业相继开工建设。

江苏省集成电路产业对外抓住市场向好机遇，积极开发新品扩大市场份额；对内走挖潜提质降耗增益的内涵道路，呈现出产销两旺、赢利增益的良好格局。

（1）随着江苏省集成电路企业数量、职工总数的增长，江苏省集成电路销售收入比前几年有了较大的增幅；

（2）集成电路企业融资难的问题逐步得到缓解，企业经营业绩明显提高，有部分企业申请上市；

（3）集成电路封测龙头企业长电科技、通富微电在收购兼并境外企业后内部整合取得成效，经营业绩大幅提升。

二、2017 年江苏省集成电路各类型企业营收增长情况

2017 年江苏省集成电路设计企业销售收入同比增长的企业占 90%以上，创历年来新高。

集成电路晶圆制造业绝大多数晶圆制造企业营收率均同比增长 20%以上。

集成电路封测业销售收入同比增长的企业占 96%，为历年之最。

随着制造业对设备、材料需求的增长，2017 年全省支撑业各企业销售收入均有不同程度的增长。

2017 年江苏省半导体分立器件销售收入同比增长的企业占 84.6%，同比下降的企业占 15.4%。

三、2017 年度江苏省集成电路企业销售收入利润率情况

- 2017 年度江苏省集成电路企业销售收入利润率为 5.18%，较 2016 年同比下降 1.6 个百分点。
- 2017 年度江苏省集成电路设计业企业利润率达到 13.29%。江苏省集成电路设计业利润增长的企业占到 63%。
- 2017 年度江苏省集成电路晶圆业销售收入利润率为 7.20%，比 2016 年同期下降了 2 个百分点。

- 2017 年度江苏省集成电路封测业销售收入利润率为 4.25%，较 2016 年同期下降了 1.1%。
- 2017 年度江苏省集成电路企业资产利润率平均为 8.5%左右，同比持平。

四、2017 年江苏省集成电路企业经营持续成本抬升

2017 年江苏省集成电路企业经营成本抬升的主要因素为主辅材料涨价与人力成本等。如硅材料领头涨价（以 12 英寸为主，也引发 8 英寸、6 英寸硅片的局部涨价），其他结构材料也随之涨价（引线框、内引线、环塑料、化学试剂等）。

为克服招工难、留住人才难等用工困难，各企业纷纷用抬高薪酬来缓解用工难问题，为此抬高了人力资源成本，如图 4.7.1 所示。

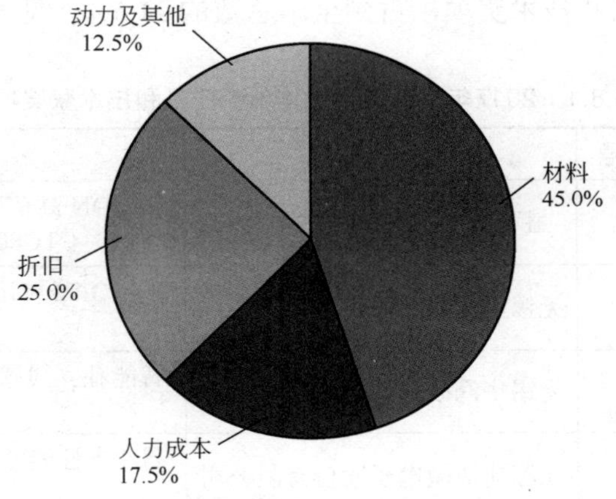

图 4.7.1　2017 年江苏省半导体产业企业平均成本结构

第八节　2017 年江苏省集成电路产业技术进步情况

一、江苏省集成电路企业获奖情况

由中国半导体行业协会、中国电子材料行业协会、中国电子专用设备工业协会和《中国电子报》主办，组织有关专家共同评选出的“第十二届（2017 度）中国半导体创新产品和技术”项目共 54 项，其中，集成电路产品和技术类 20 项，分立器件（半导体功率器件、光电器件）和 MEMS 类 8 项，集成电路制造技术类 2 项，集成电路封装与测试技术类 9 项，半导体设备和仪器类 7 项，半导体专用材料类 8 项等。其中，江苏省半导体企业共获得 17 项半导体创新产品和技术奖项，占到全国总数的 31.5%，见表 4.8.1。

表4.8.1　2017年江苏省半导体创新产品和技术获奖项目

产品类别	序号	单位名称	产品和技术
集成电路产品和技术	1	盛科网络（苏州）有限公司	SDN 高密度万兆以太网交换芯片 CTC8096（GoldenGate）
	2	无锡华润矽科微电子有限公司	符合 Qil.2 标准的无线充电发送端控制电路 CS4967
	3	无锡华润矽科微电子有限公司	智能独立式感烟火灾探测报警系列电路 CS2108
分立器件（光电器件、MEMS）技术	4	江苏捷捷微电子股份有限公司	高冲击性能低漏电密度的单向低压 TVS 器件
	5	苏州锴威特半导体有限公司	1500V 高压功率 MOSFET CS4N150
	6	无锡华润华晶微电子有限公司	600V 沟槽场双屏蔽型高压 MOSFET 芯片
集成电路制造技术	7	无锡华瑛微电子技术有限公司	半导体晶圆表面湿处理（钝化）设备和工艺
集成电路封装测试技术	8	华进半导体封装先导技术研发中心有限公司	大板集成扇出先进封装技术
	9	华天科技（昆山）电子有限公司	硅基晶圆级扇出型封装技术
	10	江苏长电科技股份有限公司	应用于高速高功率芯片的新型激光工艺高散热 IC 封装技术
	11	江阴长电先进封装有限公司	圆片级六面包覆极小型芯片尺寸封装产品
	12	苏州通富超威半导体有限公司	多芯片高功率倒装封装技术
	13	苏州日月新半导体有限公司	微机电系统（MEMS）集成电路堆叠封装产品
	14	通富微电子股份有限公司	基于高可靠汽车电子智能控制的传感器封装技术

续表

产品类别	序号	单位名称	产品和技术
半导体设备仪器	15	苏州艾科瑞思智能装备股份有限公司	慧芯系列集成电路点胶装片机
	16	南京国盛电子有限公司	碳化硅 MOSFET 用外延片
半导体专用材料	17	昆山艾森半导体材料有限公司	一种侧蚀小的铜蚀刻液 GCT ECU 312 系列

在“第十二届（2017 年度）中国半导体创新产品和技术”获选项目中，江苏省半导体（集成电路）产业界做出了巨大的贡献，获选项目占全国近三分之一，并且较 2016 年有一个明显的增长率，增长近 16%：在集成电路制造创新技术上占到一半；在集成电路封测业创新技术上占到全国的 77.8%，先进封装技术优势集合在江苏省；在分立器件和 MEMS 创新技术上占到全国的 37.5%，见表 4.8.2。

表4.8.2　2016—2017年江苏半导体创新产品和技术获奖项目对照表

序号	专业名称	2017 年			2016 年			2017：2016
		全国项目	江苏项目	江苏占比（%）	全国项目	江苏项目	江苏占比（%）	
1	合计	54	17	31.5	64	10	15.6	增长 15.9 个百分点
2	集成电路产品和技术	20	3	15.0	31	3	9.7	增长 5.3 个百分点
3	集成电路制造技术	2	1	50.0	3	0	0.0	增长 50 个百分点
4	集成电路封装技术	9	7	77.8	4	2	50.0	增长 27.8 个百分点
5	分立器件、MEMS	8	3	37.5	6	1	16.7	增长 20.8 个百分点
6	半导体设备和仪器	7	1	14.3	12	2	16.7	减少 2.4 个百分点
7	半导体专用材料	8	2	25.0	8	2	25.0	平

2017 年江苏省半导体分立器件企业荣获“2017 年中国半导体功率器件十强企业”的是扬州扬杰电子科技股份有限公司、苏州固锝电子股份有限公司、无锡华润华晶微电子有限公司、常州银河世纪微电子股份有限公司、无锡新洁能股份有限公司。

2017 年江苏省半导体企业荣获“2017 年中国 MEMS 十强企业”的是美新半导体（无锡）有限公司、苏州敏芯微电子有限公司、苏州明皓传感科技有限公司、苏州迈瑞微电子有限公司、苏州感芯微系统技术有限公司。

2017 年江苏省半导体（集成电路）产业创新产品和技术仍有不足之处，尤其在集成电路设计业、设备仪器业、专用材料业、集成电路制造业、分立器件业等方面，要努力攀登新高点、再创新佳绩。

二、2017 年江苏省集成电路产业各领域技术进步情况

1．2017 年江苏省集成电路设计企业技术进步情况

● 苏州中晟宏芯

苏州中晟宏芯率先实现主频 3.75GHz，兼容 IBM Power 服务器 CPU。

● 苏州迈瑞微电子有限公司

该公司基于全新的“C-Q-T”传感理论自主研发了第 4 代电容指纹传感器技术，引领了中国大陆半导体行业在电容指纹传感器这个细分领域的发展。基于该独创的技术体系已研发迭代了多款高性价比、高可靠性的指纹传感器产品，在手机行业被普遍采用，远销北美市场。

● 瑞萨集成电路设计（北京）有限公司苏州分公司

目前已经开发业界最先进的 28 纳米带嵌入式 FLASH 技术的 MCU 以及 IP 的设计。

● 盛科网络（苏州）有限公司

盛科网络（苏州）已推出半导体集成电路以太网交换芯片 Duet2。

● 苏州英诺迅科技股份有限公司

苏州英诺迅科技公司推出 5.8GHz WiFi 相关产品批量进入市场和 5G 通信用驱动功放已研发成功，随时准备进入 5G 市场。

● 智原微电子（苏州）有限公司

成功开发上市：UMC 28NM HPC 工艺小面积存储器编译器设计开发，定制基于 UMC 40 纳米的版图设计开发，高性能 PCle3 控制器、智原科技 DDR 测试验证；正在研发的：UMC 28HPC 单端口超高速同步静态随机存储器、UMC 55 纳米 e-flash MCU 相关混合信号 IP 开发、UMC 28 纳米 HPC 工艺混合信号 IP 开发。

● 创达特（苏州）科技有限责任公司

重点研发基于国家电网公司的低压电力线宽带载波通信技术标准完成集成电路芯片，目前已完成中试，开始量产。

电力线载波技术宽带标准是由包括高通在内的欧美公司主导的电力线载波联盟 Homeplug Alliance 的 Homeplug 协议，而这一市场的芯片供应商是以高通、Sigma Design 和 Copper Gate 等欧美公司为主导的，在专利技术方面设置了非常多陷阱。而中国远程宽带抄表的应用规模要采用欧美为主导的电力线载波通信技术成本变得非常高，并会形成欧美公司对国电的实质技术控制。因此，该公司致力于逐步研发电力线载波通信技术，制定中国自己的远程宽带抄表协议，从而占领标准上的制高点。该标准的研究完成，必然会本土化中国自己的电力线载波技术规范和标准，提升国家电网关键技术的国产化目标，巩固以国内厂商为主的供应链体系，替代大量欧美公司的电力线载波芯片产品，节省大量的外汇支出，同时保障供应链体系的安全，尤其是电力这样一个国家战略的关键环节。

● 大唐恩智浦半导体有限公司

BMS 芯片：DIO 技术攻关已经取得进展，第三次流片计划已经确定，目前正在全力赶工。

与 LG 化学洽谈进展，准备了 GEN1 EVB 并提交给韩国 NXP，目前正在韩国现场实施 demo 和 debug 调试。

● 京东与苏州相城区签约成立“京东智谷”，建大数据、云计算等新经济基础园区设施。

● 苏州纳米所与中电科 13 所合作开发出高灵敏度石墨烯场效应晶体管（G-FET）太赫兹自混频探测器。

● 苏州高新区与苏州三峰科技公司、苏州倍丰激光科技等联合开展 3D 打印核心技术研发。

● 东南大学——是德科技 5G 通信技术联合研究中心挂牌成立，将致力于 5G 前沿技术研究，推动 5G 通信技术不断创新，提升 5G 设计和测试技术咨询能力等。

● 江苏万邦微电子公司占金信诺 51%的股权，主产有源相控阵雷达用核心国产化芯片和天线阵面技术领域的研制开发，特别是在波束控制芯片方面有突破性进展。

● 南京人工智能创新研究院成立。

● “南京软件谷——美国高通联合创新中心”落户，由南京睿诚华智科技公司共同运行，主攻方向为智能终端和物联网领域创新产品和技术等。

● 南京龙渊众创空间股份有限公司

开发基于国产龙芯和自主协议 C-MAC 的无线模块 LY-MK1。

● 无锡力芯微电子股份有限公司

开发成功 ET515XX、ET9540、ET9523、ET6312、ET9640 等新品并量产面市。

● 无锡硅动力微电子股份有限公司

成功开发 1220、1223、1229、6616 以及 3682 系列 2635、2637、2638、2639、2659 等新产品并量产面市。

● 无锡市晶源微电子有限公司

重点开发电源管理类产品，部分系列产品已成功上量，月销量 3kk 左右。

● 中电海康

中电海康无锡研究院挂牌成立，省市领导和中电科技集团领导出席成立仪式。

2. 2017 年江苏省集成电路晶圆制造企业技术进步情况

● SK 海力士（中国）公司

SK 海力士（中国）有限公司实现 20 纳米 CMOS DRAM 大生产；投资 86 亿～100 亿美元，建第二座 1Y 纳米 DRAM 生产线。

● 和舰科技（苏州）公司

和舰科技（苏州）实现0.13～0.11μm CMOS大生产及部分代工业务。

● 华润微电子

华润微电子有限公司在 0.25～0.13～（0.11）μm 工艺制程、Xixed-Signa1/HV CMOS/BCD/RF CMOS/e-NVM/Logic和数模混合、逻辑、功率器件等方面有所建树和突破。

华润微电子（重庆）有限公司：在0.35～0.18μm CMOS数模混合/GAN/功率半导体器件有新发展。

无锡华润华晶微电子有限公司：新一代HPF 650 R099NF型高压超结大功率MOS场效应晶体管，获“第六届中国电子信息博览会创新奖”。

华润微电子联合开发“宽禁带功率半导体器件”SiC 1200V 5A 二极管，并启动GaN宽禁带功率器件的研发，建立GaN功率器件生产线。

华润微电子研发生产MEMS诸多传感器（压力传感器、油压计等），进行智能功率集成平台技术改造和升级通过了验收并进入生产。

华润微电子在8英寸线上实现MOSFET、MM、SOI、BiPdar、Mixed-Signal、Bi CMOS、IGBT、DMOS、Logic、MEMS、HVCMOS、BCD、FRD等工艺技术，为用户代工服务。

● 华虹集团（无锡）有限公司已于2018年年初开工建设，技术水平从65/55纳米起端，开启了江苏省12英寸晶圆制造业国产化代工产线的发展。

3．2017年江苏省集成电路封测企业技术进步情况

由集成电路产业技术创新战略联盟主办的“集成电路产业链协同创新发展成果交流会”在北京举行，并颁发首届“集成电路产品技术创新战略联盟创新奖”。江苏省集成电路企业获奖的有长电科技、长电先进荣获团队成果产业化奖、长电科技、通富微电荣获团队产业链合作奖、长电科技荣获产业创新突出贡献奖。

☆江苏长电科技

江阴长电先进封装有限公司凭借“晶圆凸点及重布线晶圆级封装技术”，通过在晶片多层重布线封装技术、嵌入式无源器件（IPD）封装技术、高密度铜柱凸块技术等方面的技术创新与突破，拥有TI、博通、联发科、海思、英特尔、MPS、Onsemi等国际一流客户，应用于IBM、三星、小米、OPPO、ViVo等国际著名终端产品，到目前已累计加工圆片690万片次，晶圆级封装产品14亿只，实现销售达百亿元，利税超10亿元，创造了该项目产品出货量全国第一，全球名列前茅的佳绩。

2017年，长电科技在功率封装产品领域中，创新了“应用于高速芯片的新型激光功率高散热IC封装技术”。该项技术是在芯片与封装体同一表面上增置了散热对象，使散热对象与芯片之间减少了传统技术中塑封料的阻隔。该项技术获得了客户的青睐，并成功入选“第十二届（2017年度）中国半导体创新产品和技术”名录。2017年，长电先进还在圆片

级封装领域创新发明了“圆片级芯片六侧面体包覆封装技术”。该技术使芯片六侧面体在后续组装过程中能做到短路与漏电的保护。由于该技术是在圆片级生产范畴，所以能做到高效生产与质量保证。

☆通富微电

通富微电承担的“先进封装工艺开发及产业化”项目已通过专项办正式验收。

2017 年，通富微电成功完成了 Cu Wafer 工艺导入并实现了 Cu to Cu Pad 焊接技术开发；开发了国内第一款整合控制芯片 IC 及 High/low-side MOSFET 及周边电感大电流的电源模块，并且首次结合 FC+CLIP，项目开发为后续 PSiP 的产品发展奠定了基础；首创了 PKG Top Press-fit Pin Type 结构的大功率模板，与 House Type 结构的模块相比具有外形尺寸小、质量小、可靠性高、集成度高的特点；成功开发了 CoW（Chip on Wafer）的三维封装技术，在 CoW 三维封装技术中，由于芯片面对面地以凸点连接，电连接长度短，因此封装体具有更快的通信速度、更大的频宽、更小的 RLC、更低的成本等特点，为后续晶圆级封装不断拓展打下了基础。

☆苏州晶方科技

苏州晶方科技承担的“12 英寸硅通孔工艺国产集成电路制造关键设备与材料量产应用工程”已顺利通过专项办组织的正式验收。

☆华天科技（昆山）公司

华天科技（昆山）公司开发的“硅基扇出型封装技术”具有完全自主知识产权，该技术结合晶圆级制造、晶圆重构和高密度晶圆级封装技术，具有多芯片高密度系统集成、超薄、超小和制程简单等突出特点。

2017 年华天科技研发了一系列先进封装技术。开发了 0.25mm 超薄指纹封装工艺，实现了国内目前领先的射频产品 4G PA 的量产；MEMS 产品实现了多元化发展，开发了心率传感器、高度计及 AMR 磁传感器并成功实现量产；eSiFO 技术进入从研发向小批量生产的转化阶段，直孔 3D eSiFO 技术原型验证成功，为未来实现 3D SiP 和终极芯片级晶圆系统先进封装创造了较好的条件。

☆华进先导

华进半导体封装先导技术研发中心有限公司（简称华进先导）是由中科院微电子所、长电科技、通富微电、华天科技、苏州晶方、兴森快捷、深南电路、安捷利、无锡中科物联、国开发展基金有限公司和东南大学 11 家单位共同组建。

● 研发方向和成绩

研发方向包括：封装系统设计、仿真与测试技术，晶圆级凸块和 FC 封装技术，封装基板技术，2.5D/3D 集成封装技术，晶圆级封装和扇出封装技术。

近 4 年华进先导承担省市级以上科技计划项目 20 项；累计完成 625 项专利申请，授权专利达到 242 项；高度聚焦于高密度封装与系统集成的研发与产业化；率先在国内针对

12 英寸晶圆进行 TSV 技术开发，在高深宽比 TSV 制造技术方面达到国际先进水平。

● 基础建设

现有基础平台上已建成“光电集成封装技术研发中心”和 MEMS 芯片封装技术研发中心”两个工程类研发中心；建成“12 英寸（兼容 8 英寸）中后道晶圆级工艺”“芯片封装工艺”“可靠性失效分析”三个公共技术服务平台。

● 中心服务情况

2017 年服务企、事业单位、国内外客户超过 300 余家。

全面打通工艺平台，WLCSP、Wafer bumping、2.5D TSV Interposer 等成套技术完成文件体系建设，多种成套技术通过国内（国际）主流客户的产品认证。

通过多家国内外知名企业及供应商资质审核并建立长期合作关系，包括 Intel、微软、AMD、Synaptic、LittleFuse、TDK-EPCOS、华为、美新、德豪光电等，中心已启动 ISO17025 资质认证。

宇航和军工客户实现零的突破。在技术合作开发方面跟航天科技、中电科技、中国科学院等集团下属研究院（所）和华为等企业形成了稳定的合作关系，支持多项国家的重大工程。

华进先导开发的 FOWLP 技术完成全部工艺验证，电测结果合格，通过用户认证。

由华进先导牵头的 25 家单位组成板级 Fanout 技术联合体，包括华为、矽品等海内外知名企业。

申请 TSV 靶材 ASTM 国际标准。

● 创新机制

从 2012 年至今已成功举办了 6 届“华进开放日”；

举办了国际封测技术交流会 11 次，邀请海内外院士前来做专题报告，进行技术交流；

联合材料产业战略联盟建立“先进封装材料应用验证平台”；

联合美国、日本等国内外 25 家企业成立“大板扇出型封装技术开发联合体”；

联合法国著名市场调研公司 Yole Development 在无锡举办了 4 届“国际先进封装和系统集成技术研讨会”；

与清华、北大、复旦、东南、交大等 13 所高校研究所签订 15 项“大学合作计划”进行先进封装前瞻性技术研发；

近两年与国内多家设备厂商建立“先进封装国产装备评估与改进联合体”；

与 4 家行业协会进行产业发展战略调研合作；

成功举办“华进论坛”16 期，参加人员过千人次。

● 专利成果

累计申请专利 624 项，其中发明专利 606 项；累计有效授权专利 242 项，其中国际专利授权：8 项；专利涵盖 TSV、基板、3D 封装等多项技术；计算机软件著作权：2 项；2017

年产生 knowhow22 项。

☆泰州海天电子科技股份有限公司

泰州海天公司积极研发与铜铝混打、coolmos 产品、MF-K1 产品、四排 251、252 产品相关的生产工艺，后期将向集成电路产品封装转化。

☆海太半导体（无锡）有限公司

2017 年开始导入 Flip Chip（简称 FC）封装工艺，对比原有封装技术，由于 FC 采用了凸点结构，互连长度更短、电感值更小，封装的电性能明显改善，速度更快，电耗更少。2017 年开发新品 P0P2 种，RDL1 种，新 TECH AL 16 纳米开始量产。

☆无锡通芝微电子有限公司

2017 年无锡通芝公司推进 DFN/QFN 产线建设，为未来接单准备。

☆苏州日月新半导体有限公司

苏州日月新公司不断通过自主研发，开发新型封装测试工艺和技术，评估新型环保材料，使公司不断保持技术领先，取得成果如下。

- 独立开发的芯片侧面爬锡（Wettable QFN）封装技术，由于该技术高稳定性和高性能的表现，其适应用于高可靠性汽车电子封装测试技术领域。
- 开发基于 MIS 工艺的四方无引脚封装产品，可以改善四边无引脚封装产品的布局绕线（routing）能力，缩小产品封装尺寸。
- 基于 Flip chip 工艺的射频前端模块封装技术，使多颗射频前端器件集成在单颗封装体内，极大地提高芯片集成度，这为终端厂商提供手机射频前端系统化的解决方案，可以满足智能型手机对高性能、高集成度、高可靠性、较轻巧的体积的要求，满足无线通信领域的需求。
- 独立开发的基于 MEMS 工艺的汽车流量传感器，采用预注塑引线框架装载微机电系统（MEMS）晶片，结合先进的工艺，形成汽车流量传感器封装结构，满足汽车电子领域客户的需求。
- 4G 前端模块封装产品，可以满足智能型手机对高性能、高集成度、高可靠性、较轻巧的体积要求。
- 微机电系统（MEMS）集成电路封装产品，以其成本低、体积小、功耗低、可大规模生产等特点在国防、惯性导航、地震探测、工业、医疗、自动化以及消费电子等众多领域获得广泛应用。
- 基于 Spray coating 工艺的前端模块产品，具有镀膜厚度的可控性与重复性好，镀膜与芯片的结核性强、可靠性好，适合大面积自动化生产等特点。

第九节　2017年江苏省集成电路产业发展环境分析

一、集成电路产业发展与产业生态环境密切相关

江苏省是我国超大规模集成电路大生产的发源地。进入 21 世纪以来，江苏省坚持自主发展和利用外资双轮驱动发展战略，引进了多家国际知名的半导体企业，建成了一批芯片制造和封装测试生产线，使江苏省集成电路产业规模不断扩大，产业链日趋完善。为更进一步加快集成电路产业发展，江苏省政府于 2015 年 6 月发布了《关于加快全省集成电路产业发展的意见》，并成立了集成电路产业发展领导小组。在产业发展意见的指导下，2016 年、2017 年全省产业界人士奋发努力，推动产业规模再上新台阶，跨越了年产值 1500 亿元大关。随着这两年在全省多个地区开工建设的集成电路产业重大项目在不久的将来陆续投产上量，江苏省集成电路产业规模将会持续按 20%～25%的增长速度高速发展，省政府文件中提出的到 2020 年全省集成电路产业销售收入超 3000 亿元，产业链主要环节达到国际先进水平，一批企业进入国际第一方阵，成为国内外知名的集成电路产业高地的集成电路产业目标就能够实现。

分析江苏省集成电路产业结构，预计到 2020 年，江苏省集成电路设计、制造、封装测试三业规模都会有不同程度的增长。随着台积电南京工厂、华虹无锡工厂等晶圆制造龙头企业在今后两年中建成投产，一批集成电路设计企业、封测企业和若干支撑业企业都会跟随落地，集聚到江苏来配套发展，迅速弥补江苏设计业和材料、设备业不足的短板，江苏省集成电路产业结构将更趋合理。

从技术创新方面为看，在江苏省政府和各地方政府、产业园区的政策引导下，一批产业创新平台、企业研究中心相继建立，重点集中研发物联网、移动智能终端、网络通信、云计算和大数据等在规模应用领域的集成电路产品，核心芯片设计水平有望进入国内外先进行列。到 2020 年，江苏的晶圆制造企业将在存储器、CPU/MCU/FPGA、MEMS、功率器件等芯片制造工艺技术方面有重大突破，技术水平将进一步提升。封装测试业的龙头骨干企业现在已经进入世界第一阵营，到 2020 年，更多的先进封装关键技术将会达到或超过境外先进企业的水平。江苏省政府和产业界人士更关注设备、零配件和材料等支撑业技术创新能力的提升，为此，江苏省产业研究院和半导体研究所规划布局的产业研发平台将用更多的人力、财力、物力支持支撑业的创新发展，使得江苏的支撑业企业能生产出满足 12 英寸、32～22 纳米工艺水平技术要求相关设备、零配件和材料，改变完全依赖进口的现状，逐步创建安全可靠的产业生态体系。

在集聚发展方面，江苏省各地产业基础和优势充分发挥，产业集聚度进一步提高。以

无锡、苏州和南京等市为中心的沿江集成电路产业带建设明显加快；苏中、苏北地区正在结合当地产业布局，合理安排集成电路相关产业建设。

二、建立良好生态环境有利于产业健康发展

为了促进江苏省集成电路产业快速健康发展，江苏省政府着力营造良好的生态环境，提出了相关要求，指导省内各地、各产业园区、产业界逐步予以落实。

（1）大力发展集成电路设计业。集成电路设计业是江苏产业发展的短板，江苏省缺少有影响力的设计业龙头企业。省政府指导各地和各产业园区重点发展设计业，要求各地方继续支持技术基础好、产业优势强的信号处理器、射频通信、高端电源转换、功率器件、驱动和新型平板显示等芯片设计企业积极拓展应用领域，增加产品系列，重点发展市场前景好、产业附加值高的智能制造、信息安全、移动互联网、云计算、大数据、物联网、绿色节能和医疗保健等新兴应用领域的芯片产品。

（2）积极做大集成电路制造业。抓住新一轮产业升级和布局调整机遇，支持先进生产线的引进和建设。突出特色工艺能力，缩小与国际先进技术的差距，打造具有国际竞争力的制造基地。大力发展模拟及数模混合电路、微机电系统（MEMS）、射频微波电路、高压功率器件等特色专用工艺生产线。增强芯片制造综合能力，以工艺能力提升带动制造水平提升，以生产线建设带动产能规模大幅度提高。

（3）着力做强集成电路封装测试业。充分发挥江苏省集成电路封测业在国际国内的领先优势，继续争取和组织实施国家布局内的重大项目，大力支持集成电路封装测试企业兼并重组，培育行业国际领军企业，打造国际知名的集成电路封装测试产业集聚区。加强封装测试业与集成电路设计、制造业的紧密联系，重点支持圆片级封装、系统级封装、硅通孔、三维封装、功率器件封装、真空封装和超高密度/超薄基板技术等先进封装关键技术研发和加工上量。支持龙头骨干企业扩大先进封装和测试规模，提升技术水平。

（4）支持关键设备、零配件和材料企业发展。关键设备、零配件和材料业是我国集成电路产业的薄弱环节，制约着我国产业加快发展的步伐。江苏省要创造条件加强在集成电路设备、零配件和材料领域的关键技术攻关，积极支持减薄机、抛光机和封测设备、净化设备等装备的研发生产，大力发展集成电路制造用高密度封装基板、化学试剂、塑封料、光刻胶等关键材料，提高关键零配件的研发、供给能力，支持国产设备和材料的规模化应用。要在缩小与世界先进水平的差距，提高设备、零配件和材料国内市场占有率。

（5）强化创新能力建设。积极组织企事业单位参与并承担国家科技重大专项。依托骨干企业，推动形成产业链上下游协同创新体系，支持产业联盟发展。进一步发挥国家级和省级集成电路重点实验室、工程中心、企业技术中心等创新平台的作用，开展集成电路重大关键技术研发。支持集成电路企业在国（境）外设立研发机构，开展合作创新。鼓励创新型中小企业使用公共技术服务平台，逐步形成产学研合作的良性循环。在集成电路重大

创新领域加快形成标准，充分发挥技术标准的作用。

（6）支持安全可靠软硬件产品推广应用。支持技术先进、安全可靠的集成电路、基础软件及整机系统在重点领域、重要部门的推广应用。面向移动互联网、云计算、物联网、大数据等新兴应用领域，加快构建标准体系，支撑安全可靠软硬件开发与应用。鼓励基础电信和互联网企业应用基于安全可靠软硬件的整机和系统。

三、建设良好的生态环境靠措施落实

为建设江苏省集成电路产业发展生态环境，确保 2020 年集成电路产业发展的目标，从省政府到地方各级政府制定了相关保障措施。

（1）江苏省成立了由省政府分管领导任组长的江苏省集成电路产业发展领导小组，省相关部门和集成电路产业集聚区所在市级人民政府负责人为领导小组成员。领导小组负责统筹推进全省集成电路产业发展，整合调动各方面资源，协调解决重大问题。领导小组办公室设在省经济和信息化委，承担领导小组的日常工作。成立了由信息技术相关领域和有关方面专家组成的咨询委员会，对产业发展的重大问题和政策措施开展调查研究，进行论证评估，提供咨询建议。由于集成电路产业被称为“一把手工程”，江苏省各级政府一把手重视，江苏集成电路产业发展持续健康发展得到保证。

（2）加大财政支持力度。省级工业和信息产业转型升级专项引导资金、省级战略性新兴产业发展专项资金、省级科技创新与成果转化专项引导资金等，加大对集成电路产业链重点企业、重点环节、关键设备、关键材料的支持力度，重点支持集成电路设计和封装测试业，主动对接国家有关产业政策，积极争取国家有关科技重大专项立项。改革财政性资金支持方式，将有关专项资金改设为省集成电路产业发展基金，充分发挥财政资金的政策引导和杠杆作用，吸引更多的社会资本支持江苏省集成电路产业发展。地方各地政府也相继出台政策、成立专项基金，支持当地的集成电路企业发展。

（3）落实税收扶持政策。进一步贯彻《国务院关于印发鼓励软件产业和集成电路产业发展若干政策的通知》（国发〔2000〕18 号）、《国务院关于印发进一步鼓励软件产业和集成电路产业发展若干政策的通知》（国发〔2011〕4 号）、《国家集成电路产业发展推进纲要》和《省政府关于印发江苏省鼓励软件产业集成电路产业发展若干政策的通知》（苏政发〔2001〕59 号）等精神，落实集成电路封装、测试、专用材料和设备企业所得税优惠政策。落实并完善支持集成电路企业兼并重组的企业所得税、增值税、营业税等税收政策。落实集成电路专项政策进口自用生产性原材料、消耗品、净化室专用建筑材料、配套系统以及集成电路生产设备零、配件，重大技术装备政策进口产品关键零部件及原材料，以及科技重大专项政策进口国内不能生产的关键设备、零部件、原材料免税政策。优化和简化集成电路产品的进出口环节和程序。

（4）加大金融支持力度。鼓励各类金融机构加大对我省集成电路产业企业的信贷支持力度，支持金融机构推出符合集成电路设计业企业融资需求的信贷创新产品。鼓励社会各类风险投资和股权投资基金进入江苏省集成电路领域。支持江苏省集成电路企业充分利用国内主板、中小板、创业板、新三板、区域股权交易市场和国（境）外资本市场上市融资、加快发展。

（5）加强人才培育和引进。集成电路产业发展最重要的资源是人才。江苏省各级政府都很重视人才工程，大力引进国内外一流的集成电路人才和团队来省内创新创业。各级政府出台相应政策，支持各类教育培训机构采取多种形式，大力培养培训集成电路领域高层次、急需紧缺和骨干专业技术人才；建立和健全鼓励创新创造的分配激励机制，落实科技人员科研成果转化的股权、期权激励和奖励等收益分配政策。与此同时，省内重点地方和产业园区还注重营造良好的人才生存环境建设，使得产业急需的人才“引得进”“留得住”。

（6）加强国际合作。集成电路产业是全球性的产业，要充分利用各种合作机制，引导和推动省内相关企业、单位与境外知名企业和研发机构开展多方式、深层次的交流合作，鼓励在江苏省建设高水平的研发机构、运营中心和生产基地。鼓励省内企业参与国际合作和竞争，整合利用国际资源，拓展国际市场。

综上所述，到 2020 年，江苏省集成电路产业生态环境将更适宜产业发展的需求，省内的存量企业将会更进一步发展壮大，境内外产业界人士将会更青睐到江苏来发展，江苏省集成电路产业必将会跃上一个新的台阶。

第十节　2017年江苏省集成电路产业投资情况

自2000年国发18号文件公布以来，江苏省政府及各级地方政府相继出台了支持集成电路产业发展的政策，其中对产业投资方面给予了较大的政策引导。

一、2017年江苏省设立的相关产业基金

继2016年南京设立“南京市集成电路产业专项发展基金”（500亿元）、“南京江北新区IC产业投资基金”（100/200亿元）、“南京高新区集成电路产业引导基金”（100亿元）后，无锡、昆山、南通等地也纷纷设立产业发展基金。2017年1月，无锡市设立“无锡市集成电路产业投资基金”（200亿元）；2017年2月，昆山市设立“海峡两岸集成电路产业投资基金”（100亿元）；2017年4月，淮安市设立“淮安市集成电路产业发展基金”（200亿元）；2017年6月，南通港闸区设立“通科集成电路产业基金”（25亿元）；2017年7月，南京市设立“南京集成电路产业投资基金”（200亿元）；2017年7月，中电科集团与无锡市政府签署协议，设立微电子与集成电路等产业基金。

二、2017年江苏省集成电路产业主要投资

2017年江苏省集成电路产业部分投资情况见表4.10.1。

表4.10.1　2017年江苏省集成电路产业部分投资情况

城市名称	日期	投资方	合作方	金额	发展方向	地点	类别
南京	2.12	紫光（南京）	南京市政府	300亿美元	存储器项（DRAM、NAND）一期100亿美元，月投10万片/（开工），二期30万片	南京	晶圆
				300亿元	建紫光南京半导体国际城园区		园区
	3月	展讯通信	—	2.98亿美元	投资研发CPU、5G、移动智能终端芯片	南京	设计
	3月	中星微	—	1.5亿美元	投资建设物联网芯片和低功耗蓝牙芯片	南京	设计
	4.26	欣铨科技（南京）	台湾欣铨科技	1.35亿美元	承接台积电（南京）晶圆之测试业务，2017年年底建成，2018年上半年试产/量产	南京	设计
	5.5	台湾创意（南京）	台湾创意电子	0.1亿美元	IC设计（随台积电到宁设立公司）16纳米	南京	设计

续表

城市名称	日期	投资方	合作方	金额	发展方向	地点	类别
南京	6.19	南京德科玛	南京市经开区	30亿美金（一期12.5亿美元，二期25亿美元）	晶圆、封装，主攻模拟IC芯片和IDM工厂，2018年6月量产	南京经开区	晶圆
	9.8	南京经开区	德国FMC	116亿元	签署新造汽车厂，占地1600亩，规划年产30万辆中型豪华SUV汽车，一期2017年开工，2019年投产，二期到30万辆/年，国产化率近100%	南京	园区
	9.11	国际IC芯片研发中心	—	5亿美元	主攻电源管理芯片	南京江北新区	设计
	9.12	富士康（台湾鸿海）	南京市政府	375亿元	建手机制造中心、手机后段模块、LCD智能电视制造及研发中心、半导体、设备、智能终端研发中心、物联网供应链、人工智能（AI）等	浦口区、南京经济开发区、南京软件园、江宁经济开发区	园区
	9.15	南京市	—	80亿元	互联网+智慧信息终端、智能车载	南京软件园	园区
	9.13	台湾翔名	南京江宁经开区	一期2000万美元	布局扩散制程及离子注入设备模块生产线	江宁经济开发区	支撑
	11.10	美国新思科（Synopsys）	—	未披露	芯片设计公司美国新思科落户南京，IC设计、自动化、IC接口、IP提供商、应用于移动、智能汽车等应用	南京江北新区	设计
	11.13	南京市浦口区	Cadence（凯登斯）	超亿美元	签署Cadence（中国）半导体，产业基地、IC设计自动化、（EDA）工具公司、IP、模块、仿真	南京浦口区	设计
	11.13	晶门科技南京江北新区华大半导体子公司	华大九天	未披露	IC设计业打造“中国芯片城”，EDA研发中心	南京江北新区	设计

续表

城市名称	日期	投资方	合作方	金额	发展方向	地点	类别
南京	11.17	中电科	江苏省/南京市	战略合作协议	中电科党组书记、董事长熊群力到宁，与江苏省委书记娄勤俭、南京市委书记张敬华举行会谈，并签战略合作协议	南京	园区
	12.9	南京芯华锦材料公司	南京浦口区上海新华锦封测材料公司	10亿元	占地50亩，主产锡球、电镀球、锡膏等	南京浦口区	支撑
	12.9	中科创新智能产业园	—	11亿元	占地201亩，主要从事高新技术产业孵化	南京	园区
苏州	2.20	昆山市政府		100亿元	设立海峡两岸IC产业发展投资基金	昆山	基金
	4.12	澜起科技	昆山经开区	20亿元	可控数据中心平台，2018年商用	昆山	设计
	5.11	步步高（OPPO）（ViVo）	苏州雄立科技	37.5亿元（10亿元美金）	投资苏州雄立科技公司，入股芯片处理器公司、物联网、数据网络高性能、低功耗IC芯片、IP及嵌入式系统平台	苏州	设计
	5.25	清华大学	澜起、英特尔	昆山项目20亿元	联手合作开发英特尔X86架构技术的新型CPU，可重构计算，CPU+ASIC	昆山	设计
	6.25	富士康	昆山	250亿元首期80亿元	合作协议：光通信连接器/高速连接器，新能源电池，桦汉科技，富曜精密，智慧物联科技城，KS-FIT双创研发中心，废弃物处理，环境污染防治等，目前富士康已投17亿美元	昆山	园区
	8.25	中国移动	苏州市政府	20.8亿元	建云计算、大数据、物联网、5G等产业群的中移软件园	苏州高新区	园区
	9.12	苏州三峰激光科技公司	苏州高新区苏州倍丰激光公司	协议	开展3D打印设备研发、制造、销售、3D打印EPC平台等	苏州高新区	支撑
	9.15	京东集团	苏州相城区	未披露	打造“京东智谷”，建设大数据、云计算基础建设	苏州相城区	园区
	9.29	台湾光宝科技		35.5亿元新台币	主产SSD，投资13.5亿元新台币	苏州	支撑
	11.24/25	紫光集团	矽品科技（苏州）	10.26亿元	台湾矽品精密出售矽品科技（苏州）30%的股份，紫光集团为交易户，紫光投入IC封测业，矽品科技取得资金因台湾投资先进封装。紫光取得矽品科技30%的股权，可与展锐等联手产业链	苏州	封测

续表

城市名称	日期	投资方	合作方	金额	发展方向	地点	类别
苏州	11.20	中科曙光	昆山市府	100亿元	双方共建国家级产业创新中心和中科院安全可控信息技术产业化基地	昆山	园区
	12.8	观胜半导体	梵尔辰、台湾智胜科技、诺天使源投资	未披露	建 CMP 用抛光垫国产化基地，开业营运，可使用在10纳米节点	张家港	支撑
	12.11	京东方	苏州吴江区	40亿元	建智能制造产业园区，占地469亩，建筑面积35万平方米，主产电视、显示器、扩大 IoT 终端产品。2018年3月前开工，2019年12月运营	苏州吴江	园区
	12.11	京东方	苏州吴江区	30亿元	建生命健康产业园区	苏州吴江	园区
	12.30	大基金	苏州晶方	6.8亿元	大基金的6.8亿元入股苏州晶方科技，持股9.32%	苏州	封测
无锡	1.18	浪潮集团	无锡市政府	55亿元	共建浪潮大数据，总部落户无锡，建设浪潮大数据产业园	无锡	园区
	1.25	无锡市政府	—	200亿元	设立无锡市 IC 产业发展投资基金	无锡	基金
	2.7	SK 海力士	—	86亿～100亿美元	在建第二座工厂，1Y 级（10纳米月产11.5万片，20纳米月产6万片），月产20万片，2019年建成	无锡	晶圆
	2.28	中电海康	无锡市政府	100亿元	建物联网研究院、智慧城市、全国运营中心、物联网产业资本平台	无锡	园区
	4.18	宜兴电动汽车项目	美国底特律汽车公司 宜兴环科园	18亿元	建设电动汽车基地	宜兴	支撑
	4.18	东方环晟	宜兴市政府	50亿元	建设生产太阳能电池组件（年产500MW 高效电池片）	宜兴	支撑
	4.24	无锡欧司朗	欧司朗光电	1.95亿欧元	无锡欧司朗二期开工，LED 及光电业务2019年投产	无锡	封装
	6.4	江化微	—	注册/2亿元	注册资金2亿元，扩大湿化学试剂生产，计划年产22万吨高纯电子化学品	镇江	支撑
	6.5	江苏卓胜微电子	美国国家仪器（NI）	—	达成战略合作，射频芯片，提高射频开关的产量	江苏	设计

续表

城市名称	日期	投资方	合作方	金额	发展方向	地点	类别
无锡	6.26	SK海力士（无锡）	—	投资36亿美元用于原生产线扩产，设备占28亿美元，厂房为8亿美元，2017年计划投46亿美元	扩产后，技术为1Y级，建成有月产9万片。12英寸能力建成月产121000片，其中10纳米为115000片/月，20纳米为6000片/月，2019年建成	无锡市	晶圆
	7.15	协鑫集团	无锡市政府高新区	200亿元	清洁能源、新能源、动力电源、PACK等	无锡高新区	支撑
	12.21	无锡梁溪区	—	800亿元	26个重大项目基金，涵盖新能源、新材料、大数据、云计算等（新能源汽车、充电桩……）	无锡	园区
	12.28	华润微电子（重庆）	—	<揭牌>	华润微电子（重庆）原为中航（重庆）微电子有限公司（又称中航渝德），2017年11月6日经国资委批准划归华润微电子。划归后，华润微电子有2条8英寸片月产10万片。强化功率器件业务，打造中国最强IDM型企业，占中国功率器件市场份额6.5%，增强模拟工艺技术、电源管理和功率器件及特色工艺技术的核心竞争力	重庆	晶圆
	12.28	中环领先（宜兴中环晶盛）	无锡市政府、天津中环、浙江晶盛机电等	30亿美元	宜兴中环晶盛大尺寸硅片项目，投资30亿美元。一期投15亿美元，注册资本50亿元，无锡市出资15亿元，占30%，中环香港出资15亿元，占30%，中环出资15亿元，占30%，浙江晶盛出资5亿元，占10%。2017年12月28日开工建设	宜兴	支撑
	12.28	中环领先	无锡市政府、天津中环等	30亿元	建设10GW单晶切片项目，目前一期设备已入驻，2018年7月实现满产	宜兴	支撑
	12.28	中建材（宜兴）新能源公司	远东光电、中建材凯盛、保利协鑫	20亿元	1.5mm光伏玻璃智能生产线投产于2017年3月投产。现又投资20亿元进行三期工程	宜兴	支撑

续表

城市名称	日期	投资方	合作方	金额	发展方向	地点	类别
无锡	12.28	东方环晟光伏（江苏）公司	天津中环、东方电气、美国SUNPOWERY	50 亿元	2017 年 3 月投资的高效叠瓦太阳能生产线电池组件，生产 5GW 计划 21 条生产线，现有 3 条生产线投入生产	宜兴	支撑
南通	5.18	通富微电	英飞凌		在合肥建 4.0 智能制造生产线	合肥	封测
	6.24	南通港闸区	紫荆资本、通高微电子	25 亿元	设立“通科集成电路产业基金”。针对 IC 设计、设备材料，制订“港闸区电子信息产业发展政策”靠上海，上海北高新（南通）科技城	南通市港闸区	基金
	6.26	通富微电	厦门市海沧区	70 亿元（一期 13.8 亿元）（占地 100 亩）	建设 BumPing WLCSP、CP、FC、SiP 及三、五族化合物为主的先进封装测试产业化基地。2018 年第一期工程建成投产，为第六个基地，8 月 21 日开工，建 2 万片/月，BumPing CPU，2 万片/月 WLCSP、SiP 产能 2018 年 11 月试产	厦门海沧	封测
	7.19	02 专项实施管理办公室（ZX02（2014）018 号）	—	2450.98 万元	通富微电收到极大规模集成电路制造装备及成套工艺国家科技重大专项 2014 年项目（课题），中央财政预算经费 2450.98 万元用于公司“以 YCB-NCP 等技术为基础的高密度系统集成封装量产技术开发与产业化”项目（课题）	南通	封装
	8.9	海门首微电子	—	未公布	主流音频功放 Fabless 芯片设计，占地 506 亩，一期为 200 亩，通信占地 20 万平方米，建国际中心企业科技园	江苏海门	设计
	12.24	南通市政府	阿里云	180 亿元	打造国家级数据中心示范区，建江苏阿里云计算数据中心，占地 450 亩，建华东地区国家大数据战略产业，推动大数据产业应用融合，加速向数字化、网络化、智能化发展	南通市	园区
常州	6.28	常州欣盛芯片超微	—	5 亿美元	生产芯片载带，是 LCD 面板驱动芯片安装的关键材料，薄膜复合材料（成功投产 COF/SiP）2018 年 8 月投产，供 COF-IC 柔性芯片封装载带，产值 10 亿元	常州	支撑

续表

城市名称	日期	投资方	合作方	金额	发展方向	地点	类别
淮安	4.18	德淮半导体	德科玛	150亿元	淮德半导体公司12英寸线，月产2万片，影像传感器，0.065～0.055μm。2018年3月建成投产	淮安	晶圆
	4.18	江苏时代芯存	IBM 淮安市政府	130亿元	江苏时代芯存半导体公司12英寸，月产1万片，主产第四代相变存储器，2018年1月投产	淮安	晶圆
	12.20	骏盛新能源电池	—	130亿元	新能源电池	淮安	支撑
	12.20	富强新材料	—	200亿元	新材料业	淮安	支撑
扬州	6.30	扬州	日本太阳日酸公司	约3670万元（30亿～40亿日元）	投入30～40亿日元，2019年投产，建特殊气体共生，生产“乙硼烷”“氟甲烷”	扬州	支撑
	10.11	扬州市政府		70亿元	太阳光伏产业投资70亿元，其中，晶澳太阳能公司获35亿元	扬州	支撑
	12.12	江苏中璟航天半导体	WTC（东京） 中国航天 盱眙市府	120亿元	半导体产业链八个项目，占地703亩，主要有高端装备电子信息、新材料等，其中投资60亿元建2条8英寸图像传感器（CIS），年产24万片，占地203亩，建筑面积13.7万平方米，单体建筑3.96万平方米，（签约）	盱眙	晶圆
镇江	12.12	江苏恒丽	—	未披露	镇江国家大学科技院，主产存储器（Memory）等封测领域于2018年建成	镇江	封装
徐州	6.21	上达电子邳州高精密超薄柔性封装基板	邳州市政府	投入85亿元	来自京东方、台湾瑞鼎、日本东丽（Toray）、日本牛尾（USHIO）。签约月产18kk双面卷COF产品10纳米级	邳州	支撑
连云港	10.18	紫光集团	连云港	15亿元（签约）	建设集成电路配套产业园	连云港	支撑

第十一节 2017 年江苏省集成电路设计业发展情况

一、江苏省集成电路设计业现状

1. 2017 年江苏省集成电路设计业基本情况

江苏省集成电路设计业企业有 300 余家，主要集聚在苏州（有 100 家）、无锡（有 100 余家）、南京市（约 80 家），占江苏省集成电路设计企业总数的 93.3%。

在江苏省集成电路设计业中，民营和海归创业的企业占 70%左右，外资和合资的企业占 30%左右。

无锡、南京等地以民资（海归）企业为主，苏州市以外资（合资）企业为主。

2. 江苏省集成电路设计业销售收入增长情况

2017 年江苏省集成电路设计业销售收入为 194.7 亿元，同比增长 21.96%，如图 4.11.1 所示。

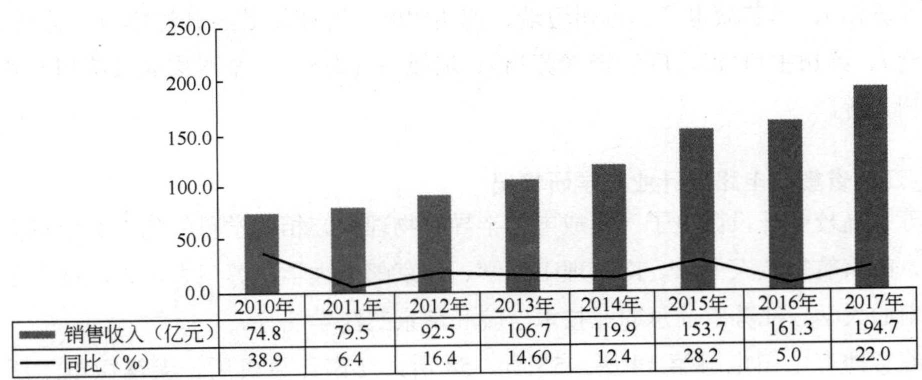

	2010年	2011年	2012年	2013年	2014年	2015年	2016年	2017年
销售收入（亿元）	74.8	79.5	92.5	106.7	119.9	153.7	161.3	194.7
同比（%）	38.9	6.4	16.4	14.60	12.4	28.2	5.0	22.0

CAGR=14.64%（2010—2017 年）
资料来源：Jssia 整理（2018.1）

图4.11.1 2010—2017年江苏省集成电路设计业销售收入及增长情况

3. 江苏省集成电路设计业主要区域分布情况

● 南京

近年来南京市集成电路设计企业数量增加、规模扩大。南京还有高校研究机构，如东大国家 ASIC 工程中心、东大射频与广电集成电路研究所、南大微电子设计研究所等。驻南京的研究所有中国电科第 55 所和 14 所等，前者以研究微波和光电子器件为主，后者以 ASIC 和系统解决方案为主。台积电落户南京江北新区，带动了台资和外资集成电路设计企业落户南京。南京知名 IC 设计企业有南京国博电子、江苏东大 IC 系统工程技术公司、南京微盟电子公司、新思科技、展讯（南京）、欣铨科技（南京）、创意电子（南京）、南京中感微、晶门科技（中国）、南方矽力杰、南京英特神斯、南京中科集成等。

● 无锡

无锡集成电路设计企业发端于"六五工程"，以无锡华润矽科微电子有限公司等为代表的一批从事消费类集成电路产品研发的企业，面向市场为境内外客户提供集成电路及配套解决方案，具有良性循环发展能力。无锡还有一批海归创业企业从事网络、音视频、RFID 电路等研发。驻无锡的研究所有中国电科第 58 所、总参 56 所，主要从事 ASIC 和系统解决方案设计。无锡知名 IC 设计企业有无锡新洁能、美新半导体（无锡）、无锡中微爱芯、无锡力芯、无锡芯朋、无锡友达、无锡德思普科技、无锡矽力杰、无锡硅动力、无锡晶源、无锡华大国奇和无锡国芯等。

● 苏州

苏州集成电路设计企业以境内外研发机构为主，海归企业为辅。驻苏州的境外研发机构主要从事微控制器等相关研发并提供解决方案。苏州有一批海归创业企业从事 RFID、WLAN、CMOS Sensor 等芯片开发。苏州的知名 IC 设计公司有三星半导体（中国）研究开发、创发信息科技（苏州）、苏州国芯科技、思瑞浦科技（苏州）、张家港凯恩科技、盛科网络（苏州）、华芯微电子、苏州迈瑞、苏州明皓、苏州敏芯、开源集成（苏州）、豪雅微（苏州）、苏州中科 IC、旺宏微（苏州）、瑞晟微（苏州）、金科集成（苏州）和奇景光电（苏州）等。

4. 江苏省集成电路设计业产学研情况

江苏省高校中开设微电子（集成电路半导体物理等）相关学科的院校有南京大学、东南大学、南京航空航天大学、南京理工大学、南京邮电大学、苏州大学、江南大学、扬州大学、南通大学、江苏省信息职业技术学院和南京三江学院等。

江苏省拥有中国电科第 14 所、55 所、58 所，江南计算机所，无锡微电子所等研究机构。

江苏省拥有国家微电子高技术产业基地、国家集成电路设计无锡产业化基地等产业化基地。

江苏省各地城市都建有集成电路（微电子、信息产业）园区和各类孵化基地。

江苏省还拥有苏州中科集成电路设计中心有限公司，以及分布在无锡、苏州、南京、南通等地经济开发区和大型企事业单位中的集成电路设计服务平台。

二、2017 年江苏省集成电路设计业集聚发展情况

1. 江苏省集成电路设计业呈集聚式发展

江苏省集成电路设计业呈园区集聚发展的态势，主要集中在苏州工业园区、苏州新区、

昆山市经开区、苏州吴中区；无锡市新吴区（国家集成电路设计无锡产业化基地）、无锡蠡园开发区（无锡国家集成电路设计中心）；南京江宁开发区、南京经济开发区等。由于台积电在南京投资建设 12 英寸生产线，吸引了一大批集成电路设计企业落户南京，将有力地促进江苏省和南京市集成电路设计业的发展。

江苏省集成电路设计业现拥有 2 个国家级集成电路（设计）产业基地，4 个国家级电子信息产业园，12 个省级电子信息产业基地，15 个省级电子信息产业园；拥有集成电路设计（EDA）、测试、可靠性试验、FPGA 验证、快速封装等一系列公共服务平台；建有高密度封装国家工程实验室、国家级 ASIC 工程中心、省级 VLSI 工程中心、半导体封装先导技术研发中心等工程研究机构，以及众多企事业内部自有研发测试中心等设计保障机构。

江苏省集成电路设计业还在持续发展过程中，除南京、无锡、苏州等主要集成电路设计业集聚地外，常州、南通、扬州、泰州、昆山等地集成电路设计企业数量也在不断增加，在新一轮产业发展高潮中，这些新增企业将茁壮成长。

2．2017 年江苏省集成电路设计业城市区域占比情况

2017 年江苏省集成电路设计业销售收入为 194.7 亿元，其中，无锡市集成电路设计业销售收入为 99.45 亿元，占到全省同业总值的 51.08%；南京市集成电路设计业销售收入为 53.09 亿元，占到全省同业总值的 27.27%；苏州市集成电路设计业销售收入为 39.7 亿元，占到全省同业总值的 20.39%。三个城市集成电路设计业总值达到 192.24 亿元，占到全省集成电路设计业总值的 98.74%，如图 4.11.2 所示。

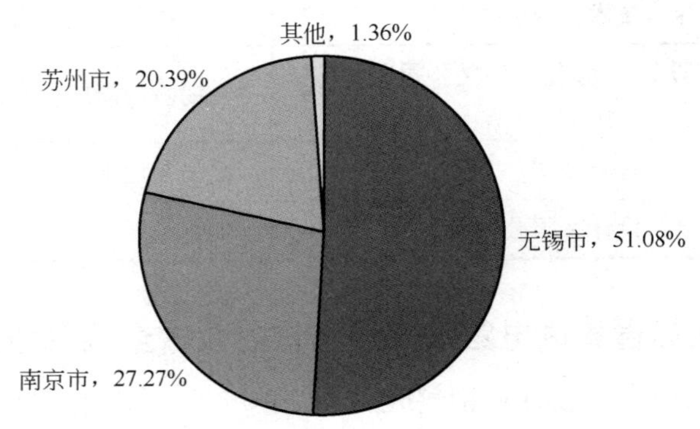

图 4.11.2　2017 年江苏省集成电路设计业城市区域占比

三、2017 年度江苏省集成电路设计企业情况

2017 年度江苏省集成电路设计企业取得了较好的业绩。根据销售收入统计数据，销售收入同比增长的企业数占到 90%以上。江苏省集成电路设计企业总体发展状况良好，骨干企业表现良好，如创发信息科技、无锡新洁能、无锡华润矽科、中微爱芯、无锡力芯等公司。部分企业增长迅速，如苏州创智宏微、苏州赛芯电子、苏州磐启、南京矽力杰等，具体见表 4.11.1 和表 4.11.2。

表4.11.1　2017年度江苏省集成电路设计企业销售收入排名

序号	企业名称	序号	企业名称
1	创发信息科技苏州有限公司	9	苏州磐启微电子有限公司
2	无锡新洁能股份有限公司	10	无锡市晶源微电子有限公司
3	无锡华润矽科微电子有限公司	11	三星半导体（中国）研究开发有限公司
4	无锡中微爱芯电子有限公司	12	无锡德思普科技有限公司
5	无锡力芯微电子股份有限公司	13	大唐恩智浦半导体有限公司
6	无锡芯朋微电子股份有限公司	14	无锡硅动力微电子股份有限公司
7	无锡友达电子有限公司	15	苏州博创集成电路设计有限公司
8	南京矽力杰半导体技术有限公司	16	瑞萨集成电路设计（北京）有限公司苏州分公司

表4.11.2　2017年度江苏省集成电路设计企业销售收入增长率排名

序号	企业名称	序号	企业名称
1	苏州创智宏微电子科技有限公司	9	苏州抱壹微电子有限公司
2	创发信息科技苏州有限公司	10	无锡中微爱芯电子有限公司
3	苏州赛芯电子科技有限公司	11	宽腾达通讯（无锡）有限公司
4	苏州磐启微电子有限公司	12	无锡芯朋微电子股份有限公司
5	南京矽力杰半导体技术有限公司	13	苏州迈瑞微电子有限公司
6	瑞萨集成电路设计（北京）有限公司苏州分公司	14	无锡新洁能股份有限公司
7	无锡市晶源微电子有限公司	15	无锡友达电子有限公司
8	苏州博创集成电路设计有限公司	16	大唐恩智浦半导体有限公司

四、2017年江苏省集成电路设计业销售收入占全国总值的比重

2017年江苏省集成电路设计业销售收入为194.7亿元，占全国集成电路设计业总值2073.5亿元的9.4%，居全国第四位。江苏省集成电路设计业众多，达300余家，占全国设计企业总数1380家的21.7%。但江苏省集成电路设计企业以中小型企业居多，缺少龙头骨干企业，全省集成电路设计业销售收入在全国占比呈历年下降的趋势，如图4.11.3和表4.11.3所示。

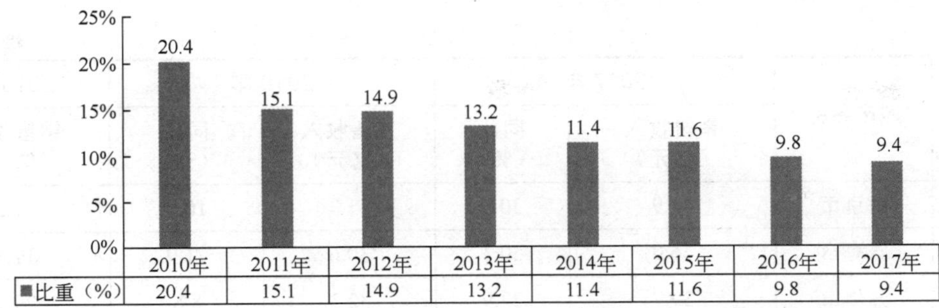

图 4.11.3　2010—2017 年江苏省集成电路设计业销售收入占全国总额的比重

表4.11.3　2015—2017年全国主要省市集成电路设计业销售收入

序号	省市名称	2017 年			2016 年			2015 年		
		实绩（亿元）	同比（%）	占比（%）	实绩（亿元）	同比（%）	占比（%）	实绩（亿元）	同比（%）	占比（%）
1	北京市	643.0	26.0	31.1	510.4	19.9	31.0	425.7	9.9	32.1
2	深圳市	579.2	37.9	28.0	420.0	10.5	25.5	380.1	43.3	28.7
3	上海市	437.5	19.8	21.1	365.2	20.3	22.2	305.0	26.6	23.0
4	江苏省	194.7	21.9	9.4	161.3	5.0	9.8	153.7	28.2	11.5
5	浙江省	108.0	23.1	5.2	87.7	14.3	5.3	76.3	9.0	5.8
6	陕西省	77.2	110.9	3.7	36.6	21.2	2.2	30.2	32.0	2.3
7	天津市	23.5	59.9	1.0	14.7	20.5	8.9	12.2	-69.6	0.9
8	重庆市	9.5	35.4	0.5	32.0	45.5	1.9	—	—	—

资料来源：中半协 IC 设计分会/Jssia 整理（2017.12）

随着集成电路产业发展速度的加快，全国各主要城市集成电路设计业销售收入呈逐年上升之势，见表 4.11.4。

表4.11.4　2015—2017年全国主要城市集成电路设计业销售收入

序号	城市名称	2017 年		2016 年		2015 年
		销售收入（亿元）	同比（%）	销售收入（亿元）	同比（%）	销售收入（亿元）
1	北京市	643.0	26.0	510.4	19.9	425.7
2	深圳市	579.2	37.9	420.0	10.5	380.1
3	上海市	437.5	19.8	365.2	20.3	305.0
4	无锡市	95.0	12.3	84.6	11.2	76.1
5	西安市	77.2	114.6	36.0	21.2	30.0
6	杭州市	75.1	31.8	57.0	—	—

续表

序号	城市名称	2017 年		2016 年		2015 年
		销售收入（亿元）	同比（%）	销售收入（亿元）	同比（%）	销售收入（亿元）
7	南京市	53.9	30.5	41.3	10.7	37.3
8	珠海市	46.0	50.3	30.6	71.9	17.8
9	苏州市	39.7	22.9	32.3	8.8	29.7
10	武汉市	33.0	3.1	32.0	28.0	25.0
11	厦门市	32.0	52.4	21.0	16.7	18.0
12	长沙市	27.0	22.7	22.0	436.6	4.1
13	合肥市	24.7	84.3	13.4	204.5	4.4
14	天津市	19.1	29.9	14.7	20.5	12.2
15	福州市	15.3	2.0	15.0	3.4	14.5
16	济南市	11.5	43.8	8.0	56.9	5.1

从表 4.11.4 可以看出，在 2017 年全国主要城市集成电路设计业中，江苏省的无锡市、南京市、苏州市位居全国前十位（分列第四位、第七位、第九位）。

五、江苏省集成电路设计业发展的优劣势分析

（一）江苏省集成电路设计业发展的优势

江苏省集成电路设计业经历三十多年的发展，尤其在模拟电路、音视频电路、驱动 IC、专用电路等方面积累了丰富的经验，是江苏省集成电路产业宝贵的财富。

1．江苏省政府关心支持集成电路设计业的发展

江苏省政府十分重视集成电路产业的发展，将集成电路产业作为江苏省战略性新兴产业予以大力支持，《省政府关于加快全省集成电路产业发展的意见》（苏政发〔2015〕71 号）指出，要把大力发展集成电路设计业作为突破口，做大做强集成电路制造业、封测业和设备材料业等，使江苏省集成电路产业得到快速发展。同时也明确突出集成电路设计业在集成电路产业中的龙头地位。

2．2017 年江苏省集成电路设计业技术具有个性化、差异化发展的特点

2017 年，江苏省集成电路设计业高端企业已进入 20/14 纳米世界顶尖设计技术领域，设计的集成电路产品具有较高的价值，收入可观。有少部分企业设计技术进入 90～65～28 纳米级水平，部分企业进入 0.11 微米级水平，大部分企业处在 0.25～0.18～0.13 微米级水平。各个工艺节点都有一定的产品需求，在差异化发展过程中，不少设计企业具备了新技

术研发能力。

2017 年，江苏省集成电路设计业仍处在成长阶段，大部分企业处于全国同业中游水平。然而基于 SoC 设计平台的技术较为成熟，EDA 设计工具应用普遍规范化，设计周期大幅缩减，使得正向设计产品日益增多，江苏省集成电路设计业正在迅速成长。

3. 2017 年江苏省集成电路设计业亮点增多

- 2017 年获第十二届中国半导体创新产品和技术的项目。

盛科网络（苏州）有限公司：SDN 高密度万兆以太网交换芯片 CJC8096（GoLden Gate）

无锡华润矽科微电子有限公司：符合 Qi 1.2 标准的无线充电发送端控制电路 CS4967

无锡华润矽科微电子有限公司：智能独立式感烟火灾探测报警系列电路 CS2108

- 无锡芯朋微电子实现国内首推 AC-DC 产品，产品多次获奖。
- 无锡友达电子致力于模拟及数模混合 IC 设计，卓有成效。
- 无锡力芯微电子开发 MCU、高压模拟电路、数模混合信号电路等，取得一定的成绩。
- 中国电科第 55 所主要从事固态器件、微波毫米波模块、微电机系统、封装等开发与生产，形成射频电子、功率电子两大民品产业链。
- 苏州国芯致力于 IP 授权、技术开发与服务，具有自身特色的 SoC 设计服务平台和嵌入式模块，包括不同性能 C*Core 系列的 CPU 内核。在信息安全产品方面主产品包括安全芯片、安全模块和板卡等。
- 苏州中晟宏芯推出主频 3.75GHz，兼容 IBM Power 服务器 CPU。
- 苏州迈瑞微电子自主研发第 4 代电容指纹传感器，远销欧美市场。
- 盛科网络（苏州）推出以太网交换芯片 Duet2。
- 苏州英诺迅科推出 5.8GHz WiFi 相关产品和 5G 通信用驱动功放，准备进入 5G 市场。
- 智原微电子（苏州）科技公司研发基于国家电网的低压电力线宽带载波通信 IC 芯片。
- 大唐恩智浦 BMS 芯片 DIO 技术攻关已取得突破性进展，已流片成功。
- 南京龙渊众创空间公司开发基于国产龙芯和自主协议 C-MAC 的无线模块 LY-MK1。
- 无锡力芯微开发成功 ET515、9540、9523、ET6312、9640 等新品及成功上市。
- 无锡硅动力成功开发 1220、1223、1229、6616、3682 系列等新产品及量产面市。
- 中科芯取得众多成果。

两款抗辐射电源产品顺利通过 CAST 认定；自主正向 3500 万门 FPGA 核高基课题通过验收。

五款千万门级 FPGA 产品完成鉴定开始小批量供货；物联网应用刷新高，确保了十九大期间的信息安全。

加快推进FPGA、MCU、LoRa等重点产品产业化；MCU重点研发32位等。

成功发布IP核25项、提供75项核心IP库。

获集团及省市级以上科技成果奖5项、2项成果奖获国防科技进步一等奖和中电科学技术发明一等奖；申报发明专利57项、授权33项。

电源产品军转民取得成效；成立汽车电子团队开拓汽车电子产品市场；面向物联网、智慧家居、工业控制、信息安全等进行深度发展。

- 无锡美新推出新款单片集成信号处理和MEMS三轴加速器。
- 华润上华开发多款多种高低压集成工艺，主营功率驱动芯片，形成集群效应。
- 江苏博纳雨田研制北斗射频芯片。
- 苏州中科集成研制多模射频收发芯片。
- 江苏洛希尔研发60GHz无线通信芯片等。

（二）江苏省集成电路设计业存在的不足

- 江苏省集成电路设计企业以中小型居多，缺乏规模较大的设计企业，产业链引领能力不足。
- 江苏省中小型集成电路设计企业多以跟随型设计为主要技术路线，企业创新能力不足，导致产品同质化、利润率低，企业发展空间受限，难以成为行业龙头。
- 江苏集成电路产品设计方面产学研用相结合的成果不够显著，高校和科研机构的研究成果转化、企业与科研机构合作开展产品技术创新等方面还有待加强。
- 在先进工艺、高端集成电路产品设计领域，江苏省出名的集成电路设计企业不多。
- 江苏高校每年培养的集成电路人才数量不少，但能够留在江苏、服务江苏集成电路设计企业人数有限，不少研究生、本科生毕业后流向上海、北京及深圳等地。足见江苏各地需要更好地营造集成电路人才生态环境。
- 在企业运营资金方面，中小型集成电路设计企业融资困难多、门槛高、融资成本高；同类产品相互压价竞争激烈，利润空间越来越小；企业间货款拖欠现象严重，账期控制困难。

（三）江苏省集成电路设计业发展对策

（1）江苏省集成电路设计企业在产品设计领域，要继续保持“有所为、有所不为”的原则，在某一行业、某一细分领域内力争做大、做强、做精、做专、做特。

（2）抓住新兴领域今后几年或十几年将爆发式增长的机遇，扩大新产品设计能力，向新的集成电路应用空间延伸。要把传感网芯片、嵌入式CPU、显示驱动IC、移动终端TFT驱动器、模拟IC、数模混合IC、LED驱动IC、RFID芯片、FPGA芯片、通信类IC、MEMS系统IC、化合物IC、射频IC、智能电网芯片以及水表电表气表远程控制IC、安监芯片、IC卡芯片及高压IGBT等作为重点产品发展方向。

（3）江苏省各级政府关注集成电路产业就要更多地关心集成电路设计企业，为集成电路设计企业营造人才引进、培养和留用的生态环境。建立激励机制，在培养人才的同时，鼓励用好人才、留住人才，为企业长远发展服务。

（4）集成电路企业要加强与省内南京大学、东南大学等一批专业培养 IC 人才的示范性微电子学院的联系；加强与江苏信息职业技术学院等高等职业技术院校的联系，力争为企业就近招聘到适才适用的毕业生。

（5）集成电路企业要与省内科研院所开展深度合作，研究新技术、开发新产品。同时，为高等院校培养人才提供更新、更多的产业信息和学生实习条件。

（6）江苏省集成电路设计业企业要抛弃“宁当鸡头，不当凤尾”的观念，采取联合、兼并方式，实现优势互补，抱团作战，以快速提高企业的市场竞争力。

（7）江苏省集成电路设计企业在发展过程中，要充分用足产业扶持政策；要积极、主动地与融资、租赁、金融机构建立联系渠道，采用多种方式获取企业发展资金的支持。

第十二节　2017年江苏省集成电路晶圆业发展情况

一、江苏省集成电路晶圆制造业规模

2017年，江苏省集成电路晶圆制造企业有35家，主要集中在无锡市、苏州市及扬州市、南通市，现向南京市、淮安市和盐城市延伸。无锡市和苏州市集成电路晶圆制造业销售收入分别占江苏省同业总值的85.14%和8.6%。

2017年江苏省集成电路晶圆制造业销售收入为245.9亿元，同比增长13.8%，如图4.12.1所示。

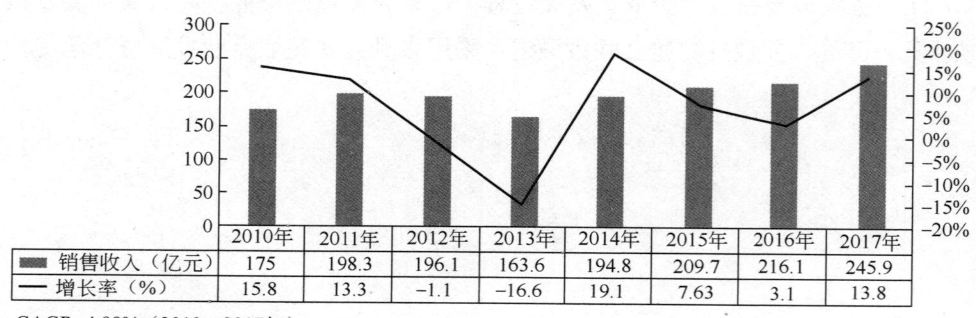

图4.12.1　2010—2017年江苏省集成电路晶圆业销售收入及增长情况

2017年江苏省集成电路晶圆制造业销售收入分季完成情况见表4.12.1。

表4.12.1　2017年江苏省集成电路晶圆制造业各季度销售收入情况

指标名称	2017年一季度		2017年二季度		2017年三季度		2017年四季度	
	业绩（亿元）	同比（%）	业绩（亿元）	同比（%）	业绩（亿元）	同比（%）	业绩（亿元）	同比（%）
指标值	48.53	10.0	56.08	12.52	67.30	11.81	74.00	19.39

二、江苏省集成电路晶圆制造业分布情况

江苏省集成电路晶圆业主要分布在苏南地区，其中，无锡市2017年集成电路晶圆制造业销售收入为209.37亿元，同比增长9.28%，占全省集成电路晶圆业销售收入的85.14%；苏州市2017集成电路晶圆制造业销售收入为21.14亿元，同比增长20.50%，占全省集成电路晶圆业销售收入的8.6%；南京市2017年集成电路晶圆制造业销售收入为8.2亿元，占全省集成电路晶圆收入的3.33%；苏中地区的扬州市2017年集成电路晶圆制造业销售收入为7.2亿元，占全省集成电路晶圆业销售收入的2.93%。

无锡市和苏州市两市集成电路晶圆制造业销售收入合计230.51亿元，占到全省同业总

值的 93.74%。

2017 年江苏省集成电路晶圆制造业内外资企业销售收入分别占 38.3%和 61.7%。

三、2017 年江苏省集成电路晶圆制造企业情况

2017 年度，江苏省集成电路晶圆制造企业表现优异，SK 海力士稳中有进，除 SK 海力士外，江苏省其他晶圆制造厂家的销售收入平均增长率达到 20%。江苏省集成电路晶圆制造业销售收入和销售收入增长率见表 4.12.2 和表 4.12.3。

表4.12.2　2017年度江苏省集成电路晶圆制造销售收入排名前列的企业

序号	企业名称	序号	企业名称
1	SK 海力士半导体（中国）有限公司	5	扬州国宇电子有限公司
2	华润微电子有限公司	6	无锡中微晶园电子有限公司
3	和舰科技（苏州）有限公司	7	江苏东晨电子科技有限公司
4	江阴新顺微电子有限公司		

表4.12.3　2017年度江苏省集成电路晶圆制造销售收入增长率排名前列的企业

序号	企业名称	序号	企业名称
1	无锡中微晶园电子有限公司	5	江阴新顺微电子有限公司
2	华润微电子有限公司	6	SK 海力士半导体（中国）有限公司
3	和舰科技（苏州）有限公司	7	扬州国宇电子有限公司
4	江苏东晨电子科技有限公司		

2017 年度江苏省集成电路晶圆制造业销售收入利润率为 7.2%，较 2016 年同期下降 2 个百分点，其中，SK 海力士销售收入利润的体量较大，其他企业平均利润率不到 6.00%。其主要是由于 2017 年原材料上涨较快，劳动力成本上升，企业管理费上升，以及市场价格竞争等因素综合而成。

四、2017 年江苏省集成电路晶圆制造业在全国同业中的地位

2017 年江苏省集成电路晶圆制造业销售收入占全国集成电路晶圆制造业销售收入 1448.1 亿元的 17.0%，较 2016 年占比又下降 2.2 个百分点；居全国第三位（仅次于上海市和陕西省）。2010—2017 年江苏省集成电路晶圆制造业销售收入占全国同业的比重如图 4.12.2 所示。

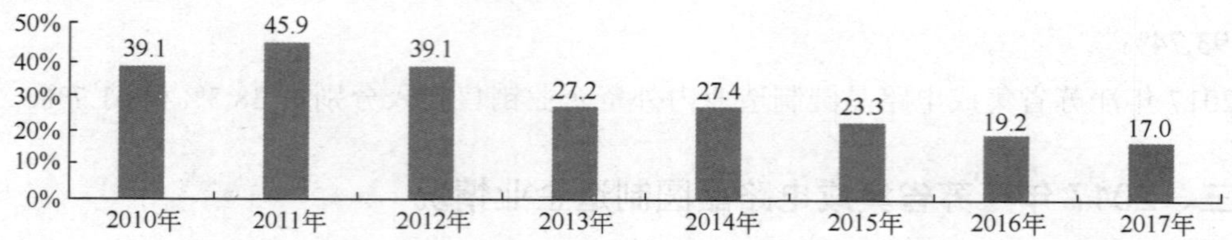

图 4.12.2　2010—2017 年江苏省集成电路晶圆制造业销售收入占全国同业的比重

从图 4.12.2 可见，江苏省集成电路晶圆业销售收入在全国的比重，由 2011 年的 45.9%逐年下降，到 2017 年仅占全国同业的 17.0%。这是主要由于江苏省集成电路晶圆业这些年来没有较大投入。这种现象或将在 2019/2020 年台积电（南京）、华虹（无锡）等重大项目投产上量后会有改观。

2017 年江苏省及其他主要省市集成电路晶圆业销售收入情况见表 4.12.4。

表4.12.4　2017年各主要省市集成电路晶圆制造业销售收入情况

省市名称 / 指标	上海市	陕西省	江苏省	浙江省	北京市	天津市	深圳市	合计
销售收入（亿元）	282.0	275.7	245.9	110.0	82.1	24.2	15.8	1035.7
同比（%）	7.6	14.4	13.8	5.9	13.1	1.7	−29.5	5.5
占全国总值（%）	19.5	19.0	17.0	7.6	5.7	1.7	1.1	71.5

注：浙江省晶圆业中含封测业收入。

资料来源：兄弟省市报告中摘录/Jssia 整理

从表 4.12.4 可以看出，上海市、陕西省等 7 个省市晶圆业收入为 1035.7 亿元，占全国集成电路晶圆业产值的 71.5%。上海市因中芯国际产能扩大，陕西省因西安三星工程投产，两地的集成电路晶圆制造业销售收入规模均已超过江苏省。

五、2017 年江苏省集成电路晶圆制造业企业在全国同业中的地位

2017 年江苏省集成电路晶圆制造业有 3 家企业进入全国同业十大企业排行榜，分别是 SK 海力士（中国）公司、华润微电子公司和和舰科技（苏州）公司，分居第三位、第六位和第十位。在十大企业排行榜中，因英特尔（大连）公司由 DRAM 转产 3D NAND Flash 上量后，一举跃升 2 位，使华润微电子公司比 2016 年度后退 2 位，见表 4.12.5。

表4.12.5　2017年集成电路制造业全国同业十大企业

排序		企业名称	2017 年营收额	排序		企业名称	2017 年营收额
2017	2016		亿元	2017	2016		亿元
1	1	三星（中国）半导体有限公司	274.4	6	4	华润微电子有限公司	70.6

续表

排序		企业名称	2017 年营收额	排序		企业名称	2017 年营收额
2017	2016		亿元	2017	2016		亿元
2	2	中芯国际集成电路制造有限公司	201.5	7	7	台积电（中国）有限公司	48.5
3	3	SK 海力士半导体（中国）有限公司	130.6	8	9	西安微电子技术研究所	27.0
4	6	英特尔半导体（大连）有限公司	121.5	9	—	武汉新芯集成电路制造有限公司	22.2
5	5	上海华虹（集团）有限公司	94.9	10	10	和舰科技（苏州）有限公司	21.1

资料来源：CSIA/Jssia 整理（2018.4）

六、2017 年江苏省集成电路晶圆生产线情况

2017 年，江苏省 35 家集成电路晶圆企业拥有 3 英寸以上生产线 57 条（不含在建的生产线，见表 4.12.6），其中，12 英寸生产线 2 条，8 英寸生产线 5 条，6 英寸生产线 17 条，5 英寸生产线 9 条，4 英寸生产线 16 条，3 英寸生产线 8 条。

表4.12.6　2017年江苏省集成电路晶圆生产线分布情况

（单位：条）

线直径	形态	合计	苏州	无锡	南通	扬州	常州	南京
12 英寸线	生产	2	—	2	—	—	—	—
8 英寸线	生产	5	4	1	—	—	—	—
6 英寸线	生产	17	4	7	—	2	—	4
5 英寸线	生产	9	—	5	—	3	1	—
4 英寸线	生产	16	—	8	3	2	2	1
3 英寸线	生产	8	1	4	1	1	1	—
合计	—	57	9	27	4	8	4	5

从产品结构看，江苏省晶圆制造企业的 12 英寸、8 英寸、6 英寸（部分）生产线为集成电路产品生产线；部分 6 英寸、5 英寸和 5 英寸以下生产线以分立器件产品制造为主。

从工艺技术看，8 英寸以上的集成电路晶圆生产线以 CMOS 工艺技术为主；一部分 6 英寸生产线以 CMOS 工艺技术为主；大部分 5 英寸及以下的晶圆生产线以双极、VDMOS、FRD、IGBT、可控硅等分立器件工艺技术为主，具体见表 4.12.7～表 4.12.11。

表4.12.7　2017年江苏省集成电路12英寸晶圆生产线技术和产能情况

序号	晶圆尺寸（英寸）	状况	企业名称	工艺	技术水平（μm）	产能（万片/月）
1	12	生产	海力士半导体（中国）有限公司	DRAM	0.090～0.040	10.0
2		生产	海力士半导体（中国）有限公司	CMOS、DRAM	0.045～0.020	7.0

表4.12.8　2017年江苏省集成电路8英寸晶圆生产线技术和产能情况

序号	晶圆尺寸（英寸）	状况	企业名称	工艺	技术水平（μm）	产能（万片/月）
1	8	生产	和舰科技（苏州）有限公司	CMOS	0.35～0.15	10.0
2		生产	和舰科技（苏州）有限公司	CMOS	0.13～0.11	
3		生产	华润微电子（无锡）（华润上华2厂）	Xixed-Signal、HV CMOS、BCD、RF CMOS、e-NVM、DMOS、Logic	0.25～0.13	6.5
4		生产	江苏多维科技（张家港）	TMR磁传感器	—	—
5		生产	能华微电子（苏州）	（Fab1）	—	—

表4.12.9　2017年江苏省集成电路6英寸晶圆生产线技术和产能情况

序号	晶圆尺寸（英寸）	状况	企业名称	工艺	技术水平（μm）	产能（万片/月）
1	6	生产	无锡华润上华1厂	CMOS、BCD、SOI、FRD、MOSFET、MM	1.0～0.35	11.0
2		生产	无锡华润上华5厂	IGBT、MEMS、Bipdar、BCD、MOSFET	0.5～0.35	5.0
3		生产	无锡华润华晶	IGBT、FRD、Bipolar、MOSFET	1.2～0.8	12.5
4		生产	江苏东晨（宜兴）	IGBT、VDMOS、数模	0.8～0.35	3.0
5		生产	苏州纳科	MEMS	中试线	—
6		生产	扬州晶新	CMOS	0.35～0.18	搬迁
7		生产	南京英特神思	MEMS	0.35	0.5
8		生产	张家港同冠微电子	IGBT	0.5	3.0
9		生产	中电科第55所	MEMS	0.35～0.25	—
10		生产	中电科第55所	SiC	0.25～0.11	2017年通线
11		生产	桑德斯（南京）	IGBT	0.35	—

续表

序号	晶圆尺寸（英寸）	状况	企业名称	工艺	技术水平（μm）	产能（万片/月）
12	6	生产	苏州能讯高能	CMOS	0.25	0.8
13		生产	苏州固锝	分立器件 LED	—	2.0
14		生产	扬州扬杰	TR/CMOS	0.8～0.35	10.0
15		生产	江阴新顺微电子	TR	2.0～1.6	8.0
16		生产	中微晶圆	CMOS	—	2.0
17		生产	元创华芯（无锡）	MEMS	—	—

表4.12.10　2017年江苏集成电路5英寸晶圆生产线技术和产能情况

序号	晶圆尺寸（英寸）	状况	企业名称	工艺	技术水平（μm）	产能（万片/月）
1	5	生产	华润华晶（无锡）	VDMOS	>3.6	>10.0
2		生产	华润华晶（无锡）	TR	1.6～0.8	>10.0
3		生产	中国电科第 58 所（无锡）	CMOS	0.6	0.6～1.0
4		生产	江阴新顺公司	TR	2.0～1.6	8.0
5		生产	扬州国宇	VDMOS、IGBT	0.6	2.0
6		生产	扬州晶新	双极&TR	1.0	5.0
7		生产	力特半导体（无锡）	TR	1.6	—
8		生产	扬州中芯晶来	TR	1.6	3.0
9		生产	常州华诚常半	TR	—	—

表4.12.11　2017年江苏省集成电路4英寸晶圆生产线技术和产能情况

序号	晶圆尺寸（英寸）	状况	企业名称	工艺	技术水平（μm）	产能（万片/月）
1	4	生产	中国电科第 58 所（无锡）	声表	2.0	0.6
2		生产	江苏东晨微电子（宜兴）（3 条）	TR、IGBT、可控硅	5.0～2.0	5.0
3		生产	敦南微电子（无锡）（3 条）	TR	2.0～1.6	18.0
4		生产	江苏捷捷微电子（启东）（2 条）	TR、可控硅、二极管	5.0～2.0	6.0
5		生产	宜兴环洲（出售）	TR	5.0～2.0	3.0
6		生产	扬州中芯晶来（2 条）	TR、晶闸管等	5.0～2.0	3.0
7		生产	中国电科第 55 所	GaAs 射频	0.35～0.15	2.0
8		生产	常州星海	TR	—	—

续表

序号	晶圆尺寸（英寸）	状况	企业名称	工艺	技术水平（μm）	产能（万片/月）
9	4	生产	常州银河世纪微电子	TR	—	—
10		生产	启东吉莱电子	TR	—	4.0
3英寸生产线有：华诚常半、扬晶、宜兴环洲、苏半总厂、南通皋鑫						

资料来源：Jssia 整理

2017年江苏省集成电路晶圆生产线产能测算如下。

- 12英寸生产线：生产线2条，月产能约17万片（折合8英寸约38.3万片/月）。
- 8英寸生产线：生产线5条，月产能约18万片。
- 6英寸生产线：生产线17条，月产能约58万片（折合8英寸约33万片/月）。
- 5英寸生产线：生产线9条，月产能约55万片（折合8英寸约22万片）。
- 4英寸生产线：生产线16条，月产能约52万片（折合8英寸约13万片）。

江苏省集成电路4英寸以上晶圆生产线（折合8英寸）生产能力月投片约为124.3万片。

2017年江苏省集成电路晶圆投资（在建、拟建）生产线情况见表4.12.12和表4.12.13。

表4.12.12　2017年江苏省在建/拟建的12英寸生产线情况

序号	晶圆尺寸	状况	日期	企业名称	工艺	技术水平（μm）	投资	产能（万片/月）	备注
1	12英寸	在建	2016.3	台积电（南京）	DRAM	0.016/0.014 Fin FET	30亿美元	2.0	2018年试产 2019年量产
2		拟建		台积电（南京）	DRAM	FinFET	70亿美元	4.0	（二期目标）
3		在建	2016.1	德淮半导体	CMOS	CIS0.065～0.055	20亿美元（150亿元）	2.0～4.0	2018年可试产
4		在建	2016.3	江苏时代芯存	CMOS	PCM	130亿元	1.0	2018年可投产
5		在建	2017.12	华虹（无锡）	CMOS	CMOS 0.090～0.055	100亿美元	4.0	2020年可投产
6		拟建	2017.2	紫光南京	Flash DRAM	—	300亿美元	10.0	一期投资100亿美元
7		在建	2017.2	SK海力士	DRAM	0.01Y	86亿美元	20.0	建第二座12英寸厂
8		在建	2017.2	SK海力士	DRAM	—	9亿美元	—	第一座工厂扩产
9		拟建	2016	中璟航天（盱眙）	CMOS	—	120亿元	—	8/12英寸生产线
		合计	—	—	—	—	680亿美元	—	—

表4.12.13　2017年江苏省在建/拟建的8英寸生产线情况

序号	晶圆尺寸	状况	日期	企业名称	工艺	技术水平（μm）	投资	产能（万片/月）	备注
1	8 英寸	在建	2016.1	德淮半导体	COMS	CIS	5 亿美元	4.0	IDM 型企业
2		在建	2016.6	德科玛（南京）	CMOS	CIS	12.5 亿美元	4.0	IDM 型企业
3		拟建	2018.7	SK 海辰（无锡）	CMOS	Foundry	注册 1.5 亿美元	10.0	从韩国搬迁过来

从“江苏省集成电路晶圆生产线技术和产能情况”和“2017 年江苏省集成电路晶圆投资（在建、拟建）生产线情况”中可以看出，江苏省集成电路晶圆业在沉寂数年后，重大项目持续开出，预计到 2019—2020 年江苏省集成电路晶圆产能和技术又将迈上一个新台阶。

七、江苏省集成电路晶圆制造技术进步情况

1．江苏省集成电路晶圆制造技术获奖情况

由中国半导体行业协会等组织有关专家评定出“第十二届（2017 年度）中国半导体创新产品和技术”项目中，无锡华瑛微电子技术有限公司的“半导体晶圆表面湿处理（钝化）设备和工艺”荣获集成电路制造技术奖。

2．2017 年江苏省集成电路晶圆业技术状况

江苏省集成电路晶圆制造技术以 SK 海力士 12 英寸生产线和华润微电子、和舰科技（苏州）8 英寸生产线为代表。

- SK 海力士半导体（中国）有限公司现有 2 条 12 英寸生产线，该公司分 5 次增资，在一期工程时以 90 纳米技术为主，二期工程达到 65 纳米，三期工程已达 45 纳米，月投片 16.8 万片。2012 年 4 月 24 日经韩国政府批准，在不增用地、不增已批产能的情况下，全部利用企业自有折旧资金，再投资 20 亿美元进行 12 英寸技术升级，生产技术从 45 纳米提升到 28 纳米。2013 年 11 月进行五期工程，再投资 25 亿美元，2015 年已达到 25 纳米水平，并全力提升至 20～10 纳米级水平。该公司累计投资达 106.6 亿美元，主要从事 DRAM、Flash 生产，成为我国、江苏省单体投资规模最大的外资项目。2017 年 2 月，SK 海力士对无锡的 DRAM 厂区产能进行技术提升和扩产，投资 9 亿美元，DRAM 工艺技术水平达到 20 纳米，并向 1X 纳米技术进军。

2017 年 2 月，SK 海力士（中国）规划建第二座工厂，投资额由原 36 亿美元提高到投资 86 亿美元，技术达 1Y 纳米级，月产能达 20 万片（10 纳米月产 11.5 万片，20 纳米月产

6万片），2019年建成（为第六期投资）。

- 台积电（南京）在南京投资30亿美元建设的12英寸月产2万片的晶圆生产线，技术水平为16/14纳米FinFET（目标投资70亿美元，月产4万～8万片），先填满2万片/月。技术水平落后台湾一代节点。
- 德淮半导体（淮安）和江苏时代芯存两家12英寸晶圆生产线在苏北淮安诞生，填补了苏北地区晶圆制造业的空白。

德淮半导体（淮安）技术水平为65～55纳米CMOS工艺，主产影像传感器，月投2万片。

江苏时代芯存主产相变存储器（PCM），月投1万片，填补了我国相变存储器的空白。

- 2018年1月上海华虹集团在无锡投资100亿美元，建12英寸90～65～55纳米晶圆代工线，月投片量在4万片以上，这也是江苏省集成电路内资企业的最高技术水平。
- 作为我国民族微电子旗舰的华润微电子有限公司的8英寸晶圆生产线，达到0.25～0.18～0.13～0.11微米的水平，是内资集成电路制造业8英寸线的较高水平，2017年达到月投6.5万片的产能。

原中航重庆渝德1条8英寸生产线经国资委正式划归华润微电子公司管理，更名为华润微电子（重庆）有限公司，其工艺技术水平达0.35～0.18微米CMOS数模混合、GaN功率器件。

- 由中国台湾联华电子投资的和舰科技（苏州）有限公司拥有2条8英寸生产线，技术水平为0.25～0.18～0.13～0.11微米。联华电子对和舰科技（苏州）有限公司8英寸生产线进行扩产性投资，新增产能1.1万片/月，月投片量扩大到10万片以上。

江苏省集成电路晶圆制造工艺技术呈现多样性和专业性，晶圆工艺技术已涵盖了0.8微米～25纳米的数代技术节点。代表性制程有DRAM工艺、标准CMOS工艺、逻辑制程（Logic）、混合模式制程（Mixed Mode）、高压制程（High Voltage）、非挥发性存储器制程（Non-Volatile Memory）、e-EEPROM及e-Flash等嵌入式工艺、CMOS图像传感器制程（CMOS image sensor）、e-NVM工艺、Flash工艺、SONOS e-Flash工艺、SONOS EEPROM工艺、高压MOSFET工艺、Xixed-Signah工艺制程、HV CMOS工艺、RF CMOS工艺、DMOS工艺、MEMS工艺、SOI工艺、高压BCD技术、功率器件IGBT技术、浮动闸嵌入式闪存技术、射频技术及双极型线性技术，较好地满足了集成电路设计对制造工艺的多样化需求。

八、2017年江苏省集成电路晶圆业代工能力分析

江苏省集成电路晶圆代工始于20世纪90年代末，由原中国华晶电子集团公司与香港上华公司合作，开启了中国集成电路晶圆业代工的先河，使中国集成电路晶圆制造业由原

先的IDM型走向晶圆代工业（Foundry），起到了领头羊的作用。

江苏省集成电路晶圆代工业主要分为三种形式：一是内资企业的IDM式；二是外资式的，为其母公司纯代工；三是混合式的企业。IDM式的代表企业为华润微电子公司、江阴新顺微电子、江苏东晨微电子公司等；纯代工式的代表企业为SK海力士（中国）公司；混合式的代表企业为和舰科技（苏州）公司，一方面要完成其母公司台湾联电的生产任务，另一方面要在大陆自寻代工业务，以求发展。现在IDM与纯代工模式正在相互融合，如华润微电子既是自成体系的标准IDM型企业，但又是走向代工的主要企业。

2017年12月，上海华虹集团在无锡投资建设的12英寸晶圆生产线是在江苏省诞生第一条内资12英寸晶圆代工线。

台积电在南京投资建12英寸晶圆代工线，承接国内IC产品代工业务。

在淮安市建设的德淮半导体和江苏时代芯存两条12英寸生产线，有可能也会加入代工的行列。

2017年由于世界半导体市场快速增长，电源芯片、摄像、指纹识别、智能硬件中的MCU、无线通信卡、智能卡、消费电子、通信、计算、工业、汽车电子等芯片大部分集中在8英寸线上来生产，8英寸生产线产能利用率达到94.7%，致使台积电、联电、中芯国际、华虹宏力、华润微电子等8英寸线代工产能吃紧；也加速了8英寸（线）扩大产能之势。

江苏省集成电路晶圆制造企业有5条8英寸生产线，生产能力月投约20.5万片，占全国8英寸生产能力的19.7%。除江苏多维科技的1条生产线专门做磁传感器和能华微电子（苏州）外，内资企业华润微电子的2条8英寸生产线（其中有一条为华润（重庆）微电子）和台资企业和舰科技（苏州）公司的2条8英寸线都承担集成电路晶圆部分代工业务。

2018年7月10日SK海力士准备将韩国青州市M8工厂的8英寸线搬至无锡，主产模拟电路、电源管理电路及开展代工业务。

公开信息表明，华润微电子有限公司聚焦于模拟与功率半导体等领域，致力于模拟/混合信号工艺和功率器件/电路工艺的开发，已经形成独特的BCD、Mixed-Signal、HV CMOS、RF CMOS、eNVM、BiCMOS、Logic、MOSFET、IGBT、SOI、MEMS、Bipolar、硅基GaN等标准工艺及一系列客制化工艺平台，提供1.0～0.13μm的工艺制程，在功率模拟工艺技术方面具有核心竞争力。在电源管理和功率半导体器件等产品领域积累了特色工艺技术和系列化产品线，能够为客户提供丰富的产品与系统解决方案。目前公司8英寸晶圆制造产能超过10万片，6英寸产能达21万片，稳居中国本土半导体公司晶圆制造产能第三位。在8英寸片代工方面，华润微电子公司具有竞争力。

江苏省集成电路晶圆制造8英寸生产线在产能、工艺、技术、人才、设备、财力上还存在诸多不足，江苏省8英寸晶圆厂应加紧布局中国市场，发展特色工艺，走与12英寸线的差异化发展之路，实现与12英寸线的互补；汽车电子及物联网中的应用芯片，包括辅助驾驶系统及感测器、车用电流控制 IC、物联网 MCU、功率半导体和高压器件制造的超级结 MOSFET、场截止型 IGBT 等，都可以在 8 英寸晶圆线上大生产，也是一个重要的发展方向。

江苏省集成电路晶圆制造企业有 17 条 6 英寸晶圆生产线，月生产能力投片量为 58 万片，占全国 6 英寸生产能力的 27.2%。江苏省集成电路 6 英寸晶圆生产线进入大规模代工的有华润上华、华润华晶、江苏东晨、江阴新顺、中微晶圆、扬州扬杰等公司，以上这些公司实属 IDM 型企业，除完成母公司下达的生产指标外，现正全力走向代工业务。

九、2017 年江苏省集成电路晶圆业享受进口税优惠政策的生产企业名单

根据《国务院关于印发进一步鼓励软件产业和集成电路产业发展若干政策的通知》规定，2017 年江苏省集成电路晶圆业享受进口税优惠政策的生产企业名单见表 4.12.14。

表4.12.14　江苏省线宽小于0.25微米或投资额超过80亿元，线宽小于0.5微米（含）的集成电路生产企业名单

序号	企业名称	类型	备注
1	和舰科技（苏州）有限公司	线宽小于 0.25 微米	存续企业
2	无锡华润上华科技有限公司	线宽小于 0.25 微米	存续企业
3	SK 海力士半导体（中国）有限公司	线宽小于 0.25 微米	存续企业
6	台积电（南京）有限公司	线宽小于 0.25 微米	新增企业
7	德淮半导体有限公司	线宽小于 0.25 微米	新增企业
8	无锡华润华晶微电子有限公司	线宽小于 0.5 微米	存续企业
9	无锡华润上华半导体有限公司	线宽小于 0.5 微米	存续企业
10	江苏东晨电子科技有限公司	线宽小于 0.5 微米	存续企业
11	苏州能讯高能半导体有限公司	线宽小于 0.5 微米	存续企业
12	无锡中微晶园电子有限公司	线宽小于 0.5 微米	存续企业
14	中国电子科技集团第五十五研究所	线宽小于 0.5 微米	存续企业
15	中科芯集成电路股份有限公司	线宽小于 0.5 微米	存续企业
16	江苏时代芯存半导体有限公司	线宽小于 0.25 微米	新增企业
17	德科玛（南京）半导体科技有限公司	线宽小于 0.25 微米	新增企业
18	中航（重庆）微电子有限公司（华润微管理）	线宽小于 0.25 微米	存续企业

第十三节　2017 年江苏省集成电路封测业发展情况

一、2017 年江苏省集成电路封测产业发展概况

2017 年江苏省集成电路封测企业有 115 家（含半导体分立器件封测企业 43 家）。江苏省集成电路封测企业主要集中在苏南和苏中地区，呈集群分布。

1．2017 年江苏省集成电路封测产业销售收入情况

2017 年江苏省集成电路封测产业销售收入为 878.2 亿元，同比增长 22.1%，居全国同业首位，如图 4.13.1 所示。

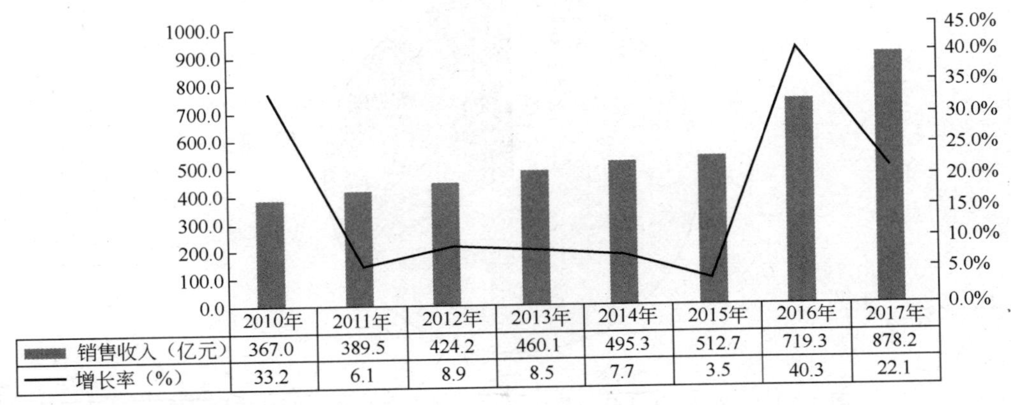

	2010年	2011年	2012年	2013年	2014年	2015年	2016年	2017年
销售收入（亿元）	367.0	389.5	424.2	460.1	495.3	512.7	719.3	878.2
增长率（%）	33.2	6.1	8.9	8.5	7.7	3.5	40.3	22.1

CAGR=13.27%（2010—2017年）

图4.13.1　2010—2017年江苏省集成电路封测产业销售收入及增长情况

2017 年江苏省集成电路封测业同比增长 22.1%，其主要因素有：一是继 2016 年世界半导体市场突飞猛涨后，2017 年市场形势继续上涨，引发集成电路封测业市场规模抬升。二是长电科技 2015 年以 7.8 亿美元并购新加坡星科金朋封装工厂，提升了该公司封装技术水平并扩大了产能，扩大了世界集成电路封装市场，从 2017 年起并购企业合并报表，销售收入达到 32.33 亿美元，同比增长 12.5%。2016/2017 年长电科技进入世界集成电路封测业第三位，中国第一位。三是通富微电 2015 年以 3.7 亿美元收购美国 AMD 位于马来西亚槟城和中国苏州的工厂，拓展了 CPU、GPU、FPGA 等产品封测能力，提升了公司的技术水平，2017 年合并报表后销售收入达 9.1 亿美元，同比增长 32.0%，居世界集成电路封测业的第七位，全国同业的第二位。

2017 年，长电科技和通富微电的快速增长，带动和促进了江苏省集成电路封测业快速增长。

2017 年江苏省集成电路封测业分季完成情况见表 4.13.1。

表4.13.1　2017年江苏省集成电路封测业分季累计完成情况

日期 / 指标	2017 年第 1 季度		2017 年上半年		2017 年前 3 季度		2017 年全年	
	业绩（亿元）	同比（%）	业绩（亿元）	同比（%）	业绩（亿元）	同比（%）	业绩（亿元）	同比（%）
销售收入（亿元）	189.63	47.62	393.14	51.06	623.28	53.25	878.2	22.1

2．2017 年江苏省集成电路封测业销售收入占全省总值的比重

2017 年江苏省集成电路封测业销售收入占到江苏省集成电路销售收入 1318.73 亿元的 66.6%，如图 4.13.2 和图 4.13.3 所示。

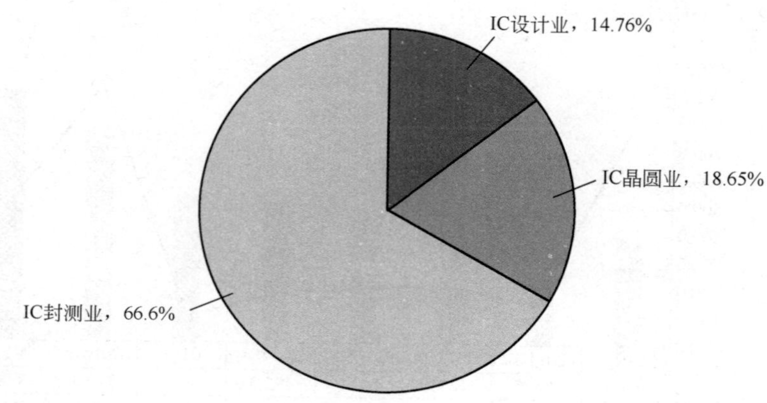

图 4.13.2　2017 年江苏省集成电路封测业在全省同业中所占比重

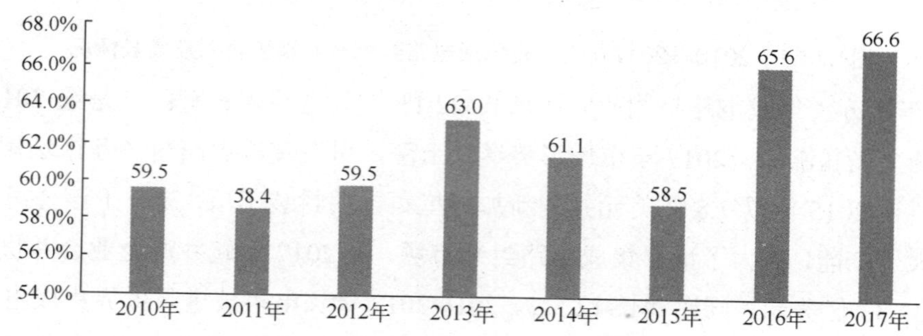

图 4.13.3　2010—2017 年江苏省集成电路封测业销售收入占全省集成电路产业销售收入比重演变

3．2017 年江苏省集成电路封测业销售收入占全国同业总收入的比重

2017 年江苏省集成电路封测业销售收入占全国集成电路封测业销售收入 1889.7 亿元的 46.5%，如图 4.13.4 所示。自 2011 年以来，江苏省集成电路封测业销售收入占到全国同业总值的 40%以上，近两年占比接近五成，居全国同业省市的第一位，见表 4.13.2。

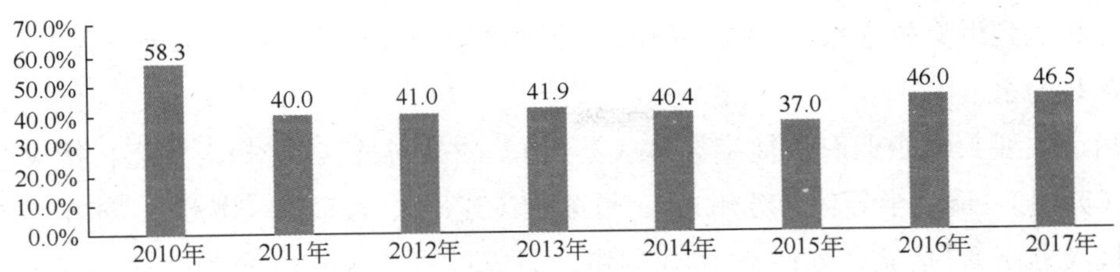

图 4.13.4 2010—2017 年江苏省集成电路封测业销售收入占全国同业总收入的比重

表4.13.2 2015—2017年江苏省集成电路封测业销售收入与其他省市的比较

省市名称	2017 年			2016 年			2015 年		
	销售收入	同比	占全国同业	销售收入	同比	占全国同业	销售收入	同比	占全国同业
	亿元	%	%	亿元	%	%	亿元	%	%
江苏省	878.2	22.1	46.5	719.3	40.3	46.0	512.7	3.5	37.0
上海市	310.3	-0.8	16.4	312.8	-5.8	20.0	330.9	8.0	24.2
北京市	98.3	-4.5	5.2	102.9	28.0	6.6	80.4	-7.9	5.7
天津市	94.5	14.8	5.0	82.3	平	5.2	82.8	—	6.0
陕西省	92.1	-47.2	4.9	117.1	16.6	7.5	100.4	27.4	7.3
浙江省	—	—	—	103.9	17.3	6.6	88.6	—	6.4
重庆市	—	—	—	82.0	134.3	5.2	46.5	-11.1	3.4
深圳市	51.5	-3.8	2.7	53.5	—	3.4	—	—	—

注：浙江省集成电路封装测试业已含在晶圆业中。

二、2017 年江苏省集成电路封测业区域分布情况

2017 年江苏省集成电路封测业有一定规模的企业 79 家，主要集中在苏南和苏中地区，见表 4.13.3。

表4.13.3 2017年江苏省各地集成电路封测主要企业数量统计表

城市名称	苏州	无锡	南通	扬州	南京	常州	泰州	淮安	泰州	镇江	盐城	宿迁	合计
企业数（家）	27	26	6	4	4	3	2	2	2	1	1	1	79

从封测企业所在地区来看，苏州市企业数量最多，且大多以外商或合资企业为主；无锡市企业数量次之，大多以民营企业为主。

从封测生产形式来看，大部分企业都以代工为主，其中外商和合资企业主要是为其母公司加工。

从封测企业制造技术水平来看，大型骨干企业（长电科技、通富微电）封装水平领先，

部分接近和达到世界先进水平；外资和部分企业以中档水平为主；大部分民营中小型企业以传统封装为主。

苏州市主要封测企业有快捷半导体（苏州）、矽品科技（苏州）、京隆科技（苏州）、日月新（苏州）、瑞萨半导体（苏州）、三星电子（苏州）、智瑞达（苏州）、苏州晶方科技、颀中科技（苏州）、嘉盛（苏州）、苏州固锝、力成科技（苏州）、震坤科技（苏州）、苏州通富（AMD）、华天科技（昆山）、吴江巨丰、盛帆半导体（苏州）、新义半导体（苏州）、苏州太极、苏州顺益芯、苏州捷研芯、松下（苏州）、苏州科阳光电、苏州英尔捷、苏州源戎、日月光（昆山）、苏州凤凰等。

无锡市主要封测企业有长电科技、华润安盛、华润华晶、矽格微（无锡）、无锡固电、力特科技（无锡）、无锡红光、无锡海太、英飞凌科技（无锡）、罗姆半导体（无锡）、通芝半导体（无锡）、强茂电子（无锡）、中微高科（无锡）、华进半导体、无锡华宇、江苏东电、中微腾芯、星科金朋、长电先进、中芯长电、玉祁红光、天芯互联、江阴金泰、江阴苏阳、无锡泰思特等。

南通市主要封测企业有通富微电、启东吉莱、南通皋鑫、捷捷微电子、南通优睿、南通华达微等。

南京市主要封测企业有欣铨（南京）、江苏芯艾科、南京矽邦、南京中旭新捷等。

常州市主要封测企业有常州银河、常州星海、华盛常半等。

扬州市主要封测企业有扬州扬杰、扬州晶来、扬州晶新、江苏汇成光电等。

镇江市主要封测企业有江苏艾科半导体等。

泰州市主要封测企业有泰州海天、泰州明昕微等。

淮安市主要封测企业有纳沛斯半导体、江苏泰瑞科等。

宿迁市主要封测企业有长电宿迁、江苏格立特。

盐城市主要封测企业有江苏盐芯微电子等。

三、2017年江苏省主要地区集成电路封测业销售收入情况

2017年江苏省主要地区集成电路封测业销售收入情况见表4.13.4。

表4.13.4　2017年江苏省主要地区集成电路封测业销售收入情况

序号	城市名称	2017年			2016年			2015年	
		销售收入（亿元）	同比（%）	占比（%）	销售收入（亿元）	同比（%）	占比（%）	销售收入（亿元）	同比（%）
1	无锡市	361.71	21.2	41.2	298.5	51.8	41.5	196.7	3.3
2	苏州市	263.93	8.8	30.1	242.58	7.3	33.7	226.1	1.2

续表

序号	城市名称	2017年			2016年			2015年	
		销售收入（亿元）	同比（%）	占比（%）	销售收入（亿元）	同比（%）	占比（%）	销售收入（亿元）	同比（%）
3	南通市	205.48	45.6	23.4	141.10	144.1	19.6	57.8	7.6
4	扬州市	17.50	25.0	2.0	14.00	42.9	2.0	9.8	16.7
5	常州市	13.52	17.1	1.5	11.65	1.3	1.6	11.5	−2.5
6	南京市	8.40	16.7	1.0	7.20	−5.3	1.0	7.6	20.6
7	镇江市	4.68	33.3	0.5	3.51	—	0.5	—	—
8	淮安市	2.04	—	0.2	—	—	—	—	—
9	泰州市	0.9	0.0	0.1	0.9	28.6	0.1	0.7	−41.7

四、2017年度江苏省集成电路封测业主要企业情况

2017年度江苏省集成电路封测企业发展势头良好，生产产量和销售收入增长稳定，部分企业在第4季度表现更佳，改变了前3季度同比下滑的情况。从统计会员单位的数据来看，2017年度江苏省集成电路封测业销售收入同比增长的企业占比达到96%，形势喜人。

新潮科技集团、南通华达集团、海太半导体、英飞凌科技等骨干企业表现优异。其中销售收入增长突出的企业是无锡罗姆、南通华达集团、艾科半导体、扬州晶新等公司。

2017年度江苏省集成电路封测企业销售收入排名情况、销售收入增长率排名情况见表4.13.5和表4.13.6。

表4.13.5 2017年度江苏省集成电路封测企业销售收入排名情况

序号	企业名称	序号	企业名称
1	江苏新潮科技集团有限公司	11	力特半导体（无锡）有限公司
2	南通华达微电子集团有限公司	12	嘉盛半导体（苏州）有限公司
3	海太半导体（无锡）有限公司	13	无锡华润安盛科技有限公司
4	英飞凌科技（无锡）有限公司	14	常州银河世纪微电子有限公司
5	扬州扬杰电子科技股份有限公司	15	江苏艾科半导体有限公司
6	日月新半导体（苏州）有限公司	16	江苏捷捷微电子股份有限公司
7	瑞萨半导体（苏州）有限公司	17	无锡红光微电子股份有限公司
8	苏州固锝电子股份有限公司	18	常州星海电子有限公司
9	快捷半导体（苏州）有限公司	19	扬州晶新微电子有限公司
10	颀中科技（苏州）有限公司	20	力成科技（苏州）有限公司

表4.13.6　2017年度江苏省集成电路封测企业销售收入增长率排名情况

序号	企业名称	序号	企业名称
1	无锡罗姆半导体科技有限公司	11	无锡市华宇芯业半导体有限公司
2	南通华达微电子集团有限公司	12	启东吉莱电子有限公司
3	江苏艾科半导体有限公司	13	泰州海天电子科技股份有限公司
4	扬州晶新微电子有限公司	14	苏州固锝电子股份有限公司
5	扬州扬杰电子科技股份有限公司	15	无锡华润安盛科技有限公司
6	力特半导体（无锡）有限公司	16	力成科技（苏州）有限公司
7	嘉盛半导体（苏州）有限公司	17	日月新半导体（苏州）有限公司
8	常州银河世纪微电子有限公司	18	江苏新潮科技集团有限公司
9	华进半导体封装先导技术研发中心有限公司	19	无锡红光微电子股份有限公司
10	江苏捷捷微电子股份有限公司	20	南通皋鑫电子股份有限公司

根据中国半导体行业协会公布的 2017 年中国集成电路封装测试业十大企业，江苏省集成电路封装测试业有 3 家企业入围。其中，江苏新潮科技位居第一位，通富微电位列第二位，海太半导体（无锡）位列第八位，见表 4.13.7。

表4.13.7　2017年中国半导体封装测试十大企业

2017 年排序	2016 年排序	企业名称	2017 年营收额（亿元）	2016 年营收额（亿元）	同比（%）
1	1	江苏新潮科技集团有限公司	242.6	193.0	25.7%
2	2	南通华达微电子集团有限公司	198.8	135.7	46.5%
3	4	天水华天电子集团	90.0	66.6	35.1%
4	3	威讯联合半导体（北京）有限公司	78.9	83.0	−4.9%
5	5	恩智浦半导体（中国）有限公司	64.5	58.9	9.5%
6	6	英特尔产品（成都）有限公司	40.0	39.7	0.8%
7	9	安靠封装测试（上海）有限公司	39.5	30.1	31.2%
8	7	海太半导体（无锡）有限公司	35.0	32.4	8.0%
9	8	上海凯虹科技有限公司	30.0	30.4	−1.3%
10	10	晟碟半导体（上海）有限公司	29.4	27.6	6.5%
合计			848.7	697.4	21.7%

在 2017 年中国半导体封装测试业十大企业中，江苏省 3 家企业［江苏新潮、通富微电、海太（无锡）］销售收入为 476.4 亿元，同比增长 31.9%，占到前十大企业销售收入 848.7 亿元的 56.1%（近六成），占比率同比提升 4.3 个百分点。

中国半导体行业协会集成电路封装分会统计报道：江苏省集成电路封测企业进入全国同业前三十企业有 15 家，占总数的 50%。江苏省 15 家企业销售收入达 661.4 亿元，占到全国同业总值 1889.7 亿元的 35.0%，占到前三十大企业销售收入 1126.1 亿元的 58.7%。这说明江苏省集成电路封测业位居全国第一的地位不可撼动。

江苏省集成电路封测企业进入全国同业前三十企业见表 4.13.8。

表4.13.8　2017年江苏省集成电路封测企业进入全国同业三十大排序

排名	企业名称	2017 年营业收入（亿元）	类型	排名	企业名称	2017 年营业收入（亿元）	类型
1	江苏新潮科技集团有限公司	242.6	内资	20	快捷半导体（苏州）有限公司	10.0	外资
2	南通华达微电子集团有限公司	198.8	内资	21	颀中科技（苏州）有限公司	8.6	台资
8	海太半导体（无锡）有限公司	35.0	合资	23	嘉盛半导体（苏州）有限公司	7.4	外资
11	三星电子（苏州）半导体有限公司	50.0	外资	24	无锡华润安盛科技有限公司	7.3	内资
12	瑞萨半导体（苏州）有限公司	26.4	外资	26	苏州晶方半导体科技股份有限公司	6.3	内资
14	矽品科技（苏州）有限公司	24.9	台资	28	江苏艾科半导体有限公司	4.7	内资
15	英飞凌科技（无锡）有限公司	20.9	外资	29	华润赛美科电子（深圳）有限公司	4.5	内资
17	日月新半导体（苏州）有限公司	14.0	台资		合计	661.4	

2017 年江苏省集成电路封测业排名前 3 家企业发展规模及增长情况，如图 4.13.5～图 4.13.7 所示。

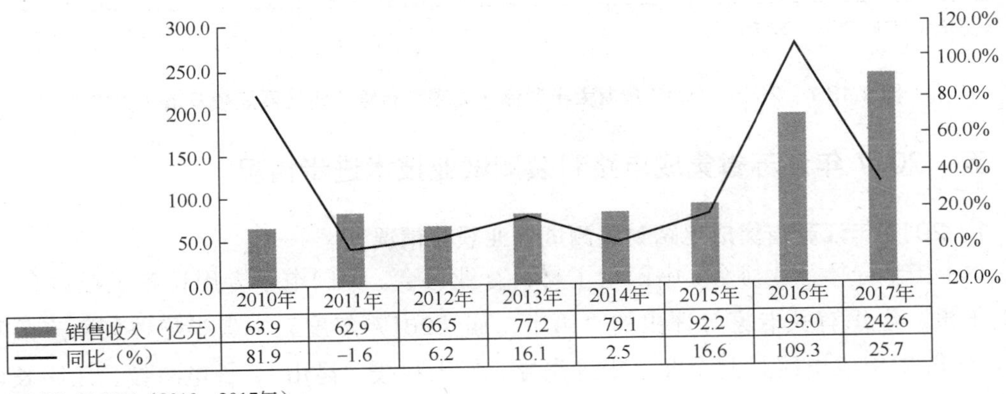

图 4.13.5　2010—2017 年江苏新潮科技集团有限公司发展规模及增长情况

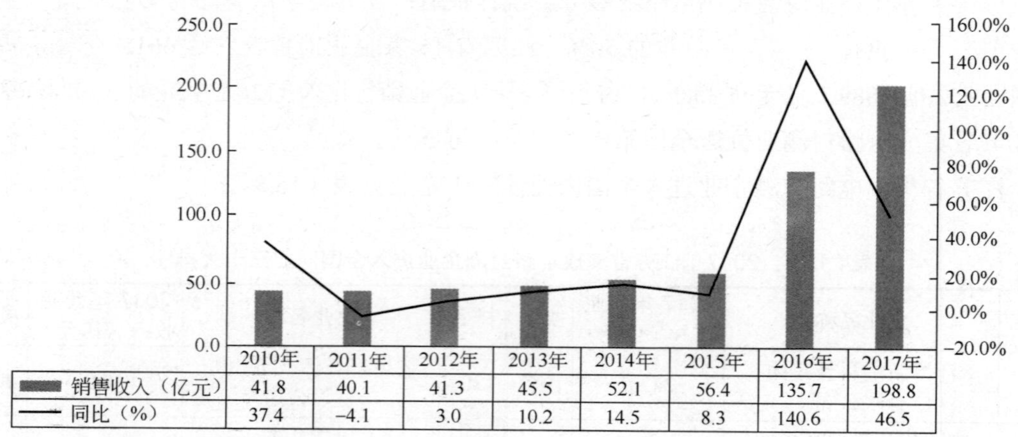

CAGR=24.95%（2010—2017年）

图 4.13.6　2010—2017 年南通华达微电子股份有限公司发展规模及增长情况

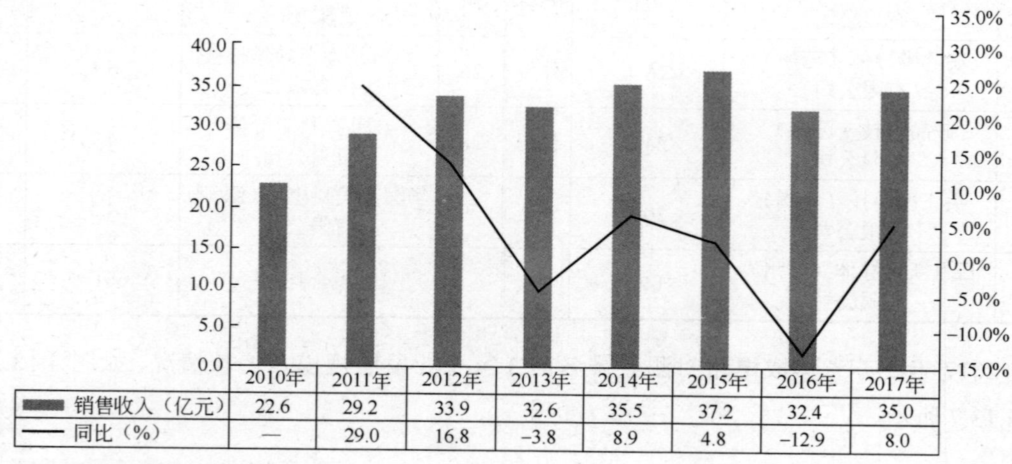

CAGR=6.45%（2010—2017年）

图 4.13.7　2010—2017 年海太半导体（无锡）有限公司发展规模及增长情况

五、2017 年江苏省集成电路封装测试业技术进步情况

1. 2017 年江苏省集成电路封装测试企业获奖情况

由中国半导体行业协会、中国电子材料行业协会、中国电子专用设备工业协会、《中国电子报》组织有关专家等评出的“第十二届（2017 年度）中国半导体创新产品和技术”，江苏省集成电路封测企业：华进先导、华天科技（昆山）、长电科技、江阴长电先进、苏州通富、苏州日月新、通富微电子等公司以其先进封装技术与产品榜上有名，见表 4.13.9。

表4.13.9　第十二届（2017年度）中国半导体创新产品和技术江苏集成电路封测企业

1	华进半导体封装先导技术研发中心有限公司	大板集成扇出先进封装技术
2	华天科技（昆山）电子有限公司	硅基晶圆级扇出型封装技术
3	江苏长电科技股份有限公司	应用于高速高功率芯片的新型激光工艺高散热IC 封装技术
4	江阴长电先进封装有限公司	圆片级六面包覆极小型芯片尺寸封装产品
5	苏州通富超威半导体有限公司	多芯片高功率倒装封装技术
6	苏州日月新半导体有限公司	微机电系统（MEMS）集成电路堆叠封装产品
7	通富微电子股份有限公司	基于高可靠汽车电子智能控制的传感器封装技术

“第十二届（2017 年度）中国半导体创新产品和技术”中“集成电路封装与测试技术”类中共有 9 项获奖项目，江苏省集成电路封测企业获得其中 7 项，占到 77.8%，这也体现出了江苏省集成电路封测企业的技术水平。

2. 2017 年江苏省集成电路封测骨干企业技术进步中取得的成绩

● 长电科技

2017 年，长电科技联合国家集成电路产业投资基金和中芯国际收购了全球排名第四的星科金朋后，经过整合，打通了客户和技术发展瓶颈，完善了技术布局，拓宽了市场发展空间，获得包括高通、博通、MTK、ADI、Intel、SanDisk、Marvell 在内的国际一线客户的认可。

在高端封装方面，长电科技是全球最大的 WLCSP、FO-WLP 供应商，是 BUMPING 全球第四大供应商。

根据 YOLE 最新统计，在 2017 年全球先进封装供应商排名中，长电科技以 7.8%的市占率成为全球第三大封装供应商，与日月光、安靠（Amkor），同为第一方阵企业。

长电科技通过并购加快了全球布局，形成各具特色的七大基地。

新加坡厂（SCS）拥有世界领先的 Fan-out eWLB 和高端 WLCSP，Fan-out eWLB 已经大规模量产七年，盈利能力逐渐恢复，2016 年第 4 季度已基本实现单月盈亏平衡。

韩国厂（SCK）拥有先进的 SiP、高端的 fcBGA、fcPoP 封装。韩国厂率先量产全球集成度最高、精度等级最高的 SiP 模组，拥有世界上最先进的用于高端智能手机的 fcPoP 倒装堆叠封装技术。新生产线已顺利投产，极大地改善了经营状况。

长电先进（JCAP）的主力产品有 FO-WLP、WLCSP、fcBump，是全球最大的 Fan-in WLCSP 基地之一，年产量超过 60 亿颗，率先在业界提出 Bumping 中道封装概念，是中国最大的 Bumping 中道封装基地，可以提供包括铜凸块、锡凸块和金凸块的全系列服务。长电先进和长电科技配套为客户提供倒装一站式服务，服务于众多顶尖国际客户。 长电先进自主研发的 Fan-out ECP 技术进入规模量产，Fan-out ECP 技术主要用于 4×4 以下封装尺寸，和 SCS 的 Fan-out eWLB 技术在封装尺寸上形成优势互补。

星科金朋江阴厂（JSSC）拥有先进的存储器封装，是 SanDisk 的优秀供应商。星科金朋江阴厂拥有全系列的 FC 倒装工艺，包括 fcBGA、fcCSP。 星科金朋江阴厂正在导入世界最先进的 fcPoP 技术，极大地提升 JSCC 的综合竞争力和服务中国高端客户的能力；能满足一个月 10 万片 12 英寸晶圆产能。

长电科技 C3 厂的主力产品有高引脚 BGA、QFN 产品和 SiP 模组。 长电科技 C3 厂拥有国内第一大、全球第二大的 PA 生产线，FCOL（引线框倒装）出货量全球最大，拥有 100 条倒装生产线，以及 30 多条 SiP 和 SMT 生产线。

滁州厂以小信号分立器件、WB 引线框架产品为主。该厂生产的产品尽管比同类产品要贵 10%，还是供不应求。

宿迁厂以脚数较低的 IC 和功率器件为主，低成本是其竞争优势。

长电科技的七大生产基地都各具特色，涵盖高、中、低技术，可以满足全世界所有客户全方位的需求。长电科技这七座工厂在技术布局和成本构成上配合均衡，可以全面覆盖全球一线客户的需求。同时，长电科技具备了“一流的技术、国际顶尖客户、充足的资金、国际化经营团队”四大条件加上中国市场的快速发展。

● 通富微电

2017年，通富微电成功完成了 Cu Wafer 工艺导入并实现了 Cu to Cu Pad 焊接技术开发；开发了国内第一款整合控制芯片 IC 及 High/low-side MOSFET 及周边电感大电流的电源模块，并且首次结合 FC+CLIP，项目开发为后续 PSiP 的产品发展奠定了基础；首创了 PKG Top Press-fit Pin Type 结构的大功率模板，与 House Type 结构的模块相比具有外形尺寸小、质量小、可靠性高、集成度高的特点；成功开发了 CoW（Chip on Wafer）的三维封装技术，在 CoW 三维封装技术中，由于芯片面对面地以凸点连接，电连接长度短，因此封装体具有更快的通信速度、更大的频宽、更小的 RLC、更低的成本等特点，为后续晶圆级封装不断拓展奠定了基础。

2017 年通富微电子股份有限公司开发出基于高可靠汽车电子智能控制的传感器封装技术，开拓了产业化大生产的渠道。

● 华天科技（昆山）

2017 年，华天科技（昆山）研发了一系列先进封装技术，开发了 0.25mm 超薄指纹封装工艺，实现了国内目前领先的射频产品 4G PA 的量产；MEMS 产品实现了多元化发展，开发了心率传感器、高度计及 AMR 磁传感器并成功实现量产；eSiFO 技术进入从研发向小批量生产的转化阶段，直孔 3D eSiFO 技术原型验证成功，为未来实现 3D SiP 和终极芯片级晶圆系统先进封装创造了较好的条件。

3．江苏省集成电路封装产业发展重点已初见成效

世界集成电路封装主流技术聚焦于先进封装技术，主要包括先进的倒装芯片封装（FC）、晶圆级封装（WLP）、金属凸点封装（Bumping）、扇出型封装（Fan-out）、系统级封装（SiP）、2.5/3D TSV 等。受到移动智能终端基带芯片、应用处理器、无线通信芯片、高端视频芯片市场的推动，扇出型晶圆级先进封装（Fan-out WLP）得到快速发展；2.5D/3D 硅穿孔（TSV）封装技术仍是属于具有挑战性的高阶封装领域。在晶圆级扇入封装、微凸点、芯片尺寸倒装封装、三维晶圆级封装（3DWLCSP）等先进封装领域。江苏省封装企业的技术与世界先进水平正在接近，在 3DWLCSP、3DIC 的 TSV 技术、晶圆级扇出技术（二维、三维）已成为各企业追求先进封装的核心技术。

2017 年江苏省集成电路封装先进技术取得的成绩：

- 2.5D 和 3D 芯片系统级封装（SiP）有长电科技；
- 晶圆级封装（WLP）有长电科技、晶方科技、华天科技、通富微电；
- 晶圆凸点（BumPing）有长电科技、通富微电；
- 倒装焊（FC）有长电科技、通富微电；
- 封装叠层技术（POP）有长电（星科金朋）；
- 硅通孔（TSV）有长电科技、晶方科技、华进先导等。

江苏省集成电路封装先进技术发展重点：

- 晶圆级封装，包括 2.5D/3D IC/扇出型三维晶圆级封装，实现轻、薄、短、小的封装；
- 基板封装，实现增加引脚数、减小体积、改善导电性，实现多芯片模块化；
- 板级封装（FOPLP）及类似的扇出型晶圆级封装（FOWLP）可降低封装成本的一种新途径，实现大尺寸、低成本制作。
- 加大对先进封装材料和装备的发展支持力度，先进的封装技术离不开先进的设备和材料的支撑。
- 关注新技术的研发进展动向，如关注 1 微米线宽的系统集成技术（包括 5D/3D/Fan-Out 等）、10 纳米以下的 FC/BumPing 技术，面向复杂产品应用的先进的 SiP 技术、先进的 TSV 技术、先进的晶圆级集成技术和板级封装技术。
- 引进、吸收、培养封装产业各级优秀人才。

在高端先进封装技术上还有一定的差距，特别是在 HDFO/2.5D/3D 领域需加大资金投入。

六、2017 年江苏省集成电路封测业投资情况

2017 年江苏省集成电路封测业实现了多个投资项目，为发展江苏省集成电路产业起到了推进器作用。

- 中芯长电半导体（江阴）有限公司第二期工程于 2016 年 7 月正式奠基，2017 年工

程顺利进展。二期工程总投资10.5亿美元，主产12英寸凸块和再布线加工服务，实现提供世界一流的中段硅片制造和测试服务。

- 2017年，韩国纳沛斯公司在淮安投资3亿美元（注册资本为7400万美元）的一期建8英寸封装线进入正常量产。二期建12英寸的多元化晶圆凸块（BumP）封装及服务。年产能8/12英寸晶圆片236万片，COF封装10亿颗。
- 2017年2月12日，中芯长电、中芯国际、国家大基金、美国高通公司投资的中芯长电3D芯片及封装二期项目开工，总投资为80亿元，主产12英寸高密度凸块加工和3D集成电路芯片集成制造服务；二期项目以加工14纳米芯片封装为主，预期在2022年竣工，年产值10亿美元。
- 2017年2月12日，紫光集团决定在南京投资300亿元（与投资300亿美元建12英寸晶圆线相配套），建设紫光南京半导体国际产业园（基地），园区规划由集成电路封测生产线及科技园、国际学院、公寓等组成。
- 欧司朗光电于2017年4月14日投资1.95亿欧元，在无锡开工二期工程，以生产LED芯片与封装，将于2019年投产。
- 2017年4月26日台湾欣铨科技在南京投资1.4亿美元建集成电路封测生产线。
- 2017年5月18日，通富微电与英飞凌科技在合肥建4.0智能制造生产线。
- 2017年6月21日上达电子邳州投资85亿元建高精密超薄柔性封装基板，月产能18kk双面卷COF产品。
- 2017年6月26日，通富微电在厦门海沧区投资70亿元建集成电路封装工厂，采用3D凸块、FC、WLCSP、SiP等先进封装技术生产。
- 2017年6月28日，常州欣盛公司投资5亿元，建封装载带，用于COF/SiP、COF-IC柔性芯片封装载带等。
- 华润微电子在深圳龙岗投资建二期集成电路封装工程，预计2018年投产，年产能1亿块。
- 2017年7月19日通富微电投资O2专项“YCB-NCP技术为基础的高密度系统集成封装量产技术开发与产业化项目”。
- 2017年9月30日，长电科技非公开募集资金45.5亿元，其中32.2亿元用于产能扩张。
- 2017年11月24日，紫光集团以10.26亿元，收购矽品科技（苏州）30%的股份。
- 2017年12月9日，南京芯华锦材料公司投资10亿元，建主产锡球、电镀球、锡膏等产线，年产能120万kk。
- 2017年12月12日，江苏恒丽建主产存储器（Memory）等封测领域产品线，2018年可建成。
- 2017年12月30日，大基金以6.8亿元入股苏州晶方科技，持股9.32%。

第十四节　2017 年江苏省半导体分立器件产业发展情况

一、2017 年江苏省半导体分立器件产业概况

江苏省是全国半导体分立器件制造大省之一，国内半导体分立器件出口量排名前三，市场比重逐年提高。具有产业基础雄厚、产业链齐全、人才集聚等优势，在全国占有重要的地位。2017 年江苏省半导体分立器件生产企业有 43 家。

1．2017 年江苏省半导体分立器件销售收入情况

2017 年江苏省半导体分立器件销售收入达 166.3 亿元（已包含在集成电路晶圆和封测业销售收入中），同比增长 15.3%（见图 4.14.1）。分立器件销售收入占 2017 年江苏省集成电路晶圆业和封测业销售收入的 14.79%，同比增速提升 1.6 个百分点。

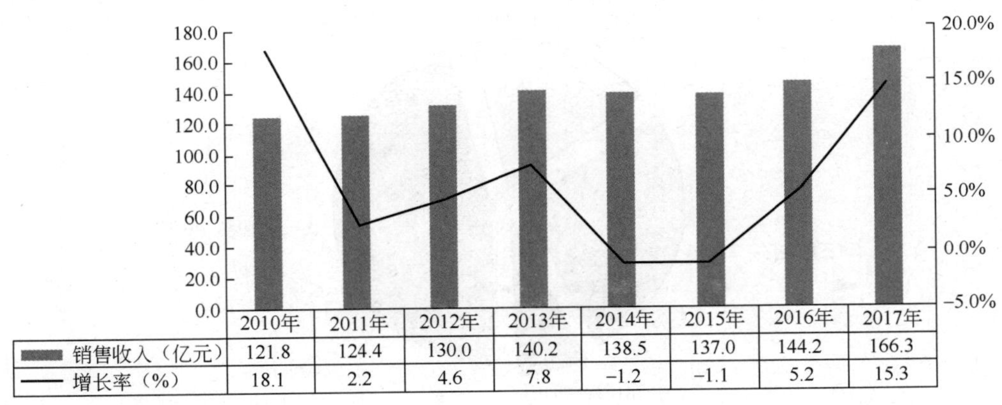

	2010年	2011年	2012年	2013年	2014年	2015年	2016年	2017年
销售收入（亿元）	121.8	124.4	130.0	140.2	138.5	137.0	144.2	166.3
增长率（%）	18.1	2.2	4.6	7.8	−1.2	−1.1	5.2	15.3

CAGR=4.55%（2010—2017年）

图4.14.1　2010—2017年江苏省半导体分立器件销售收入及增长情况

2．2017 年江苏省半导体分立器件产品产量情况

2017 年江苏省半导体分立器件产品产量约为 973.1 亿只，同比增长 5.96%；占到全国半导体分立器件总产量的 13.3%，如图 4.14.2 所示。

3．2017 年江苏省半导体分立器件产业占有全国半导体分立器件的比重

我国半导体分立器件产业地区分布相对集中，企业主要分布在江苏、广东、四川、安徽等省市，占全国的 80%以上。

2017 年国内半导体分立器件行业产量分布仍然呈现区域集中格局。据不完全统计，长三角地区占 46.3%，珠三角地区占 27.3%，京津环渤海湾地区占 7.2%，其他地区占 19.2%，如图 4.14.3 所示。

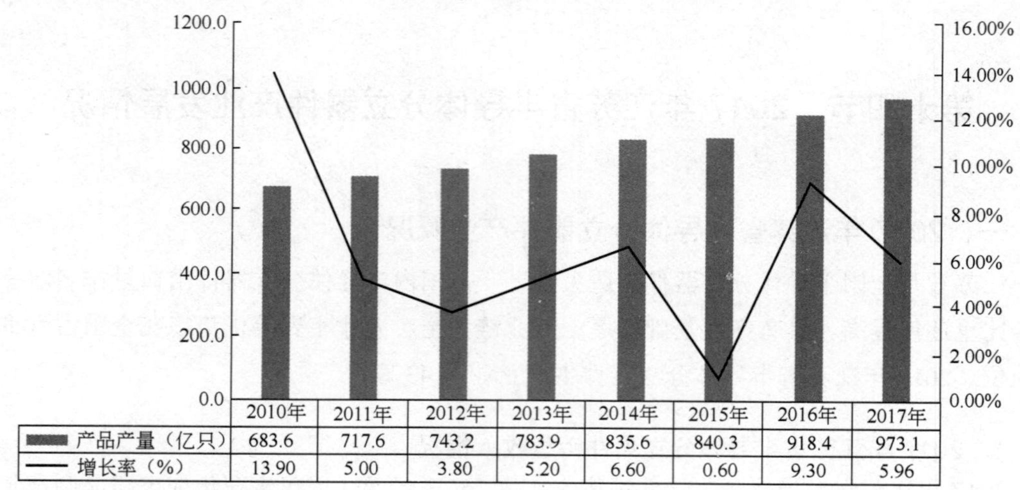

图4.14.2 2010—2017年江苏省半导体分立器件产品产量及增长情况

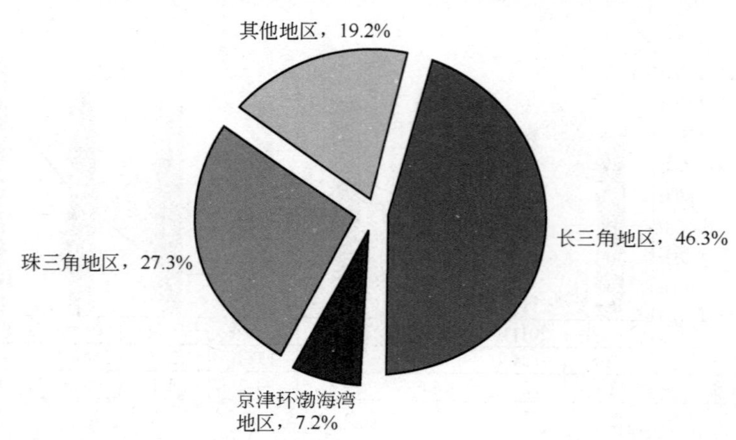

图 4.14.3 2017 年我国半导体分立器件产量区域分布格局

2017 年江苏省半导体分立器件销售收入占全国同业销售收入的 6.7%，占比率同比提升 0.3 个百分点，见表 4.14.1。

表4.14.1 2010—2017年江苏省半导体分立器件销售收入在全国同业中所占比重 （单位：亿元）

指标名称	2010 年	2011 年	2012 年	2013 年	2014 年	2015 年	2016 年	2017 年	CAGR
全国分立器件收入	1135.4	1388.6	1390.0	1536.0	1872.4	1999.7	2237.7	2473.9	11.77%
江苏省分立器件收入	121.8	124.4	130.0	140.2	138.5	137.0	144.2	166.3	4.55%
江苏省占比	10.7%	9.0%	9.4%	9.1%	7.4%	6.9%	6.4%	6.7%	—

2017年，江苏省半导体分立器件产品产量在全国同业中的占比率比2016年又有下降（见表4.14.2）。连续几年占比率下降的主要原因：一是原本生产的分立器件的厂家进行产品结构调整，改做集成电路或把部分产品转移到外地生产；二是外省市的分立器件产业正在兴起，增速比江苏省快。

表4.14.2　2010—2017年江苏省半导体分立器件产品产量占全国的比重

（单位：亿只）

指标名称	2010年	2011年	2012年	2013年	2014年	2015年	2016年	2017年	CAGR
全国TR总产量	3403.9	4134.1	4146.5	4606.0	5316.0	5704.9	6433.0	7301.5	11.52%
江苏TR产量	683.6	717.6	745.2	783.9	835.6	840.3	918.4	973.1	5.17%
江苏TR占比	20.1%	17.4%	18.0%	17.0%	15.7%	14.7%	14.3%	13.3%	—

二、2017年江苏省半导体分立器件企业情况分析

1. 2017年江苏省半导体分立器件企业销售收入情况分析

2017年，根据统计会员单位数据分析，江苏省分立器件销售收入同比增长的企业数占84.6%。

2017年，分立器件销售收入增长率较大的企业有扬州晶新、力特半导体、常州银河世纪等。

2017年江苏省分立器件企业销售收入排名情况、销售收入增长率排名情况见表4.14.3和表4.14.4。

表4.14.3　2017年江苏省分立器件企业销售收入排名情况

序号	企业名称	序号	企业名称
1	江苏新潮科技集团有限公司	6	常州星海电子有限公司
2	力特半导体（无锡）有限公司	7	扬州晶新微电子有限公司
3	英飞凌科技（无锡）有限公司	8	无锡红光微电子股份有限公司
4	苏州固锝电子股份有限公司	9	南通华达微电子集团有限公司
5	常州银河世纪微电子有限公司	10	南通皋鑫电子股份有限公司

表4.14.4　2017年度江苏省分立器件企业销售收入增长率排名情况

序号	企业名称	序号	企业名称
1	无锡罗姆半导体科技有限公司	6	江苏新潮科技集团有限公司
2	扬州晶新微电子有限公司	7	苏州固锝电子股份有限公司
3	南通华达微电子集团有限公司	8	启东吉莱电子有限公司
4	力特半导体（无锡）有限公司	9	泰州海天电子科技股份有限公司
5	常州银河世纪微电子有限公司	10	南通皋鑫电子股份有限公司

2．2017年江苏省半导体分立器件企业产品产量完成情况分析

根据会员单位数据统计，2017 年度江苏省分立器件销售收入增长的幅度为 15.33%，销售收入增长幅度高于产量的增长，前几年增产不增收的情况得到改善，主要原因：一是部分分立器件产品涨价，二是部分企业产品结构调整，高附加值的产品有所增加。

根据会员单位数据统计，2017年度江苏省分立器件按产量排序的企业和按分立器件产量增长率排序的企业见表4.14.5和表4.14.6。

表4.14.5　2017年度江苏省分立器件企业产量排名情况

序号	企业名称	序号	企业名称
1	江苏新潮科技集团有限公司	6	力特半导体（无锡）有限公司
2	常州银河世纪微电子有限公司	7	无锡红光微电子股份有限公司
3	苏州固锝电子股份有限公司	8	南通华达微电子集团有限公司
4	英飞凌科技（无锡）有限公司	9	江苏东晨电子科技有限公司
5	常州星海电子有限公司	10	南通皋鑫电子股份有限公司

表4.14.6　2017年度江苏省分立器件企业产量增长率排名情况

序号	企业名称	序号	企业名称
1	苏州固锝电子股份有限公司	5	南通皋鑫电子股份有限公司
2	力特半导体（无锡）有限公司	6	江苏新潮科技集团有限公司
3	常州银河世纪微电子有限公司	7	泰州海天电子科技股份有限公司
4	南通华达微电子集团有限公司	8	江苏东晨电子科技有限公司

3．2017年江苏省半导体分立器件封测厂家产品情况

2017年江苏省半导体分立器件封测厂家产品情况见表4.14.7。

表4.14.7　2017年江苏省半导体分立器件封测厂家产品情况

序号	公司名称	主要产品
1	江苏长电科技股份有限公司	SOT/SOD系列、DFN/FBP系列、TO系列、中大功率系列
2	南通华达微电子集团有限公司	SOT-23、SC70、SOT89、SOT223、TO92、TO251、TO252、TO263、TO220、TO247
3	苏州固锝电子股份有限公司	TO-220AB、TO-220AC、TO-263
4	英飞凌科技（无锡）有限公司	SOT-23、SOD323
5	常州银河半导体控股有限公司	SOT/SOD系列、DFN系列
6	罗姆半导体（中国）有限公司	SOT/SOD系列、二极管、三极管
7	无锡华润华晶微电子有限公司	TO-92系列、SOT/SOD系列、TO-126、TO-220、TO-251/252系列

续表

序号	公司名称	主要产品
8	无锡红光微电子股份有限公司	SOT-223、SOT-23-23L/25L、SOT-89、TO-252/251、TO-92/92L/92S、TO-126、TO-200/5L、7L、TO-200、TO-263、TO-247、TO-3P、MEMS 以及 QFN、DFN、ESOP/8、DFN
9	启东吉莱电子股份有限公司	TO3P、TO-220B/C/P/F、TO-220 ST、TO-247、TO-220 M-1/M-2、TO-220 HD、TO-126/D、TO-92、TO-251/252/263、SOT223、SOT/89-3L、SOT23
10	江苏东晨电子科技有限公司	SMB（DO-214AA）、DO-15、SMA（DO-214AC）、SMAFL、SOP-8、TO-3P、TO-3PN、TO-92、TO-126、TO-202-3、TO-220、TO-220F、TO-247、TO-251、TO-252、TO-262、TO-263、GBJ15（20～80）、模块、凸台式、GBU、GBJ、GBPC、KBP、GBL、KBJ、KBU、KBL、MB-M、MB-S、DB1、DB1S、DB15、DB15S、AR/ARS
11	泰州海天科技股份有限公司	TO-92、TO-126、TO-220、TO-220F、TO-3PB

三、2017 年江苏省半导体分立器件产业技术进步情况

1．2017 年江苏省半导体分立器件创新产品和技术

由中国半导体行业协会、中国电子材料行业协会、中国电子专用设备工业协会、《中国电子报》组织有关专家共同评出“第十二届（2017 年度）中国半导体创新产品和技术”项目，江苏省半导体分立器件企业在“分立器件（半导体功率器件、光电器件）、MEMS”产品类中，有 3 家企业获得殊荣，占到 37.5%，它们是江苏捷捷微电子、苏州锴威特和无锡华润华晶公司（见表 4.14.8）。

表4.14.8　2017年中国半导体分立器件（半导体功率器件、光电器件）、MEMS产品类江苏省获评项目

专业序号	单位名称	产品和技术
3	江苏捷捷微电子股份有限公司	高冲击性能低漏电密度的单向低压 TVS 器件
7	苏州锴威特半导体有限公司	1500V 高压功率 MOSFET CS4N150
8	无锡华润华晶微电子有限公司	600V 沟槽场双屏蔽型高压 MOSFET 芯片

2．2017 年江苏省半导体分立器件企业进入全国同业十大企业的名录

由于半导体分立器件企业坚持以科技创新为主要推动力的理念，以市场热点产品为抓手，在 2017 年取得不错的成绩，经中国半导体行业协会、中国电子材料行业协会、中国电子专用设备工业协会和《中国电子报》组织有关专家共同评出“2017 年中国半导体功率器件十强企业”和“2017 年半导体 MEMS 十强企业”，其中江苏省半导体分立器件企业有 5 家：扬州扬杰电子、苏州固锝电子、无锡华润华晶、常州银河世纪微电子、无锡新洁能公

司，占到十强的半数（见表4.14.9）。在MEMS十强企业中，江苏企业有5家：美新半导体（无锡）、苏州敏芯微、苏州明皜传感科技、苏州迈瑞微和苏州感芯微系统等公司，占十强企业的50%（见表4.14.10）。说明江苏省半导体分立器件企业实力深厚和创新能力的强劲。

表4.14.9　2017年中国半导体功率器件十强企业

2017年排序	2016年排序	企业名称
2	2	扬州扬杰电子科技股份有限公司
3	3	苏州固锝电子股份有限公司
4	4	无锡华润华晶微电子有限公司
6	6	常州银河世纪微电子股份有限公司
7	9	无锡新洁能股份有限公司

表4.14.10　2017年中国半导体MEMS十强企业

2017年排名	2016年排名	企业名称
3	3	美新半导体（无锡）有限公司
5	7	苏州敏芯微电子技术有限公司
6	8	苏州明皜传感科技有限公司
9	6	苏州迈瑞微电子有限公司
10	—	苏州感芯微系统技术有限公司

3. 2017年江苏省半导体分立器件产业技术发展动态

分立器件因某些不可替代的功能，在大功率、大电流、高电压、低噪声、高频率、低功耗等方面具有某些不可替代的功能。2017年，江苏省半导体分立器件产品生产企业根据各自的技术研究方向，重点关注以下几方面：一是从高压大电流的GTO到高频多功能的IGBT；功率MOSFET的自关断；全控型器件；将Si、GaAs微波功率器件、功率MOS器件、光电子器件、变容管、肖特基二极管等产品，向着集成化、复合化、模块化及功率集成方向发展。二是开发和生产以SiGe、SiC、InP、GaN等化合物半导体材料为基础的新型器件。三是分立器件封装向小型化的SOT-723/923、SOD-723/923、DFN/FBP 1006等封装发展。四是开发和生产大功率LED产品、MEMS传感器产品及功率IGBT产品等。

2017年，苏州固锝电子、常州银河，无锡美新、苏州纳米科技、苏州明皜、华润微电子、江苏东晨、江苏捷捷、苏州能讯、无锡力芯等公司在新产品研发和上市上量方面都取得了很大的进步和较好的业绩。

4．2017 年江苏省半导体分立器件产业存在的不足

长期以来，我国半导体分立器件行业整体技术水平与国际先进技术水平相比存在较大差距，国产分立器件主要品牌厂商以中低端市场为主，集中在传统的小功率二极管、三极管、小功率 MOS、小功率 TVS、功率三极管、功率肖特基管等，高端产品市场的份额相对较小。目前，军品电子、汽车电子、充电桩、无人机、品牌手机等高端应用市场仍是国外厂商的天下，我国半导体分立器件制造企业的产品要想进入国际大型整机厂商的采购体系仍有相当大的难度。

四、江苏省半导体分立器件产业展望

1．半导体分立器件产业市场的特点

半导体分立器件是半导体业的重要分支，市场规模仅次于集成电路，由于下游应用市场的需求变动对半导体分立器件行业的发展具有较大的牵引及驱动作用，因此国家经济刺激政策的实施及新能源、新技术的应用成为半导体分立器件市场规模拓展的关键因素。

2018 年，我国半导体分立器件产业市场将呈现成长扩大的格局。随着国产制造行业经济形势开始好转，其中传统行业（如家电、仪表等）受到国家相关政策的激励，加上自身的产品质量稳步提高、品种多样化、功能多样化，扩大了市场占有率。在手机行业，国产手机销售稳步扩大，尤其是华为手机，逐渐成为国产手机的翘楚。国产制造业的增长，带动了整个元器件市场的增长。近年来，新能源汽车、轨道交通、充电桩、智能电网、节能环保、变频家电和便携医疗电子设备已逐渐成为国内半导体分立器件产业持续的增长点，加上 MOSFET、IGBT 和半导体激光器等新兴产品的快速增长，以及国内半导体分立器件生产企业在技术研发、先进装备方面进行了大量投资，紧跟国际先进企业的技术发展方向，并向高端产品领域渗透，皆极大地推动了国内分立器件市场的增长。

2．半导体分立器件产业发展的重点

信息产业数字化、智能化、网络化的不断推进，新材料和新技术的不断涌现，都将对半导体分立器件未来的发展产生深远的影响。

从产品发展来看，为适应市场需求的快速变化，新型半导体分立器件将不断呈现，通过采用新技术、新结构设计、新制造工艺和封装工艺等，半导体分立器件产品会持续向着高频、宽带、高速、低噪声、大功率、大电流、高灵敏度、低功耗、低成本、高可靠、高集成度、微小型等方向发展。

从半导体材料的发展来看，以 SiC（碳化硅）和 GaN（氮化镓）为代表的宽禁带半导体材料以高效的光电转化能力、优良的高频功率特性、高温性能稳定和低能量损耗等优势，成为支撑信息、能源、交通、先进制造、国防等领域发展的重点新材料，但他们不会取代硅半导体材料。未来，SiC、GaN 和硅将在不同的应用领域发挥各自的作用，占据各自的

市场份额。更宽禁带半导体材料氮化铝、氧化镓、金刚石的研发也有很大进展。展望未来，进一步加强宽禁带半导体研发与产业化，对军事国防安全和战略新兴产业发展将具有举足轻重的作用。

从市场发展来看，硅半导体器件目前仍占主流。2017 年，硅半导体市场规模在 80%以上，化合物半导体市场整体市场规模不到 20%。以 SiC、GaN 为代表的宽禁带半导体材料是未来趋势，目前在高端应用中有使用。据预测，SiC 市场规模在 2020 年将上涨到 5 亿美元，复合年均增长率预计将达 19%；GaN 市场规模有可能达到约 6 亿美元。到 2020 年，我国 SiC 与 GaN 功率器件产业整体市场规模将达到 226 亿元，其中 SiC 市场规模接近 85 亿元。2015—2020 年，我国 SiC 电力电子器件复合增长率将超过 40%。虽然相对硅半导体市场，SiC、GaN 市场还显得微不足道，不过，SiC、GaN 技术凭借其高性能和高频解决方案的适用性，短期内预计将展现巨大的市场潜力。目前，全球已有超过 30 家公司在电力电子领域拥有 SiC、GaN 相关产品的生产、设计、制造和销售能力。

需求端的复苏和新兴市场的崛起导致了 2017 年被动元器件（如 MLCC、功率器件 MOSFET、存储芯片 NANDFlash、DRAM 等）的缺货和价格的上涨。2018 年年初行业曝出诸如电阻、电感等被动元器件，电源管理芯片，LED 驱动芯片都出现了不同程度的缺货。随着国内外原厂在 2018 年元旦前后，发布新的涨价通知，正式掀开了 2018 年半导体持续供应紧缺的序幕。

3. 江苏省半导体分立器件产业发展预测

全球半导体产业竞争加剧，中国半导体产业自主可控力量正在崛起，下游应用市场的需求变动对半导体分立器件行业的发展具有较大的牵引及驱动作用，加上国家经济刺激政策的实施和新能源、新技术的应用均成为半导体分立器件市场规模拓展的关键因素。据预测，未来 5 年，受通信升级、图像识别、智能控制系统、物联网设备等强劲的需求拉动，中国半导体分立器件将以平均每年 3.1%的速度提升，江苏省半导体分立器件预计以 5%的速度提升。半导体分立器件作为半导体产业的重要组成部分，随着“十三五”规划的实施，在各领域得到更广泛的应用，分立器件产业将继续保持平稳的发展势态。

第十五节　2018 年江苏省集成电路产业发展预测

2018 年世界经济正处于由复苏到增长的发展期，但也充满贸易保护主义冲击的潜流和地区动荡等不稳定因素的干扰。

2018 年中国经济在“中国制造 2025”和“一带一路”的引领下，以稳中求进的工作总基调，贯彻新发展理念，落实高质量发展要求，以供给侧结构性改革为主线，着力打好防范化解重大风险等三大攻坚战，加快改革开放步伐。

当前由美国挑起的中美贸易战的蔓延和“中兴事件”美国对中国电子信息产业的冲击，对中国集成电路产业的发展会有一定的干扰，但同时也是江苏省集成电路产业界奋起赶超、积极进取的机遇。

随着 2018 年新建和扩产项目进入试产和量产阶段，集成电路产业链企业数量增加和产能的增长幅度将明显大于 2017 年。预计 2018 年江苏省集成电路产业总规模有望接近 2000 亿元。

预计 IC 设计业销售收入 237.49 亿元，同比增长 22.0%；IC 晶圆业销售收入 270.01 亿元，同比增长 9.8%；IC 封测业将有可能超过千亿元大关，销售收入达到 1030.96 亿元，同比增长 17.4%；IC 产业三业销售收入将达到 1318.73 亿元，同比增长 16.66%；IC 支撑业销售收入预计为 399.20 亿元，同比增长 8.2%，见表 4.15.1。

表4.15.1　2018年度江苏省集成电路产业发展规模预测

序	指标名称	单位	2018 年度预测	2017 年度实绩	同比（±%）
集成电路主业销售收入		亿元	1538.46	1318.73	16.66
1	其中：IC 设计业	亿元	237.49	194.66	22.0
2	IC 晶圆业	亿元	270.01	245.91	9.8
3	IC 封测业	亿元	1030.96	878.16	17.4
IC 支撑业销售收入		亿元	399.20	368.95	8.2
合　　　计		亿元	1937.66	1687.68	14.81

2018 年是江苏省集成电路产业发展充满希望的一年。

第五章

2017 年江苏省集成电路支撑业发展情况

第一节　2017 年江苏省集成电路支撑业总体发展情况

江苏省集成电路支撑业由集成电路专用装备（设备、仪器、工模具）和专用材料（塑封料、内引线、外引线、基板、掩模板、光刻胶、硅材料、石英、磨抛材料、零部件、化学试剂、特种气体等）组成，是集成电路产业的重要组成部分，是支撑集成电路产业发展的有力基石。

江苏省集成电路支撑业发展起源主要依托苏南地区和半导体产业发达的上海市、浙江省，经过多年的发展，形成了较为完备的支撑业产业链体系，同时也有力地促进了江苏省集成电路产业的快速发展。

一、2017 年江苏省集成电路支撑业发展规模

2017 年江苏省集成电路支撑业发展主要得益于我国及江苏省集成电路产业的快速发展，也受益于 LED、LCD、TFT、太阳能光伏业等相关产业市场快速增长对各类基础原材料、设备的需求明显增加。

2017 年江苏省集成电路支撑业销售总收入为 369.0 亿元，同比增长 9.4%，增速同比提升 2.7 个百分点；占江苏省集成电路产业销售收入的 21.86%，同比下降 1.66 个百分点，如图 5.1.1 所示。

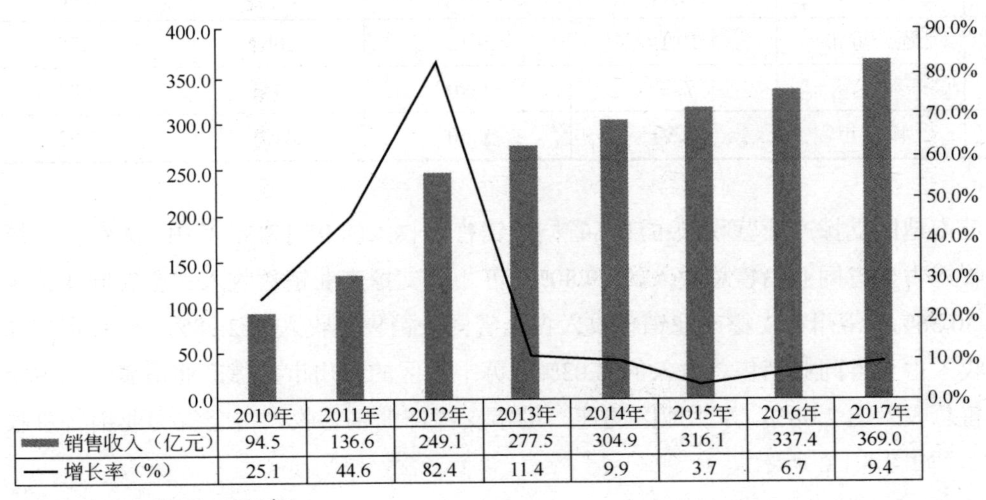

	2010年	2011年	2012年	2013年	2014年	2015年	2016年	2017年
销售收入（亿元）	94.5	136.6	249.1	277.5	304.9	316.1	337.4	369.0
增长率（%）	25.1	44.6	82.4	11.4	9.9	3.7	6.7	9.4

CAGR=21.48%（2010—2017 年）

图 5.1.1　2010—2017 年江苏省集成电路支撑业发展规模及增长情况

二、2017 年江苏省各地区集成电路支撑业发展情况

江苏省集成电路支撑业有 90 余家企业，主要集中在无锡、苏州、常州、连云港、泰州、南京等城市，各地产业发展各具特色。苏州市集成电路支撑业主要是以外资企业为主，其他城市以内资企业为主，见表 5.1.1 和表 5.1.2。

表5.1.1　江苏省各主要地区集成电路支撑业产品类别

序号	城市	支撑业产品大类
1	苏州市	电子专用设备、超净设备、引线框、塑封料、光刻胶、内引线、化学试剂、各种气体
2	无锡市	电子专用设备仪器、引线框、塑封料、化学品试剂、各种气体
3	连云港市	塑封料
4	常州市	电子设备仪器
5	泰州市	引线框
6	南京市	电子设备仪器、引线框

表5.1.2　2017年度江苏省各地区集成电路支撑业发展情况　（单位：亿元）

序号	城市名称	2017 年度	2016 年度	同比（±%）	2017 年度占比（%）
1	无锡市	220.62	196.14	12.48	59.80
2	苏州市	112.00	108.30	3.40	30.36
3	常州市	11.00	10.40	5.77	2.98
4	连云港市	10.14	9.13	11.06	2.75
5	泰州市	7.69	6.90	11.45	2.08
6	南京市	7.50	6.50	15.40	2.03

苏南地区支撑产业营收额占江苏省同业销售总收入的 95.17%。其中，无锡市支撑产业销售收入占全省同业销售总收入的 59.80%；苏州市支撑产业销售收入占全省同业销售总收入的 30.36%；常州市支撑产业销售收入占全省同业销售总收入的 2.98%；南京市支撑产业销售收入占全省同业销售总收入的 2.03%。苏中地区的泰州市支撑产业销售收入占全省同业销售总收入的 2.08%。苏北地区的连云港市支撑产业销售收入占全省同业销售总收入的 2.75%，如图 5.1.2 所示。

图 5.1.3 和图 5.1.4 分别给出了 2010—2017 年无锡市和苏州市集成电路支撑业发展规模及增长情况。

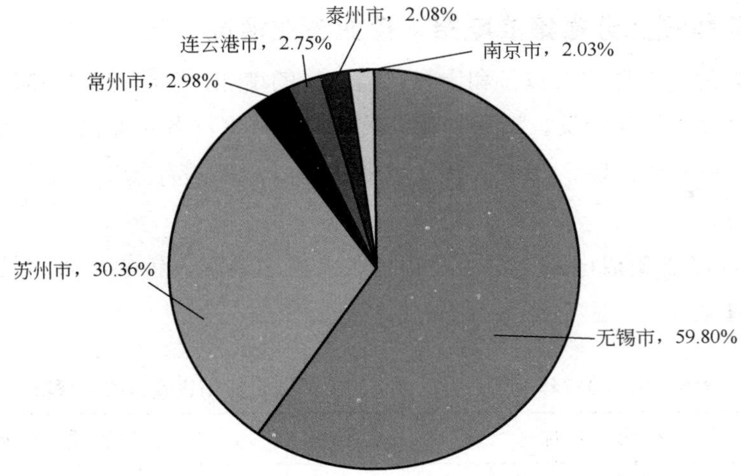

图 5.1.2　2017 年江苏省集成电路支撑业地区销售收入占比

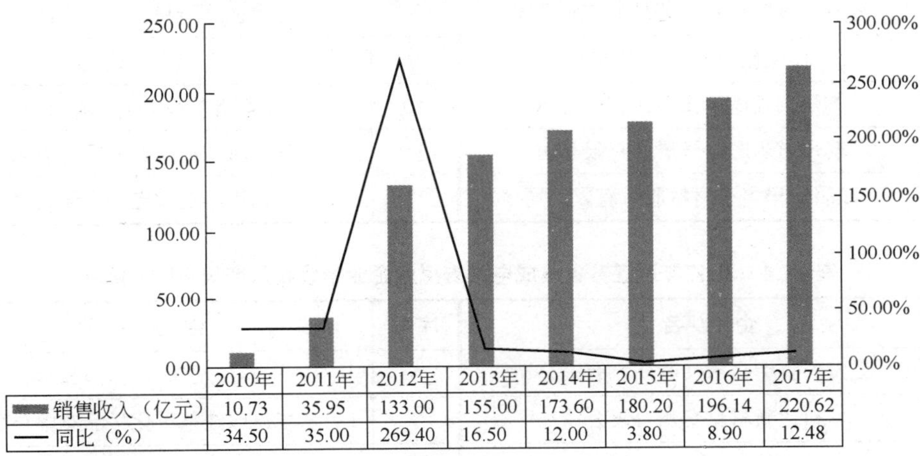

	2010年	2011年	2012年	2013年	2014年	2015年	2016年	2017年
销售收入（亿元）	10.73	35.95	133.00	155.00	173.60	180.20	196.14	220.62
同比（%）	34.50	35.00	269.40	16.50	12.00	3.80	8.90	12.48

CAGR=54.02%（2010—2017 年）

图 5.1.3　2010—2017 年无锡市集成电路支撑业发展规模及增长情况

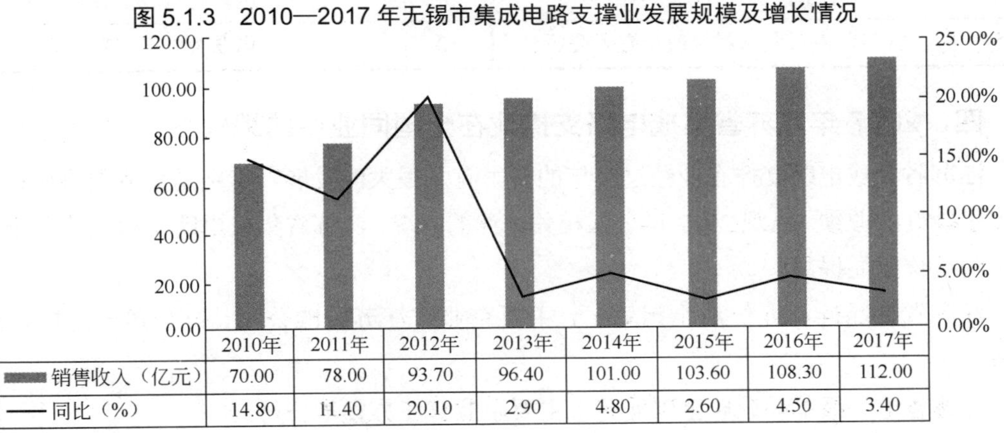

	2010年	2011年	2012年	2013年	2014年	2015年	2016年	2017年
销售收入（亿元）	70.00	78.00	93.70	96.40	101.00	103.60	108.30	112.00
同比（%）	14.80	11.40	20.10	2.90	4.80	2.60	4.50	3.40

CAGR=6.94%（2010—2017 年）

图 5.1.4　2010—2017 年苏州市集成电路支撑业发展规模及增长情况

三、2017 年度江苏省集成电路支撑业企业情况

2017 年度，随着制造业对设备和原材料需求量的增加，江苏省集成电路支撑业企业产品的销量和销售收入明显增长。根据统计会员单位的数据，各企业销售收入均有不同程度的增长，个别单位有所下降。2017 年度销售收入增长较多的有苏州爱发科、科化新材料、江阴康强等公司。

2017 年度江苏省集成电路支撑企业销售收入排名情况、销售收入增长率排名情况见表 5.1.3 和表 5.1.4。

表5.1.3　2017年度江苏省集成电路支撑业企业销售收入排名情况

序号	企 业 名 称	序号	企 业 名 称
1	苏州住友电木有限公司	7	江苏中鹏新材料股份有限公司
2	爱发科真空技术（苏州）有限公司	8	无锡创达新材料股份有限公司
3	江阴康强电子有限公司	9	江阴化学试剂厂
4	苏州瑞红电子化学品有限公司	10	泰州友润电子有限公司
5	泰州市永志电子器件有限公司	11	江苏华海诚科新材料股份有限公司
6	江阴润玛电子材料股份有限公司	12	无锡华友微电子有限公司

表5.1.4　2017年度江苏省集成电路支撑业企业销售收入增长率排名情况

序号	企 业 名 称	序号	企 业 名 称
1	爱发科真空技术（苏州）有限公司	6	泰州友润电子有限公司
2	科化新材料泰州有限公司	7	苏州瑞红电子化学品有限公司
3	江阴康强电子有限公司	8	泰州东田电子有限公司
4	长兴电子材料（昆山）有限公司	9	无锡创达新材料股份有限公司
5	江苏华海诚科新材料股份有限公司	10	无锡华友微电子有限公司

四、2017 年江苏省集成电路支撑业在全国同业中的地位

江苏省集成电路支撑企业经过多年的努力有了很大的发展，特别是集成电路材料企业取得了较好的业绩。纵观 2017 年全国相关产业的情况，江苏省集成电路支撑企业在全国同业中的地位明显提高。

江苏省多晶硅产业位居全国第一，主要企业有江苏中能公司，该公司产量居世界第一位。

江苏省电子级单晶硅居全国前茅，主要企业有江苏鑫华公司。

江苏省塑封树脂业位居全国第一，主要企业有江苏中鹏、华海诚科、衡所华威、长春塑封（常熟）、苏州住友等。

江苏省光刻胶业位居全国第一，主要企业有苏州瑞红。

江苏省电子化学试剂业位居全国第一，主要企业有江阴润玛、江阴江化、江阴试剂等。

江苏省内引线业位居全国第一，主要企业有贺利氏招远（常熟）电子材料公司、田中电子（苏州）公司等。

江苏省净化设备业位居全国第一，主要企业有苏州苏净集团公司。

江苏省引线框业位居全国前茅，主要企业有宁波康强（江阴）、宁波华龙（泰州）、南京长江电子、华晶利达电子、住矿电子（苏州）、顺德工业（中国台资）。

除此之外，江苏省集成电路支撑业的内资企业还比较弱小，不少企业生产的产品绝大部分只能满足 6 英寸及以下的半导体生产线使用，少量产品品种和类型能够供 8 英寸半导体生产线使用，现正在 12 英寸生产线试用。设备制造企业也偏少。现有的设备制造企业产品档次较低、产能有限。主要原因：一是缺乏专用设备制造技术人才；二是自行研制的设备上线验证难。江苏省集成电路专用设备制造企业与国内同行先进企业相比在技术水平、产品研发能力、经营规模各方面还存在较大的差距。

第二节　2017 年江苏省集成电路装备业发展情况

高、精、尖的半导体设备制造能力是衡量一个国家整体科技水平的标志之一。半导体设备资本支出数额反映了集成电路产业的状况，也是衡量总体经济态势的重要指标。

一、2017 年中国半导体设备制造业发展情况

1. 2017 年中国集成电路设备制造业销售收入情况

据中国电子专用设备工业协会对中国（大陆）36 家主要半导体设备制造商 2017 年半导体设备销售情况统计：2017 年中国半导体设备销售收入为 88.96 亿元，同比增长 55.2%，比 2016 年增速提升 33.7 个百分点，如图 5.2.1 所示。2017 年中国半导体设备完成出口交货值 10.84 亿元，同比增长 38.3%，比 2016 年增速提高 19.9 个百分点。

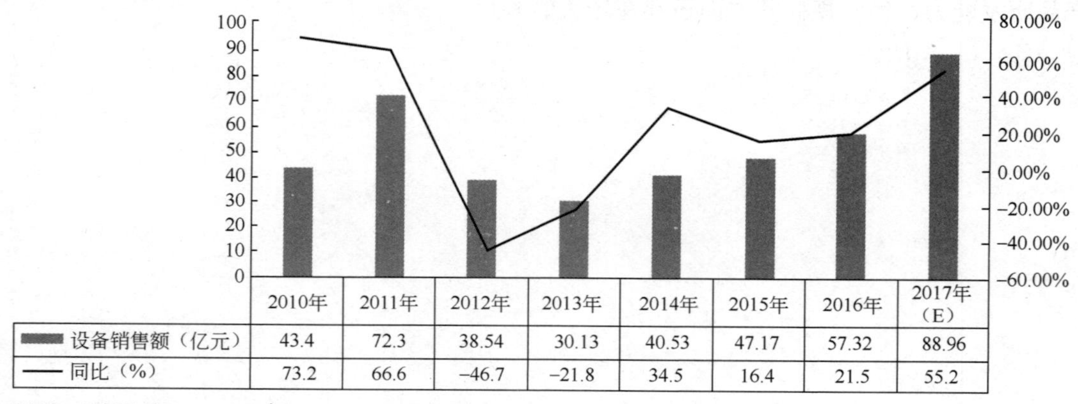

CAGR=10.80%（2010—2017 年）

资料来源：中国电子专用设备工业协会/Jssia 整理（2018.6）

图 5.2.1　2010—2017 年中国半导体国产设备销售收入规模及增长

2. 2017 年中国半导体国产设备产品规模及增长情况

2013—2017 年中国半导体国产设备产品销售规模及增长情况见表 5.2.1。2017 年中国半导体国产设备分类占比如图 5.2.2 所示。

表5.2.1　2013—2017年中国半导体国产设备销售规模及增长情况

设备大类	2013 年	2014 年		2015 年		2016 年		2017 年		CAGR
	销售收入（亿元）	销售收入（亿元）	同比（%）	销售收入（亿元）	同比（%）	销售收入（亿元）	同比（%）	销售收入（亿元）	同比（%）	
集成电路设备	10.34	15.96	54.4	22.92	43.6	28.13	22.7	28.47	1.2	28.82%
太阳能电池芯片设备	13.15	14.66	11.5	15.45	5.4	22.92	48.3	40.89	78.4	32.79%

续表

设备大类	2013 年	2014 年		2015 年		2016 年		2017 年		CAGR
	销售收入（亿元）	销售收入（亿元）	同比（%）	销售收入（亿元）	同比（%）	销售收入（亿元）	同比（%）	销售收入（亿元）	同比（%）	
LED 设备	5.06	7.14	41.1	5.86	−17.9	5.20	−11.3	16.91	225.2	35.21%
分立器件及其他设备	1.58	2.77	75.3	2.94	6.1	1.07	−63.6	2.69	151.4	127.5%
合计	30.13	40.53	34.5	47.17	16.4	57.32	21.5	88.96	55.2	31.08%

资源来源：中国电子专用设备工业协会/Jssia 整理（2018.6）

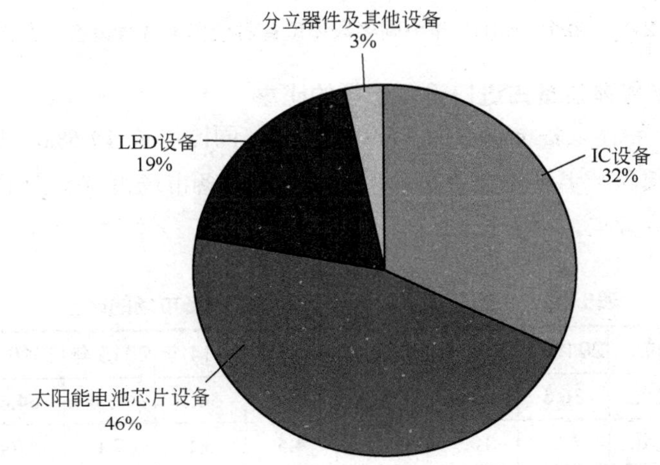

图 5.2.2　2017 年中国半导体国产设备分类占比

3．2017 年中国集成电路国产设备占半导体设备的比重

2017 年中国集成电路国产设备销售收入为 28.47 亿元，占全国半导体设备销售收入 88.96 亿元的 32.0%，占比率下降 17.1 个百分点，如图 5.2.3 所示。

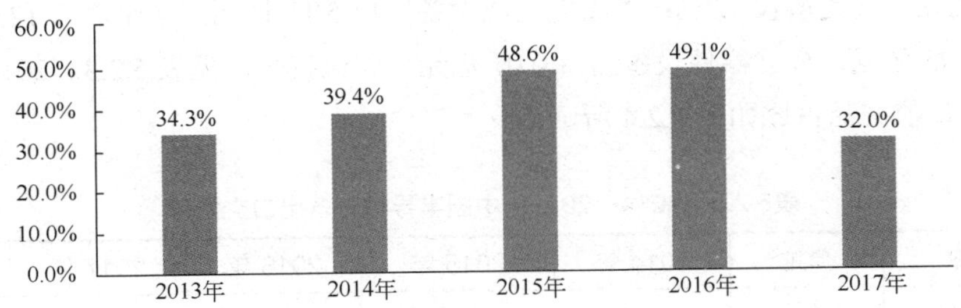

图 5.2.3　2013—2017 年中国集成电路国产设备在半导体设备制造业中的占比

4．2017 年中国半导体设备占世界半导体设备营收额的比重

2017 年中国半导体设备营收额约 13.4 亿美元，占世界半导体设备营收额的 2.40%，如图 5.2.4 所示。

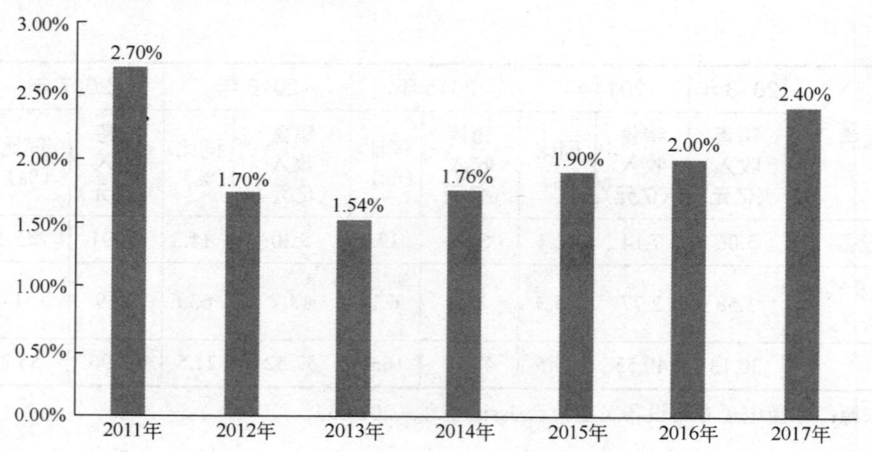

图 5.2.4　2011—2017 年中国半导体设备占世界半导体设备业的比重

5．中国国产半导体设备占进口设备市场的比重

2017 年中国半导体设备进口额为 75.9 亿美元，同比增长 17.5%，占世界市场总值的 13.4%。2017 年中国国产半导体设备在中国大陆进口设备市场占有率为 17.7%，比 2016 年占有率提升 4.2 个百分点，见表 5.2.2。

表5.2.2　中国国产半导体设备占进口设备市场的比重

指标名称	单位	2010 年	2011 年	2012 年	2013 年	2014 年	2015 年	2016 年	2017 年	CAGR
进口设备总值	亿美元	36.8	48.3	31.3	37.6	50.3	53.6	64.6	75.9	10.9%
国产设备总值	亿美元	6.5	10.9	5.8	4.5	6.1	7.1	8.74	13.4	10.89%
占比	%	17.7	22.6	12.0	11.9	12.1	13.2	13.5	17.7	—

注：以 2017 年汇率 1：6.65 折算。

6．2017 年中国半导体设备出口情况

2017 年中国半导体设备出口额为 10.84 亿元，同比增长 38.3%，其中，集成电路设备出口 5.61 亿元，同比增长 1.3%；太阳能电池设备出口 5.17 亿元，同比增长 123.8%；LED 设备出口 0.05 亿元，分立器件设备出口 0.01 亿元，同比持平，见表 5.2.3。2017 年中国半导体设备出口值产品占比如图 5.2.4 所示。

表5.2.3　2014—2017年中国半导体设备出口交货值

指标名称	单位	2014 年	2015 年	2016 年	2017 年	CAGR
出口交货值	亿元	4.41	6.62	7.84	10.84	34.96%
同比	%	—	50.1	18.4	38.3	—

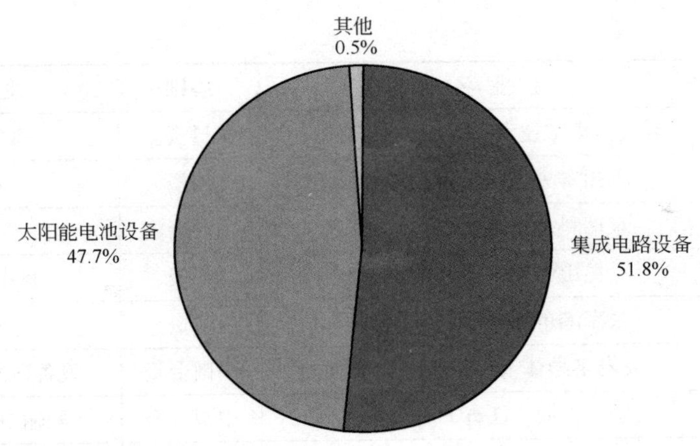

图 5.2.5　2017 年中国半导体设备出口值产品占比

7．2017 年中国半导体设备实现利润情况

2017 年中国半导体设备实现利润总额为 18.08 亿元，同比增长 26.6%，见表 5.2.4。

表5.2.4　2014—2017年中国半导体设备实现利润情况

指标名称	单位	2014 年	2015 年	2016 年	2017 年	CAGR
实现利润	亿元	8.48	10.53	14.28	18.08	28.71%
同比	%	—	24.2	35.6	26.6	—

二、2017 年江苏省集成电路装备业发展情况

江苏省集成电路装备业的发展起源于产业初创时期的自我武装，家底薄、技术力量落后，经过几十年的自我奋斗，取得了较好的业绩。

1．2017 年江苏省集成电路装备企业及分布情况

江苏省集成电路装备业企业主要集中在苏州市和无锡市，两市合计占江苏省总量的 90%以上，苏州市以外资和中国台资企业为主，无锡市以民资企业为主，见表 5.2.5。

表5.2.5　江苏省集成电路装备业主要企业及产品

城市	序号	企 业 名 称	类别	主 要 产 品
苏州市	1	江苏苏净集团有限公司	内资	净化设备
	2	库力索法半导体（苏州）有限公司	美资	键合设备及零部件
	3	均强机械（苏州）有限公司	中国台资	贴片机
	4	TOWA 半导体设备（苏州）有限公司	日资	塑封机
	5	爱德万测试（苏州）有限公司	日资	测试设备及部件
	6	永科电子科技（苏州）有限公司	新加坡	封包设备

续表

城市	序号	企 业 名 称	类别	主 要 产 品
苏州市	7	爱发科真空技术（苏州）有限公司	日资	真空镀膜设备
	8	苏州赛力精密工具有限公司	内资	切割刀片
	9	泉瑞科技（苏州）有限公司	中国台资	探针卡
	10	昆山中辰矽晶有限公司	内资	磨片机、抛光机
	11	张家港市德科超声有限公司	内资	清洗机
	12	安泰半导体（苏州）有限公司	中国台资	设备研发、生产、加工
	13	顺德工业（江苏）有限公司	中国台资	配输电设备、工模具
	14	昆山登祥光电设备有限公司	外资	光学仪器、工业成像等
	15	苏州斯利德电子有限公司	合资	磨片机、划片机、备件等
	16	苏州微影光电科技有限公司	内资	激光直接成像曝光机
	17	苏州美图半导体有限公司	内资	晶圆键合、光刻喷涂机
	18	苏州赫瑞特电子专用设备科技有限公司	外资	抛光机、研磨机、双面 磨机
	19	江苏艾科瑞思封装自动化设备有限公司	内资	装片机
无锡市	1	江阴新基电子设备有限公司	内资	分选机、贴片机、去飞边机等
	2	江阴新杰科技有限公司	内资	编带机
	3	无锡瑞达电子科技有限公司	内资	清洗机、贴片机等
	4	无锡华晶电子设备有限公司	内资	清洗机、去胶机等
	5	江阴格朗瑞科技有限公司	内资	编带机、分选机、装料机等
	6	无锡帕特纳科技有限公司	日资	热老化箱、高低温试验箱
	7	无锡南亚环境设备厂	内资	高低温烘箱
	8	无锡凯世通科技有限公司	内资	太阳能设备研发生产
	9	无锡超钰微电子有限公司	台资	电脑外围设备
	10	无锡宏源芯盛半导体科技有限公司	内资	半导体设备研发制造
	11	纽威仕微电子（无锡）有限公司	内资	通信电缆、电力设备
	12	无锡机床厂股份有限公司	内资	平面磨
	13	无锡斯威克自动化设备有限公司	内资	自动化焊接机
	14	无锡新智达自动化设备有限公司	内资	TO、IGBT、SMC 非标设备
	15	中科芯集成电路股份有限公司智能装备部	内资	全自动分选机、编带机、测试系统
南通市	1	南通金泰科技有限公司	内资	压焊机、打印机、排片机、编带机、分选机、机械手等

续表

城市	序号	企业名称	类别	主要产品
南京市	1	南京翰纳科技有限公司	内资	高频预热机、测试仪
	2	南京中南激光设备有限公司	内资	激光打印机
	3	南京大恒光电子技术有限公司	内资	激光打印机
	4	南京三超金刚石工具有限公司	内资	切割、磨削、抛光机
泰州市	1	靖江先锋半导体科技有限公司	内资	半导体设备、零部件
常州市	1	常州天龙光电设备有限公司	内资	单晶、多晶生长炉、宝石炉体
	2	常州瑞择微电子科技有限公司	内资	光掩模清洗设备
	3	江苏省华盛天龙机械股份有限公司（金坛）	内资	单晶炉、切片机、研磨机等
	4	常州快克锡焊股份有限公司	内资	四轴焊接机器人、工具

2．2017年江苏省集成电路设备技术进步情况

无锡日联科技股份有限公司的微焦点X射线检测设备AX9100，通过编程控制轨道速度可实现样品精确定位；封闭式射线源和平板探测器作为核心部件，辐射剂量小，具备绝佳的检测效果；强大的SPC数据分析随时追踪监视产线品质；该产品申请发明专利2项。

江苏苏净集团有限公司的液体颗粒计数器，采用精密传感器检测光路的设计，微弱光电检测信号的处理，基于精密注射器结构的液体取样系统，提升了液体介质清洁度检测水平。本技术已获授权发明专利3项，实用新型专利4项。

中国半导体行业协会、中国半导体专业设备工业协会评选出的“第十二届（2017年）半导体创新产品和技术”，苏州艾科瑞思智能装备股份有限公司产品入选之列。

苏州艾科瑞思公司生产的“慧芯系列集成电路点胶装片机”是一种在微米级别对芯片进行微组装操作的复杂光机一体化设备，整机性能优越，产品结构设计创新，产能高，且运行稳定，在同行业中处于国际领先水平。

3．江苏省集成电路装备制造业主要企业产品发展情况

（1）江苏新基电子设备有限公司主要生产OFN自动测试分选机、高密度倒装贴机、SOT/SOD激光去飞边机、高压水射流去飞边机、外观检测机等。

（2）无锡瑞达电子科技有限公司生产清洗机（蚀刻机、双槽全自动去胶机、清洗机）、后道工序的装备（划片机、装片机、倒角机、贴片机、键合机）、后道流程的工装夹具、料盒等。

（3）无锡华晶电子设备有限公司主要生产清洗机、去胶机、腐蚀机、测试打印机、编带机、自动分选机、料盒等。

（4）无锡凯世通科技有限公司从事太阳能设备的研发和生产。

（5）无锡宏源芯盛半导体科技有限公司从事半导体设备服务、制造和研发，半导体和LED光刻、蒸发和CVD设备的设计、制造等。

（6）无锡新智达自动化设备有限公司致力于IGBT、COB、轴向二极管及非标设备的研发，并生产和销售SMA、SMB、SMC、SOD、MBC等全自动一体设备。

（7）中科芯集成电路股份有限公司智能装备部生产全自动分选机、编带机、打标机、转塔式一体机、数字/模拟集成电路测试系统等，设备广泛应用于集成电路和分立器件产品生产。

（8）江苏苏净集团有限公司是我国规模最大的净化设备公司之一，以生产高效超净过滤器、超净厂房、超净管道、超净专业设备等为主。

（9）苏州汇科机电设备有限公司以生产锂电池粉料设备和陶瓷元件设备为主，曾获得电子专用设备产业最具成长性企业称号。

（10）顺德工业（江苏）有限公司主要生产电工电气——配电输电设备、五金工具、单体导线架、极体电路架、精密模具等。

（11）安泰半导体（苏州）有限公司从事集成电路有关设备和材料的研发、生产、加工，以及集成电路及其模块的设计、测试、应用等。

（12）苏州赫瑞特电子专用设备科技有限公司主要生产X61/62 D9B2M-9T双面研磨/抛光机等。

（13）苏州美图半导体有限公司主要生产晶圆键合系统、光刻胶喷涂系统及热板等半导体先进工艺设备。

（14）苏州斯利德电子有限公司主要生产磨片机、划片机、划片周边设备、备品备件等。

（15）苏州微影光电科技有限公司主要生产Catamount系列激光直接成像曝光机，适用于高阶HDI、软板、软硬结合板、多层板的小批量多品种生产及成像解决方案，配备专利技术的动态倾斜扫描技术和业内最先进的光学系统及数据传输系统等。

（16）江苏艾科瑞思封装自动化设备有限公司专注于高端装片机的研发、设计、制造和销售。重点开发高速、高精准、更柔性的半导体封装设备（IC封装、系统级封装、多芯片封装、夹焊工艺、高精度点胶等）。

（17）南通金泰科技有限公司主要生产超声波粗铝线压焊机、全自动测试分选机、图像分析仪、全自动激光打印机、半自动激光打印机、半自动打印机、上料机、自动装片机、全自动编带机、晶圆字符识别系统、测试分选机械手、QFP三维引脚外观检测机等。

（18）江苏华盛天龙光电股份有限公司主要产品有硅、锗、砷化镓等各种晶体生长设备，单晶炉、单晶硅切片机、滚磨机，多晶硅铸造系统、硅芯炉等。

（19）常州市天龙光电设备有限公司主要生产一二类压力容器、单晶硅晶体生产炉体、多晶硅铸锭炉、宝石炉炉体，是目前国内专业生产光伏设备炉体部件的最大企业之一，也是压力容器行业专业制造厂商和领军者。

（20）南京翰纳科技有限公司主要生产臭氧发生器、EMC高频预热器。

（21）南京三超金刚石工具有限公司主要生产应用于硅、蓝宝石、石英、陶瓷、硬质合金等材料的切割、磨削、精密抛光工具，还生产硅背面减薄砂轮、倒角砂轮、划片刀、金刚石线锯等产品。

第三节　2017 年江苏省集成电路材料业发展情况

江苏省集成电路材料产业起步于 20 世纪 80 年代，至 2017 年江苏省集成电路材料业产品范围包括集成电路塑封料、外引线、内引线、基板、硅材料、掩模板、光刻胶、高纯化学品试剂、特种气体、石英制品、磨抛材料等，形成了较强的产业特色，有力地支撑了江苏省集成电路产业的发展。

江苏省集成电路材料产业主要集聚在苏州市、无锡市、连云港市及泰州市等地。苏州市材料产业以外资、中国台资企业为主，主要为其母公司提供配套服务；无锡市的材料产业以民资企业为主，面向国内企业提供服务；泰州市、常州市、南京市等集成电路材料产业主要是近几年发展起来的产业群。

一、2017 年江苏省集成电路材料业在全国同业中的地位

2017 年江苏省集成电路材料业主要企业的产品在全国同行业的地位如下。

- 江苏中鹏新材料股份有限公司生产的集成电路塑封材料居中资公司销量第一位。
- 长春塑封料（常熟）公司在塑封料行业中居全国第一位，衡所华威电子有限公司居第二位。
- 贺利氏招远（常熟）电子材料公司在内引线行业（产能）中居全国第一位，键合金丝居全国第三位。
- 苏州瑞红电子化学品有限公司在光刻胶行业中居全国第一位。
- 江阴康强电子有限公司借助其母公司宁波康强电子有限公司，在引线框架行业中居全国第一位。
- 江阴电子化学试剂业拥有江化微公司、江阴化剂厂、江阴市润玛、苏州晶瑞等多家化剂企业，形成了江苏化剂集群，名列全国前茅。
- 江苏中能多晶硅产能和产量居世界和全国同业第一位，江苏鑫华在电子级单晶硅方面处于全国领先地位。

二、2017 年江苏省集成电路材料业技术进步情况

1．2017 年江苏省集成电路材料业获奖情况

由中国半导体协会、中国电子材料行业协会、中国电子专用设备工业协会、中国电子报社共同举办的“第十二届（2017 年度）中国半导体创新产品和技术”项目“半导体专用材料”中，江苏省有以下两单位获此荣誉。

- 南京国盛电子有限公司的“碳化硅 MOSFET 用外延片”。该项目产品通过优化气流

配比、反应温度、H2 刻蚀、不同结构缓冲层设计，实现了原子级平整的碳化硅外延材料，产品性能可完全满足 MOSFET 器件对于低缺陷密度外延材料的需求。

- 昆山艾森半导体材料有限公司的“一种侧蚀小的铜刻蚀液 GCT ECU 312 系列”。该项目产品适用于晶圆中后道的 Ti/Cu UBM 刻蚀。蚀刻均匀性好，能有效降低侧蚀，寿命周期内速率一致性好，对镍、锡、银、铝等金属腐蚀很低，蚀刻速率可根据客户工艺需求调整。

2．2017 年江苏省半导体材料企业技术进步情况

- 江苏鑫华半导体公司

江苏鑫华半导体是全球最大光伏多晶硅材料生产企业保利协鑫的下属子公司。江苏鑫华半导体承接国家 02 专项“集成电路用高纯硅料项目”，经过两年多研发，历经 300 多次生产试验，实现了电子级高纯硅料重大突破（达到 9～11 个 9 的超高纯度）。其 70%的生产设备已实现国产化。鑫华半导体生产出的高纯度硅料已经过多个厂家的验证，完全达到国际一流电子级多晶硅各项指标要求，已于 2017 年 11 月实现了电子级多晶硅料出货，结束了我国不能量产电子级多晶硅料的历史。

目前鑫华半导体首条产能为 5000 吨的产线正在不断提升产量，该线满产后可保证国内 3～5 年内电子级多晶硅不缺货，产品质量可满足 40 纳米及以下和 12 英寸产线单晶制造需求，在未来几年里，将建设第二条 5000 吨级产线。

- 苏州瑞红电子化学品公司

2018 年 6 月，苏州瑞红电子化学品有限公司承担的国家科技重大专项（02 专项）“极大规模集成电路制造装备及成套工艺”之“i 线光刻胶产品开发及产业化”项目通过了专家组验收。研发的 i 线正胶完成产品定型，各项技术指标和工艺性能可满足 0.35～0.25 微米集成电路技术和生产工艺要求，建成年产 100 吨位规模的 i 线正胶产线并向用户供货。2018 年 3 月，其 i 线光刻胶已通过中芯国际上线测试认证。

苏州瑞红还开发成功 2～20 微米涂膜胶，产品满足硅片级封装工艺要求，建成年产 20 吨的厚膜胶产线，已向用户供货。

苏州瑞红研发完成 248 纳米深紫外线光刻胶成膜树脂和配胶的中试研究（KrF 光刻胶），分辨率达到 0.25～0.13 微米技术要求，已建成中试示范线。

- 江苏南大光电材料有限公司

江苏南大光电材料有限公司入股北京科化微电子材料有限公司后，占股 31.39%。北京科化已完成 248 纳米 KrF 光刻胶产线的建设，其 KrF 光刻胶已通过中芯国际生产线试验认证，实现量产出货。目前南大光电团队与北京科化一起推进业界主流的 ArF193 光刻胶的研发并得到国家科技重大专项（02 专项）的资助。2017 年已完成 193 纳米干式光刻胶的研发工作，2018 年可完成用户认证。193 纳米浸没式光刻胶将在 2018 年完成研发，并送客户

认证。在 2020 年通过用户认证，实现批量生产。

南大光电同时还是电子特种气体生产企业承担 02 专项“高纯砷烷、磷烷等特种气体的研发和中试”项目，2017 年 3 月南大光电成为国内高纯磷烷、砷烷唯一大规模生产的厂家，产能为 35 吨高纯磷烷，15 吨高纯砷烷。

3. 2017 年中国半导体材料十强企业江苏省入围企业

● 衡所华威电子有限公司

衡所华威是巨化集团携手民营企业永利集团、集成电路材料联盟旗下盛芯基金、上海领锐创投等合作伙伴，联合收购汉高集团环氧模塑料业务 100%股权以及相关知识产权、著名商标、研发资产和海内营销渠道后成立的新公司。它的前身为汉高集团汉高华威电子有限公司，是中国第一家专业化生产模塑料的企业，目前为全球单体规模最大的塑封料生产商，主要从事半导体及大规模集成电路封装材料的研发、生产和销售。公司经过多年的发展，掌握了十几项环氧模塑料制造专有技术，具备了从研制、中试到大生产技术的综合开发条件，拥有一流的模塑料生产和检测设备，现有生产线 13 条，产品有 KL 九大系列一百多个品种，可供半导体分立器件、功率器件、特种器件、大规模和超大规模集成电路封装使用，产品国内市场占有率达 35%，市场占有率位于中国第一、全球第三。

● 南京国盛电子有限公司

南京国盛电子有限公司前身是信息产业部电子第五十五研究所电子材料产品部，专业从事半导体硅外延材料的研发及批量生产。公司设备先进，拥有 LPE、Gemini 等公司生产的多种型号外延炉，能适应客户不同外延参数需求；测试仪器有 C-V 测试仪、红外测厚仪、扩展电阻测试仪、四探针测试仪等；超净面积达到 400 平方米，最高洁净度 10 级。公司主营硅基/碳化硅基外延片，产品被广泛用于集成电路芯片和半导体分立器件。作为国内优秀的硅外延、碳化硅外延生产服务供应商，国盛拥有先进的外延研发与产业化平台，能够满足客户不同外延参数需求，测试分析手段齐全，产品覆盖 4～8 英寸的各类型外延片，产能达到 25 万片/月（折合 6 英寸）。国盛拥有 20 余项国家发明专利，先后主持和修订了 20 多项半导体材料领域国家或行业标准，拥有省、市两级“半导体硅外延材料工程技术中心”，承担了 20 余项国家、省、市级科技项目，具备行业内核心竞争力。

三、2017 年江苏省集成电路材料业投资情况

2017 年，江苏省集成电路材料业投资热再度掀起，重点项目开工纷呈。

（1）宜兴“中环领先”大直径硅片项目开工建设。

2017 年 12 月 28 日，由无锡市政府、天津中环和浙江晶盛机电联手共同建设的大型硅材料研发制造基地——中环领先集成电路用大直径硅片项目在宜兴隆重举行开工奠基仪式。

“中环领先”集成电路用大直径硅片项目总投资为 30 亿美元，一期投资 15 亿美元；注册资金为 50 亿元，其中，无锡市出资 15 亿元，占 30%；天津中环出资 15 亿元，占 30%；中环（香港）公司出资 15 亿元、占 30%；浙江晶盛机电出资 5 亿元，占 10%。

天津中环是我国硅晶圆片的领先企业，有从事硅材料制备 50 余年的经验，自制我国第一炉 8 英寸区熔单晶棒并产业化，形成从硅单晶制备到硅片加工，硅片抛光到生产功率器件（IGBT）的产业链，产品达到国际领先水平。

浙江晶盛机电公司成立于 2006 年 12 月，为深圳创业板上市公司，从事晶体生长加工设备研发制造和蓝宝石材料生产设备制造（晶体生产设备占 61.86%，光伏制造设备占 14.28%，LED 制造设备占 6.12%，蓝宝石制造设备占 3.14%）。在晶体生长设备中，主产品有单晶炉、多晶铸锭炉、蓝宝石晶体炉、区熔硅单晶炉、单晶硅棒切磨复合加工一体化机等，为中国半导体专用设备前十大企业之一。晶盛机电公司具有先进的单体制备设备，可以有力支撑宜兴“中环领先”项目。

无锡市是我国集成电路产业商品化大生产的发源地，在集成电路设计业居全国第四位，晶圆制造居全国第三位，封装测试业居全国第一位，IC 产业链中还缺硅材料企业。“中环领先”硅材料项目在宜兴开工建设，不仅填补了我国在大尺寸直径（300mm）集成电路用硅片领域的空白，同时也补全了无锡市集成电路产业链中的缺环，实现了产业链结构的优化调整，实现转型升级的重大突破，同时也使“中环领先”项目可围绕硅材料展开，纵向从单晶硅研发和生产，并在半导体器件进行延伸，形成功率器件产业群；横向向新能源和光伏产业领域发展，形成新能源产业群。

我国中小尺寸硅片（3～6 英寸）已实现自给自足并有部分可供出口，但大尺寸直径（8～12 英寸）硅片还有很大的差距，其中，8 英寸硅片自给率不足 15%，86%仍依靠进口；12 英寸硅片 100%需依赖进口。2017 年我国 8 英寸硅片月需求量为 66.1 万片，到 2020 年需要 80 万片/月左右；12 英寸硅片月需求量在 46 万片，到 2020 年需要 100 万～120 万片/月，缺口是很大的。宜兴“中环领先”硅片项目大有发展前途。

目前，世界大直径硅片生产主要集中在日本、中国台湾、韩国、德国等几大龙头企业中，技术水平处于垄断状态，如日本信越占 27%，胜高占 26%（两者合计占到全球的 53%），中国台湾的环球晶圆占 16%，德国的 Silitronic 占 13%，韩国 LG 占 9%。8 英寸和 12 英寸晶片五大厂商占全球市场的 92%，其中 12 英寸晶片五大厂商占全球市场的 97%。要想在大尺寸直径晶圆上打破垄断，实现硅片国产化有很大的难度。

我国多个地方政府也正在大力发展大尺寸直径 12 英寸的硅晶片项目，如上海新昇（投资 68 亿元，已拉出样品晶棒）、重庆超硅、成都超硅（投资 50 亿元）、宁夏宁和（投资 30 亿元）、浙江金瑞泓（投资 50 亿元）、郑州晶合（投资 53 亿元）、京东方西安（投资 100 亿元）、杭州 Ferrotec（投资 30 亿元）等，且上海新昇和重庆超硅已具备制备 12 英寸单晶生产和技术能力。

2017 年全球硅晶圆片出货量约为 118.14 亿平方英寸，同比增长 3.2%。8 英寸硅片仍有 10%～20%的涨价空间；12 英寸硅片仍有 20%～40%的涨价空间。

（2）在宜兴建设太阳能电池单晶片工程。

2017 年，宜兴市人民政府还与中环等投资 30 亿元兴建 10GW 单晶切片项目，可在 2018 年 8 月投产，进军太阳能产业；宜兴市与远东光电、中建材凯盛投资的 1.5mm 光伏玻璃智能生产线已投产，现又投入 20 亿元扩建三期工程；宜兴市与东方电气、天津中环投资 50 亿元的高效叠瓦式太阳能电池组件已有 3 条生产线投入运行。2017 年宜兴市人民政府已投资 200 亿元于 16 个重点项目。宜兴市已成为苏南地区半导体产业和光伏行业新的增长点。

（3）南京芯华锦材公司在南京浦口区投资 10 亿元，占地 50 亩，建设主产锡球、电镀球、锡膏等 IC 封装材料，技术水平达 50 纳米锡球的能力，年产 120 万 kk。

（4）观胜半导体有限公司在张家港投资建设 CMP 用抛光垫基地，可应用于 10 纳米节点产品上。

（5）宜兴东方环晟公司投资 50 亿元建设 500MW 高效太阳能电池片组件。

（6）江阴江化微电子公司投资 2 亿元，在镇江建设湿化学试剂工厂，扩大产能，计划年产达 22 万吨高纯电子化学产品。

（7）中建材（宜兴）新能源公司投资 50 亿元，建 1.5 毫米光伏玻璃智能生产线（现为三期）。

（8）常州欣盛公司投资 5 亿美元，建设芯片载带产线，为薄膜复合材料，可使用于 COF/SiP、COF-IC 柔性芯片封装载带。

（9）上达电子邳州投资 85 亿元，建设高精密超薄柔性封装基板，产后为月产能 18kk 双面卷 COF 产品，技术水平可达 10 纳米级。

（10）由江苏中能和大基金共同投资江苏鑫华，生产电子级多晶硅和电子级单晶硅，以争取满足我国 8～12 英寸晶圆生产线对硅晶圆片的需求。

四、2017 年江苏省集成电路材料业各类产品情况

（一）外引线框架材料

1. 2017 年世界半导体引线框架产业情况

2017 年世界半导体引线框架产量约为 6615 亿只，同比增长 5.6%；市场规模约为 31.5 亿元，同比增长 7.9%，见表 5.3.1 和表 5.3.2。

表5.3.1　2011—2017年世界半导体引线框架产量规模及增长情况

指标名称	2011 年	2012 年	2013 年	2014 年	2015 年	2016 年	2017 年	CAGR
产量规模（亿只）	4762	5081	5371	5718	6008	6263	6615	4.81%
同比（%）	—	6.7	5.7	6.5	5.1	4.2	5.6	—

表5.3.2　2011—2017年世界半导体引线框架销售收入规模及增长情况

指标名称	2011 年	2012 年	2013 年	2014 年	2015 年	2016 年	2017 年	CAGR
销售收入（亿美元）	34.6	32.8	33.9	32.1	27.6	29.2	31.5	-1.33%
同比（%）	—	-5.2	1.8	-3.9	-14.0	5.8	7.9	—

2. 2017 年中国集成电路引线框架产业情况

2017 年中国集成电路引线框架生产企业销售收入为 84.5 亿元，同比增长 4.3%，占国际市场需求总值的 40.3%，见表 5.3.3。

表5.3.3　2011—2017年中国集成电路引线框架企业销售收入规模及增长情况

指标名称	2011 年	2012 年	2013 年	2014 年	2015 年	2016 年	2017 年	CAGR
销售收入（亿元）	67.2	64.0	65.0	68.0	70.0	81.0	84.5	3.33%
同比（%）	—	-4.8	1.6	4.6	2.9	15.7	4.3	—

中国集成电路引线框架主要企业有宁波康强、宁波华龙、无锡利达、厦门永红、广州丰江、南京长江电子、济南晶恒、泰兴光电、泰州东田、泰州友润、泰兴永志、铜陵丰山三佳、四川金湾、天水华洋、江苏三鑫、宁波埃斯科、苏州住矿、三井高科、顺德工业、无锡新光电气、先进材料（深圳）、深圳赛格柏狮、中山复盛等（排名不分先后），其主要供需情况见表 5.3.4。

表5.3.4　2017年中国国内集成电路引线框架主要供需情况

类别	典型规格系列	客户要求等级	典型封测企业	典型引线框架供应商	备　注
冲压分立器件引线框架	TO-92 系列	一般	长电、华达及国内大多数客户	康强、华龙等国内大多数供应商	传统封装的大众化引线框架
冲压分立器件引线框架	SOT/SOD 系列	高	英飞凌、NXP、菲尼克斯等外资企业	住矿、ASM、康强、华龙等指定供应商	高要求外资封测企业需求的引线框架
		中高	凯虹、长电、华天等	住矿、ASM、康强、华龙、SDI、复盛等	—
		一般	国内其他常规封测企业	国内大多数框架供应商	—
冲压集成电路引线框架	DIP、SOP 宽度小于 75mm	一般	大多数国内封测企业	大多数 IC 框架供应商	传统封装的蚀刻引线框架
	SOP 宽度 75～85mm	高	日月光、矽品、Amkor 等外资	住矿、三井等指定供应商	高要求外资封测企业需求的引线框架
		中高	凯虹、长电、华天	住矿、ASM、康强、华龙、SDI、复盛	—

续表

类别	典型规格系列	客户要求等级	典型封测企业	典型引线框架供应商	备 注
冲压集成电路引线框架	SOP 宽度 90～100mm	高	气派、长电等	ASM、康强	技术难度高，还处于批量开发供货阶段
冲压功率器件引线框架	TO-220、TO-252、TO-3P 等	高	ST、安森美等	SDI、界龙、TSP、康强，外商供货为主	高要求外资封测企业需求的引线框架
		中高	长电、华天、凯虹、通富等	康强、泰州永志、华龙等	—
		一般	国内其他常规封测企业	国内大多数框架供应商	—
蚀刻引线框架	金属、陶瓷封装的铁镍合金框架 QFN 蚀刻引线框架	一般	国内其他常规封测企业	东盛、华立、康强、华洋等	—
		高	日月光、矽品、Amkor 等外资	住矿、三井等指定外商供应商	高要求外资封测企业需求的引线框架
		中高	长电、华天、通富等	三井、SAM、康强、华阳等	—

3. 2017 年江苏省集成电路引线框架产业情况

2017 年江苏省集成电路引线框架产业主要内资企业情况见表 5.3.5。

表5.3.5 2017年江苏省集成电路引线框架产业主要内资企业情况

序号	公司名称	企业性质	所在区域	主 要 产 品
1	宁波康强电子股份有限公司	内资	宁波市 江阴市	冲压框架（SOIC/SOJ、DIP、TSOP/ SSOP、PQFP/TQFP、PLCC、SOT、TO Discrete、TO Power Discrete 等）及高端蚀刻框架（LQFP、QFN/DFN 等）
2	宁波华龙电子股份有限公司	内资	宁波市 泰州市	冲压框架（SOIC/SOJ、DIP、TSOP/ SSOP、SOT、TO Discrete、TO Power Discrete 等）
3	南京长江电子有限公司	内资	南京市	冲压框架（SOIC/SOJ、DIP、TSOP/ SSOP、SOT）
4	无锡华晶利达电子有限公司	内资	无锡市	冲压框架（SOIC/SOJ、DIP）
5	江苏三鑫电子有限公司	内资	江阴市	冲压框架（SOIC/SOJ、DIP、TSOP/ SSOP、SOT、TO Discrete、TO Power Discrete 等）
6	泰州东田电子有限公司	内资	泰州市	冲压框架 TO 系列、DIP、TSOP/SSOP、SOT 系列等

续表

序号	公司名称	企业性质	所在区域	主 要 产 品
7	泰兴光电器材厂	内资	泰州市	冲压框架（TO Discrete、TO Power Discrete 等）
8	泰兴永志电子器件公司	内资	泰兴市	功率器件引线框架
9	泰州友润电子有限公司	内资	泰州市	功率器件引线框架
10	吴江恒源金属制品有限公司	内资	苏州市	功率器件引线框架

2017 年江苏省集成电路引线框产业主要外资及中国台资企业情况见表 5.3.6。

表5.3.6　2017年江苏省集成电路引线框架产业主要外资及中国台资企业情况

序号	公司名称	企业性质	所在区域	主 要 产 品
1	住矿电子有限公司	日本独资	苏州市	中高端冲压框架（SOIC/SOJ、TSOP/SSOP、PQFP/TQFP）及蚀刻框架（LQFP、QFN/DFN 等）
2	顺德工业有限公司	中国台湾独资	张家港市	中端冲压引线框架（SOT、TO Discrete、TO Power Discrete 等）
3	新光电气工业（无锡）有限公司	日本独资	无锡市	中高端冲压框架（SOIC/SOJ、TSOP/SSOP、PQFP/TQFP）
4	一诠精密电子工业公司	中国台资	昆山市	LED 引线框架
5	无锡健策精密工业公司	中国台资	无锡市	做端子为主，兼做引线框
6	无锡泰石精密电子公司	韩资	无锡市	专做功率器件引线框架

4. 江苏省引线框架产业发展趋势分析

国际集成电路封装技术已经以 BGA、CSP、SIP 为主流技术，近几年，虽然国内封装企业在这方面发展很快，但主流的封装仍然以 DIP、SOT、SOP、QFN 等中、低端产品为主，且还有较大的发展空间，带动了引线框架市场开发新产品及新工艺。2017 年，国内、江苏省内的引线框架生产企业已经在围绕宽排产品开发、高可靠性框架研究、精密蚀刻及环保技术研究以及智能制造等方面展开工作。通过开发更加精密的冲压模具、高效大区域电镀的自动生产线以及局部电镀技术来开发宽排高密度引线框架将是未来的发展方向。冲压引线框架目前主流的宽排产品已进入 75～85mm，同时 100mm×300mm 冲压及封装的工艺开发正在加速进行，并逐步推开。

随着客户对封装产品可靠性的要求越来越高，封装企业也开始转向要求引线框架生产企业配合开发新的引线框架加工技术，以提高产品可靠性。目前最流行的是通过对引线框架的特殊表面处理，使框架与塑封料紧密结合，提高产品的可靠性。

国内和江苏省内的集成电路引线框架企业生产的产品在国际市场上具有价格优势。通过分析 2017 年江苏省集成电路引线框架企业生产经营情况，其在国际市场上具有的价格优势随着近两年企业各种成本的上升正逐渐缩小，产品竞争力有所下降。因此，企业需要加速推进智能制造来保证质量、提高效率，从而达到控制成本、提高企业竞争力的目的。

中国集成电路封装企业对引线框架的需求约占全球产量的 40%。随着新一轮封测业大发展高潮的来临，国内市场需求将会进一步扩大。从 2017 年国内企业引线框架产出量和营收额的情况看，远远满足不了国内市场的需求。据资料分析，近年来国际引线框架企业新增投入在减少。因此，江苏省集成电路引线框架企业利用这个好时机加速提升产能，提高技术水平，以期能够得到快速发展。

（二）有机封装基板材料

集成电路封装基板可以分为陶瓷基板、金属基板、有机基板及硅玻璃基板等。

有机基板是在传统的印制电路板（PCB）制造原理和工艺的基础上发展起来的。有机基板可以分为刚性和柔性两种。刚性有机基板包括引线键合类和倒装芯片类的 BGA、CSP、WB-BGA、FC-BGA、FC-CSP 等，可广泛应用于 CPU、GPU 等领域。柔性有机基板主要形式有 CoF，主要应用于 LED、可穿戴设备等领域。

1．2017 年世界集成电路封装用有机基板产业情况

2017 年世界集成电路封装用有机基板产业销售收入为 74.9 亿美元，同比增长 3.5%，占封装材料市场总值 38.9%左右的份额。2017 年世界集成电路封装用有机基板主要生产厂商见表 5.3.7。

表5.3.7　2017年世界集成电路封装用有机基板主要生产厂商

序号	企业名称	国家/地区	主产品	序号	企业名称	国家/地区	主产品
1	揖斐电	日本	基板和 PWB 板	6	景硕	中国台湾	封装基板
2	欣兴	中国台湾	印制电路板	7	日月光材料	中国台湾	FCBGA PBGA 板
3	三星电机	韩国	FC-CSP 基板	8	京瓷	日本	FC-BGA 板
4	南亚	中国台湾	高端印制板	9	Simmtech	韩国	FC-CSP、 PBGA 板
5	新光	日本	PBGA 积层板	10	大德	韩国	FCCSP、积层 CSP 板

2．2017 年中国集成电路封装有机基板产业情况

随着集成电路产业的快速发展，2017 年中国集成电路封装用有机基板产业持续得到发展，具体见表 5.3.8。

表8.3.8　2017年中国集成电路封装用有机基板主要生产厂商

公司名称	产 品 类 型	封装基板生产销售情况
深南电路	公司主要产品包含印制电路板、封装基板及表面贴装产品；封装基板的主要产品有传感器、硅麦克风、基带芯片、存储芯片、指纹芯片、功放芯片、机顶盒芯片封装基板等	封装基板主要提供2～6L的BGA基板和CSP基板，量产产品的线宽/线距达到25μm/25μm，研发产品能力达到12μm/12μm，目前已经为设计公司（如紫光展锐），国内封装企业长电科技、华天科技，国际封测客户龙头企业ASE、SPIL、Amkor等提供了封装基板产品
珠海越亚	无线射频功率放大器类高端芯片和基带微处理器类超薄芯片	基板属于Coreless及Via Post封装基板，可实现1～18L，利用Build-up工艺可实现线宽/线距达到15μm/15μm
深圳丹邦	柔性FPC材料、FPC、柔性基板	—
安捷利	主要产品包含FPC及柔性封装基板	卷带式柔性封装基板量产线宽/线距达到15μm/15μm，卷带式高密度柔性板及柔性基板研发能力达到10μm/10μm
兴森快捷	产品包含PCB和封装基板	封装基板处于起步阶段，量产基板外层线路的线宽/线距最小达到20μm/20μm，研发能力达到18μm/18μm
芯智联	MIS基板（无芯基板，copper stud & Mold compound介质层材料），主要应用于RFIC、PMIC及高可靠性（MSL1）产品	层数1～4，build up工艺，Embedded trace，BGA基板及CSP基板量产线宽/线距达到15μm/15μm，研发能力达到12μm/12μm；2016年产量85万条，客户包括国内外主要封装公司和IDM厂
五株科技	MicroSD、双面CSP产品等基板	2015年进入封装基板研发，处于封装基板工艺的研发及客户的样品制作阶段

3. 2017年江苏省集成电路封装用有机基板主要企业情况

江苏省集成电路封装业规模居全国同业首位，江苏省集成电路封装用高端有机基板生产企业在2017年的表现也很引人注目。

深南电路生产的有机基板产品在江苏省集成电路封装企业被广泛应用。深南电路开发出的新型Fine Line技术，采用结合EPP（Embedded Pattern Plating）技术实现无芯基板线路的三面埋入，产品可靠性高，两层板厚度小于110μm，目前线宽线距达到12μm/12μm，2018年可达10μm/10μm。

芯智联公司的MIS采用新颖的制作工艺和互连密度及绕线方式，具有特别高的可靠性和优越的电热性能。可以使集成电路射频器件做得更薄、更小，使用这种封装材料的集成电路射频器件主要应用于通信产品、无线电源管理产品、触控产品、穿戴式产品、无线充电产品等电子产品中。

由于封装密度增加、封装多功能化越来越显著，未来封装基板发展的重要方向是高密度化，包括细线条、窄节距、多层化等。采用半加成法工艺，普通PBGA基板产品的线宽/

线距（L/S）由传统的 50μm/50μm 发展到 20μm/20μm，FC 基板产品的 L/S 发展到 10μm/10μm；PBGA 基板的焊盘节距是 40μm，采用普通焊料凸点的 FC 基板的焊盘节距可达到 130μm，而采用铜柱凸点则可将焊盘节距进一步减小；基板的层数已经突破 20 层。为满足先进封装产品的要求，各种基板新工艺也层出不穷，如无芯基板工艺在使封装薄型化的同时，还将基板成本降低 20%；埋入式基板可提高封装系统集成度；2.5D 有机转接板的概念则可利用薄膜工艺获得 2μm 的超细线路，解决基板与芯片间特征尺寸不匹配的问题。

（三）陶瓷封装材料

1．2017 年世界集成电路陶瓷封装材料情况

2017 年世界集成电路陶瓷封装材料销售收入为 21.0 亿美元，同比增长 7.1%，见表 5.3.9。

表5.3.9　2010—2017年世界集成电路陶瓷封装材料销售收入及增长

年度	2010 年	2011 年	2012 年	2013 年	2014 年	2015 年	2016 年	2017 年	CAGR
销售收入（亿美元）	13.8	17.0	19.0	20.1	20.8	19.2	19.6	21.0	6.18%
同比（%）	—	23.2	11.8	5.8	3.5	−7.7	2.1	7.1	—

2．2017 年中国集成电路陶瓷封装材料情况

2017 年中国集成电路陶瓷封装材料市场规模为 21.0 亿元，同比增长 13.2%，见表 5.3.10。

表5.3.10　2010—2017年中国集成电路陶瓷封装材料市场规模及增长

年度	2010 年	2011 年	2012 年	2013 年	2014 年	2015 年	2016 年	2017 年	CAGR
市场规模（亿元）	8.8	12.1	13.0	14.0	15.0	17.0	19.0	21.0	13.23%
同比（%）	—	37.5	7.4	7.7	7.1	13.3	11.8	13.2	

2017 年中国集成电路金属陶瓷封装产业各类型封装营收额所占比例情况如图 5.3.1 所示。

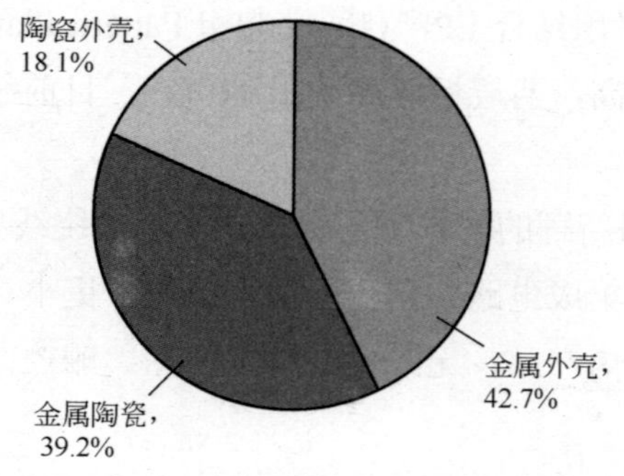

图 5.3.1　2017 年中国集成电路金属陶瓷封装产业各类型封装营收额所占比例情况

3. 2017年国内和江苏省内集成电路金属陶瓷封装主要生产单位

2017年国内和江苏省内集成电路金属陶瓷封装主要生产单位见表5.3.11～表5.3.13。

表5.3.11　2017年国内主要从事金属外壳的生产单位（排名不分先后）

序号	单位名称	主要生产外壳类型
1	中国电科43所（含合肥圣达电子科技实业有限公司）	混合集成电路、光通信器件、微波器件与模块、大功率模块等用金属外壳、AIN基板等
2	中国电科44所	光电金属外壳及光窗
3	中国电科55所	微波外壳、陶瓷外壳等
4	青岛凯瑞电子有限公司	大功率金属外壳
5	宜兴市吉泰电子有限公司	混合集成电路、微波等用金属外壳
6	浙江长兴电子厂有限公司	金属外壳、陶瓷外壳
7	诸城市电子封装厂	金属外壳、光电外壳
8	无锡市惠波电子器材二厂	声表器件金属外壳、光电外壳等
9	蚌埠兴创电子科技有限公司	各类金属外壳
10	蚌埠市立群电子有限公司	各类金属外壳
11	海洋市佰吉电子有限责任公司	金属外壳
12	无锡市博精电子有限公司	各类金属外壳
13	武汉钧菱电子有限公司	混合集成电路用金属外壳
14	厦门宏发密封继电器有限公司	继电器用金属外壳

表5.3.12　2017年国内主要从事陶瓷外壳的生产单位（排名不分先后）

序号	单位名称	主要生产外壳类型
1	中国电科13所（含河北中瓷电子科技有限公司）	微波外壳、光电外壳、IC等用陶瓷外壳、LTCC和AIN基板等
2	中国电科55所	微波外壳、IC等用陶瓷外壳
3	江苏宜兴电子器件总厂（含宜兴钟山微电子封装有限公司）	各类陶瓷外壳
4	福建闽航电子有限公司	陶瓷外壳、陶瓷基板和陶瓷发热片
5	浙江长兴电子厂有限公司	金属外壳、陶瓷外壳
6	潮州三环股份有限公司	陶瓷基板、声表面波、晶体振荡器等表面安装型陶瓷外壳
7	南平三金电子有限公司	各类平缝盖板、低温玻璃熔封外壳、陶瓷基板
8	从事陶瓷基板的企业还有：钟山微电子、宜兴吉泰、无锡博精、苏州日铁柱、中电科43所、第44所、浙江长兴电子、诸城电子封装厂等	

表5.3.13 2017年国内主要从事金属陶瓷封装的生产单位（排名不分先后）

序号	区域	单 位 名 称	主要封装类型
1	华东	无锡中微高科电子有限公司	各类 IC 及模块、声表器件、MEMS 等陶瓷封装
2		中国兵器 214 所	IC 陶瓷封装、金属封装
3		美新半导体（无锡）有限公司	加速度计 MEMS 陶瓷封装
4	华北	中国航天 772 所	IC 及模块陶瓷封装
5		北京瑞普北光电子有限公司	光电器件封装
6		北京宇翔电子有限公司	IC 陶瓷封装
7	西南	中国电科 24 所	IC 及模块陶瓷封装
8		中国电科 26 所	声表面波器件、模块金属和陶瓷封装
9	西北	中国航天 771 所	IC 及模块金属和陶瓷封装
10		天水七四九电子有限公司	TO 金属封装、IC 陶瓷封装
11	东北	中国电科 47 所	IC 及模块陶瓷封装

（四）2017 年江苏省集成电路光刻胶产业情况

在集成电路技术的应用和发展过程中，光致抗蚀剂（俗称光刻胶）是极其重要的功能性材料。我国光刻胶产品的开发及产业化水平远落后于发达国家，到目前为止，光刻胶仍是制约我国集成电路制造自主发展的瓶颈。

1. 2017 年世界集成电路光刻胶市场规模及增长情况

2017 年世界集成电路光刻胶市场规模约为 14.0 亿美元（有报道称 15.5 亿美元），同比增长 4.5%，见表 5.3.14。

2017 年世界集成电路光刻胶配套试剂市场规模约为 19.6 亿美元，同比增长 8.3%，见表 5.3.15。

表5.3.14 2011—2017年世界集成电路光刻胶市场规模及增长情况

指标名称	2011 年	2012 年	2013 年	2014 年	2015 年	2016 年	2017 年	CAGR
市场规模（亿美元）	12.8	13.5	12.2	13.7	13.3	13.4	14.0	1.29%
同比（%）	—	5.5	−29.6	12.3	−2.9	0.8	4.5	—

表5.3.15 2011—2017年世界集成电路光刻胶配套试剂市场规模及增长情况

指标名称	2011 年	2012 年	2013 年	2014 年	2015 年	2016 年	2017 年	CAGR
市场规模（亿美元）	14.1	15.1	14.3	17.1	18.0	18.1	19.6	4.82%
同比（%）	—	7.1	−0.53	19.6	5.3	0.6	8.3	—

2. 2017 年中国集成电路光刻胶市场规模及增长情况

2017 年中国集成电路光刻胶市场规模为 19.20 亿元，同比增长 1.5%，见表 5.3.16。2017 年中国集成电路光刻胶配套试剂市场规模为 23.24 亿元，同比增长 18.7%，见表 5.3.17。

表5.3.16　2011—2017年中国集成电路光刻胶市场规模及增长情况

指标名称	2011 年	2012 年	2013 年	2014 年	2015 年	2016 年	2017 年	CAGR
市场规模（亿元）	10.76	11.71	13.59	15.61	18.59	18.91	19.20	8.62%
同比（%）	30.6	8.8	16.1	14.9	19.1	1.7	1.5	—

表5.3.17　2011—2017年中国集成电路光刻胶配套试剂市场规模及增长情况

指标名称	2011 年	2012 年	2013 年	2014 年	2015 年	2016 年	2017 年	CAGR
市场规模（亿元）	10.17	11.49	14.33	15.79	18.99	19.58	23.24	12.53%
同比（%）	30.7	13.0	24.7	10.2	20.3	3.1	18.7	—

3. 2017 年江苏省集成电路光刻胶产业发展情况

（1）国产光刻胶现状

光刻胶是国际上技术门槛最高的微电子化学品之一，按应用领域可分为 PCB（线路板）用、平板显示（LCD、LED）用和半导体用三类，目前国内市场上绝大多数厂商生产的产品为前两者。

在大规模集成电路的制造过程中，光刻和刻蚀技术是精细线路图形加工中最重要的工艺，占芯片制造时间的 40%～50%，光刻胶是光刻工艺得以实现选择性刻蚀的关键材料。

为适应集成电路线宽不断缩小的要求，光刻胶的波长由紫外宽谱向 g 线（436 纳米）→i 线（365 纳米）→KrF（248 纳米）→ArF（193 纳米）→F2（157 纳米）的方向转移，并通过分辨率增强技术不断提升光刻胶的分辨率水平。

目前半导体市场上主要使用的光刻胶包括 g 线、i 线、KrF、ArF 四类，其 g 线和 i 线光刻胶是市场上使用量最大的光刻胶。

半导体用光刻胶技术壁垒较高、市场高度集中，日美企业基本垄断了 g/i 线光刻胶和 KrF/ArF 光刻胶市场，生产商主要有 JSR、信越化学工业、TOK、陶氏化学等。

国产光刻胶发展起步较晚，与国外先进光刻胶技术相比产品落后 4 代，目前主要集中在 PCB 光刻胶、TN/STN-LCD 光刻胶等中低端产品，虽然 PCB 领域已初步实现进口替代，但 LCD 和半导体用光刻胶等高端产品仍需大量进口，正处于由中低端向中高端过渡的阶段。

随着国家层面对半导体在资金、政策上的大力支持，国内光刻胶企业正在努力追赶，企业数量从 2012 年的 5 家增长到 2017 年 15 家，少数企业在中高端技术领域已取得一定突破。

半导体用光刻胶领域代表性企业有苏州瑞红和北京科华，两者分别承担了 02 专项 i 线（365 纳米）光刻胶和 KrF 线（248 纳米）光刻胶产业化课题。目前，苏州瑞红实现 g/i 线光刻胶量产，可以实现 0.35 微米的分辨率，248 纳米光刻胶中试示范线也已建成；北京科华 KrF/ArF 光刻胶已实现批量供货。

如今国际半导体产能正在逐渐向国内转移，受益于产业大趋势，国产光刻胶需求将日益提升，随着苏州瑞红、北京科华等企业在技术上的不断突破，国产化替代趋势更加明显。

（2）国内主要光刻胶企业

● 苏州瑞红

苏州瑞红是上市公司晶瑞股份的全资子公司，1993 年开始光刻胶的生产（紫外负性光刻胶及配套试剂），是国内最早规模化生产光刻胶的企业之一，承担了国家重大科技项目 02 专项 “i 线光刻胶产品开发及产业化”项目，在国内率先实现目前集成电路芯片制造领域大量使用的核心光刻胶的量产，可以实现 0.35 微米的分辨率。

● 北京科华

北京科华成立于 2004 年，生产紫外宽谱负性光刻胶，g 线光刻胶等。建有国内第一条拥有自主知识产权的年产 500 吨 i 线光刻胶生产线，打破了我国 i 线光刻胶长期依赖进口的局面，目前其已完成了年产能 10 吨的 248 纳米 KrF 光刻胶生产线的建设。据悉，北京科华 193 纳米 ArF 干法光刻胶中试产品也已完成在国内一流集成电路制造企业的测试。

● 星泰克

星泰克成立于 2010 年，专业从事高性能光刻胶及配套试剂的研发、生产和销售，目前产品包括图形化蓝宝石衬底（PSS）专用光刻胶、剥离（lift-off）光刻胶、柔性光刻胶、纳米压印光刻胶、高硅耐刻蚀光刻胶、DUV 光刻胶、王水光刻胶及各类显影液和去胶液等，广泛应用于 LED、LCD、IC、MEMS、封装等领域。

● 飞凯材料

飞凯材料主要从事高科技领域适用的紫外固化材料及其他新材料的研究、生产和销售，目前逐步渗入包括光刻胶在内的其他紫外固化材料及其他新材料应用领域，其光刻胶项目（主要用于 PCB 领域）已于 2016 年 3 月全部建设完毕并投入使用，光刻胶产品已通过两家客户认证，TFT 光刻胶、LCD 光刻胶目前正处于客户认证过程中。

● 江苏南大光电

江苏南大光电主要生产光刻胶及配套试剂。

● 上海大进江苏邳州工厂

上海大进江苏邳州工厂主要生产光刻胶及其相关材料业务等。

（五）2017 年江苏省集成电路塑封料（EMC）产业情况

环氧塑封料（简称塑封料，Epoxy Molding Compound，EMC）作为封装电子器件和集成电路结构性关键材料之一，它是一种热固性高分子复合材料，在使用中通过高温低压传递方式封装分立器件、集成电路芯片。

1. 2017 年世界集成电路塑封料市场规模情况

（1）2017 年世界集成电路塑封料市场规模

2017 年世界集成电路塑封料市场规模为 28.9 亿美元，同比增长 13.3%，见表 5.3.18。

表5.3.18　2010—2017年世界集成电路塑封料市场规模及增长情况

指标名称	2010 年	2011 年	2012 年	2013 年	2014 年	2015 年	2016 年	2017 年	CAGR
市场规模（亿美元）	19.3	21.7	23.3	24.1	25.6	23.8	25.5	28.9	5.94%
同比（%）	—	12.4	7.4	3.4	6.2	−7.0	7.1	13.3	—

（2）国外集成电路塑封料产业发展情况

由于国外环氧塑封料起步比较早，投入比较大，而且拥有强大的基础原材料及基础研究作为支撑，因此技术发展快，也比较成熟。国外的环氧塑封料厂家基本上都有自己的研发中心，都具有自主开发的条件和实力，生产工艺和设计很先进，拥有先进的大规模生产线，目前进口的环氧塑封料占据了国内大部分的中高端市场。国外环氧塑封料生产厂家主要集中在日本、韩国等国，主要有住友电木、日立化成、日本京瓷化学、信越化学、松下电工、韩国三星 Cheil 等，此外，中国台湾地区也有一些规模可与国外企业相比的大厂，如台湾长春树脂等厂家。近年来，随着全球封装业不断向中国转移，中国也将成为世界主要的塑封料消费大国，同时由于国内外研发和生产成本的差异，也会促使国外塑封料厂商的生产基地不断地向中国国内转移。

2017 年世界半导体塑封料前十大厂商：日本住友电木、日本日立化成、台湾长春树脂、日本松下电子、日本京瓷化学、江苏华海诚科、衡所华威、江苏中鹏、韩国金刚高丽化学、韩国三星等（见表 5.3.19）。日本的 6 家生产企业：日本住友电木、日本日立化成、台湾长春（日台合资）、松下电工、京瓷化学、信越化学依然统治着全球塑封料市场，占比 70%左右。日本系塑封料产品以其产品在操作性和可靠性上的技术优势在 SOP、QFP、BGA 等中高端市场占较大份额；欧美系、韩系和中国系供应商以其成本优势占据分立器件 DO、TO、SOD、SOT、DIP、SOP、QFP 等中低端市场。国内塑封料产品多在中低端市场领域，高端市场由欧美、日本、韩国及中国台湾地区的厂商所垄断，国内环氧塑封料产品仅占 30%的国内市场份额，部分产品进口依存度高达 80%以上，高端产品基本上全部依赖进口。

表5.3.19　2017年全球前十名环氧塑封料排名

排名	企 业 名 称
1	日本住友电木
2	日本日立化成
3	台湾长春树脂
4	衡所华威
5	日本松下电子
6	日本京瓷化学
7	江苏华海诚科
8	江苏中鹏新材料
9	韩国金刚高丽化学
10	韩国三星

2．2017年中国集成电路塑封料市场规模情况

（1）2017年中国集成电路塑封料市场规模

2017年中国集成电路塑封料市场规模68.0亿元，同比增长11.5%，见表5.3.20。

表5.3.20　2010—2017年中国集成电路塑封料市场规模及增长情况

指标名称	2010年	2011年	2012年	2013年	2014年	2015年	2016年	2017年	CAGR
市场规模（亿元）	21.8	30.1	38.0	40.0	46.0	52.0	61.0	68.0	17.65%
同比（%）	—	38.1	26.2	5.3	15.0	13.0	17.3	11.5	—

（2）国内集成电路环氧塑封料业的发展情况

目前，我国生产环氧塑封料企业有20家，主要代表生产厂商有10家。我国环氧塑封料生产企业主要是以满足内需为主，出口量很小。环氧塑封料市场主要集中在半导体封装企业相对集中的长三角地区、珠三角地区、京津地区、西部地区等。目前环氧塑封料制造企业主要还集中在分立器件和中小规模IC封装用环氧塑封料的生产领域，大规模超大规模等高端IC封装用环氧塑封料主要还是依赖进口。

江苏省是我国塑封料生产企业聚集地，2017年国内塑封料销售量排名前十位的企业中，江苏省塑封料生产企业就有8家（见表5.3.21）。江苏省内的塑封料主要生产企业2017年的销售量占全国塑封料销售总量的90%左右。

表5.3.21　2017年国内销售前十的环氧塑封料厂商排名

排名	企 业 名 称	销售量（吨）（估计）
1	长春封塑料（常熟）有限公司	14700
2	衡所华威电子有限公司	10500
3	江苏华海诚科新材料股份有限公司	8000
4	江苏中鹏新材料股份有限公司	8000
5	住友电木（苏州）有限公司	6300
6	日立化成工业（苏州）有限公司	6300
7	北京首科化微电子有限公司	5800
8	长兴电子材料（昆山）有限公司	3600
9	北京中新泰合电子科技有限公司	2500
10	无锡创达电子有限公司	2500

3. 2017 年江苏省集成电路塑封料产业情况

江苏省集成电路塑封料产业继续保持较快的增长速度，特别是在高中端绿色塑封料开发上已获突破，并能大量供货。2017 年江苏省环氧塑封料主要生产厂商见表 5.3.22。

表5.3.22　2017年江苏省环氧塑封料主要生产厂商

序号	企 业 名 称	企业性质	所在地	销量（吨）
1	长春封塑料（常熟）有限公司	日台合资	常熟	14700
2	衡所华威电子有限公司	中资	连云港	10500
3	江苏华海诚科新材料股份有限公司	中资	连云港	8000
4	江苏中鹏新材料股份有限公司	中资	连云港	8000
5	住友电木（苏州）有限公司	日资	苏州	6300
6	日立化成工业（苏州）有限公司	日资	苏州	6300
7	长兴电子材料（昆山）有限公司	台资	昆山	3600
8	无锡创达电子有限公司	中资	无锡	2500
9	科化新材料（泰州）有限公司	中资	泰州	2100
10	江苏晶科电材料有限公司	中资	连云港	750

江苏华海诚科新材料股份有限公司是业界新秀，经过近几年的发展，凭借强大的研发团队、领先的技术、先进的制造装备，已在中高端环氧塑封料市场占有一定的份额，公司在研发能力、技术水平、产品质量、产量销量等综合实力排名居国内行业第一。主要生产 MIS 用环氧塑封料（ENG-900-MI），产量约 3500 吨，用于 TO 系列、DIP 系列、SOT、SOP 系列、QFP、QFN 系列等。

江苏中鹏主产QFN封装用绿色环保塑封料产品SP-G900、LQFP等。

4．集成电路封装用环氧塑封料技术发展趋势

（1）集成电路封装技术现状与发展趋势

集成电路封装不仅起到集成电路芯片内键合点与外部进行电气连接的作用，也为集成电路芯片提供了一个稳定可靠的工作环境，对集成电路芯片起到机械或环境保护的作用，从而使集成电路芯片能够发挥正常的功能，并保证其具有高稳定性和可靠性。随着电子信息技术的发展，电子产品越来越向小型化、多功能化、智能化、低成本的方向发展，这必然决定集成电路封装要向密度更高、更加轻薄、封装可靠性更高等方向发展。

从技术发展趋势来看，由于市场对于封装在小尺寸、高频率、高散热、低成本、短交货期等方面的要求越来越严，从而推动了新的封装技术的开发。如球栅阵列封装（BGA）、芯片倒装焊（Flipchip）、堆叠多芯片技术、系统级封装（SiP）、芯片级封装（CSP）、多芯片组件（MCM）等高密度封装形式将快速发展，高速器件接口、可靠性筛选方法、高效率和低成本的测试技术将逐步普及。

目前在我国集成电路封装技术市场中，DIP、SOP、QFP、QFN/DFN等传统封装仍占据市场的主体，约占70%以上的封装市场份额；BGA、CSP、WLCSP、FC、TSV、3D堆叠等先进封装技术只占到总产量的约20%。主要市场参与者包括大量的中小企业、部分技术领先的国内企业和合资企业，市场竞争十分激烈。在表面贴装的面积阵列封装领域，除有技术、市场优势的跨国企业外，我国长电科技、通富微电、华润安盛科技、华天科技等企业凭借其自身的技术优势和国家重大科技专项的支持，逐步接近甚至部分超越了国际先进水平。国内集成电路封装技术水平从低端迈向中高端，传统的DIP、SOP等封装已大量投产，而且在QFP、MIS、BGA、CSP、WLP以及SiP等先进封装技术的开发和生产方面取得了显著成绩，并形成规模生产能力。

（2）环氧塑封料技术现状与发展趋势

2017年国内生产环氧塑封料企业（包括外资企业在国内建立的工厂）的年产能力约为11万吨，产品档次从仅能封装二极管、高频小功率管到封装大功率器件、大规模、超大规模集成电路；封装形式从仅能封装DIP到封装SOP、QFP / TQFP、PBGA、BGA等，中国现已成为世界环氧塑封料的最大生产基地。但是，在QFN、BGA、CSP封装用环氧塑封料等高端产品领域被住友电木、日立化成等国外公司所垄断，占据了市场上绝大部分的份额。而国内环氧塑封料供应商近二十年来，虽涉足研发，但都没有形成气候，一直未在QFN、BGA、CSP等产品上形成批量销售。

环氧塑封料作为集成电路的主要结构材料，随着集成电路向高集成化、布线细微化、芯片大型化及表面安装技术发展，对环氧塑封料性能提出的要求会越来越高。

目前国内环氧塑封料企业虽然在中高端产品取得了良好的成绩，但仍以追赶国外环氧塑封料的性能为主。目前对环氧塑封料的技术改进主要集中在以下几个方面。

① 降低黏度，提高流动性

由于半导体器件是由不同线膨胀系数的材料组成的，在封装后的器件内部，成型固化收缩和热收缩而产生的应力会使封装器件出现强度下降、开裂、分层等各种缺陷。而采用低黏度的环氧树脂就能有效地提高硅微粉填料含量，由于硅微粉的膨胀系数接近芯片与框架，从而降低了塑封料的内应力，提高了封装器件的可靠性。同时，低黏度的环氧树脂也赋予封装材料优良的流动性，更适合封装小型、薄型器件。在这样的塑封料中，不断采用改性硅微粉，才能实现高填料量与高流动性的并存。

② 降低吸水率，提高耐热性

随着电子领域高密度安装技术的迅速发展，采用薄型化封装的越来越多。同时，传统焊接工艺和目前从环保考虑的无铅焊接都要求封装材料必须具备高耐热性。为提高封装材料的耐热性，一般是要提高封装材料的交联度，对应的环氧树脂必须是高环氧值的。材料的玻璃化转变温度（Tg）是耐热性的指标，多环、对称结构的环氧树脂一般具有更高的 Tg 值。所以，在环氧树脂的结构中导入萘环等多环结构，或者在骨架中导入酚羟基、增加环氧基浓度都可达到提高交联度，从而增强耐热性的目的。为降低封装材料的吸水率，除减少游离和水解离子含量外，在环氧树脂结构中尽量减少羟基等极性大的基团，引入憎水性的硅、氟结构。另外，改善填料表面性能，提高填料与树脂分子的黏结力也会显著提高致密性，降低吸水率。研究不同类型的树脂与不同引线框架表面的黏结力，提高封装材料与框架的致密结合，对降低吸水率也至关重要。

③ 降低污染，绿色环保

环氧塑封料的阻燃性研究已经历了几个阶段，常规的工业生产采用 Sb_2O_3 为阻燃剂加入，在燃烧时与溴代树脂生成溴化锑覆盖于表面，隔绝氧气，达到阻燃的目的。之后，开发了含磷的阻燃剂，无机镁、铝化合物类阻燃剂。在新一轮环保压力的推进下，含有多芳烃基团的环氧和酚醛树脂被开发出来，该类型的塑封料在燃烧过程中易形成泡沫层，阻断氧气的通过和阻止热传递，以达到阻燃的目的。当然，提高导热而不燃的硅微粉填料量也会对阻燃起到一定的效果，填料量的提高又有赖于树脂低黏度化。在环氧塑封料的组分中，环氧树脂有着极其重要的作用，目前国外高性能封装材料用环氧树脂的开发正向低黏度、多官能团、高 Tg、阻燃、耐高温等方向发展。作为塑封料中主要填料的硅微粉正在研究开发高纯度、标准球形的、不同粒度的粉体，为提高塑封料的低应力、高可靠性和绿色环保提供保证。

④ 提高导热性能

目前国外塑封料企业已经研发出了氧化铝含量达到 88%，导热率达到 3.0W/（m·K）以上的环氧塑封料，而国内塑封料企业需要进一步研究氧化铝的加入方法及再处理工艺，保证氧化铝的大量加入后不影响热硬度及机械强度。

总之，我国作为全球制造大国，IT业的蓬勃发展推动着电子封装测试业和材料业的日益繁荣。随着电子产品在不断追逐轻、薄、短、小，集成电路在向高集成化、布线细微化、芯片大型化、薄型化方向推进，迫使电子封装形式进一步演化为以BGA、CSP、MCM、SIP、WLP等为代表的高密度封装，电子封装材料的性能则不断地向高导热、高耐热、高流动和低应力等方向发展。

（3）国内集成电路塑封料产业存在的问题及建议

① 国内塑封料产业存在的主要问题

原材料大幅度涨价。目前塑封料生产企业正面临主要原材料新一轮的涨价潮，平均涨幅15%，有的原材料涨幅高达25%以上。由于国内中低端产品恶性竞争，塑封料产品却要被迫降价，塑封料企业利润两头受挤，今后两年对塑封料生产企业来说会比较艰难。

供应链不完善，产业发展存在瓶颈。高端原材料被国外垄断，对我国形成极高的技术壁垒，国内采购不到。而国内原材料供应商研发能力不足，对于新型特种结构由于量小、利润小，国内原材料供应商投资研发生产意愿不强。

国内塑封料厂家自身研发能力不足。研发新品的评估严重依赖于客户（因无打线、贴片等高精端设备及相应的配套设施），而客户的协作度比较差，处于两难的境地。

国内塑封料厂家的设备能力不足。对于高端产品没有相应的高端生产设备配套，往往由于设备的原因会造成混炼不足、原材料之间均匀度不够等，从而使好的配方出现某些方面的缺陷。

技术跟随型居多。国际上出现新型封装形式、新型技术时，这些技术往往是与国际塑封料制造商合作开发很多年后相对成熟后才进入国内，此时国内塑封料制造商只能跟随，在跟随时，客户往往会由于产品进入市场认证周期长而不愿意与国内塑封料厂商合作。

国内塑封料产品同质化严重。企业之间通常采用降低价格的简单方法来赢得市场，导致恶性价格竞争，各公司都未能从这些产品生产中获得长期回报，更无力积蓄长期发展所需的资金和技术，最终使企业长远利益受到伤害。

（六）2017年江苏省集成电路键合丝材料业情况

键合丝是集成电路芯片与外部进行电气连接作用的电导线，是集成电路封装的主要原材料之一。集成电路键合丝主要有四大类型产品：金丝、银丝、铜丝、铝丝。从键合丝合金成分结构来细分，又可分为纯金丝、金银合金丝、镀金银合金丝、纯银丝、合金银丝、镀金银丝、纯铜丝、合金铜丝、镀钯铜丝、纯铝丝、硅铝丝等。

1. 2017年世界集成电路键合丝市场规模情况

2017年世界集成电路键合丝市场规模为31.2亿美元，同比增长23.8%，见表5.3.23。

表5.3.23　2010—2017年世界集成电路键合丝市场规模及增长情况

指标名称	2010 年	2011 年	2012 年	2013 年	2014 年	2015 年	2016 年	2017 年（E）	CAGR
市场规模（亿美元）	49.7	57.3	50.4	40.7	33.6	27.0	25.2	31.2	−6.43%
同比（%）	—	15.3	−12.0	−19.2	−17.4	−19.6	−6.7	23.8	—

随着封装基板的诞生和快速应用，促进了集成电路封装技术的变革和进步（如倒装焊、凸块封装、晶圆级、芯片级封装等），使原本消耗的键合丝大幅度减少。

2．2017 年中国集成电路键合丝市场规模情况

2017 年中国集成电路键合丝市场规模为 74.0 亿元，同比增长 4.2%，见表 5.3.24。

表5.3.24　2017年中国集成电路键合丝市场规模情况

指标名称	2010 年	2011 年	2012 年	2013 年	2014 年	2015 年	2016 年	2017 年（E）	CAGR
市场规模（亿美元）	48.0	66.1	94.0	83.0	63.0	61.0	71.0	74.0	6.38%
同比（%）	—	37.7	42.2	−11.7	−24.1	−3.2	16.4	4.2	—

2017 年中国键合丝四大类产品产量分别占总产量的比重如图 5.3.2 所示。

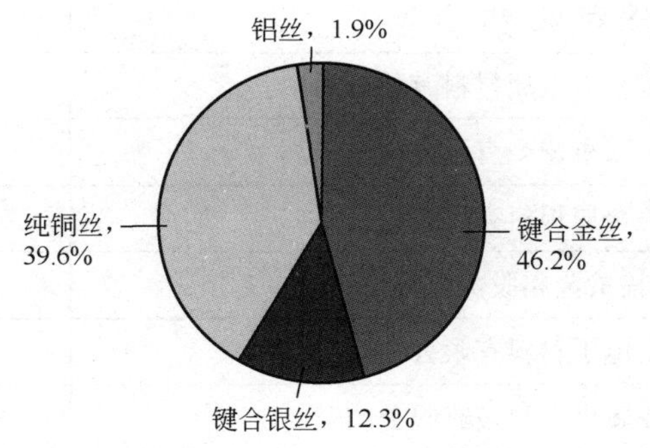

图 5.3.2　2017 年中国键合丝四大类产品产量分别占总产量的比重

3．2017 年国内和江苏省主要键合丝企业情况

2017 年国内和江苏省主要键合丝企业情况见表 5.3.25～表 5.3.28。

表5.3.25　2017年国内和江苏省内主要键合丝企业情况

序号	公 司 名 称	产品系列	所在地
1	贺利氏（招远）贵金属材料有限公司	Au Cu Pd-Cu Al Ag	常熟、招远
2	田中电子（杭州）有限公司	Au Cu Pd-Cu Al	杭州

续表

序号	公 司 名 称	产品系列	所在地
3	杭州日茂新材料有限公司（日铁 Nippon）	Au Pd-Cu	杭州
4	北京达博有色金属焊料有限责任公司	Au Cu Pd-Cu Ag	北京
5	铭凯益电子（昆山）有限公司	Au Cu Pd-Cu Ag	昆山
6	招金励福贵金属股份有限公司	Au Cu Ag	烟台
7	烟台一诺电子材料有限公司	Au Cu Pd-Cu Al Ag	烟台
8	喜星金属（海外企业）	Au Cu Pd-Cu Ag	韩国仁川
9	乐金股份有限公司（海外企业）	Ag	中国台湾
10	广东佳博电子科技有限公司	Au Cu Pd-Cu Ag	广州
11	宁波康强电子股份有限公司	Au Cu Pd-Cu Ag	宁波
12	山东科大鼎新电子科技有限公司	Au Cu Pd-Cu Ag	兖州
13	昆山矽格玛科技有限公司	Au Ag	昆山
14	江西蓝微电子科技有限公司	Au Cu Ag	吉安
15	泰州天河电子科技有限公司	Au Cu Pd-Cu Ag	泰州

表5.3.26 2017年国内（键合金丝/金合金丝）主要企业销量

公 司 名 称	产能（kk/月）
贺利氏（招远）贵金属材料有限公司	1200
田中电子（杭州）有限公司	700
北京达博有色金属焊料有限责任公司	280
烟台招金励福贵金属股份有限公司	260
烟台一诺电子材料有限公司	220
山东科大鼎新电子科技有限公司	130
广东佳博电子科技有限公司	100
铭凯益电子（昆山）有限公司	100
四川长城精炼有限公司	100

表5.3.27 2017年国内（铜丝/铜合金丝/镀钯铜丝）主要企业销量

公 司 名 称	产能（kk/月）
贺利氏（招远）贵金属材料有限公司	960
杭州新茂（Nippon）	550
田中电子（杭州）有限公司	450

续表

公 司 名 称	产能（kk/月）
烟台一诺电子材料有限公司	430
铭凯益电子（昆山）有限公司	420
烟台招金励福贵金属股份有限公司	90
北京达博有色金属焊料有限责任公司	80
山东科大鼎新电子科技有限公司	20
骏码科技有限公司	20
上海铭沣半导体科技有限公司	20

表5.3.28　2017年国内（键合银丝）主要企业销量

公 司 名 称	产能（kk/月）
烟台一诺电子材料有限公司	330
铭凯益电子（昆山）有限公司	200
烟台招金励福贵金属股份有限公司	60
北京达博有色金属焊料有限责任公司	50
广东佳博电子科技有限公司	50
骏码科技有限公司	40
贺利氏（招远）贵金属材料有限公司	20
泰州天河电子科技有限公司	15
山东科大鼎新电子科技有限公司	10
田中电子（杭州）有限公司	10

（七）2017 年江苏省半导体生产用化学试剂材料

1. 2017 年世界集成电路工艺化学品材料规模

2017 年世界集成电路工艺化学品材料规模约为 16.8 亿美元，同比增长 13.5%，见表 5.3.29。

表5.3.29　2011—2017年世界集成电路工艺化学品材料规模及增长情况

指标名称	2011 年	2012 年	2013 年	2014 年	2015 年	2016 年	2017 年	CAGR
市场规模（亿美元）	9.1	9.8	13.2	14.2	14.2	14.8	16.8	9.15%
同比（%）	—	7.7	34.7	7.6	0.0	4.2	13.5	—

2．2017年中国集成电路工艺化学品材料规模

2017年中国集成电路工艺化学品材料规模见表5.3.30。

表5.3.30　2017年中国集成电路工艺化学品材料规模

指标名称	2010年	2011年	2012年	2013年	2014年	2015年	2016年	2017年	CAGR
市场规模（亿美元）	6.10	7.97	8.67	10.43	11.38	14.16	14.27	17.36	16.12%
同比（%）	—	30.7	8.8	20.3	9.1	24.4	7.8	21.7	—

3．2017年江苏省集成电路工艺化学品材料规模

江苏省半导体生产用化学试剂的制造企业主要集中在江阴市和苏州市。江阴市有江阴市润玛电子材料股份有限公司、江阴江化微电子材料股份有限公司、江阴化学试剂厂有限公司。苏州市有苏州瑞红电子化学品有限公司、苏州苏瑞电子材料有限公司、苏州晶瑞化学有限公司等。江阴江化微、江阴润玛等是国内规模较大的超高纯电子化学品生产企业，见表5.3.31。

表5.3.31　江苏省主要高纯化学品生产企业情况

城市	序号	企 业 名 称	资别	主要产品
苏州市	1	苏州晶瑞化学品有限公司	民资	高纯化学品试剂
	2	苏州苏瑞电子材料有限公司	民资	高纯化学品试剂
	3	苏州瑞红电子化学品有限公司	合资	光刻胶/显影液
	4	光洋化学应用材料科技（昆山）有限公司	外资	靶材、高纯化学品试剂
	5	苏州三和微电子有限公司	民资	化学试剂
	6	安智电子材料（苏州）有限公司	外资	光刻胶、显影液
	7	麦德美科技（苏州）有限公司	外资	高纯化学品试剂
	8	富士胶片电子材料（苏州）有限公司	外资	高纯化学品试剂
	9	林德电子特种气体（苏州）有限公司	外资	特种气体
	10	比欧西气体（苏州）有限公司	外资	高纯气体
	11	苏州金宏气体有限公司	外资	高纯气体
无锡市	12	江阴市润玛电子材料股份有限公司	民资	高纯化学品试剂
	13	江阴市化学试剂厂有限公司	民资	高纯化学品试剂
	14	江阴市江化微电子材料有限公司	民资	高纯化学品试剂
	15	江苏达诺半导体超纯科技有限公司	民资	高纯化学品试剂

续表

城市	序号	企 业 名 称	资别	主要产品
无锡市	16	无锡高新气体有限公司	合资	特种气体
	17	无锡华润动力工程有限公司	国资	特种气体
	18	无锡建晶磨抛材料厂	民资	各种磨抛液

江苏省电子化学品试剂产品主要适用于6英寸生产线，并已有部分产品应用于8英寸生产线，而用于12英寸生产线的电子化学品试剂产品正在研发和验证之中。

2017年江苏省电子化学品企业进入“电子化工材料十强企业”名单的有江阴江化微电子材料股份有限公司、江苏广信感光新材料股份有限公司、无锡创达新材料股份有限公司、江阴润玛电子材料股份有限公司等。

江阴江化微电子公司主产各类电子化学品试剂和ZX型低张力正胶显影液。

江阴化学试剂厂生产电子化学品试剂。

江阴润玛电子材料股份有限公司生产各类电子化学品试剂、超高纯钼铝蚀刻液、超净高纯氧氟酸、硝酸各类蚀刻液等。江阴润玛凭借技术优势，全资建设江苏中德电子材料科技有限公司，年产10万吨超净高纯电子化学品试剂，2017年已初具规模，产线已经正常运行，有望今后在规模上成为全国最大的电子化学品生产厂家，某些产品力争打破国外企业垄断，突破技术壁垒，替代进口，发展具有自主知识产权的知名品牌。

（八）2017年江苏省半导体硅基材料业情况

第一代半导体材料指硅（Si）、锗（Ge），是半导体分立器件、集成电路、太阳能光伏电池最基础的材料。几十年来，硅材芯片得到广泛应用。

2017年，江苏省半导体硅材料企业数量不多，规模不大。国内较知名的企业是南京国盛电子有限公司。该公司主要从事高性能半导体外延材料的研发和生产，主营硅基/碳化硅基外延片（功率IGBT硅外延片、功率MOSFET硅外延片、肖特基器件外延片、微波毫米波器件外延片、IC埋层硅外延片、碳化硅外延片等），产品覆盖6～8英寸的外延片，4～6英寸低掺厚层碳化硅，月产能达30万片（折合6英寸）。该公司拥有10多项国家发明专利，拥有省、市两级“半导体硅外延材料工程技术中心”，承担10余项国家、省、市科技项目等，见表5.3.32。

表5.3.32　江苏省主要硅基材料企业情况

城市	企 业 名 称	类别
南京市	中国电科第55所	国资
	南京国盛电子有限公司	国资
	江苏南大光电材料股份有限公司	民资

续表

城市	企 业 名 称	类别
苏州市	昆山中辰矽晶有限公司	台资
	苏州新美光纳米科技有限公司	民资
	苏州恒嘉晶体材料有限公司	民资

南京国盛电子有限公司连续三届（2015 年、2016 年、2017 年）荣获由中国半导体行业协会和中国电子材料行业协会评选出的“半导体创新产品与技术”称号。

苏州新美光纳米科技有限公司可为客户提供硅片全面解决方案，提供各种规格硅片（调试硅片、测试级硅片、氧化硅片、氮化硅片、超平硅片、镀铝片、镀铜片、定制硅片）及硅片单面/双面抛光片、减薄、激光切割等加工服务等。

第二代半导体材料指化合物半导体材料，如砷化镓（GaAs）、锑化铟（InSb）、磷化铟（InP）；还有三元化合物半导体材料，如铝砷化镓（GaAsAL）、磷砷化镓（(GaAsP）；还有固溶体半导体，如锗硅（Ge-Si）、砷化镓-磷化镓（GaAs-GaP）等；还有非晶态半导体，如非晶硅、玻璃态氧化物半导体；还有一些有机半导体，如钛菁、钛菁铜、聚丙烯腈等。

第二代半导体材料主要应用于高速、高频、大功率及发光器件，作为高性能微波、毫米微波器件和随着互联网发展广泛应用于通信、移动通信、光通信和卫星导航等。

第三代半导体材料主要代表为碳化硅（SiC）、氮化镓（GaN）、氧化锌（ZnO）、金刚石、氮化铝（AlN）等，现正在研究以石墨烯作为基材。

第三代半导体材料与第一代、第二代半导体材料相比，具有更宽的禁带和厚度、更高的击穿电场、更高的热导率、更大的电子饱和速度及更高的抗辐射能力，更适合制作高温、高频、抗辐射的大功率器件。

苏州能讯高能半导体有限公司采用了整合设计与制造（IDM）的商业模式，率先在中国开展了第三代半导体氮化镓高能效功率半导体材料与器件的研发与产业化，其产品应用涵盖射频电子和电力电子两大领域。该公司设计产能为年产 3 英寸氮化镓晶圆 6000 片，公司已拥有 113 项中国发明专利和 32 项国际发明专利，其技术力量和生产规模位于国际前列。

我国政府高度重视和支持第三代半导体材料的发展，现在已经有多家企业都在研发第三代材料（以 SiC、GaN 为主）的器件。第三代（SiC、GaN）材料制成的半导体器件将支撑起我国集成电路、分立器件发展的未来。

（九）2017 年江苏省集成电路电子气体行业情况

1. 2017 年世界集成电路电子气体产业规模

2017年世界集成电路电子气体产业规模约为39.2亿美元，同比增长15.3%，见表5.3.33。

表5.3.33　2011—2017年世界集成电路电子气体市场规模及增长情况

指标名称	2011 年	2012 年	2013 年	2014 年	2015 年	2016 年	2017 年	CAGR
市场规模（亿美元）	31.1	31.2	33.2	34.8	35.0	34.0	39.2	3.36%
同比（%）	—	0.3	6.4	4.8	0.6	-2.9	15.3	—

2. 2017 年中国集成电路电子气体市场规模

2017 年中国集成电路电子气体市场规模约为 50.41 亿元，同比增长 8.5%，见表 5.3.34。

表5.3.34　2010—2017年中国集成电路电子气体市场规模及增长情况

指标名称	2010 年	2011 年	2012 年	2013 年	2014 年	2015 年	2016 年	2017 年	CAGR
市场规模（亿美元）	20.28	26.51	28.83	33.35	37.92	44.52	46.45	50.41	13.89%
同比（%）	—	30.7	8.8	15.8	13.7	17.4	4.3	8.5	—

3. 2017 年江苏省集成电路电子气体产业情况

江苏省集成电路电子气体生产企业如下所述。

- 苏州金宏：生产标准气体、特种气体、7N 电子级超纯氨气等；
- 江苏南大光电材料：生产高纯特种气体；
- 镇江船舶所：生产标准气体、特种气体；
- 华润微电子公司：生产标准气体；
- 无锡新区气体公司等。

（十）2017 年江苏省半导体制造用的其他材料情况

2017 年，与半导体产业相关的其他各类材料企业也为江苏省集成电路产业发展做出了一定的贡献。

无锡中微掩模电子有限公司是研发及生产 0.13 微米及高阶二元掩模、高阶工艺相移掩模的企业。该公司拥有光学邻近效应（OPC）的处理技术。对于 0.25 微米及其以下的普通 5 英寸、6 英寸二元掩模也具有兼容生产能力。

无锡晨旸科技有限公司是目前国内唯一可以批量生产氧化铝研磨微粉、绿碳化硅微粉，并替代进口的企业。

无锡日月合金材料有限公司主要产品是银基、铜基二元、三元及多元合金焊接材料，主要用于磁控管（微波发生器主要部件）封装和真空开关管（灭弧室，输、变电控制元件）封装。

江苏省太平洋石英股份有限公司、无锡迈图石英有限公司和苏州凯西石英电子有限公司为本地区半导体集成电路企业就近提供了高纯石英粉、石英管（棒）、扩散管、石英坩埚、各类石英器件等多种类型的石英制品。

苏州恒嘉晶体材料有限公司主营蓝宝石材料，生产 2～6 英寸蓝宝石晶圆，从事生产、切割、抛光等业务。

光洋化学应用材料科技（昆山）有限公司是专业从事真空溅镀靶材生产的外资企业。

苏州天华超净科技有限公司是一家向客户提供防静电、防微污染解决方案的企业，具备防控三大体系（人体防护系统、制程防护系统和环境防护系统），是国内三防工程超净产品行业中的领先企业。

江苏南大光电材料股份有限公司主要从事高纯金属有机化合物（MO 源）的研发、生产和销售。

第六章

2017 年江苏省各地区集成电路产业发展情况

第一节　2017 年南京市集成电路产业发展情况

2017 年是南京市集成电路产业实现较快发展的一年，产业经济、重大项目引进和建设、技术创新和新产品开发等方面都取得了可喜的成绩。2017 年南京市集成电路产业实现销售收入 78 亿元，同比增长 41.8%。

一、2017 年南京市集成电路产业主要指标完成情况

2017 年南京市集成电路产业销售收入见表 6.1.1，近年增长情况如图 6.1.1 所示。2017 年销售收入 3000 万元以上的重点企业情况见表 6.1.2。

表6.1.1　2017年南京市集成电路产业销售收入情况

指标	总量	其　中			
		设计业	制造业	封装业	支撑业
销售收入（亿元）	78	53.9	8.2	8.4	7.5
与 2016 年同期相比（%）	41.8	30.5	—	16.7	15.4

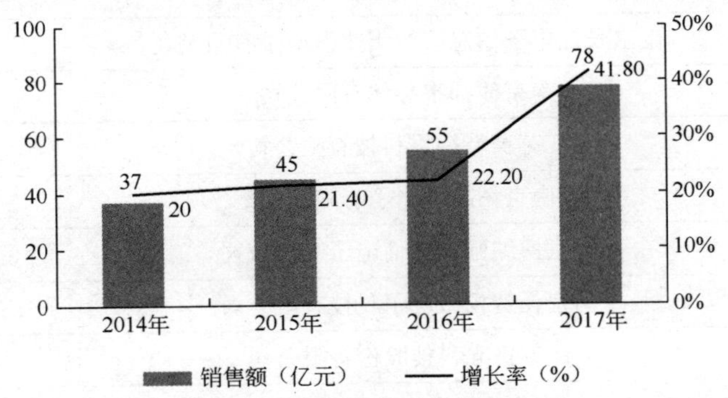

图 6.1.1　2014—2017 年南京市集成电路销售收入及增长情况

表6.1.2　2017年销售收入3000万元以上的重点企业情况

序号	企 业 名 称	销售收入（万元）
1	中国电子科技集团公司第五十五所	530000
2	南京国盛电子有限公司	64000
3	南京国博电子有限公司	54000
4	展讯半导体（南京）有限公司	33000
5	江苏东大集成电路系统工程技术有限公司	28992
6	南京恒电电子有限公司	25800

续表

序号	企业名称	销售收入（万元）
7	南京微盟电子有限公司	17000
8	南京矽力杰半导体技术有限公司	12900
9	南京智浦芯联电子有限公司	12000
10	江苏沁恒股份有限公司	11000
11	南京桑德斯微电子有限公司	10000
12	南京创锐半导体有限公司	9000
13	南京沃天科技有限公司	7000
14	南京银茂微电子制造有限公司	6000
15	江苏凌比特微电子技术有限公司	6000
16	南京誉葆科技有限公司	5500
17	南京中旭微电子科技有限公司	5470
18	南京龙渊微电子有限公司	4795
19	江苏新创光电通信有限公司	4500
20	南京美辰微电子有限公司	4500
21	南京芯力微电子有限公司	4200
22	南京长江电子信息产业集团微电子有限公司	4000
23	南京矽邦半导体有限公司	4000
24	江苏英特神思科技有限公司	3600
25	南京拓品微电子有限公司	3600
26	南京博纳雨田通信电子有限公司	3600
27	南京扬贺扬微电子科技有限公司	3400
28	江苏肯立科技股份有限公司	3000
29	南京中科微电子有限公司	3000

二、2017年南京市集成电路主要产品情况

2017年南京市集成电路企业设计销售的主要芯片产品有电源管理类、通信类、卫星导航类、MCU和MEMS等，见表6.1.3。

表6.1.3　2017年南京市集成电路企业设计销售的主要产品情况

序号	主要产品	主要企业	产量（万块）
1	电源管理芯片	南京微盟电子有限公司	17000
		南京矽力杰半导体技术有限公司	12900

续表

序号	主要产品	主 要 企 业	产量（万块）
1	电源管理芯片	南京智浦芯联电子有限公司	12000
		南京芯力微电子有限公司	4200
		南京拓品微电子有限公司	3600
		南京通华芯微电子有限公司	2000
2	通信芯片（含混合集成电路芯片）	中国电科第 55 所	530000
		南京国博电子有限公司	54000
		展讯半导体（南京）有限公司	33000
		南京恒电电子有限公司	25800
		南京誉葆科技有限公司	5500
		南京美辰微电子有限公司	4500
		南京肯立科技股份有限公司	3000
		南京宇都通信科技有限公司	1320
3	卫星导航芯片	江苏博纳雨田通信技术有限公司	3600
		江苏星宇芯联电子科技有限公司	1600
4	MCU 及数字电路	江苏沁恒股份有限公司	11000
		南京扬贺扬微电子科技有限公司	3400
		南京中科微电子有限公司	3000
		南京国睿中数电子科技有限公司	1800
5	传感器芯片、电路	南京沃天科技有限公司	7000
		南京中旭微电子有限公司	5470
		江苏英特神思科技有限公司	3600
		南京派爱电子有限公司	1200
6	硅外延片	南京国盛电子有限公司	64000（片）

三、2017 年南京市集成电路产业发展特点

在 2016 年引进一批集成电路重点项目的基础上，2017 年南京市一方面加快重点项目建设步伐，另一方面按照高起点构建集成电路产业体系的要求，继续加大优质项目的引进力度。紫光、ASML、晶门科技、Synopsys、Cadence 等一批知名企业陆续落户南京，使南京市集成电路产业整体实力不断增强，产业链进一步完善。2017 年南京市集成电路产业的发展主要呈现以下几个特点。

1．重点落户和建设步伐加快

- 台积电 12 英寸晶圆制造及研发中心项目。项目总投资 30 亿美元，占地 1400 亩。2017 年内完成了厂房施工建设后，9 月进入设备装机阶段，设备已陆续进场安装，整个进度提前。
- 德科玛 CMOS 图像传感器芯片制造项目。项目总投资 30 亿美元，规划建设 8 英寸、12 英寸模拟集成电路生产线各一条。其中，一期项目投资 6.8 亿美元，建设一座 8 英寸晶圆厂，封装测试工厂及配套设施，投产后可达 4 万片/月。2017 年，厂房开始施工建设。8 月 21 日，德科玛与以色列塔尔半导体公司签约，向塔尔半导体公司支付 1800 万美元，取得相应的工艺技术和运营支持。同时，在生产线建成投产后，塔尔半导体公司有权获得 50%的产能。
- 紫光南京半导体产业基地项目。2017 年 1 月 18 日，紫光南京半导体产业基地项目在南京签约，由紫光集团投资建设，总投资超过 300 亿美元（其中一期 100 亿美元），拟建设先进的半导体存储器生产线以及配套的研发和服务基地，生产 3D-NAND FLASH、DRAM 等产品。12 月 4 日，紫光南京集成电路基地（一期）项目进行了环评公示。根据环评公示披露的信息，项目建设地址位于南京浦口区江北新区桥林新城，新建 12 英寸半导体储存芯片生产厂房及辅助配套设施，项目建成后产能为 12 英寸晶圆 120 万片/年，总投资约 105 亿美元。
- ASML 南京分公司。2017 年 8 月 18 日，全球最大的光刻机生产商 ASML 在南京设立的分公司正式开业，地点位于江北新区研创园孵鹰大厦。
- 晶门科技（中国）有限公司。2017 年 11 月，华大科技旗下的晶门科技宣布，位于南京江北新区南京软件园的晶门科技（中国）有限公司正式开业。
- 新思科技（Synopsys）区域总部。2017 年 11 月 10 日，著名的 EDA 厂商美国新思科技（Synopsys）区域总部宣布落户南京江北新区。据报道该项目将投资 1 亿美元，开展芯片设计服务及技术支持。
- Cadence（中国）半导体产业基地。2017 年 11 月 13 日，Cadence 与南京市浦口区政府签署投资协议，建立 Cadence（中国）半导体产业基地及 IP 开发服务平台，未来将提供高速接口、PCIe、USB、DSP 等众多 IP 产品，并建立数百人的研发与服务团队。

由于一批新建项目为南京市集成电路产业发展注入了活力，产业呈现了高速增长的态势。

2．新产品开发和技术创新更趋活跃

- 6 英寸 SiC 芯片产业化。中国电子科技集团公司第 55 研究所新建 6 英寸 SiC 芯片产线，并实行了批量生产，在国内率先实现了产业化，代表性产品“1200V SiC 二极管”取得了批量订单。同时，该研究所面向 5G 应用开展的 2.6GHz 和 3.5GHz GaN 功率芯片研制、TC-saw、FBAR 滤波器、太赫兹高频电路等领域的前瞻性研究也取得重大进展。

- 东南大学。基于 SMIC 40 纳米工艺平台研制的 GPS 和北斗双模 GNSS 芯片，采用低电压近阈值方法设计，功耗小于 6mW，定位精度 3m，捕获灵敏度达到-146dBm，跟踪灵敏度达到-161dBm，可跟踪定位 10 颗卫星，首次定位时间与 MTK 芯片相当。该院校团队成功研发超小型智能功率驱动模块，采用 PQFN 封装，提供了完整的集成型 3 相电机控制电路解决方案。孙立涛教授团队基于研究成果“电驱动阳离子交换”的论文，发表于知名国际期刊《自然·通信》。
- 南京大学。在微电子学基础研究方面，通过研究集成电路的极化码改进堆栈译码算法，提出了分段 CRC 辅助 SCS 和自适应 SCS 两种改进型译码器，能实现各种信道环境下的复杂度降低，在信噪比为 1.0dB 时可分别降低计算复杂度 35.62%和 14.82%，空间复杂度 33.62%和 64.52%。
- 南京大学。“半导体纳米结构调控、集成及器件应用基础”项目获 2016 年度江苏省科学技术一等奖。
- 南京晶能半导体科技有限公司。将先进的热场设计和晶体生长控制技术移植到蓝宝石材料的晶体生长中，研制出 85 千克级蓝宝石单晶炉。并以此为基础，经过两年时间的攻关，研制出适合制造 12 英寸半导体晶圆的高性价比单晶生长设备，成为“大硅片国产化”项目中制造硅原料的关键设备。目前已获发明专利 7 项，实用新型专利 16 项，还有 10 多项专利在申请中。
- 南京通华芯微电子有限公司。研制出符合六级能耗标准的单片贴片装 40W 电源芯片并实现量产，大功率电源电池充电器数字电源控制器也已研发成功。
- 展讯半导体（南京）有限公司。在 5G 技术研发试验第二阶段“技术验证方案”测试中，与华为开展了 3.5GHz 功能和性能互操作测试，并顺利对接，2018 年下半年会将 5G 芯片送到中国移动进行测试。
- 江苏沁恒股份有限公司。研发成功集成低功耗蓝牙符合 Zigbee 和以太网有线双标准的物联智控 MCU，以及集成 USB Type-C 和 USB PD 控制器的 MCU 等新产品。
- 南京国睿中数电子科技有限公司。研发了高性能多核 DSP 芯片，可用于雷达数字信号处理系统，满足数字信号处理的多元要求。同时还研制了雷达信号处理系统的通用和专用控制芯片。
- 南京扬贺扬微电子科技有限公司。2017 年年初研制成功第一代 SPI NAND Flash 控制芯片 APOLLO，并通过了海思、联发科的认证；基于 eMMC 5.1 标准的第二代 NAND Flash 控制芯片也在上海华力微电子公司完成了第一轮流片；基于 USF 2.0 标准的公司第三代 NAND Flash 控制芯片开始进入模拟电路设计阶段。

- 南京芯力微电子有限公司。在电源芯片研发上取得了创新成果，研制成功采用自适应变频 PWM 控制的 DC-DC 同步整流升压芯片，提高了芯片的轻载效率。
- 南京拓品微电子有限公司。专注于电源管理类芯片研发，以功能整合集成为重点，采用正向设计研发成功 8 款新产品，申请了 8 项集成电路布图设计保护。
- 南京微盟电子有限公司。围绕电源管理芯片开发多项技术与工艺，包括反激式拓扑系统控制技术、耗尽管电压源技术、多路驱动技术、环路稳定性技术、EMI 控制技术、超低待机功耗技术、PFM 控制技术及准谐振开关（QR）等技术；与晶圆厂合作开发了 CMOS 9V/30V、CMOS 18V 的 HV 等工艺。

3. 产业链和园区建设成效显著

- 产业链建设成效明显。以台积电（南京）项目落户为标志，南京市通过在芯片制造和封测环节加大项目引进和建设力度，弥补了以往缺少芯片制造环节的短板，逐步建立起较为完善的产业链。
- 江北新区成为集成电路产业发展新高地。台积电落户江北新区之后，产生了明显的带动效应。紫光集团南京半导体产业基地、德科玛 CMOS 图像传感器芯片制造等重点项目也相继落户或开工；ASML、展讯科技、晶门科技、新思科技、Cadence 基地、中感微电子、华大九天等一批国际知名的集成电路企业也随之落户。江北新区已经成为南京市发展集成电路产业的核心区域，成为江苏省新崛起的集成电路产业高地。
- 江宁开发区正在发展成为集成电路特色产业基地。江宁开发区依托东南大学、中电科技集团第五十五研究所等高校院所，以化合物半导体为发展特色，重点围绕重点是第三代半导体的材料及产品，建设了中电科技集团公司第五十五研究所化合物半导体产业园、江宁射频集成电路民品产业园、毫米波及射频电子国家重点实验室等一批产业龙头项目。通过着力打造射频集成电路行业龙头企业，解决国内高端射频芯片供给不足的问题，使射频集成电路成为南京市集成电路产业发展大格局中的一张特色名片。

4. 产业生态进一步改善

南京市委、市政府对发展集成电路产业高度重视，2016 年年底宣布设立规模为 500 亿元的集成电路产业专项发展基金，江北新区也设立了 100 亿元专项基金，有力支撑了项目建设和产业发展。

南京江北新区在引进重点产业项目的同时，配套建设了集成电路企业孵化器-集成电路设计产业园和集成电路封测产业园。其中，集成电路设计产业园一期 5 万平方米已交付使用，芯园通、天易合芯等一批集成电路设计项目已入驻；封测园区一期 8 万平方米也已建成投用，瑞合芯、艾科半导体、微帮电子等一批集成电路封测项目已经入驻园区。

南京集成电路产业服务中心（ICisC）位于江北新区核心区，集成电路设计、封装、测试、创投中心四大公共服务平台已建设完成，可以提供 EDA、MPW、IP 评估、芯片测试、批量封装验证、失效分析等多种服务，并认定为国家首批“芯火平台”。ICisC 通过提供市场化、精准化的专业服务，打造可持续发展的产业生态。

第二节　2017年无锡市集成电路产业发展情况

一、产业发展情况

1．概述

无锡市具备完整的集成电路产业链，是国家科技部批准的国家集成电路设计产业化基地和国家发改委认定的国家微电子高新技术产业基地，产业基础雄厚，具有先发优势。

2017年是无锡市集成电路产业发展历程中具有重要意义的一年，一批重大项目相继落地，产业投资基金正式设立，产业政策出台实施，多领域应用融合发展。在强链补链等发展措施的有力推动下，产业继续保持快速增长的态势，企业素质不断提高，正在向打造新时期"东方硅谷"的宏伟目标迈进。

2．2017年产业发展情况

2017年无锡市集成电路产业实现销售收入891.2亿元，同比增长15.6%。其中，集成电路主营业务销售收入670.6亿元，同比增长26.7%；支撑业（装备及材料等）销售收入220.6亿元，同比增长12.6%。产业规模在国内同行业中占比12.4%。在国内各主要城市排名中，无锡市位列第三，仅次于上海市和北京市。在江苏省内各城市排名中，无锡市位列第一。

2017年无锡市集成电路主营业务收入的构成：集成电路设计业99.5亿元，同比增长17.5%；晶圆制造业209.4亿元，同比增长9.3%；封装测试业361.7亿元，同比增长21.2%。其中，集成电路设计业位列全国第四（次于北京、深圳、上海），晶圆制造业位列全国第三（次于上海、西安），封装测试业位列全国第一。

2017年无锡市有集成电路企业200家左右，其中规模以上企业107家，上市及新三板挂牌企业18家。无锡市集成电路企业中，包括设计企业100多家，芯片制造和封测企业20余家，支撑、配套和服务企业80余家。骨干企业包括中科芯、华润矽科、中微爱芯、华大国奇、力芯、芯朋、卓胜微电子、硅动力、新洁能等集成电路设计企业；华润上华、SK海力士、中微晶园等晶圆制造企业；中微掩模和华润掩模等掩模制版企业；江苏长电、英飞凌科技、海太半导体、华润安盛、中微腾芯、华进半导体等封装测试企业。集成电路行业从业人员近5万人，产业规模和实力多年来在全国处于"第一军团"。

无锡市集成电路产业近几年的增长情况和2017年同比增长详细情况如图6.2.1和表6.2.1所示。

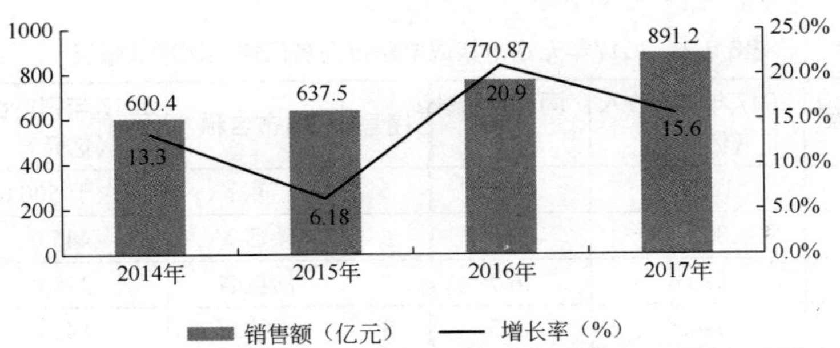

图 6.2.1　2014—2017 年无锡市集成电路销售收入及增长情况

表6.2.1　2017年无锡市集成电路行业各领域同比增长情况

指标名称	2017 年		2016 年		2017 年占比（%）
	销售收入（亿元）	同比（%）	销售收入（亿元）	同比（%）	
集成电路主营销售收入	670.6	16.7	574.7	25.7	75.2
IC 设计业	99.5	17.5	84.6	11.2	11.2
晶圆制造业	209.4	9.3	191.6	3.8	23.5
封装测试业	361.7	21.2	298.5	51.8	40.5
集成电路支撑业收入	220.6	12.6	196.0	8.9	24.8
集成电路产业合计	891.2	15.6	770.7	20.9	100.0

3. 2017 年无锡市集成电路产业在省内和国内主要城市中的地位

- 无锡市集成电路产业销售收入 891.2 亿元，占全省总值 1687.7 亿元的 52.8%，居全省第一位。
- 无锡市集成电路主营业务销售收入 670.6 亿元，占全省总值 1318.7 亿元的 50.9%，居全省第一位。
- 无锡市集成电路设计业销售收入 99.5 亿元，占全省总值 194.7 亿元的 51.1%，居全省第一位。
- 无锡市集成电路晶圆制造业销售收入 209.4 亿元，占全省总值 245.9 亿元的 85.2%，居全省第一位。
- 无锡市集成电路封装测试业销售收入 361.7 亿元，占全省总值 878.2 亿元的 41.2%，据全省第一位。
- 无锡市集成电路支撑业销售收入 220.6 亿元，占全省总值 369 亿元的 59.8%，居全省第一位。

无锡市集成电路主营产业在国内主要地区和城市中所占地位情况如表 6.2.2 所示。

表6.2.2　2017年无锡市集成电路行业各门类同比增长情况

序号	省市名称	2017 年销售收入（亿元）	同比增长（%）	序号	省市名称	2017 年销售收入（亿元）	同比增长（%）
1	上海市	1029.7	9.5	5	广东省	大于 500.0	—
2	北京市	823.4	20.0	6	陕西省	445.0	12.7
3	无锡市	670.6	16.7	7	浙江省	218.0	13.8
4	深圳市	646.5	13.5	8	天津市	142.2	17.7

可以看出，无锡市集成电路产业主营收入在全国同业中居第三位（仅次于上海市、北京市），首超深圳市。

二、2017 年无锡市集成电路三业发展情况

1．集成电路设计业发展情况

2017 年无锡市集成电路设计业销售收入为 99.5 亿元，同比增长 17.5%，占江苏省集成电路设计业销售收入 194.66 亿元的 51.1%，占全国集成电路设计业销售收入 2073.5 亿元的 4.8%，居全国同业第四位。

（1）无锡市集成电路设计业发展规模

从表 6.2.3 和表 6.2.4 可以看出，无锡市集成电路设计业销售收入位列全国第四位，南京市位列第七位，苏州市位列第十位。

表6.2.3　2012—2017年无锡市集成电路设计业增长情况

指标名称	2012 年	2013 年	2014 年	2015 年	2016 年	2017 年	CAGR
销售收入（亿元）	50.8	58.0	64.6	76.1	84.6	99.5	14.39%
同比增长（%）	12.6	14.1	11.4	17.8	11.2	17.5	—

表6.2.4　2017年无锡市集成电路设计业在全国同业中的地位

序号	城市名称	2017 年销售收入（亿元）	2016 年销售收入（亿元）	同比增长（%）
1	北京市	643.0	510.3	26.0
2	深圳市	579.2	420.0	37.9
3	上海市	437.0	364.8	19.8
4	无锡市	99.5	84.6	17.5
5	西安市	77.2	36.0	114.6
6	杭州市	75.1	57.0	31.8
7	南京市	53.9	41.3	30.5
8	成都市	46.7	38.0	22.9
9	珠海市	46.0	27.6	66.7
10	苏州市	39.7	32.3	22.9

（2）无锡市集成电路设计企业分布情况

无锡市集成电路设计企业的集聚程度较高，主要集中在新吴区和滨湖区，其中，新吴区（无锡国家高新区）是无锡国家集成电路设计基地的核心区，共有设计企业 80 余家；滨湖区在国家工业设计园（无锡集成电路设计中心）范围内，聚集了近 40 家企业。

（3）无锡市集成电路设计业的产品与技术水平情况

在芯片设计水平方面，模拟电路的技术水平达到 0.18～0.25 微米，数字电路达到 14～90 纳米。以华大国奇、世芯电子等企业为代表，标志性设计水平可达 16/14～28 纳米工艺节点，目前已着手进行 7～10 纳米技术的研发。但主流的设计水平还处在模拟电路 0.18～0.35 微米、数字电路 60 纳米～0.18 微米的阶段，与国内先进地区相比尚有一定差距。无锡市集成电路设计业的主要产品涵盖传感器、汽车电子、消费电子、模拟电路等多个领域，具有较强的市场竞争力。企业创新能力较强，集成电路布图设计登记及专利申请数量常年位于全省乃至全国前列。近年来，无锡市也出现了一批较为优秀的设计企业，无锡力芯微电子、无锡芯朋微电子、江苏卓胜微电子 3 家企业通过国家规划布局内重点集成电路设计企业的备案核查。

2. 晶圆制造业发展情况

2017 年无锡市集成电路晶圆制造业销售收入 209.4 亿元，同比增长 9.3%，占江苏省集成电路晶圆制造业销售收入 245.9 亿元的 85.2%；占全国集成电路晶圆制造业销售收入 1448.1 亿元的 14.5%，居第三位（仅次于上海市和西安市），见表 6.2.5 和表 6.2.6。

表6.2.5　2012—2017年无锡市晶圆制造业增长情况

指标名称	2012 年	2013 年	2014 年	2015 年	2016 年	2017 年	CAGR
销售收入（亿元）	176.0	143.2	171.8	184.6	191.6	209.4	3.54%
同比增长（%）	-1.1	-18.6	20.0	7.4	3.8	9.3	—

表6.2.6　2017年无锡市晶圆制造业在全国同业中的地位

序号	城市/地区名称	2017 年销售收入（亿元）	2016 年销售收入（亿元）	同比增长（%）
1	上海市	282.0	262.1	7.6
2	陕西省	275.7	241.0	14.4
3	无锡市	209.4	191.6	9.3
4	浙江省	110.0	103.9	5.9
5	北京市	82.1	72.6	13.1
6	天津市	24.1	23.7	1.7
7	苏州市	21.1	17.5	20.6
8	深圳市	15.8	22.4	-29.5

（1）无锡市晶圆生产线情况

2017年，无锡有晶圆生产线共27条（12英寸生产线2条、8英寸生产线1条、6英寸生产线7条、4～5英寸生产线13条），制造企业主要集中在新吴区（无锡高新区）。SK海力士是国内最大的存储器芯片生产厂商，高端制造工艺达到10～20纳米；华润微电子开创了国内晶圆代工先河，曾是我国最大的6英寸晶圆代工基地，占据全国70%的市场份额；华润上华的8英寸特色工艺在特殊器件生产方面占据一席之地。

（2）无锡市晶圆制造业主要企业情况

无锡市晶圆制造企业主要有SK海力士半导体、华润微电子、江苏东晨、中微晶圆、江阴新顺微电子、敦南科技、力特半导体等。代表性企业情况如下。

- SK海力士半导体（中国）有限公司。2017年营业收入130.6亿元，同比增长6.4%，居全国第三位。
- 华润微电子有限公司。2017年营业收入70.6亿元，同比增长24.5%，居全国第六位。
- 江苏东晨电子科技有限公司。其前身为江苏东光微电子股份有限公司，从单一的固体放电管生产企业逐步成长为集芯片设计、制造、封装检测和销售为一体的功率类芯片和分立器件制造企业，目前已形成IGBT、 VDMOS、防护器件、晶闸管、GDT等系列产品。

（3）无锡市主要晶圆生产线水平和产能情况

- SK海力士公司拥有2条12英寸晶圆生产线，主要生产DRAM，技术水平为40～90纳米和20～45纳米，月产能17万片。
- 华润上华科技公司拥有8英寸晶圆生产线1条，技术水平0.13～0.25微米，月产6.5万片，工艺有BCD、RF CMOS Logic等；同时还有6英寸生产线3条，技术水平在0.35～1.0微米，月产能近30万片，主要工艺为BCD、IGBT、MOSFET等。

3．无锡市集成电路封测业情况

无锡市集成电路封测产业具有比较优势，2017年销售收入361.7亿元，居全国第一位；主要企业的技术水平和单体规模均位列国内内资企业第一位。在BGA、SIP、QFN、WLCSP、CSP、MIS、MCM（MCP）、铜柱凸块、Flip-Chip、高密度金丝/铜丝键合、25μm叠层封装等技术领域取得突破，相关技术达到国际先进水平。2017年，新潮集团进入全球封测企业前三位，海太半导体位列国内同业第8位。

（1）无锡市封测业发展规模

表6.2.7给出了2012—2017年无锡市集成电路封测业增长情况，表6.2.8给出了2017年无锡市集成电路封测业在全国同业中的地位。

表6.2.7　2012—2017年无锡市集成电路封测业增长情况

指标名称	2012 年	2013 年	2014 年	2015 年	2016 年	2017 年	CAGR
销售收入（亿元）	156.1	173.1	190.4	196.7	298.5	361.7	18.3%
同比增长（%）	13.0	10.9	10.0	3.3	51.8	21.2	—

表6.2.8　2017年无锡市集成电路封测业在全国同业中的地位

序号	城市/地区名称	2017 年销售收入（亿元）	同比增长（%）
1	无锡市	361.7	21.2
2	上海市	310.3	−0.8
3	苏州市	263.9	8.8
4	南通市	205.5	45.6
5	浙江省	110.0	5.9
6	北京市	98.3	−4.5
7	天津市	94.5	14.8
8	陕西省	92.1	−47.2

（2）封测行业技术进步和主要企业情况

- 由中国半导体行业协会、中国电子材料行业协会、中国电子专用设备工业协会、《中国电子报》报社等单位组织评选的“第十二届（2017 年度）中国半导体创新产品和技术”奖中，封测领域共有 9 个项目获奖，无锡市占有 3 个。
- 华进半导体封装先导技术研发中心有限公司，研发出大板集成电路扇出先进封装技术。2017 年 8 月 16 日，国家科技重大专项 02 专项实施管理办公室组织专家对华进半导体封装先导技术研发中心有限公司承担的“三维系统级封装 / 集成先导技术研究”项目进行了正式验收。
- 2017 年 5 月，华进半导体封装先导技术研发中心有限公司被江苏省经济和信息化委员会确定为“江苏省先进封装与系统集成制造创新中心”。
- 江阴长电先进封装有限公司，研发出圆片级六面包覆极小型芯片尺寸封装产品。
- 江苏长电科技股份有限公司，研发出应用于高速高功率芯片的新型激光工艺高散热 IC 封装技术。“重布线/嵌入式圆片级封装技术及高密度凸点技术研发及产业化”获 2016 年度江苏省科学技术二等奖。
- 江苏新潮科技集团有限公司，其营销规模和技术水平列全国封测领域第一位，2017 年实现销售收入 242.6 亿元。现有在职职工 8000 余人，其中，大专以上科技人员占 40%。公司每年科研投入超过 1 亿元，已拥有 700 多项国内外专利（其中发明专利 244 项）。连续多年荣登“中国电子百强企业”，是江苏省重点知识产权保护单位。

JCET 商标被国家工商总局商标局认定为驰名商标。

- 海太半导体（无锡）有限公司，由太极实业股份有限公司与韩国 SK Hynix 半导体公司合资成立，在存储芯片封装和智能卡、汽车电子芯片封装方面达到国内最高水平。产品长期供应 SK hynix、HP、IBM、DELL、Motorola、Canon 等世界知名企业，2017 年销售收入 35 亿元。
- 英飞凌科技（无锡）有限公司，为德国英飞凌科技公司在华的第一家独资企业，总投资额 1.5 亿美元，主要从事半导体后道封装和智能卡芯片封装，目前拥有员工 2000 人左右，2017 年销售收入 4.82 亿美元。
- 江阴江化微电子材料股份有限公司于 2017 年 4 月 10 日起在上海证券交易所主板上市。

4．无锡市集成电路支撑业情况

- 在专用设备方面，无锡市研发及生产了清洗机、装片机、分选机、贴片机、测试机、编带机、磨片减薄机等专用设备产品，并实现了 QFN/LQFP、SiP、CSP、WLP、300mmTSV 等高密度晶圆级先进封装成套设备的国产化。但总的来说，无锡市集成电路专用设备制造业的产值规模还比较小，企业数量也不多，存在较大提升空间。
- 在电子化学品方面，微电子生产用试剂业位居全国前茅，拥有江阴润玛、江阴江化、江阴试剂等骨干企业，生产的中高档电子化学试剂，已应用于 6～8 英寸晶圆片制程，并进入了 12 英寸晶圆厂进行验证。
- 在封装配套材料方面，主要有塑封料和引线框架等产品，主要的生产企业为无锡创达电子公司和华晶利达公司等。
- 在研发与创新方面，无锡华瑛微电子技术有限公司的半导体晶圆表面湿化处理（钝化）设备和工艺荣获“第十二届（2017 年度）中国半导体创新产品和技术”奖项，其基于自主创新的动态薄层晶圆表面化学处理技术，已开发出能满足客户要求的产品。

5．无锡市重大集成电路项目投资情况

2017 年无锡市集成电路领域重大投资项目主要集中在晶圆制造和封测领域，主要的项目如下。

- 2017 年 10 月 29 日，SK 海力士与无锡市政府签约，新上第二工厂项目，总投资 86 亿美元。预计 2019 年下半年项目投产后，将形成月产 20 万片 10 纳米级晶圆片的生产能力，年营收额将由目前的 19 亿美元增加至 33 亿美元。
- 2017 年 8 月 2 日，华虹集团与无锡市人民政府签署战略合作协议，总投资达 100 亿美元的华虹集团集成电路研发和制造基地落户无锡高新区。首期将启动建设一条月产能为 4 万片的 12 英寸晶圆代工线（华虹 Fab 7），技术水平为 CMOS 工艺 55～

90 纳米。大基金向华虹注资 9.22 亿美元，助力该项目建设。

- 2017 年 10 月，晶盛机电、中环股份与无锡市政府签署战略合作协议，共同在宜兴市启动建设集成电路用大硅片生产制造项目，项目总投资 30 亿美元，其中一期投资 15 亿美元。
- 2017 年 12 月 29 日，SK 海力士与无锡市政府签约，在无锡建设 8 英寸晶圆代工厂（迁建），主攻 DDI、CIS 和 PMIC 等产品，月产能达 10 万片。该企业已定名为海辰半导体公司。
- 2017 年 12 月，华润微电子接收管理中航重庆渝德 8 英寸生产线，技术水平为 0.35～0.18 微米，主产功率器件、CMOS 数模混合 IC 等产品。
- 2017 年 2 月，国家大基金、美国高通公司等联合对中芯长电投资 80 亿元，建设二期工程，主要发展 12 英寸 14 纳米凸块加工业务和 3D 芯片集成加工。9 月 15 日，中芯长电半导体二期 J2A 厂房举行工程奠基仪式。二期共规划建设三座厂房，本次开工的是第一座，占地 1.8 万平方米，建筑面积 6.2 万平方米，用于硅片中道和 3D 系统集成芯片的研发和制造。
- 星科金朋上海工厂搬迁至江阴后已投入生产，2017 年 1 月 23 日原来在上海厂的 WB/TEST 产线已正式出货，加上以前已经投入量产的凸块和倒装两大产线量产，星科金朋上海厂的三大产品线迁移至江阴并已全面投入生产。
- 2017 年 3 月，无锡市政府与中国电子科技集团海康集团签署战略合作协议，拟投资 100 亿元在无锡高新区实施物联网项目，包括建设物联网产业基地、工程应用中心、智慧城市信息全国运营中心、江苏省物联网产业技术创新中心、资本运作平台等。
- 2017 年 4 月欧司朗（无锡）投资 1.95 亿欧元扩产 LED 及光电二期工程开工。
- 2017 年 9 月长电科技公司以非公开募资 45.5 亿元，其中 32.2 亿元用于扩张产能。

6．产业政策出台、实施和环境建设情况

- 2017 年，无锡市深入贯彻无锡市人民政府《无锡市加快集成电路产业发展的政策意见》（锡政发〔2016〕272 号），积极落实各项优惠条款，鼓励和推动了集成电路产业发展。
- 2017 年 1 月，无锡市宣布设立“无锡市集成电路产业投资基金”，规模为 200 亿元。2017 年 3 月，无锡市信电局与财政局联合印发了《无锡市集成电路产业发展资金管理实施细则》（锡财工贸〔2017〕17 号），明确专项资金用于鼓励集成电路企业发展壮大，支持先进技术产业化，支持上下游产业链合作等方面。
- 根据《科技部关于认定 2016 年国家高新技术产业化基地的通知》（国科发高〔2017〕18 号）批复，江阴集成电路封测高新技术产业化基地被认定为国家高新技术产业化基地。

- 加快推进公共平台建设。位于无锡市新吴区的国家集成电路设计基地 EDA 平台，先后投入资金 2000 余万元，重点建设 EDA 设计、IC 公共测试两个子平台，配置较完善的软硬件条件，目前正在积极创建国家“芯火平台”。以中电科技 58 研究所为主体，建设和开放了 EDA 设计、芯片测试、快速封装和失效分析等系列平台，其中，EDA 平台拥有可满足 65 纳米工艺的工具和流程设计，失效分析平台可开展 0.25 微米工艺的芯片分析研究。华进半导体封测先导技术研发中心在承担建设江苏省产业技术研究院半导体封装技术研究所过程中，建立了晶圆级高密度封装工艺研发与服务平台，开展 2.5D/3D IC 后端制程、微组装、设计仿真、测试分析与可靠性等先进封装开发与服务。
- 2017 年无锡市集成电路产业十大事件：市委李小敏书记对《关于加快我市微电子产业发展的建议》进行批示；华虹集团 12 英寸制造线落户无锡；SK 海力士第二工厂和 8 英寸线签约落户；中环领先项目（12 英寸大硅片研发生产）落户宜兴市；无锡多家企业进入 2017 年全国十强企业榜单；中国半导体封测年会在江阴召开；华润微电子管理中航重庆微电子；中科芯“12 英寸晶圆级封装线”通线；无锡集成电路产业发展研讨会成功召开；无锡基地 EDA 平台升级并正式上线运营。

第三节　2017年苏州市集成电路产业发展情况

一、产业发展情况

2017年，苏州市集成电路产业实现销售收入436.77亿元，与2016年相比，同比增长9%。目前全市有集成电路企业近200家：设计企业110家，制造企业3家，封装测试企业17家，相关配套企业约70家，集成电路产业链齐全。企业主要分布在苏州工业园区、昆山、苏州高新区等地，已成为我国集成电路产业的重点集聚城市之一，如图6.3.1和表6.3.1所示。

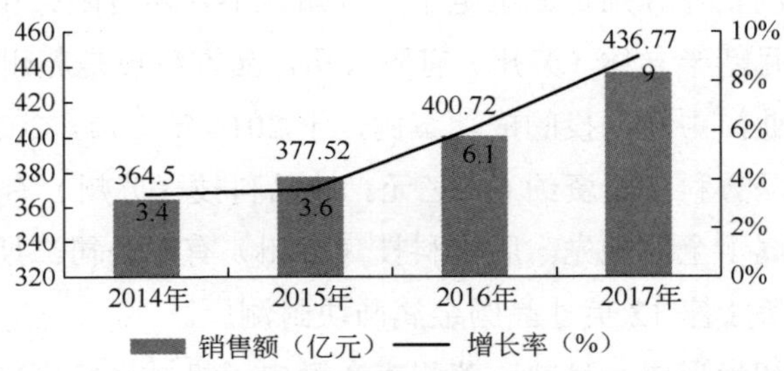

图6.3.1　2014—2017年苏州市集成电路销售收入及增长情况

表6.3.1　2017年苏州市集成电路销售收入及增长情况

指标名称	2017年		2016年	
	销售收入（亿元）	同比（%）	销售收入（亿元）	同比（%）
集成电路主营销售收入	324.77	11.1	292.42	6.8
其中：IC设计业	39.70	22.9	32.30	8.8
晶圆制造业	21.14	20.5	17.54	−3.2
封装测试业	263.93	8.8	242.58	7.3
集成电路支撑业收入	112.00	3.4	108.30	4.5
集成电路产业合计	436.77	9.0	400.72	6.1

二、2017年苏州市集成电路发展特点

- 设计业发展态势喜人，企业业绩普遍上扬。苏州市集成电路设计企业数量多，规模普遍不大，但核心团队实力强，其中不乏发展迅速、后劲十足的特色企业。2017年销售过亿的设计企业由2016年的3家增加至10家。盛科网络（苏州）有限公司致力于自主创新的网络交换核心芯片与系统解决方案，2016年获得国家集成电路产业投资基金2.9亿元投资；苏州敏芯微电子技术股份有限公司是苏州工业园区的

领军企业，MEMS累计出货量3亿颗，预计2018年出货量仍将翻倍；东微半导体公司自主研制的充电桩用高压高速MOSFET产品-GreenMOS实现量产，打破了这一领域国外厂商的垄断。

- 晶圆制造业稳步发展，产能利用率达到100%。和舰科技是中国台湾地区晶圆代工企业联电集团（UMC）旗下的8英寸晶圆厂，共有2条8英寸生产线，总投资超过12亿美元，目前单月产能为6万片，制程为0.11～0.5μm。2017年产能利用十分饱满，大陆地区集成电路设计企业客户已经占收入比重的50%，未来有望继续提升。
- 封测业外资集聚，产业规模全国领先。苏州市集成电路封测业2017年销售收入占产业总收入的60%，占同期全国和全省封测行业收入的12.5%和34%。位居销售收入前三位的封测企业分别是三星电子（苏州）半导体有限公司、矽品科技（苏州）有限公司和日月新半导体（苏州）有限公司。晶方科技是苏州工业园区自主培育的创新型封测企业，中新创投的成功案例，于2014年上市，2017年国家集成电路产业投资基金向晶方科技投资约6.8亿元。矽品科技（苏州）有限公司打线封装类产品的技术水平属于全球领先。颀中科技（苏州）有限公司二期扩建项目接近竣工，该项目为国内第1座12英寸晶圆金属凸块封测厂。
- 特色技术产业初步形成。目前，苏州市在微电子机械系统（MEMS）和GaN、InP等化合物半导体两大方向拥有很好的产业基础，有望培育和发展成为特色产业。在MEMS领域，苏州工业园区已成为国内传感产业集聚的核心区之一，已形成完善的产业创新链。在中国半导体行业协会评选出的MEMS十强企业中，苏州的敏芯微、明皜、迈瑞微、感芯等企业分列五、六、八、九位。在化合物半导体领域，氮化镓衬底材料制备技术方面全国领先，集聚了以纳维科技、能讯高能、捷芯威等一批代表性企业。

三、2017年苏州市集成电路产业发展中存在的问题及未来展望

1. 存在的主要问题

- 面临兄弟城市的激烈竞争。当前北京、上海、南京、武汉、无锡、厦门、合肥等多个城市均把集成电路产业列为优先发展的产业，纷纷出台扶持措施，加大项目投资和引进力度，力争在未来集成电路产业布局中抢占先机。据不完全统计，我国目前已设立的地方性集成电路投资基金总额已达3000亿元，晶圆生产线共81条，其中仅在建的12英寸晶圆生产线就达8条，而苏州市目前仅有2条8英寸晶圆生产线和用于分立器件生产的6英寸以下生产线。
- 产业资金和人才等要素支撑不足。集成电路产业是资金、技术和人才密集型产业，核心技术和人才越来越向少数集聚地区和大企业集中，行业进入的壁垒快速攀升。

苏州市及工业园区虽然也修订出台了《关于推进软件和集成电路产业发展的若干政策》等文件，提出了一些支持措施，但与当前的需要和兄弟城市的政策措施相比，力度偏弱。

- 缺乏必要的统筹规划。现有集成电路产业零散分布在工业园区、高新区、昆山、张家港等地，集聚联动效应有待进一步加强。另外，集成电路制造和封测环节部分工艺涉及使用危险化学品和排污，可供发展集成电路产业的土地、环境等资源更显珍贵，尤其需要加强统筹规划，形成区域间差异化和市、区协同发展的良性互动格局。

2. 未来展望

集成电路产业目前在政策环境、市场需求和结构调整等方面正面临发展机遇。2017 年 2 月，昆山开发区出台了《关于推进昆山开发区集成电路产业发展的意见（试行）》，采取设立发展基金、创新金融支持、安排专项资金、加大人才引进培养等措施促进昆山市集成电路产业加快发展。苏州市也将筹建规模 200 亿元的集成电路产业投资基金，加强政府的统筹协调推进，建设和优化一批公共技术服务平台，积极做大 MEMS 产业，超前布局和加快发展 GaN 产业，通过差异化和特色化发展，推动苏州市集成电路产业不断向高端攀升。

第四节　2017年南通市集成电路产业发展情况

2017年，南通市集成电路产业实现销售收入206.4亿元，同比增长45.5%，如图6.4.1所示。在南通市集成电路产业结构中，集成电路封测业独大，主要依托位列国内封测企业十强榜第二位的南通华达微电子集团有限公司，该企业2017年营收额达到198.8亿元，占南通市全部集成电路产业总收入的96.3%。

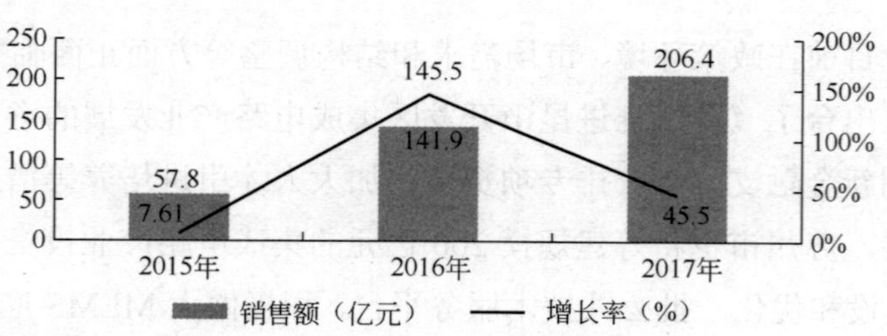

图6.4.1　2015—2017年南通市集成电路产业增长情况

1. 产业发展和园区建设情况

为优化南通市集成电路产业的结构，加强产业链各环节建设，实现均衡发展，南通市重点在南通科学工业园和苏通科技产业园两个园区布局和发展集成电路产业。

- 南通科学工业园区。主要承接发展集成电路中下游相关配套产业，瞄准集成电路设计、封测、装备与材料等环节，在汽车智能驾驶、无线射频等细分领域下功夫。港闸区政府和市北高新区管委会先后出台了《关于加快集成电路产业发展的若干政策（试行）》、《港闸区高层次人才扶持政策》等扶持和鼓励集成电路产业发展的政策。先后已引进恒润科技、奥易克斯、有感科技、京芯光电科技、至晟微电子、格陆博科技、爱浦克施、陛通半导体设备、钰泰科技、芯泽电子、亿鑫通、南邮南通研究院和南通大学通科微电子学院等一批项目落户。力争到2020年，园区实现产值100亿元。
- 苏通科技产业园。目前园区现有集成电路相关企业8家，总投资额超过100亿元，其中，投资超10亿元的有3家（通富微电、捷捷半导体、中谷光电），代表企业有通富微电子、捷捷半导体、帝奥微电子、中谷光电、尚飞光电等公司。目前入园集成电路企业开始向下游产品的研发与生产延伸。2017年11月18日，通富微电子苏通工厂举行二期工程奠基暨开工仪式，计划投资20亿元，生产采用先进扇出型封装工艺的产品。园区今后将以封测、设备、感知元器件为主要招引方向，提升特色产业集聚度。

2．主要企业情况

南通市主要集成电路企业见表6.4.1。

表6.4.1 南通市主要集成电路企业情况

企业名称	业务和产品情况
通富微电子股份有限公司	深圳证券交易所上市公司，专业从事集成电路封装测试，是国内排名前三的集成电路封测企业，在技术、产品规模上具有优势。总部位于南通市崇川区，拥有总部工厂、南通通富、合肥通富、苏州通富超威半导体、TF-AMD槟城、厦门通富（在建）六大生产基地，集团员工总数12000多人，是中国集成电路封装测试领军企业
江苏捷捷微电子股份有限公司	半导体分立器件和电力电子元器件研发制造企业，晶闸管器件芯片细分行业领域的龙头企业，主要产品包括可控硅、TVS等，2017年销售收入4.45亿元
大唐恩智浦半导体有限公司	面向汽车行业，特别是新能源汽车以及工业领域的集成电路设计公司，专注于研发和销售采用高性能混合信号技术的高级汽车电子及工业应用芯片
南通至晟微电子技术有限公司	集成电路设计企业，开发设计民用射频前端和单片微波毫米波电路
钰泰半导体南通有限公司	主要从事高精度模拟类集成电路设计，主要的产品包括宽带载波模块电源套片、机顶盒电源套片等，应用涵盖智能手机、MID、机顶盒、LCDTV等众多领域，得到了MTK、海思、台湾扬智、瑞芯微、复旦微电子等企业认可
南通华隆微电子股份有限公司	半导体封测企业，主要产品有功率晶体管、MOSFET、肖特基二极管、稳压电路（78系列）及霍尔IC、霍尔传感器等
启东吉莱电子有限公司	生产与销售晶闸管系列、二极管系列；TVS、TSS、集成防护器件等产品
江苏明芯微电子股份有限公司	拥有一条4英寸半导体功率芯片生产线，芯片加工能力为每年36万片，封装能力为5000万只/年，产品为单/双向可控硅、放电管等系列产品
江苏华存电子科技有限公司	拥有存储控制器设计研发能力，主要产品为固态硬盘（SATA Ⅲ，PCie4*4）、嵌入式eMMC 5.1等
江苏微远芯微系统技术有限公司	企业位于苏通科技产业园，主要从事毫米波雷达收发机芯片、X射线探测芯片的设计研发销售，2017年销售收入超过1000万元
南通皋鑫电子股份有限公司	专业生产高压二极管等半导体分立器件，现年产各种规格高压二极管达400kk以上

第五节 2017 年常州、镇江、扬州、泰州等地集成电路产业发展情况

一、常州市集成电路产业发展情况

常州市早年拥有相当数量的电子元器件企业，规模和产品在江苏省内排名前列。由于近年来缺少新建项目，集成电路产业的规模整体偏小。常州银河世纪微电子股份有限公司是常州市微电子领域的骨干企业，主要业务为各类二极管、三极管、桥式整流器等半导体分立器件的研发设计、芯片制造、封装测试和产品销售，公司产品已广泛应用于家用电器、电源及充电器、绿色照明、网络与通信、汽车电子、智能电表及仪器等领域。公司拥有多项专利，建有“江苏省认定企业技术中心”“江苏省半导体分立器件芯片与封装工程技术研究中心”“江苏省片式半导体分立器件工程技术研究中心”等研发机构，2017 年被中国半导体行业协会评定为“中国半导体功率器件十强企业”。常州瑞择微电子科技有限公司是常州市政府海外引进和培育的创新型企业，研发生产光掩模湿法工艺设备，产品已分别在中芯国际、无锡华润微电子、中电科技十三研究所等单位的生产线上使用，被评为“江苏省首台（套）重大装备产品”。

常州武进国家高新技术开发区在积极筹备建设集成电路生态产业园。通过与大企业合作和国家集成电路产业投资基金支持等方式，围绕可信计算、国密安全、多媒体、通信、人工智能等芯片设计领域，培育和发展集成电路设计产业。

二、镇江市集成电路产业发展情况

镇江市集成电路企业数量较少，产业规模不大，现有企业主要集中在芯片测试和集成电路设计领域。具有一定规模的江苏艾科半导体有限公司主营集成电路测试，并参与组建镇江新区集成电路产业园。此外，江苏中集电半导体科技有限公司、江苏丽恒微电子公司等均以芯片测试为主要业务。其中，江苏丽恒微电子公司将在 2018 年启动封测工厂建设，围绕 Memory 产品构建上下游产业链。芯片设计企业方面，益海芯电子技术江苏有限公司设计生产 2.4G 无线鼠标设计集成套片，具有高性价比等特点。2017 年，镇江市引进建立了爱思开新材料（江苏）有限公司、江化微（镇江）电子材料公司，积极开拓和培育微电子材料方面的业务。

三、扬州市集成电路产业发展情况

扬州市分立器件产业发展早、规模大，在国内具有一定影响力。相比之下，集成电路产业虽然规模偏小，但近几年在逐步崛起，依托原有的半导体分立器件产业链，积极向集成电路设计、制造、封装等领域拓展，也取得了不错的成绩。随着地方对发展集成电路产

业的重视，扬州市正在通过深化与清华大学等高校院所合作，筹备建立邗江区微电子产业园，建设江苏MEMS产业研究院和扬州清华微机电智能科技创业基地，见表6.5.1。

表6.5.1　扬州市主要半导体企业情况

企业名称	业务和产品情况
扬州扬杰电子科技股份有限公司	创业板上市公司。拥有一条6英寸线生产线，主要产品为功率半导体芯片、电力电子器件芯片、功率二极管、整流桥等，已连续数年被中国半导体行业协会评为中国半导体功率器件十强企业。建有江苏省功率半导体芯片及器件封装工程技术研究中心、江苏省企业技术中心、博士后工作站、院士工作站等研发机构。2017年营业收入14.7亿元，同比增长23.5%
扬州晶新微电子有限公司	公司4英寸分立器件芯片生产线一条，5英寸分立器件芯片和IC芯片生产线一条。主要从事半导体分立器件芯片的开发、设计、制造和销售，主要产品有小信号晶体管芯片、大功率晶体管芯片、开关晶体管芯片、达林顿晶体管芯片、开关二极管芯片、肖特基二极管芯片、稳压二极管芯片、高频晶体管芯片和双极型集成电路（IC）芯片等
扬州国宇电子有限公司	公司位于扬州经济技术开发区新光源产业园内，系中电科技集团第五十五研究所投资控股的企业。建有一条5英寸功率半导体生产线，芯片加工能力为年产40万片。主要产品包括VDMOS场效应功率晶体管、肖特基二极管、快恢复二极管等
扬州泽旭电子科技有限责任公司	研制生产半导体检测设备、半导体分选设备。目前所研制的设备已经应用于通富微电、无锡华晶微电子、中电集团55所等单位的生产线
江苏稻源微电子有限公司	集成电路设计企业，主要研发设计超高频、高频RFID电子标签芯片、读写器设备及系统应用方案，产品应用于物流管理、烟酒防伪、机场行李分拣、仓储管理等领域
扬州亿芯微电子有限公司	坐落于西安交通大学扬州科技园内，有1000平方米净化厂房，主要从事集成电路测试、验证、分析、筛选、老炼、量产的测试以及其他相关配套的服务

四、泰州市集成电路产业发展情况

泰州市集成电路产业的构成主要包括封测业和材料业，以及少量分立器件企业。从事封装用引线框架、铜带的生产企业有泰州东田电子有限公司、泰兴市永志电子器件有限公司、泰州友润电子科技股份有限公司和泰州华龙电子有限公司等。科化新材料泰州有限公司则主营塑封材料制造。泰州海天电子科技股份有限公司系无锡海天微电子公司搬迁扩建而成，从事半导体功率器件的研发、封装、测试服务，已具有一定的生产规模。

第六节　2017 年徐、淮、盐、连等地集成电路产业发展情况

该区域位于江苏省北部，包括徐州、淮安、盐城、连云港、宿迁五个城市，习惯上称为苏北地区。近年来，在各地方政府的重视和积极推动下，集成电路产业从无到有，从小到大，呈现出蓬勃发展的态势，并已经体现出特色化、差异化的发展特点。苏北地区集成电路产业的不断发展，进一步壮大了江苏集成电路产业规模，丰富了产业内涵。

一、徐州市集成电路产业发展情况

现阶段徐州市集成电路产业主要由多晶硅材料和集成电路专用材料与设备两大门类组成。2017 年 10 月，徐州市政府发布了《徐州市集成电路与 ICT 产业发展实施方案》，明确重点发展集成电路材料、集成电路设备、集成电路设计、集成电路制造、集成电路封测等细分领域，打造完整的集成电路产业链。

协鑫集团所属江苏中能硅业有限公司与国家集成电路产业投资基金在徐州市经济开发区共同投资设立了江苏鑫华半导体材料科技有限公司，依托目前年产量 7 万吨多晶硅的江苏中能硅业的生产场地、部分设备和技术，投资 22.8 亿元，建设高纯半导体多晶硅生产线。项目在 2016 年 10 月启动后，2017 年按计划进行了设备改造、安装和产品试制，年底已进入试产阶段。预计 2018 年建成投产后，可年产半导体工业用高纯多晶硅材料 5000 吨，实现产值 14 亿元，成为江苏省重要的半导体材料生产基地，为我国建立自主可控的大硅片产业链提供了支撑。

徐州市所辖的邳州市，谋划并发展半导体材料和设备产业，经过几年努力已初具规模。在邳州经济技术开发区内，建立了欧洲半导体海归人才创业园，以此为载体发展集成电路材料和专用设备产业。目前，这一园区内已经集聚了博康信息化学品、鲁汶仪器、影速光电、江苏实为、华兴等一批企业，代表性产品有光刻胶单体、MRAM 磁存储器刻蚀机、激光直写光刻机、MOCVD 配件、薄膜检测仪器、外延材料等，有些已经开始批量供货。江苏影速光电技术有限公司研制的“高速双台面激光直接成像设备曝光设备”获得江苏省首台（套）重大装备及关键部件认定。为加快发展，当地政府还设立了 30 亿元的专项产业基金，破解企业发展融资难题。2017 年，总投资 35 亿元的上达电子邳州工厂开工建设，主要产品为超薄柔性封装基板。

二、淮安市集成电路产业发展情况

淮安市自 2014 年起成功引进韩国纳沛斯芯片封装项目，开启了集成电路产业元年。随后，又相继引进建设了德淮半导体、江苏时代芯存、江苏中璟航天半导体等一批晶圆制

造项目，以及淮安澳洋顺昌光电等LED项目，形成了集成电路和半导体照明两大发展方向。德淮半导体和江苏时代芯存是居产业链核心地位的芯片制造企业，计划投资规模都超过百亿元，新建两条12英寸线，按照IDM（垂直整合）模式运营，具有一定特色。项目建成并顺利投产，将高起点构建起淮安市集成电路产业格局。2017年，除纳沛斯封装项目已经正常生产外，其余重点项目尚处在建设阶段。

- 德淮半导体有限公司。项目一期工程（第一座工厂）2017年开工建设，总投资150亿元，新建一条12英寸晶圆生产线，专业生产CIS产品，并按照IDM模式运营。6月20日，德淮半导体主厂房封顶，并同时举办了设计研发中心揭牌仪式。该项目计划2018年9月进行设备调试和先导线试产，2019年正式投产并在年底前达到2万片/月的生产规模。德淮半导体通过购买65纳米逻辑电路工艺授权、海外团队自主研发影像部分的技术，研发制造采用65纳米工艺1300万像素的影像传感器产品。该项目在产房和生产线建设的同时，2017年年底前通过代工方式验证、加工并已向客户提交了部分CIS产品，当年实现销售收入1.6亿元。
- 江苏时代芯存半导体有限公司。2016年9月在淮安市签约成立，总投资130亿元，其中一期投资43亿元，建设一条12英寸晶圆生产线，研发和生产半导体相变存储器（PCM）产品。相变存储器是一种有可能获得发展的新型半导体存储器，具有快速和非易失性等特点。项目于2017年开工建设，并于当年11月19日实现主厂房封顶，设备采购也同时进行。2018年将转入设备安装阶段。首批产品拟采用40纳米工艺，计划于2019年年底前实现5000片/月的量产规模。
- 江苏中璟航天半导体有限公司。位于盱眙县经济开发区，2017年8月注册成立，该项目有设立8英寸晶圆厂的计划，以半导体功率器件为主要产品。项目在2018年将转入建设实施阶段。

三、连云港市集成电路产业发展情况

连云港市集成电路产业主要集中在半导体工业用塑封材料，是国内重要的电子塑封材料生产基地。依托东海县充沛的硅材料资源，形成了硅微粉、环氧塑封材料产业链，2017年产量近3万吨，实现产值超过10亿元。

连云港市电子塑封材料的主要生产企业有衡所华威电子有限公司、江苏华海诚科新材料股份有限公司、江苏中鹏新材料股份有限公司、江苏联瑞新材料股份有限公司等，其中衡所华威、华海诚科和江苏中鹏都是位居国内环氧塑封料销售排名前十的厂商。

2017年年初，巨化集团携手永利集团和部分基金，联合收购德国汉高集团EMC（环氧模塑料）业务100%股权以及相关知识产权、著名商标、研发资产和海内外营销渠道；2017年6月，原汉高华威电子有限公司正式更名为衡所华威电子有限公司，并成为2017年度年全国半导体材料十强企业，建有江苏省集成电路封装材料工程技术中心。

四、盐城市集成电路产业发展情况

盐城市发展集成电路产业的做法是根据本地区经济和区位特点，围绕智能终端制造关键环节，打造专业园区，吸引一批集成电路项目落户。几年来陆续引进建设了盐芯微电子、盈信通科技等中小规模的集成电路封测项目，并筹建6英寸晶圆制造线。据不完全统计，2017年盐城地区集成电路产业的产销规模在3亿元左右。

位于盐城高新区的智能终端产业园，聚焦于发展智能终端产品研发与制造。经过高标准的规划和建设，目前已经颇具规模。盐城市重点集成电路企业之一盐芯微电子公司就落户在该园区，同时还集聚了东山精密、华星光电、运鸿辉LED封装、聚泰液晶显示模组等一批相关企业。

- 江苏盐芯微电子有限公司成立于2015年，属封装代工企业，具备SOP、DIP、SOT、QFN/DFN等常规产品的封装测试代工能力，月产能1.5亿颗，年销售收入1亿元以上，是盐城市一家较具规模的集成电路企业。
- 江苏英锐半导体有限公司设在盐城经济技术开发区综合保税区内，由盈信通科技（香港）公司独资创办，主要开展晶圆测试等业务。随着业务发展，该企业从2017年下半年开始筹建6英寸制造线，计划生产MOSFET等功率半导体器件和电源电路，最终的产量可达6万片/月。

五、宿迁市集成电路产业发展情况

宿迁市集成电路产业是随着苏南地区集成电路产业转移发展起来，主要的企业为江苏长电科技建设的长电科技（宿迁）有限公司。根据宿迁市2017年“全市电子信息产业重点企业提升工程”30家入库培育企业名单，其中与集成电路产业相关的仅有长电科技（宿迁）有限公司一家，其余均为光伏、电器零部件、机电装备等制造企业。目前长电科技（宿迁）有限公司已经正常生产，2017年实现销售8.2亿元。随着业务不断发展，该企业正在积极考虑扩大规模。

根据宿迁市2017年重大项目投资计划表，位于泗洪县的江苏格立特电子股份有限公司集成电路封装项目列入了建设计划。该项目拟投资1.4亿元，形成年封装集成电路产品5亿颗的生产能力，主要加工SOP、DIP、SOT等系列产品。

反侵权盗版声明

举报电话：（010）88254396；（010）88258888

传　　真：（010）88254397

E-mail：　dbqq@phei.com.cn

通信地址：北京市万寿路 173 信箱

电子工业出版社总编办公室

邮　　编：100036